미국식 자본주의와 사회민주적 대안

미국식 자본주의와 사회민주적 대안

전창환 · 조영철 편

당대

미국식 자본주의와 사회민주적 대안

지은이/전창환·조영철
펴낸이/김종삼
펴낸곳/도서출판 당대

제1판 제1쇄 발행 / 2001년 4월 2일
제1판 제2쇄 발행 / 2001년 6월 10일

등록/1994년 4월 21일(제10-1149호)
주소/서울시 마포구 연남동 509-2, 3층 ⊕ 121-240
전화/323-1316 팩스/323-1317
전자주소/dangbi@chollian.net

ISBN 89-8163-066-7

머리말

제도경제연구회는 올해로 결성된 지 만 6년이 넘었다. 그간 공동 연구서로 1996년에『자유주의 비판』(풀빛), 98년에『위기 그리고 대전환』(당대)을 출간했으며, 그리고 이번에『미국식 자본주의와 사회민주적 대안』을 세상에 내놓게 되었다. 특히『미국식 자본주의와 사회민주적 대안』은 지난 2년간 제도경제연구회의 공동 연구와 토론의 결실이다. 제도경제연구회가 이 같은 공동연구작업을 하게 된 것은, 97년 경제위기 이후 영미형 자본주의를 개혁의 준거로 삼고 있는 신자유주의적 구조조정 정책이 한국경제를 근본적으로 잘못된 방향으로 끌고 가고 있다고 보았기 때문이다.

알베르는 선진국의 자본주의를 영미형 자본주의와 라인형 자본주의로 구분한다. 90년대에 영미형 자본주의는 지속적 성장을 한 데 반해 라인형 자본주의는 상대적으로 침체를 겪어야 했기 때문에 세계화의 흐름 속에서 영미형 자본주의가 세계기준으로 자리잡아가고 있고 우리도 이를 수용해야 한다는 주장이 제기되고 있다. 현재 한국에서 진행되고 있는 신자유주의 구조조정은 이런 주장과 맥락을 같이한다.

그러나 영미형 자본주의 모델을 개혁의 준거로 삼아야 한다는 주장이 영미모델과 라인모델에 대한 면밀한 검토 끝에 나온 것은 아니라고 생각된다. 더욱이 한국경제가 은행의 간접금융에 기대어 경제발전을 이룩한 경로의존성을 고려할 때, 자본시장 중심의 영미모델의 외형적 경제성과만을 보고 은행중심 시스템인 라인모델의 장단점에 대한 충분한 검토 없이 영미모델을 추종하는 것은 바람직하지 않다. 이에 제도경제학회는 신자유주의 정책을 제대로 비판하려면 영미모델과 라인모델을 좀더 근본적인 차원에서 비교·검토할 필요가 있다고 보았다.

물론 금융세계화가 진전되면서 라인모델도 변화하고 있지만 영미모델과 비교해 볼 때 경제가 시장의 전일적 지배 아래 놓여 있지 않고 시장의 폭력에 대한 사회민주적 견제장치가 여전히 기능하고 있다는 점에서 이해당사자 자본주의의 성격을 강하게 띠고 있다. 신자유주의를 극복하기 위해서는 신자유주의의 비인간성과 맹목성에 대한 단순한 비판 차원을 넘어서 대안모델의 제시가 절실하게 요구되는 것이 현시점이다. 따라서 이해당사자 자본주의를 나름대로 구현하고 있는 라인모델에 대한 분석은 그 어느 때보다 시사하는 바가 클 것이다.

이런 관점에서 서장에서는 세계경제의 신자유주의적 재편과정에서 나타나는 미국 자본의의 근본적 문제점을 비판적으로 살펴보고 있다. 제1부에서는 신자유주의적 금융화와 금융주도 자본주의를 본격적으로 추진하고 있는 미국식 자본주의의 자기파괴적 경향과 구조적 한계점을 명료하게 밝히면서 그와 동시에 한 시대를 풍미했던 일본모델과 스웨덴모델을 검토한다. 제2부에서는 사회민주적 자본주의와 라인형 자본주의 모델을 대표한다고 해도 과언이 아닌 독일을 중심으로 라인형 자본주의의 주요한 제도적 특징과 장단점을 분석한다. 그리고 제3부에서는 신자유주의적 금융세계화에 대한 사회민주적 대응의 필요성과 그 조건들을 다양한 관점에서 제시한다.

서장 김균·박순성의 "자본주의 경제의 신자유주의적 재편과 사회민주적 대안"은 미국 자본주의의 근본 문제를 비판하고 대안으로서 사회민주적 자본주의 필요성을 제기하고 있다.

그리고 제1부에서 이병천의 "세계 자본주의 패권모델로서의 미국경제"는 금융세계화를 주도하고 있는 미국경제가 어떤 역사적 변모를 거치면서 출현하였고 현단계의 구조적 특징과 성장기제 그리고 그에 내재된 모순을 밝히고 있다. 조영철의 "미국의 기업지배구조"는 1980년대 구조재편 이후 미국 자본주의가 경영자자본주의에서 주주자본주의로 전환되었고 90년대 미국의 장기호황은 주주자본주의의 금융주도적 거품체제의 성격을 띠고 있다고 주장한다. 홍영기의 "금융세계화와 일본 기업지배구조의 위기"는 일본의 기업지배구조와 메인뱅크 시스템의 반전이 이루어지는 경과와 배경, 원인을 분석하고 이를 바탕으로 금융빅뱅의 성과 및 향후 변화방향을 전망하고 있다. 성낙선의 "세계화와 스웨덴모델의 위기"는 위기에 처한 스웨덴모델이 노조·기업·정부 간 조정을 통해 시장의 힘을 재구성하고 있음을 보여주면서 세계화의 진행에 따른 국가의 대응양식이 중요하다고 주장한다.

제2부에서 전창환의 "독일자본주의의 제도적 기초와 동요"는 전후 황금기 독일 자본주의의 선순환을 받쳐주었던 여러 가지 제도와 이 제도들의 이념적 토대가 무엇이며 금융세계화에서 이 제도들과 독일경제의 대

응관계는 어떠한지를 분석하고 있다. 조영철의 "독일의 기업지배구조"는 미국의 주주자본주의와 달리 기업의 주주, 경영자, 은행, 노동자 들이 기업지배구조 속에서 상호이해를 조정하는 이해당사자 자본주의를 형성하는 것을 살펴본다. 강신준의 "라인형 자본주의의 노사관계"는 산별교섭체계를 갖춘 독일모델의 성립과정과 신자유주의의 도전에 대한 독일 노동운동의 대응전술을 논하고 있다. 박종현의 "독일연방은행과 라인형 자본주의"는 독일경제의 중심적 조정자 중의 하나인 분데스방크의 경험이 다른 나라 중앙은행들과 어떻게 다르며, 독일사회의 여러 부문들과 상호 어떤 관계를 맺었는지 그 구체적인 내용을 검토하고 있다.

제3부의 경우 조영철의 "세계화와 사회민주적 대안의 조건"은 세계화의 신자유주의 흐름에 대응해 시장을 민주적으로 통제하는 사회민주적 대안모델이 갖추어야 할 기본 조건을 논한다. 윤도현의 "사회민주주의의 위기와 복지국가 제도개혁"은 복지국가가 과거의 순조로운 발전시기를 거쳐 현재 얼마간 진통을 겪고 있는 것은 사실이지만 복지국가의 종말이라고 간주할 결정적 근거는 아직 찾을 수 없다고 주장한다. 이상호의 "일자리 나누기와 생태친화적 복지제도"는 분배문제와 생태계문제를 동시에 해결하고자 하는 복지모델을 생태친화적 복지제도로 정의하고 여기에 비추어 고르와 리피에츠가 제시하는 새로운 복지관의 가능성과 한계를 살펴본다. 전창환의 "유럽통화동맹과 유럽 사민주의의 딜레마"는 라인형 자본주의의 미래가 상당 부분 유로체제의 출범과 유럽정치통합

에 달려 있다는 관점에서 유럽통화동맹의 추진과정에서 유럽 사민주의자들이 거둔 성과와 의도치 않게 직면하게 되는 여러 가지 딜레마들을 분석한다.

이 책이 나오기까지 필자들은 여러 차례에 걸쳐 내부토론과 의견조정을 하여 책의 일관성과 통일성을 확보하는 데 만전을 기하고자 하였다. 그럼에도 불구하고 불가피하게 사소한 견해차이가 발생할 수도 있음을 솔직하게 인정해야 할 것이다. 이는 앞으로 더 심도 깊은 연구와 내부토론을 통해서 좁혀나갈 수 있을 것으로 확신한다. 그리고 독자 여러분의 예리한 비판과 가차없는 질책 또한 겸허하게 수용하여 다음의 공동연구 과제에 꼭 반영할 것을 약속드리고자 한다.

아무쪼록 이 책이 시장독재, 국민 다수의 희생을 수반하는 구조조정 그리고 투기로 점철된 신자유주의적 금융세계화에 대항하여 구체적이고 현실적인 대안을 찾는 데 조금이나마 보탬이 되었으면 하는 것이 필자들의 소박한 바람이다. 아울러 진보진영 내에 활발하고 건설적인 토론과 연구풍토를 북돋우는 데 밀알이 될 수 있기를 간절히 기대해 본다. 끝으로 어려운 출판여건에서도 인내와 애정으로 원고편집에 임해 주신 당대출판사 편집진의 노고에 진심으로 감사드린다.

2001년 3월

전창환 · 조영철

차 례

자본주의 경제의 신자유주의적 재편과 사회민주적 대안

김 균 · 박 순 성[*]

> 나는 알지 못했다. 나는 타파해야 할 것이 무엇인가는 잘 알고 있었다. 그러나 그 폐허에 무엇을 세워야 하는지, 그것을 나는 알지 못했다. 나는 생각했다. 확실하게 알고 있는 사람은 없다. 낡은 세계는 확실하고 구체적이다. 우리는 그 세계를 살며 순간순간 그 세계와 싸운다. 그 세계는 존재한다. 미래의 세계는 아직 오지 않았다. 환상적이고 유동적이고 꿈이 짜낸 빛의 천이다. 보랏빛 바람(사랑, 증오, 상상력, 행운, 하느님)에 둘러싸인 구름이다. 이 땅의 아무리 위대한 선지자라도 이제는 암호 이상의 예언을 들려줄 수 없다. 암호가 모호할수록 선지자는 위대한 것이다.
>
> 니코스 카잔차키스 『그리스인 조르바』

1. 한국 자본주의의 변화와 신자유주의적 세계화

1997년 말 한국은 IMF에 구제금융을 요청하였다. 그후 3년여의 시간이 흘렀다. 그 동안 한국사회는 가히 혁명적이라 할 만한 변화를 겪었다. 변화는 엄청난 국민적 고통과 희생을 동반하였다. 긴박한 외환위기 상황 속에서 구조조정프로그램의 기본 골격이 IMF의 일방적 요구에 따라 결정될 수밖에 없었기 때문에, 또 외향적 개발전략에 따라 성장한 후후발

---

* 김균: 고려대학교 경제학과 교수
* 박순성: 동국대학교 북한학과 교수

자본주의 경제 특유의 대외의존성 때문에, 한국사회는 이 혁명적 변화를 다른 선택의 여지가 없는 필연적 과정 내지는 일종의 숙명으로 받아들였다. 당연히 개혁의 성격과 방향에 대한 판단이나 대안적 선택의 가능성 같은 근본적 문제들은 논의의 지평에 제대로 떠오르지 못하였다. 그러나 이제 우리는 맹목에서 벗어나, 이 문제들을 숙고해야 한다. 3년간의 유예도 길었다. 이 혁명적 구조변화의 실체는 무엇이며, 이것은 한국사회를 어디로 인도하고 있는가? 과연 우리에게 다른 길은 없는가?

경제위기 직후 구조조정의 기본 설계도는 IMF가 제공하였고 정부의 정책은 대체로 이에 충실하였다. 지난 3년간 펼쳐진 일련의 경제정책들, 즉 재벌개혁, 노동시장 유연화, 주주중심의 기업지배구조 개선, 주식시장 중심의 금융구조개혁, 공기업 민영화, 대외개방 등은 한국경제의 제도적 환경을 매우 빠른 속도로 바꾸었고 그 재편방향은 이미 잘 알려져 있는 바와 같이 시장근본주의와 세계화에 기초한 신자유주의적 구조조정이었다. 발전국가모델의 핵심을 이루고 있던 국가주도 성장전략과 은행중심형 금융체계는 시장근본주의와 주식시장 중심형 금융체계로 바뀌었으며 기업지배구조도 영미형 주주중심주의로 바뀌었다. 또한 대외개방은 국내시장, 특히 금융시장을 외국자본의 직접적 영향력하에 노출시켜 국민경제의 정책자율성은 상실될 지경에 이르렀다. 결국 한국경제의 변화는 IMF가 강요한 구조조정에 따라, 발전국가자본주의가 신자유주의적 자본주의, 이른바 영미형 주주자본주의로 탈바꿈하는 과정인 것이다.[1]

그런데 한국에서 영미형 주주자본주의의 제도틀이 도입되는 과정은 발전국가모델의 유산, IMF의 요구, 경제위기 상황이라는 세 가지 조건 때문에 독특한 성격을 띤다. 금융축적체제의 확산에 기초한 세계화 이래로 유럽국가들도 주주자본주의적 요소를 도입하였으며, 이는 개방된 세계금융시장 조건에서 살아남기 위한 기업과 금융의 구조조정과정이었다. 이들 나라도 영미식의 주주자본주의적 구조조정을 하였다. 그러나 이들 국가에서 나타난 구조조정이 (금융)시장의 규율과 압력에 기초한 자율적 구조조정이었다면, 한국의 경우에는 타율적이고 국가주도적인 구조조정이었다. 사실 이러한 점은 외환위기를 당한 다른 나라들에서도 마찬가지였다.

정부는 막대한 공적 자금을 투입하여 국가정책적 차원에서 부실 기업과 금융기관들을 정리하고 실업자를 양산하였으며, 이는 경제위기의 재발이라는 시장붕괴의 위협하에서 국가가 취할 수 있는 유일한 수단이기도 하였다. 그리고 이 시장붕괴 위협의 직접적 배후에는 외국자본, 특히 국제금융자본이 있었다. 정부로서는 위기상황에 놓인 국민경제를 지탱하기 위해 IMF, 주식시장, 채권시장, 외국인 직접투자 기업·금융기관, 국제신인도, 정치적 압력 등 다양한 경로를 통해서 가해지는 외국자본의 힘에 순응할 수밖에 없었다. 한국에서 영미형 주주자본주의는 외국자본의 압력과 이해관계에 따라 국가가 주도적으로 추진하는 구조조정과정을 통해 이식되고 있다. 다시 말해 시장근본주의적 경제제도의 이식과정에서 국가가 '시장의 대리인' 역할을 하면서 '시장'을 형성하는 역설적 현상이 나타나고 있는 것이다.[2]

경제위기와 구조조정을 거치면서 한국은 예상보다 훨씬 빠른 속도로 영미형 주주자본주의를 경제영역의 작동기제로 삼는 신자유주의 사회로 이행하고 있다.[3] 우선 경제의 불안정성과 대외종속성이 심화되었다. 최근 3년간의 급격한 단기경기변동에서 알 수 있듯이, 외국 금융자본의 유출입과 직결되어 있는 국내 금융시장의 단기주의와 변동성은 그대로 경기변동과 연결되어 경제의 안정성을 크게 후퇴시켰고 정부의 사전적 경기조절기능을 거의 무력화하였다. 지난 수십 년 동안 실질적인 경기변동을 경험하지 못한 한국경제로서는 경기안정성을 소홀히 하기 쉬우나, 경제안정성은 고용안정과 함께 경제제도가 중시해야 할 주요한 경제적 성과의 하나이다. 또한 전면적 금융개방이라는 조건은 해외 금융시장과 외국인 투자자가 제시하거나 그들에게 우호적인 정책만을 선택할 수 있도록 만들어버렸다.

금융시장을 축으로 해서 경제안정성과 경제정책 등의 차원에서 벌어지고 있는 이러한 대외종속성은 이미 심각한 지경에 이르렀다. 더구나 여기에서 확인해 두어야 할 것은 이러한 신자유주의 사회로의 신속한 이행과정에서 그리고 그 결과에서 한국사회 심리구조의 심층에 감춰져 있는 사상의 대외의존성, 곧 이데올로기적 식민지성도 일정 정도 작용하였다는 사실이다.

물론 주주자본주의의 바탕을 제공하는 신자유주의적 시장근본주의가 단기적 효율성과 경쟁력을 가진다는 점을 부인할 수는 없다. 하지만 시장근본주의의 다른 한쪽 얼굴은 고용구조의 불안정화와 분배구조의 악화이다. 실업률은 과거 2~3% 수준에서 4~6% 수준으로 악화되었다. 경제위기 이후 정리해고제가 도입되면서 임금삭감, 실업증가, 임시고용증가 등 노동시장의 변화가 나타났다. 임시·일용직 노동자 비중은 1999년에 53% 수준을 넘어섰으며, 연봉제 등의 확산과 함께 장기고용관행도 크게 후퇴하였다. 소득분배구조는 지니계수를 통해 볼 때 99년 0.333으로, 97년 경제위기 이전보다 불평등이 심화되고 있다. 이러한 구조변화는 한국사회가 낮은 실업률과 안정된 고용사회에서 높은 실업률과 불안정한 고용사회로, 비교적 평등하였던 분배구조에서 불평등한 분배구조로 나아가고 있음을 보여준다.

이처럼 신자유주의적 세계화과정에 포섭되고 있는 것은 한국사회만의 예외적 현상이 아니다. 오히려 사회경제질서의 신자유주의적 재편은 전 세계적으로 많은 나라들이 경험하고 있는 보편적 현상이기도 하다. 현실사회주의의 패망 이후 자본주의 경제의 유형적 다양성은 축소되고, 정도의 차이는 있지만 각국의 경제형태는 신자유주의적 자본주의로 점차 수렴하는 경향을 보이고 있다.

그러나 규범적 차원에서 판단할 때, 신자유주의적 사회경제질서가 결코 긍정적일 수 없는 자본주의 경제의 유형이라는 점은 너무나도 분명하다. 역사적 판단도 마찬가지다. 신자유주의는 19세기의 야만적 자유시장주의의 재생일 뿐이다. 19세기 역사는 적나라한 시장경쟁이 어떻게 인간성과 문명공동체를 피폐하게 만들고 파괴했는가를 우리의 기억 속에 분명하게 남겨놓고 있다. 그러하기에 20세기 국민경제 차원의 수정자본주의와 자본주의 세계경제 차원의 연계된 자유주의(embedded liberalism)는 19세기 자유시장주의가 가한 문명적 폐해에 대한 서구사회의 반성이라고 평가되는 것이다. 그러나 오늘날의 신자유주의적 세계화는 20세기 전반부 서구사회의 반성을 무효화하는 힘이다.

이제 우리는 자본주의 경제의 신자유주의적 재편에 직면하여 다시 한 번 20세기 전반부 서구사회의 반성을 되돌아보아야 한다. 시장근본주의는 자본주의의 순화된 유형, 수정자본주의 또는 사회민주적 자본주의를 축출하고 말 것인가? 금융축적체제에 기초한 자본주의 세계질서는 연계된 자유주의의 종식을 의미하는가? 자본주의 경제의 새로운 변용과 진화는 가능할 것인가? 영미형 주주자본주의의 세계적 확산과 금융자본 주도의 세계화는 되돌릴 수 있을 것인가? 현시점에서 자본주의 세계문명의 운명은 일견 의문부호 그 자체처럼 보인다. 그렇지만 지금 여기서 이러한 의문에 대한 검토를 포기하지 않을 때, 한국사회 차원의 대안체제 모색이 가능하다. 지난 몇 년 사이에 한국 자본주의의 운명은 세계 자본주의의 운명에 한 탯줄로 연결되어 버렸다.

2. 미국 자본주의 또는 세계 자본주의의 지배모델

미국은 국제금융자본이 주도하는 세계화의 진원지이며, 세계화를 통해 전파되는 자본주의 경제의 신자유주의적 모델은 바로 미국의 주주자본주의이다. 또한 미국은 세계경제의 중심이다. 아니 미국경제가 곧 세계경제이다. 자본주의 경제가 헤게모니를 지닌 국민경제의 지배영역 확장을 통해 확산되어 왔다면, 미국경제는 이러한 확산을 주도하는 세계경제의 중심이다. 그런데 자본주의의 역사는 세계경제의 중심이 쇠퇴하고 이동함으로써 자본주의 경제의 새로운 순환이 시작됨을 보여준다. 이런 의미에서 자본주의 경제는 중심이 곧 전체인 체계이다. 금융축적체제에 기초한 세계화 아래서 미국경제의 운명은 세계경제의 운명을 의미한다. 만약 미국경제가 가라앉는다면 세계경제 역시 일거에 공황상태에 빠질 것이다.

최근 미국경제는 80년대의 장기침체에서 벗어나 전례 없는 장기호황을 누리면서 새로운 자본주의 단계에 들어서고 있는 것처럼 보였다. 일부 경제저널리스트들은 미국경제의 이러한 현상을 미국경제의 새로운 도약으로, 시장경쟁과 기술혁신이 결합된 '신경제'로 미화하기도 하였다. 하지만 '신경제'라는 용어가 의미하는 바인 미국경제의 질적 전환을 이론적으로 엄밀하게 규정하고 설명하는 일은 결코 쉽지 않다. 경제학자들이 대체로 동의하는 미국경제에 대한 이론적 이해방식은 아직 나타나지 않고 있으며, 심지어 미국경제에 대한 전망 역시 다양하다. 사실 변화의 와중에서 변화를 파악하고 전망하기란 어렵다. 지식은 언제나 미네르바의 부엉이이다. 그렇지만 조절이론가인 아글리에타와 부아예는 미국경제에 대한 하나의 유력한 이해방식을 제공하고 있다. 여기에서는 이들의 거시모형에 기대어, 하나의 해석과 전망을 시도해 보기로 하겠다.[4]

미국경제는 금융(자본)이 주도하는 자본주의이다. 경영자혁명이라고까지 불렸던 경영자중심의 기업운영원리는 80년대 이후 쇠퇴하기 시작하여, 자본시장의 관점이 기업의 경영행태·지배구조를 규정하게 되었다. 자본시장에서의 평가(public valuation)가 기업경영성과의 지표가 됨으로써, 기업경영은 단기주의로 나아가지 않을 수 없었다. 생산성 증대를 위한 시설투자나 인적 자본 투자보다는 노동비용 감축과 자본절약을 위한 구조조정, 주가유지를 위한 자사주 매입이나 배당증대, 차입매수 (LBO) 등의 단기주의적 경영행태가 보편화되었다. 이제 미국의 전통적인 경영자자본주의의 요소는 사라지고 주주가치(shareholder value)가 첫째가는 경영지표로 자리잡게 된 것이다.

이러한 기업 경영행태·지배구조의 변화는 자본시장의 구조적 변화와 맞물려 발생하였다. 80년대 이래 미국은 다른 선진자본주의 국가들과 마찬가지로 고령화사회로 진입하게 되었는데, 이 인구구성의 변화가 국내 저축을 증대시켰고 이는 연기금 등의 기관투자에 의해 자본시장으로 유입되었다. 이것이 지난 10여 년간 자본시장의 유례 없는 활황을 낳은 기초이다. 자본시장의 순환과정에서, 기업이윤율 상승 예상이 자산가격 상승 예상을 낳고 이것이 국내저축 증대분의 자본시장 유입을 유도하여 자본시장의 지속적 활황을 유지하였던 것이다.

여기에서 지속적 이윤율 상승이 자본시장 활황의 관건이었는데, 주주가치 위주의 기업의 경영행태·지배구조가 지속적인 이윤율 상승을 예상할 수 있게 함으로써 자본시장 수급조절기능을 담당했다. 바로 기업의 경영행태·지배구조라는 사회적 관계 내지는 제도가 시장조절의 핵심고리로 작동하고 있는 것이다. 더욱이 이 순환과정에서 이윤율 예상이 주로 재무적 차원의 시장평가에 근거하고 기업의 실물적 성장과는 거리가 있다는 점에서, 자본시장의 이러한 선순환은 상당 정도 외부조건과 무관한 자기실현적 과정이기도 하다.

자본시장을 통한 기업의 자본조달 중 상당 부분이 재무적 차원의 이윤율 상승과 주가유지를 위해 활용되었지만(자사주 매입, 배당 등), 일부는 기술혁신을 위한 투자자금으로 흘러들어 이른바 정보통신기술혁명의 젖줄이 되었다. 그러나 미국의 주가상승세가 신경제론자들의 견해처럼 정보통신기술의 혁신효과에 의해 설명되기는 쉽지 않다. 생산성 논란과 경기하락이 분명히 보여주는 것처럼 자본시장에 거품이 존재하고 있음은 틀림없으며, 이는 금융유동성에 기초한 자본시장의 순환과정이 자기실현적이라는 점에서 이미 예정된 일이다.

국민경제 전체의 거시적 순환을 보면, 주주가치 위주의 기업 경영·지배와 기관투자가의 주식투자 증대는 주식가격의 지속적 상승을 유지시켰으며 이는 가계부문의 금융자산 증대와 민간소비의 증대를 가져왔다. 이와 함께 기업 역시 차입에 의한 투자수요를 증대시켰다. 이러한 총수요의 지속적 증대가 기술혁신과 구조조정의 효과인 총공급 증대를 뒷받침했던 것이다.[5]

아글리에타는 이와 같은 금융주도적 축적체제의 지속 가능성을 결코 낙관하지 않는다. 물론 정보통신기술혁명의 효과를 과소평가하고 있는 측면도 없지 않지만, 그는 미국경제의 아킬레스건인 주가상승세 유지는 근본적으로 차입의존적 금융구조에 달려 있다고 본다. 따라서 주가는 자본시장의 유동성에 극도로 민감하게 반응할 것이다. 결국 미국 자본주의는 구조적 불안정성이 내장된 금융주도 체제인 것이다.

그런데 미국 자본주의의 변화를 금융유동성 측면에서만 본다면, 이는 사물의 한 면만을 보는 것이다. 금융자본이 주도하는 미국의 주주자본주의는 시장에 대한 정부개입의 축소와 규제완화 그리고 무엇보다도 노동시장 유연화를 경제정책의 기본으로 삼고 있다. 노동시장 유연화 정책은 포드주의적 경영자자본주의 체제를 유지시켜 주던 자본과 노동의 사회적 합의를 파괴하고 노동을 사회적 합의구조에서 배제한다. 노동계급은 고용불안과 임금저하라는 이중고에 시달리게 된다. 이와 같은 자본주의적 분배구조에서 노동의 배제는 임금생활자의 수요창출을 제약하고, 이는 자연히 군수와 적자재정에 의존하는 경기확장정책이나 금융자산소득에 대한 감세를 통한 수요창출정책을 다시 불러들이게 된다. 미국 자본주의는 전형적인 20 대 80의 양극 분열사회로 빠져드는 것이다.[6]

한편 금융유동성에 기초한 주주자본주의는 자본순환의 효율성을 극대화하기 위해 자본이동에 대한 규제를 전면 철폐할 것을 요구한다. 금융자본의 대내적 활동에 대한 규제의 철폐뿐만 아니라 국제이동에 대한 규제의 철폐가 이루어진다. 그리고 이러한 금융개방은 정보통신기술의 확산과 결합하면서 금융유동성에 기초한 금융축적체제, 곧 미국의 주주자본주의를 전세계로 확산시켰다. 여기에 덧붙여 세계상품시장의 경쟁격화는 주주자본주의의 확산을 더욱 부추기는 환경을 조성하였다. 바로 이러한 자본주의 세계경제의 재편 속에서 우리는 유럽 자본주의의 변모(사회민주적 자본주의의 위기와 진화)와 동아시아 경제위기의 기본 맥락을 발견할 수 있을 것이다.[7]

3. 사회민주적 자본주의의 재도전?

2차 세계대전 이후 자본주의와 사회주의의 체제경쟁이 지구공간정치를 둘러싼 군사 · 외교적 경쟁과 결합하여 세계적 차원에서 전개됨으로써, 비교경제체제론은 생산수단의 소유양식과 경제활동의 조정기구에 대한 이분법적 구분(사적 소유와 공적 소유, 시장기구와 관료 · 계획기구)에만 몰두하였다. 더욱이 80년대 중반 사회주의권이 해체되자, 논의지평의 단순화는 심화되어 시장과 계획의 대비, 곧 스미스의 세계와 마르크스의 세계의 대비만이 부각되고 후자에 대한 전자의 승리가 경제체제론의 주문이 되어버렸다. 하지만 그 동안 체제경쟁의 그늘에서도 자본주의 경제 내부의 제도적 차이에 대한 연구는 꾸준히 추진되어 왔으며,[8] 이는 사회주의권 붕괴의 여파가 가라앉고 비교경제체제론이 자본주의 경제체제 내부로 눈을 돌리면서 주목받기 시작하였다. 일차적으로 기업의 경영행태 · 지배구조, 시장(특히 노동시장, 자본시장)의 작동원리 및 구성형태 그리고 자본과 노동의 사회관계가 국민경제에 따라 다양하며, 이러한 다양성이 국민경제의 경제적 성과를 좌우한다는 사실이 지적되었다.

자본주의 국민경제들간의 제도적 차이에 대한 관심은 미국 자본주의의 변화가 자본주의 세계경제질서를 신자유주의적으로 재편함에 따라 더욱 증대되었다. 무엇보다도 90년대에 이르러 금융축적체제에 기초한 세계화가 심화되고 신자유주의적 사회경제질서가 미국뿐 아니라 유럽에서도 케인스주의적 타협에 기초한 복지국가 사회경제제도를 대체해 나가면서, 자본주의의 제도적 형태에 대한 논의는 두 가지 새로운 문제에 직면하게 되었다.

첫째, 신자유주의적 경제질서가 효율성과 경제적 자유의 이름으로 불평등의 심화와 사회적 배제를 정당화함에 따라 경제의 사회적 의미 또는 사회경제제도의 평가기준 자체에 대한 논의가 새롭게 제기되었다. 이른바 '인간의 모습을 한 자본주의'라 불리던 복지국가(와 그 다양한 변형태들)의 문명사적 존재이유가 소진된 것처럼 보이면서 사회경제제도가 추구해야 할 근본적 가치가 무엇인가 하는 것이 새로이 논의의 대상이 되었다. 둘째, 세계화가 신자유주의라는 자본주의 경제의 특정한 형태를 전파함에 따라 국민경제 단위의 개별 사회경제제도와 자본주의 세계경제 사이의 정합성이 문제로 대두되었다. 20세기 후반부의 연계된 자유주의라는 세계경제질서(국제적 금융규제체제)가 서구 선진자본주의 국가들에서 케인스주의적 복지국가(포드주의적 축적체제)를 가능하게 한 조건이었다면, 21세기 금융개방에 기초한 세계화는 신자유주의적 주주자본주의만을 허용하리라는 것이다.

이러한 두 가지 문제제기는 자본주의 경제제도에 대한 연구가 그 동안 간과해 왔던 경제인류학과 사회경제사의 연구성과, 특히 시장과 사회의 관계(배태·연계·매몰 등으로 번역되는 embeddedness와 그 반대어 disembeddedness, 자기조정적 시장) 및 경제의 본래적 의미(실체주의와

호혜성)를 탐구한 폴라니(K. Polanyi)와 물질문명-시장경제-자본주의
로 구성된 3분할체제 및 금융헤게모니 체제라는 분석개념을 제시한 브로
델(Braudel)에 대한 관심을 환기시켰다. 이들은 각각 자기조정적 시장경
제에 기초한 자유주의적 자본주의 질서의 모순(폴라니)과 국가와 자본이
결합하여 시장경제를 지배하는 금융헤게모니 체제의 불안정성(브로델)을
비판하는 사상가들이었다. 이제 폴라니와 브로델의 관점과 결합됨으로
써, 두 가지 문제제기는 자연스럽게 20세기 후반부 자본주의 문명의 안
정기 동안 인류가 성취한 하나의 성과인 사회민주적 자본주의의 의미와
국내외적 조건을, 신자유주의적 자본주의 경제에 대항한 대안적 자본주
의 경제의 모색이라는 차원에서 다시 한 번 바라볼 것을 요구하고 있
다.[9] 여기에서는 사회민주적 자본주의의 한 전형으로서 독일의 사회적
시장경제모델을 검토해 보기로 하겠다.

독일의 사회적 시장경제모델은 이념적으로는 오이켄의 질서자유주의
에 기원을 두고 있다. 질서자유주의의 근본적 관념은 공정한 경쟁질서가
지닌 경제적 효율성과 경제적 자유가 지닌 사회적 가치이다. 따라서 질
서자유주의는 공정한 경쟁질서와 경제적 자유를 가능하게 하는 시장경
제와 함께, 경쟁과 자유가 충분히 보장되는 경제질서를 확립하기 위한
경쟁질서정책을 옹호한다(Eucken, 1952 참조). 사회적 시장경제모델은 이
러한 질서자유주의의 경제질서로부터 한걸음 더 나아가기를 요구한다.
즉 "정신적이고 인격적인 자유가 사회적 보장과 결합되어 있는 전체 질
서" "시장경제에 부합하는 사회보장으로 둘러싸인 자유시장경제"를 목
표로 삼는다. 이러한 사회적 시장경제모델에 따르면, 경제질서는 공동이
익에 봉사하고 사회정의와 인격의 자유로운 계발을 실현시켜 주기 위한
'유익한 도구'일 뿐이다.[10] 여기에서 사회적 시장경제론은 공동체주의 내
지 협조주의의 관점에서 질서자유주의가 내세우는 전통적 자유주의의
관점을 벗어나고, 또한 경제질서에 대한 실용주의적 사고를 통해 질서자

유주의의 시장에 대한 규범론적 사고로부터도 자유롭게 된다. 사회적 시장경제는 시장 속의 개인이 경제적 (독점)권력으로부터 자유로워지기 위해서는 일정 수준의 소유가 제공되어야 하고 기업 등의 사회적 책임이 강조되어야 한다는 관점으로까지 나아가는 것이다.[11]

독일의 현실에서 사회적 시장경제는 하나의 역사적 타협물이었다. 자유자본주의와 사회민주주의 그리고 기독교민주주의 사이의, 전통주의와 근대주의(자유주의와 사회주의) 사이의, 그리고 자본과 노동 사이의 역사적 타협의 산물로서 사회적 시장경제는 수정자본주의적 성격을 띠고 있으며(Streeck, 1997), 이런 점에서 사회민주적 자본주의의 전형이라고 할 수 있다.

사회적 시장경제를 가능하게 하는 제도적 틀은 다섯 가지 정도로 요약된다. 첫째, 시장은 경쟁질서정책을 포함한 공공정책의 산물로서, 사회적으로 규제된다. 둘째, 기업은 사적 계약에 의해서만 성립되는 것이 아니라 사회적 제도의 산물이며, 따라서 기업의 사회적 책임을 제도와 법이 일정 정도 강제할 수 있다. 은행중심의 금융시스템은 사회적 차원에서 기업을 감시하고 장기금융을 제공한다. 셋째, 분권화된 국가권력에 기초하여 다차원적인 공적 개입이 이루어지며 각종 사용자협회 역시 개입의 주체로 작동한다. 넷째, 협조주의적 (공동결정)제도가 노사간, 기업간, 기업·정부간에 존재한다. 다섯째, 기술훈련제도와 사회보장제도 등을 통해 노동계급의 직업활동과 인간적 삶이 보장될 수 있도록 한다.[12]

이미 앞에서 언급하였고 또 이 책의 제2부에서 다각도로 분석하고 있듯이, 신자유주의적 세계화는 이미 80년대 말부터 사회민주적 자본주의의 전형인 독일의 사회적 시장경제에 변모를 요구하였다. 이러한 요구는 사회적 시장경제모델의 제도적 유효성이 금융축적체제하에서 그리고 신자유주의 세계경제의 격화된 경쟁체제 속에서 소진한 것이 아닌가 하는 질문을 낳는다. 우선, 사회경제적 제도의 복합체라고 할 사회적 시장경제는 가속화되고 있는 기술과 상품시장의 변화에 적응할 수 있는 제도적 유연성을 더 이상 갖지 못한다. 다음으로, 사회적 시장경제는 신자유주의적 세계화 환경과 비정합적이다. 사회적 시장경제는 공적 감시, 자율통제, 정부개입 등을 통해 시장을 끊임없이 교정하고 수정하는 따라서 공적 권력이 행사될 수 있는 국민국가 내에서만 작동 가능한 시스템에 가깝다. 탈규제와 시장근본주의가 지배하는 세계화는 공적 개입의 공간을 축소시키는 힘으로 작용하고 있다. 바로 이러한 점에서 이제 사회적 시장경제의 위기가 논의되고 있는 것이다.[13]

사회적 시장경제의 위기는 유럽통합과정에서 더욱 심화되고 있다. 국민국가 단위를 뛰어넘는 제도적 장치를 만들어내어야 한다는 본질적인 과제는 차치하고라도, 유럽통합은 사회적 연대의 약화와 민주주의의 결여라는 위협요소를 극복해 낼 것을 당장 사회적 시장경제에 요구하고 있다. 더구나 유럽통합은 사회민주적 자본주의 경제에 대한 합의가 이루어지지 않은 상태에서, 신자유주의적 세계화에 따른 경쟁에 앞서 유럽연합 내부에서 경쟁의 전면화, 경쟁국가정책을 강요한다.[14]

사회민주적 자본주의의 전형이자 가장 유망한 모델인 사회적 시장경제의 현실적 한계와 위기는 현단계 사회민주적 대안의 모색을 환상적이고 유동적인 것으로 보이게 한다. 하지만 미국의 금융헤게모니 체제도 자본주의 역사의 한 국면이며(브로델), 현재 세계를 지배하고 있는 신자유주의 시장경제도 시장과 사회의 이중운동이라는 틀을 벗어나지 못한다(폴라니). 지금 우리에게 필요한 것은, 사회적 시장경제가 질서자유주의에서 출발하였던 것처럼 비록 모호할지라도 신자유주의에 대항하는 이념을 만들어내고, 사회민주적 가치에 대한 공감대를 형성하고, 시장과 경제를 실용주의적 관점에서 바라볼 수 있는 사회의식의 변화를 일으키는 일이다.[15] 그리고 우리는 신자유주의적 세계화와 순간순간, 바로 여기에서 싸워나가야 할 것이다.[16]

주

1) 60년대 이후부터 1997년 경제위기 직후에 이르기까지 한국 자본주의가 밟아온 발전국가 모델의 형성과 구조변화에 관해서는 이병천·김균 편(1998) 참조.
2) 이러한 역설적 현상은 자기완결적일 수 없는 신자유주의 논리의 내적 모순 그리고 외적 강압(시장을 유지하기 위한 국가의 강제력)을 반드시 필요로 하는 신자유주의 경제질서의 분열 가능성 또는 불안정성을 상징적으로 보여준다.
3) 이러한 한국사회의 변화와 관련한 분야별 분석은 윤진호·유철규 편(2000) 참조.
4) 미국 자본주의의 변화과정과 작동원리에 대한 체계적이고 포괄적인 분석은 이 책 제1부 이병천; 조영철의 글 참조.
5) 미국경제에서 1980년대 초부터 90년대 말까지의 저축(률)과 금융자산의 실제적 변동 및 그것이 갖는 경제적 의미에 대한 논의는 아직 분명한 결론이 나지 않았다. 또한 총공급 과 총수요의 상호관계에 대한 논의들 역시 하나의 공감대를 형성하고 있지는 못하다. 이 점들과 관련하여 이 글과 다른 각도에서 논의를 전개함으로써, 이 글의 논의를 보완해 주는 것으로는 이 책 제1부 이병천 및 조영철의 글 참조.
6) 자세한 논의는 이 책 제1부 이병천의 글(5절) 참조.
7) 유럽 자본주의의 변모는 이 책 제1부 성낙선; 2부 전창환; 조영철의 글 참조. 동아시아, 특히 일본과 한국의 경제위기는 이 책 제1부 홍영기의 글; 이병천·김균 편(1998) 참조.
8) 주목할 만한 연구로는 Williamson(1985); Chandler(1990); Albert(1991), Lazonick(1991) 참조.
9) Polanyi(1957)는 19세기 사회질서를 세력균형체제, 금본위제, 자유주의 국가, 자기조정적 시장경제라는 네 가지 주요 제도로 파악하고 있다. 이 제도들은 정치적이거나 경제적이고, 국내적이거나 국제적이다.
10) 알프레드 뮐러-아르막(1996), 17, 32~33쪽. "경제라는 것은 [권력 및 세계관의 문제가 아니라-인용자] 재화생산에 봉사하는 작업수행 공동체이다."(같은 글, 17쪽) "중립적인 수단인 시장경제질서를 경제적 협력을 통하여 조직하여야 하고, 그 질서에 사회적 안정을 정착시켜야 하며, 그 질서를 사회적인 질서로 만들어"갈 필요가 있다(같은 글, 32쪽).
11) 질서자유주의와 사회적 시장경제론의 차별성에 대한 논의는 이 책 제2부 전창환의 글(3절) 참조. 양자의 차이에도 불구하고, 질서자유주의는 여전히 사회적 시장경제모델의 이념적 원천이다. 질서자유주의는 (자유)자본주의와 사회주의라는 근대적 경제체제 내부의 두 대립물을 극복할 수 있는 이념적 근거를 제공함으로써, 사회적 시장경제가 현실적으로 성립할 수 있는 이념적 환경을 만들어주었던 것이다. 질서자유주의와 사회적 시장경제에 대한 자세한 논의는 이 책 제2부 전창환; 박종현의 글 참조.
12) 자세한 논의는 이 책 제2부 참조.
13) 한편 독일형 기업지배구조, 은행중심 금융구조, 공동결정제도, 생산주의적 경영전략 등이 부분적 변화에도 불구하고 여전히 유지되고 있다는 점을 들면서, 사회적 시장경제의 존속 가능성을 주장하는 견해(Jürgens et al., 2000)도 존재한다.
14) 이 책 제3부 전창환(4절); 조영철의 글 참조.
15) 이와 관련해서는 이 책 제3부 윤도현; 이상호의 글; 김균·박순성(1998) 참조.
16) 이 책 제3부 조영철의 글(3절)이 지적하고 있듯이, 신자유주의 세계화에 대항하는 사회민주적 대안을 모색하는 노력이 해결해야 할 1차적 과제는 금융유동성과 투기적 자본이동에 대한 세계적 차원의 민주적 통제를 가능케 하는 초국적 통제기구(global governance)를 형성하는 일이다.

제1부 금융세계화와 자본주의 모델의 변화

세계 자본주의 패권모델로서의 미국경제
포드주의 경영자자본주의에서 금융주도 신자유주의까지

이 병 천[*]

1. 머리말

이 글은 오늘의 금융세계화를 주도하고 있는 미국경제가 어떠한 역사적 변모를 거치면서 출현하였으며, 현단계의 구조적 특징과 성장기제 그리고 그것에 내재된 모순은 어떠한 것인지를 밝혀보려는 것이다. 적어도 팍스브리태니카의 붕괴 이후 미국경제에 대한 연구는 단순히 하나의 개별 국민경제에 대한 연구를 넘어서 국민국가 수준과 세계체제 수준 모두에서 시대 주도적인 패권모델에 대한 연구, 그 구조와 동학, 내적 모순과 위기, 역사적 위상과 역할에 대한 연구라는 의미를 갖는다. 미국경제에 대한 이해는 자본주의 단계론적 관심과 유형론적 관심 그리고 국민경제적 관심과 세계체제적 관심 전반에 걸쳐서, 20세기 자본주의의 진화에 대한 이해는 물론이거니와 21세기 초 현단계 자본주의 동향에 대한 이해와 새로운 발전적 전망의 수립을 위해서도 필수적 과제라 할 수 있다.

* 강원대학교 경제무역학부 교수

미국과 한국, 미국과 아시아, 미국과 일본 경제의 긴밀한 내적 관련으로 볼 때 한국과 아시아 경제의 동향분석과 전망수립에 불가결함은 두말할 나위도 없다.

급진제도주의 정치경제학과 비교자본주의론의 연구성과에 따르면, 자본주의 경제는 전전(戰前)까지는 통상 자유주의적 자본주의, 파시즘 경제, 뉴딜경제의 세 가지 유형으로 구분되어 왔으나, 전후(戰後) 신자유주의 보수혁명을 거치고 나서는 앵글로-색슨형의 자유시장자본주의, 라인형의 사회적 시장자본주의 그리고 동아시아형의 발전주의적 자본주의의 세 가지 유형으로 구분될 수 있다.[1]

미국과 영국을 대표로 하는 앵글로-색슨형은 기업조직과 지배구조, 금융체제, 노동체제, 국가의 역할, 대외관계 등 국민경제의 모든 측면에서 자유시장원리를 중심에 두고 있을 뿐만 아니라, 사회구성 전체가 자유시장원리의 지배를 받고 있는 법치 규칙국가-자유시장체제이다. 독일과 스웨덴을 대표로 하는 라인-알펜형은 시장경제와 민주주의, 자본권과 사회권으로까지 확장된 인권의 두 발로 걷는 체제, 즉 사회적 법치국가-사회적 참여 시장경제체제이다. 독일과 스웨덴의 사회민주적 성격의 자본주의는 20세기 민주적 자본주의의 최선두에 섰던 모델이었다고 할 수 있다. 그리고 동아시아형은 선진국 추적의 목표를 위해 사회적 자원과 주민을 동원한다는 경제적 민족주의의 발전이념에 의해 국가와 자본이 성장지배연합을 구축한 권위주의 발전국가-성장지향 시장경제체제이다.

80년대까지만 해도 자본주의 시장경제의 국민적 다양성에 대한 논의, 시장자본주의와 제도자본주의의 유형적 차이와 후자의 경제실적의 우월성, 라인형 자본주의 나아가 동아시아형 자본주의가 갖고 있는 강점과 그 제도적·문화적 독자성을 강조하는 논의가 많았다. 80년대에 미국경제에 대한 지배적인 이미지는 쌍둥이 적자로 허덕이는 조락(凋落)하는 늙은 대국과 같은 것이었다. 그러나 90년대 이후 사정은 일변하여 자유시장과 세계화에 대한 숭배 사조가 일어나기에 이르렀다.[2]

 그 이유로는 무엇보다 1989년을 전환점으로 한 베를린장벽 붕괴, 냉전 종식과 잇단 공산권의 체제 역전환이 일어나면서 이것이 세계적 규모에서 보수화를 강화하는 이념적·현실적 효과를 미친 것을 들 수 있다. 그리고 90년대 이후 미국경제가 이례적으로 고성장-저물가의 장기호황 현상을 보이고, 그 반면 유럽경제와 일본경제가 계속 정체상을 보인 것이 시장원리주의의 부활에 큰 영향을 미쳤다.

 이런 배경에서 미국경제가 21세기를 선도하는 '신경제'모델이라는 주류적 주장이 제기되는가 하면, 현실적으로 미국은 금융자본의 세계화와 글로벌 신자유주의 체제의 일극패권국이 되어 약화된 패권의 만회를 기도하면서, 세계 모든 나라와 지구시민에게 자신의 자유시장사회와 닮은 모습이 되도록 강요하는 상황이 초래되었다. 그리고 해당 국가의 지배연합 역시 국제금융자본의 유입을 위해서 '바닥을 향한 질주'와 다름이 없는 입지경쟁을 벌이면서 미국의 패권전략에 영합·동조하고 있다. 동아시아위기는 글로벌 신자유주의의 파괴성을 입증하고 이를 반성할 수 있는 역사적 계기였음에도 불구하고, 한국이 동아시아경제의 신자유주의적 전환의 성공사례로 칭찬받고 그 기수역을 자청하고 그리하여 글로벌 신자유주의에 새로운 생명력을 불어넣고 있는 것은 큰 역설이라 하지 않을 수 없다.

 미국경제를 분석하는 이 글의 입장은 급진민주적 제도주의의 입장이다. 마르크스-폴라니-케인스 등의 비판적 종합에 의해 민주적 대안의 경제질서를 모색하는 급진민주적 제도주의는 시장독재형 성장지상주의와 국가동원형 성장지상주의 양자 모두에 대해 비판적 입장을 취하며, 사회적 공화주의와 사회적 참여시장경제를 옹호한다. 급진민주적 제도주의의 주장 몇 가지를 제시하면 다음과 같다.

하나, 시장자본주의 질서는 진공 속에서 존재하는 것이 아니고 특정한 질서규칙을 기반으로 해서만 작동한다. 질서규칙에 대한 '중앙적 계약'의 수립에서, 급진민주적 제도주의는 시장경제를 수용하지만 민주적 시민사회와 인권의 원리가 시장자본주의를 규율하는 사회적 참여시장경제를 지향한다. 그것은 독재정권의 검열이 돈의 검열로 탈바꿈한 시장적 사회구성을 거부한다.

둘, 노동력, 화폐와 자본 그리고 토지라는 본원적 생산요소는 그 상품화에 있어서 본래적 한계를 가지고 있다. 그것은 '가공상품'일 뿐이다. 따라서 특히 이들 생산요소에 대한 질서규칙은 개인의 자기책임뿐만 아니라 사회적 공공성을 동시에 포함해야 한다

셋, 급진민주적 제도주의는 국민경제가 세계화와 일정한 거리를 유지함을 지향한다. 국민경제의 종속을 거부할 뿐만 아니라, 국민경제가 오늘의 세계화된 무책임 금융자본의 독재와 무한경쟁의 야만 그리고 미국 패권주의 질서에 편승함을 거부하며, 호혜평등한 국제경제질서 수립을 지향한다.

이론의 중범위 추상수준에서 이 글이 의존하는 주요한 이론적 자원은 급진제도주의 정치경제학과 비교자본주의론, 특히 조절이론이다. 조절학파는 축적체제, 조절양식, 성장체제 등의 새로운 개념구성을 통해 자본주의의 특정 발전단계와 국민경제의 유형적 다양성을 연구할 수 있는 중범위 분석수준을 개척했다. 조절이론은 자본주의 시장경제를 강제와 동의의 복합체로 파악하는 '통합경제'(integral economy)의 정치경제학이라고 할 수 있다. 조절학파의 혁신은 자본주의와 사회주의의 이항대립을 넘어서, '통합경제'로서의 자본주의가 고유한 모순과 갈등 그리고 분리와 불확실성을 내포하고 있으면서도 어떻게 그 내부에서 일정 단계에 거시경제적 일관성과 규칙성을 가질 수 있는가, 그리고 어떻게 경제성장이 그 자체 자기목적이 되지 않고 민주적 진보의 목표와 부합하도록, 일관된

거시경제적 규칙성을 갖는 민주적 시장경제를 확보할 수 있는가를 탐구한 데 있다. 이와 더불어 조절학파의 국민경제 중심적 접근을 비판적으로 정정하고, 그 결함을 보완하는 이론적 자원으로는 네오그람시주의 국제정치경제학과 금융세계화론의 연구흐름이 중요하다.[3]

이 글은 특히 전후 황금기가 종식되면서 나타난 미국경제의 금융화와 세계화라는 두 역사적 경향과 구조, 그것들의 모순적 성격의 분석에 초점을 맞출 것이다. 그리고 세계경제에서 미국이 차지하는 헤게모니적 위상에 부응하여 국민경제 시각과 세계체제 시각을 결합한 복안적 접근을 취할 것이다. 그리고 포드주의 경영자자본주의의 위기와 신자유주의 경제의 형성의 역사로부터, 미국 신자유주의가 전후 황금기 경제의 구조적 위기에 대한 보수적 대응형태임과 동시에 약화된 미국패권의 만회를 위한 정치적 선택이라는 중첩적 성격을 갖는 체제로 출현했음을 밝힐 것이며, 현재의 경제회복이 어떠한 역사적 조건에 힘입고 있는가를 보일 것이다. 이어서 현단계 미국경제 회복의 동인과 구조가 어떠한 것이며, 이는 어떤 새로운 모순을 확대재생산하고 있는가를 살펴볼 것이다.[4]

2. 포드주의 경영자자본주의와 구조적 위기

냉전체제와 포드주의 경영자자본주의

미국에서 신자유주의 질서는 전후 자본주의 '황금기' 경제(Marglin and Schor, 1991)의 구조적 위기에 대한 보수적 반혁명으로 출현하였다. 전후 황금기 경제의 핵심 구조는 포드주의 경영자자본주의로 파악될 수 있다. 미국은 강제와 동의가 결합된 특수한 이 냉전 아메리카주의 성장체제와 '생산성의 정치'[5]의 확립과 유럽으로의 확산을 통해서, 국내적으로 자유민주주의적 부르주아 패권체제를 구축했을 뿐만 아니라 파시즘을 극복하고 사회주의 진영의 도전에 맞서 자본주의 진영의 글로벌패권도 확보할 수 있었다. 전전에 일어난 경영혁명과 케인스주의적 타협이라는 양대 제도적 혁신을 냉전적 형태로 개편하면서 새로이 발전시킨 전후 미국의 포드주의 경영자자본주의는 아래와 같은 세 가지의 제도적 기둥에 의거하고 있었다.

먼저, 자본과 노동의 제도화된 타협이다. 자본은 노동에 생산성 증대에 연동된 임금상승과 고용안정을 제공했다. 그리고 이와 교환으로 노동은 자본의 경영권 독점을 용인하고 노동과정에서 구상과 실행의 분리라는 소외된 노동에 복종했다. 그런데 우리는 전후 선진국 포드주의 체제 중 노동권은 미국에서 가장 빈약했으며, 여기에는 미국의 보수적 냉전자본주의적 성격이 각인되어 있다는 사실에 주목해야 한다. 냉전시대의 개막은 '국제적 전선'만이 아니라 미국 '국내적 전선'에서도 국가-사회관계, 자본-노동관계에 심대한 보수적 전환을 가져왔으며 그 결과 미국은 뛰어나게 냉전안보 자본주의의 성격을 갖게 되었던 것이다.[6] 노동을 탈정치화시켜 생산성 지향적인 냉전정치적 동의 속으로 포섭한 미국형 자본주의는 노동의 참여와 노자 동반자관계를 이룬 라인형 자본주의와는 정치사회 및 경제사회의 핵심 파라미터가 다르다.

공산주의 위협에 대항하는 국가안보의 명분 아래 대대적인 좌파 색출작업과 반노동공세가 펼쳐졌고, 이 과정에서 통상 태프트-하틀리법(Taft-Hartley Act, 1947. 8)으로 불리는 노사관계법이 통과되었다. 태프트-하틀리법은 와그너법(1935년의 국가노동관계법)으로 대표되는 전전 뉴딜의 진보적 노동개혁 유산에 근본적 후퇴를 가져왔다. 이 법에 따르면 클로즈드 숍(closed shop) 제도는 금지되고, 단체교섭기간에 파업이 일어날 경우 고용주는 계약파기로 소송을 할 수 있고 노조는 손실배상을 하게 되어 있으며, 또한 파업 이전에 60일간의 냉각기간을 갖게 했고, 동조

34

파업과 같은 노조의 계급연대행위를 불법화할 뿐 아니라 노조의 정치적 기부행위를 금지했다. 그렇지만 이 법의 가장 독소적인 부분은 노조가 국가노동위원회의 보호를 받기 위해서는 조합간부들이 불온하지 않다는 충성서약을 하게 한 것이다. 즉 노조간부는 공산당원이 아니고 공산당과 관련되어 있지도 않고, 나아가 미국정부를 전복하려는 어떠한 조직도 신봉·지지·가입하지 않는다는 공술서를 매년 제출해야 했다. 이에 따라 미국 노동운동은 분열·약화되어 실리적 조합주의로 흐르게 되었고, 그리하여 노동을 탈정치화시킨 '생산성의 정치'가 헤게모니를 장악할 수 있는 제도적 강제틀이 마련되었다.[7]

둘째, 금융자본의 자유를 제약한 미국 특유의 관리된 금융체제다. 이는 전전 30년대 대공황기에 금융자본의 집중과 투기화를 억제하고 공황의 재발을 막기 위해 제정된 글래스-스티걸법(Glass-Steagall Act, 1933)에 기반을 둔 것인데, 이에 따라 금융자본의 소유구조가 크게 분산되고 지배력이 약화되었을 뿐만 아니라 이자율이 이윤율보다 낮게 규제되고 금융업무영역도 엄격히 구분되었다. 관리된 금융체제는 산업자본의 금융자본에 대한 헤게모니를 가능하게 하고 투자자금을 저비용으로 조달할 수 있게 했으며, 그럼으로써 포드주의 경영자자본주의가 노자간의 제도화된 타협을 제도형태의 중심으로 구축할 수 있는 금융적 기초를 제공하였다.

셋째, 기업지배구조 측면에서 경영자지배체제다. 소유와 경영의 분리가 크게 진전되고 금융자본의 자율성이 통제됨으로써 미국 기업지배구조는 '약한 소유자와 강한 경영자'라는 경영자주도의 구도를 갖게 되었고, 경영자는 관리된 금융체제가 제공하는 금융헌신을 확보하면서 생산물시장의 경쟁압력 아래서 경쟁우위를 유지·발전시켰다.[8]

이와 같은 국가-사회, 자본-노동, 산업-금융 관계의 틀을 규정하는 제도적 기둥들 위에서 포드주의적 금융통제하의 경영자자본주의는 이윤과 임금, 대량생산과 대량소비가 같이 가는 포드주의 거시경제 호순환, 즉 생산성 상승→실질임금 상승→대중소비수요 확대→고투자＝고성장 →고용창출의 동학을 창출했다. 전후 황금기 미국의 포드주의 경영자자본주의는 유럽과 일본의 호황에 견줄 바는 아니었으나, 60년대 중반까지 전후 약 20년 동안 지속적 경제성장, 완전고용, 비교적 나은 사회복지라는 실적을 보였다.

구조적 위기, 노자타협 및 관리된 금융체제의 내적 모순

황금기는 60년대 중반을 전환점으로 종식되고 그 이후 장기불황, 즉 구조적 위기에 빠진다. 스태그플레이션은 이 구조적 위기의 집약적 표현이었다. 60년대 중반 이후 미국경제 축적조건의 악화와 구조적 위기를 보여주는 기본 지표는 이윤율의 하락이다. 기업환경과 이윤기대를 나타내는 토빈 q[9] 도 경제동향과 전망의 좋은 지표가 된다. 이윤율과 토빈 q 두 지표 모두 1965년에 정점에 도달했다가 이후 80년대 초까지 약 절반 수준으로 하락했다(Bowles et al., 1984, pp. 95~96). 1969~70년과 74~75년의 경기후퇴 이후 이윤율이 미약하게 회복되긴 했지만 지배적인 장기불황의 경향을 돌이키는 데는 별 영향을 미치지 못했다.

이윤율 하락 이유에 대해서는 흔히 임금상승 압력에 의한 이윤압박으로 설명한다. 그러나 위기 이전의 미국경제에서 임금상승률은 생산성상승률의 둔화 이상으로 둔화되었다. 특히 미국은 다른 나라와 비교할 때 임금상승률이 더 낮았고 노동력 공급이 원활한 편이었다. 그러므로 이윤율 하락으로 표현된 축적위기를 가져온 최대의 요인은 단순한 임금압박보다는 생산성상승률이 둔화된 데서 찾아야 한다. 즉 자본의 유기적 구성의 고도화를 상쇄하는 생산성 상승의 향상이 지체됨으로써 위기가 도래한 것이다. 이 생산성상승률 둔화의 근원은 포드주의적 노동체제의 효력이 고갈된 데 기인한다(Lipietz, 1986b).

포드주의적 노동체제에서 노동자들은 종래의 테일러주의적 방식대로 지적 능력이 박탈되고 과업이 세분화된 상태에서 지루한 고역을 반복해야 했고 이 고역에 대한 복종의 대가로 규칙적인 실질임금의 상승과 고용안정을 확보했다. 그러나 30년대 대불황의 기억이 사라지고 신세대 노동자들이 유입되면서 노동자들은 노동과정의 의사결정권, 직장생활에서의 건강과 안전, 더 나은 교육 그리고 보다 의미 있는 생활을 위한 기회 등 더 높은 욕구를 갖게 되었다. 이 새로운 권리의식과 삶의 질에 대한 욕구는, 구상과 실행의 엄격한 분할에 기반을 둔 테일러주의적 노동방식과 충돌하였다. 그리하여 노동과정에서 긴장과 갈등이 증대하고 노동효율성이 떨어졌다. 그러면서도 자본의 노동에 대한 규율기제는 크게 약화되었다.

시장경제에서 최고의 노동규율은 실업위협인데, 이는 노동자들의 생존이 취업에 절대적으로 의존해 있고 다수의 노동자들이 실직상태에 있을 때 효과를 발휘한다. 그러나 실업률이 아주 낮고 실업수당 등 사회보장 프로그램이 어느 정도 갖추어짐으로써 자본가들의 전통적인 노동규율수단이던 실업의 노동자 규율효과와 산업예비군 효과가 크게 약화되었다. 이것은 기업주들이 노동통제 강화를 통해 이윤율을 유지·회복할 수 있는 여지를 좁혔다(Bowles et al., 1984, pp. 84~91). 기업주들이 임금상승을 억제하고 잦은 부당노동행위를 감행하는 등 노동을 압박하자, 이는 생산성 상승이나 이윤율 회복이 아니라 노동자 결근율의 증대, 비공식 파업의 확산 등 노동계급의 저항을 초래했다. 노자관계는 자기파괴적인 악순환에 빠지면서 포드주의적 계급타협은 붕괴되기 시작했다(같은 책, pp. 98~113; Brenner, 1998a, pp. 108~11).

구조적 위기는 노동체제의 모순과 동시에 관리된 금융체제의 내재적 모순에서도 기인하였다. 원래 화폐-금융 질서가 안정되지 않으면 소유권 질서 자체가 뒤흔들리게 되고, 그럼으로써 노사관계를 포함하여 비시장적 조절이 지속되기 어렵게 되어 있다(전창환, 2000b). 그런데 포드주의적 경영자자본주의는 금융자본과 금리생활자계층의 이해를 통제하면서, 동시에 매우 인플레 유발적인 경향을 가지고 있어서 양자간에는 구조적 갈등관계가 잠재되어 있었다. 포드주의 전성기에 인플레 유발형에 대한 금융자본의 저항은 잠재적 형태로 머물러 있었지만, 공급 측면에서 생산성상승률이 둔화되고 인플레 압력을 저지할 수 없게 되면서 이에 대한 금융자본의 저항은 표면화되고 거세어졌다. 그리하여 포드주의의 위기와 인플레 심화에 대한 금융자본의 저항과 반격은 금융자유화와 금융개방으로 나아가는 기본 동력으로 작용했다.

스태그플레이션

왜 이윤율의 하락과 경기침체가 자본주의 역사상 전례가 없고 당대 경제학의 상식에도 반하는, 불황-실업과 인플레이션이 병진(竝進)하는 스태그플레이션(stagflation) 현상을 낳았는가. 물론 석유위기가 스태그플레이션을 심화시킨 것은 분명하다. 그러나 스태그플레이션은 본질적으로 경제침체에 정치적 교착(political stalemate)상태가 중첩됨으로써 초래된 특수한 위기형태이다(경제침체+정치적 교착=스태그플레이션). 경제주체들이 이해갈등에 대한 협력적 해결방식을 만들어내지 못하고, 그러면서 어느 누구도 상대방에 자신의 의지를 일방적으로 관철시킬 능력을 갖지 못한 정치경제적 상황이 스태그플레이션을 낳은 것이다(Bowles et al., 1984, pp. 116~19). 자유시장자본주의의 축적논리대로라면 이윤율이 하락하면 투자가 줄어들고 생산과 고용이 감소하고, 그에 따라 가격도 하락하고 임금도 하락하고 정부지출도 감소할 것이다. 금융시장에서는 이자율이 상승하여 신용공급도 억제될 것이다. 새로운 경기회복은 자본의 노동에 대한 지배권의 복원, 생산비 절감과 생산성 향상 그리고 이를 통한 이윤율 회복으로 도래할 것이다. 그러나 포드주의-케인스주의가 물려준 정치적 교착상태는 위기형태를 근본적으로 변질시켰다. 경제기초 여건상 전체 떡의 크기는 줄어들었다. 그러나 자본과 노동 어느 쪽도 양보하려고 하지 않았다. 정부도 지금까지의 성장경제 기조를 유지하려고 했다. 이를 좀더 살펴보자.

우선 전후 황금기에는 고정설비투자가 크게 증대했는데 이에 따른 막대한 고정비용 때문에 생산이 감소해도 그에 비례해서 비용이 감소되지는 않았다. 그래서 과점기업들은 자본의 가치잠식을 판매가격에 전가시키려고 했다. 또한 노동자들은 노동조합의 조직력을 기반으로 협상 실질임금을 고수하려고 했다. 그리하여 독점적으로 조절된 관리가격-물가 짝과 함께 임금-물가 짝이 서로 상승작용하면서 등귀하는 악순환이 일어났다. 그리고 정부는 경기침체와 재정적자의 심화에도 불구하고 국민들이 지금까지 누려온 사회보장혜택을 단번에 삭감하기 어려웠다. 1965년 이후 80년까지, 65~67년, 67~69년, 73~75년, 76~80년 등 네 차례에 걸쳐 인플레 폭발시기가 있었는데, 이때마다 반인플레정책은 1년 이내에 포기되었다. 뿐만 아니라 미국은 복지국가 이상으로 군사전쟁국가(military warfare state)이어서 방대한 군비지출이 재정적자를 만성화시켰다.

그리하여 자본의 축적위기에도 불구하고, 신용화폐의 강제통용과 금융적 곤란의 공공부문으로의 이월에 의해 노동-상품-화폐-자본 가치를 사회적으로 '가인정'(pseudo or quasi-validation)하고 손실을 사회화시킴으로써 위기가 폭발적이지 않고 점진적이고 완화된 스태그플레이션 형태로 나타나게 된 것이다(de Brunhoff, 1979, pp. 119~35). 금본위제 아래서는 신용화폐의 강제통용과 사회적 가인정은 이루어지지 않는다. 그러므로 스태그플레이션은 노자 타협구조의 모순과 관리된 금융체제의 모순에 신용화폐체제의 특성이 결합됨으로써 생겨난 구조적 위기라는 성격을 갖는다.

케인스주의는 원래 공급 측면의 곤란이 아니라 수요 측면의 곤란을 주요 문제로 삼고 있다. 따라서 시장실패를 시정하기 위한 그 정책도 기본적으로 수요부족을 타파하기 위한 총수요관리정책이다. 그러나 황금기의 종말을 가져온 구조적 위기는 공급 측면의 곤란 때문에 야기되었으며, 이런 상황에서 총수요확장정책은 효력을 발휘하지 못하고 실패로 돌아갔다. 재정적자에 의한 총수요확장정책은 기업에 투자와 생산 증대의 유인을 제공하지 못했다. 반면에 인플레이션을 가속화시켰다. 그리하여 생산적 자본의 노동과의 계급타협은 깨어지고 자기파괴적인 악순환에 빠졌으며, 이는 생산적 투자 수익의 전망을 어둡게 만들었다. 거기에 지속적 인플레이션은 미래의 예상 비용과 수입에 대한 불확실성을 높였고, 금리상승과 금융규제 완화에 대한 강력한 압력을 낳았다. 산업투자는 약화되고 단기화되며 사회적 자금이 금융적·투기적 축적으로 이동하는 경향이 나타났다.

3. 미국 헤게모니의 위기와 브레턴우즈체제의 붕괴

미국 헤게모니의 위기=달러위기

전후 미국은 단순히 세계경제 내의 한 나라가 아니라 헤게모니 국가이며 강제와 동의의 결합력으로 자본주의 세계경제질서를 주도하는 위치에 있었다. 미국 황금기의 종식과 구조적 위기에는 국내적인 포드주의 노동체제의 효력소진 및 관리된 금융체제에 내재된 모순에 헤게모니적 위치에서 비롯된 국제적 요인이 중첩·결합되어 있었다.

미국이 공산진영에 대한 반공진영의 결속을 도모하고 또 진영 균열과 이탈을 막기 위해 투입해야 했던 '리더십 비용'과 '제국운영의 비용'은 미국경제가 황금기에도 불구하고 유럽과 일본보다 성장이 미약할 뿐만 아니라 위기 또한 빨리 도래하게 한 중요한 요인으로 작용했다. 미국의 달러살포와 관용 아래 유럽과 일본은 빠른 속도로 경제를 재건하고 추적해 오면서 미국은 경쟁우위를 잃게 되었다. 세계시장에서 차지하는 미국제품의 비중은 격감했고 유럽·일본 제품이 미국 국내시장을 잠식했다. 이에 따라 미국 제조업체들은 국내 생산적 투자 확대에 소극적으로 되고 해외투자를 증가시켰다. 또한 팍스아메리카나에 대해 제3세계도 반란을 일으켰다. 이들 전후세계 '지구의 절반'은 비동맹운동, 운크타드, 77개국 회의와 같은 장을 만들어 연대를 도모하였고, OPEC국가들은 원유가격에 대한 결정권을 되찾으려고 시도하였다(Bello, 1994, pp. 31~35).

바로 이 때문에 자본주의 세계경제 내의 주요한 모순들과 취약성 또한 미국경제로 집적·집중되는 경향이 있었다(이병천, 1999a; Chesnais, 1999b). 미국경제의 구조적 위기는 국민경제적 수준을 넘어 자본주의 세계경제에서 미국 헤게모니의 위기, 그리하여 이것에 의존하고 있던 전후 세계경제 질서, 즉 고정환율제와 자본이동 통제라는 '규제된 자유주의'(embedded liberalism, Ruggie, 1982)를 기본 원리로 하고 있던 브레턴우즈체제의 붕괴를 가져왔다. 그 붕괴의 결과가 변동환율제와 자본의 자유이동에 기반한 탈규제된 글로벌 신자유주의인 것이다. 브레턴우즈체제는 미국이 세계적 헤게모니를 지탱할 수 있는 경제적 경쟁우위를 상실하고 또 포드주의의 인플레 유발경향이 표출·심화되어 고정환율의 달러본위제의 게임규칙인 헤게모니 국가의 제로 인플레이션 규준이 지켜지지 않음으로써 붕괴되었다.

유럽과 일본이 미국을 추격하면서 미국의 지위는 추락하고 이는 대외경제 면에서 국제수지 적자의 심화로 나타났다. 베트남전 개입과 확전은 미국경제를 더욱더 약화시켰다. 1971년 미국의 무역수지는 전후 최초로 적자로 돌아선 데 반해, 유럽·일본의 달러 부족상황은 그 반대인 달러 유동성 공급과잉 상황으로 바뀌었다.

원래 케인스안과 화이트안의 타협으로 마련된 브레턴우즈협정이 지향한 전후 국제통화체제는 '금 1온스=35달러'라는 평가를 기준으로 해서 달러를 기축통화로 하는 '금-달러본위제'로 되어 있었지만, 현실적으로는 금은 화폐로 기능하지 않는 폐화로 되었기 때문에 달러본위제와 고정환율제(조정가능 페그제, adjustable peg)로 운영되었다. 그러면서 미국은 국제수지 적자를 통해 달러=국제유동성을 공급하는 구조를 갖고 있었다. 이는 또한 방출되는 달러가 금과 교환됨이 없이 타국에서 계속 보유하면 미국은 국제수지 적자를 계속 자국통화인 달러로 결제할 수 있기 때문에 미국의 국제수지 적자를 지원하는 체제이기도 했다. 이로써 미국은 기축통화 발행국으로서의 특권(seigniorage)을 가지고 있었고 달러화폐 헤게모니는 미국의 세계 헤게모니의 핵심 요소 중의 하나였던 것이다. 그러나 IMF체제는 미국이 세계에 방출하는 달러가 금준비를 초과하면 달러에 대한 신인도가 하락하고 달러가치가 불안정해진다는 모순을 가지고 있었다. 유럽·일본 경제의 재건과 대미 추격 그리고 미국 경쟁우위의 상실과 기초수지 적자로, 달러유동성 공급과잉 상황이 되면서 달러 신인문제, 곧 달러 위기사태가 발생한 것이다.

브레턴우즈체제의 붕괴, 초국적 자본과 세력, 미국의 일방적 특권

1971년 8월 닉슨은 금-달러 교환정지, 10% 수입특별세의 부과, 임금·물가 동결 등을 내용으로 하는 신경제정책을 발표하고 다각적 평가조정에 나섰다. 이 닉슨조치의 의미는 금태환정지 이상으로, 고정환율의 달러본위제하에서 금지되어 있는 평가절하를 단행한 데서 찾아야 할 것이다.[10] 명목준거지표(nominal anchor)인 달러는 평가변경을 해서는 안 되게 되어 있는데, 왜냐하면 그럴 경우 고정환율의 달러본위제도 자체가 작동할 수 없게 되기 때문이다. 긴급조치로 스미소니언협정(Smithsonian Agreements)이 성립하였으나 달러신인은 회복되지 않았고, 무역수지 악화와 자본유출이 계속되면서 달러위기는 재발하게 되었다. 73년 3월 선진 각국은 변동환율제로 이행하였고 이로써 외환시장이 투기장화하는 금융주도 글로벌 신자유주의 체제로 나아가는 한 초석이 놓인 것이다.[11] 미국은 유럽과 일본의 자본유출입국 쌍방에서 협력적 통제를 도입하고 유로시장에서도 통제를 부과하자는 제안을 거부하고 74년 환통제를 철폐하였다.

브레턴우즈체제가 재구성이 아니라 붕괴의 방향으로 나가게 된 데는, 적어도 초국적 자본과 초국적 세력의 압력, 글로벌금융을 기반으로 패권을 만회하려는 미국의 국가적 이해관계, 자유시장주의로의 이념적 지형의 변화라는 세 가지 이유를 들 수 있다(Helleiner, 1994, pp. 101~22; 이병천, 1999a, 54쪽). 이중에서 초국적 세력들의 위기진단과 해법모색에 대해서는 삼각위원회(Trilateral Commission) 등의 활동으로 확인된다(Gill, 1990; 1995; van der Pijl, 1984; 1995; 1998). 삼각위원회는 초국적 자본의 이해를 대변하는 초국적 엘리트 네트워크로서 미국-유럽-일본 간의 갈등과 원심분리적 경향을 막으면서 국가정책을 글로벌 자본주의 형성의 방향으로 변화시키고 안정적인 국제경제 협력구조를 창출하기 위해 만들어졌다. 이들의 위기진단은 전후 세계질서를 지탱하던 제도의 비판적 검토에 집중되어 있었다.

첫째, 미국 헤게모니의 약화에서 비롯된 세계체제의 불안정을 미국의 후견 아래 독일과 일본이 비용을 분담하는 '집합적 관리'를 통해 해결할 것을 제안했다. 둘째, 초국적 자본이 위기해결의 주체가 되어야 한다고 보았다. 셋째, 전후 계급타협체제는 민주주의의 과잉체제라고 규정하고

노동에 대한 공격과 국가-자본관계의 강화를 대안으로 제시했다.[12]

70년대에는 전반적으로 달러가 약세이고 엔과 마르크는 강세였지만, 특히 70년대 초에는 미국만 달러위기에 직면한 것이 아니라 유럽 각국도 환율유동화에 대한 강한 압력을 받았다. 이는 미국이 시뇨리지 특권을 남용하여 화폐절도(節度)를 상실하고 인플레정책을 전개함으로써 세계경제의 명목준거지표로서 물가안정을 유지한다는 책임을 수행하지 않은 점(이는 주로 유럽국가들의 주장이다), 미국이 기축통화인 달러의 가치를 안정적으로 유지해야 하는 의무 때문에 여타 국가들의 평가변경을 수동적으로 수용해야 했던 점(이는 주로 미국의 주장이다)과 더불어, 브레턴우즈체제 아래서도 60년대 유로시장[13]이 성장하면서 탈출구를 찾은 투기적 금융자본의 압력이 있었던 데 기인한다.

국제금융자본의 압력과 각국 정부간의 이해관계와 의견 불일치, 브레턴우즈체제의 내적 모순 등으로 이 체제가 붕괴된 후의 새로운 국제통화체제는 변동환율하의 달러본위제인데, 이는 아무런 제도적 기초를 갖지 못한 체제(non-system)이다. 이 체제 아래서는 각국의 재정·금융 정책이 대외균형(환율안정과 국제수지조정)보다는 국내균형(물가안정과 고용)을 우선목표로 하여 운용되고, 국제수지 조정과 국제유동성 공급이 모두 시장에 맡겨지게 된다.

그런데 달러의 금태환폐지와 변동환율제 아래서 미국은 세계의 명목준거지표 국가로서 물가안정을 유지할 책임에서 해방된 반면, 달러는 여전히 기축통화의 지위를 지니고 있었고 이에 의거하여 미국은 시뇨리지 특권을 누릴 수 있었다. 그리하여 미국은 권리와 책임이 전혀 비대칭적인, 아무런 책임을 동반하지 않는 시뇨리지 특권국가가 된 기형적 '달러본위제' 아래서 달러가치 안정이라는 제약에서 해방됨으로써 달러 평가절하에 의한 달러의 '국제적 가인정'(international pseduo-validation) 관철과 경기확장정책을 결합시켜, 성장과 완전고용을 지향하는 정책을 추구하였다.[14] 70년대 10년 동안 달러는 마르크와 엔화에 대해 유사하게 약 50% 절하되었다(이병천, 1999a, 50~51쪽).

그러나 미국은 달러 평가절하 특권을 무한히 누릴 수는 없었다. 왜냐하면 달러는 이미 '협상통화'의 지위로 떨어졌기 때문이다. 카터정권 말기인 1978~79년 미국경제는 다시 달러위기에 빠졌다. 그리고 카터의 수요확장정책은 결코 황금기와 같은 기적을 낳지도 못했다. 앞에서 본 바와 같이 위기를 가져온 공급 측면의 곤란은 케인스적 수요확장정책으로 해결될 수 없었기 때문이다. 이윤율은 계속 하락했고 성장과실에 대한 분배갈등은 인플레이션에 의해 완화되었다(Lipietz, 1992, p. 19).

4. 신자유주의 보수혁명의 국내외적 측면

볼커의 정책전환, 제2차 냉전, 글로벌 신자유주의의 개막

미국에서 60년대 후반 이래 지속된 스태그플레이션 상황 그리고 70년대 말의 자본유출 및 달러신인도 위기가 겹쳐 조성된 경제적 악순환과 정치적 교착상태로부터 결정적으로 단절한 극적 정책전환이 이루어진 것은 1979년 10월의 일이었다. 연방준비제도이사회(FRB)의 전(前) 의장 볼커(P. Volcker)가 주도한 신경제정책은 인플레이션과 달러하락 악순환의 진행을 단절하고 미국이 신자유주의적 길로 나아간 혁명적 전환점이 되었다(이병천, 1999a, 52~54쪽).

이 정책의 내용은, 첫째 거시경제정책이 케인스주의적 확장정책에서 물가안정을 지상명령으로 하는 통화주의적 긴축정책으로 전환한 안정화 프로그램이었다. 이 정책에 의해 통화량이 극적으로 축소됨으로써 종래 물가상승률 이하 수준으로 통제되어 왔던 이자율이 자유시장에 상응하는 고수준으로 상승하였다. 둘째, 자본이동에 대한 규제를 전면 철폐함으로써 미국정부는 초국적 금융자본이 부과하는 규율에 순응하는 개방노선으로 확고히 전환하였다. 1978년 후반의 달러위기는 전후 미국의 경제정책 자율성에 대해 가장 심각한 대외적 제약을 가져다주었는데, 이에 대해 미국정부는 초국적 금융자본의 압력에 순응하면서 그 호랑이 등 위에 올라타 자국이익을 추구하는 노선을 선택한 것이다.

미국에서 볼커의 정책전환이 일어난 1979년은 영국에서 대처가 정권을 장악함으로써 세계적으로 보수화의 발걸음이 본격화한 시기이다. 뿐만 아니라 소련이 아프가니스탄을 침공하고 미국이 나토에 신형 핵미사일(크루즈 미사일, 퍼싱II 미사일)을 배치하는 등 '제2차 냉전'이 지속·격화된 시기이다. 하이에크를 대표로 하는 신자유주의 이념 그 자체는 전후 줄곧 가장 열렬한 냉전반공주의의 중심적 구성부분이 되어왔던 것이지만, 이 시기 '제2차 냉전'은 케인스주의의 위신추락과 상승작용을 하면서 정치적 흐름으로서의 신자유주의의 매력을 한껏 드높였다. '강한 아메리카'의 부활을 내세운 레이건의 집권은 경제적 위기와 동시에 '제2차 냉전'에 대한 미국의 공세적 대응방식을 의미하는 것이기도 했다.[15] 그리고 이어서 미국의 주도 아래 선진자본주의국을 비롯한 세계 전역이 신자유주의의 소용돌이에 휘말리는 글로벌 신자유주의화와 보수화의 물결이 일어나게 된다(Anderson, 1999, p. 49; Chesnais, 1999b, p. 100).

레이건의 금융개방

레이건정부는 볼커의 개방노선을 계승하고 공고히 하면서, 금융개방을 통해 대내적 위기를 수습할 뿐만 아니라 글로벌 신자유주의 또는 '세계화된 금융지배 축적체제' 속에서 미국의 패권을 만회·강화한다는 계산을 가지고 확고하게 공세적 개방노선을 취했다. 미국 금융자산과 금융시

장이 외국투자가들에게 더 매력을 끌 수 있도록 투자수익에 대해 세금우
대조치를 실시한 것(1984년의 채권이자수입 30% 원천과세의 공제), 유
로시장 활동을 미국 쪽으로 유인하기 위해 IBF(international banking
facilities, 세금 없는 탈규제 국제은행 설립, 국제은행업무, 즉 역외금융업무를 가리
킴)를 허용한 것(1981), 유로본드시장(Euro-bond market)으로 직접 투입
되는 특별재무부증권을 발행한 것, 외국인들이 익명으로 재무부증권을
구입할 수 있게 한 것 그리고 미·일 엔-달러협정(1984)을 비롯하여 다
른 나라들도 금융개방에 동참하도록 촉구하고 압력을 가한 것 등이 그러
한 개방노선의 표현이었다(Destler and Henning, 1989, pp. 29~30; Helleiner,
1994, pp. 138, 147~49).

대내적 측면에서 레이건정부의 신자유주의 경제정책은 스태그플레이
션을 수습하고 자유시장과 자본 전제적인 구조조정을 통해 새로운 성장
체제를 확립하기 위한 일련의 미시경제정책과 거시경제정책을 포함하고
있다. 미시경제정책은 시장에 대한 정부개입의 전반적 축소와 규제완화
(노동시장 유연화, 감세, 산업과 금융의 규제완화 등)를 내용으로 하고
있고, 거시경제정책은 팽창적 수요관리정책에서 긴축통화정책으로 전환
한 것이다.[16) 그러나 긴축통화정책은 조기에 종식된다.

작은 정부와 규제완화

영미형 자본주의는 라인형과 대비되는 공통점을 갖고 있지만, 미국은
영국과 달리 공기업부문의 비중이 매우 낮다는 특징이 있다. 그 때문에
레이건정부의 신자유주의 공세는 대처의 영국처럼 대대적인 민영화를 동
반하지 않았고, 그보다는 광범한 분야에 걸친 탈규제의 형태를 취했다.
우선, 노동시장 유연화정책은 자본의 효과적 노동통제체제, 노동시장
의 경쟁규율을 복원하기 위한 것으로서 비정규직 노동을 자유롭게 활용

할 수 있게 한 것, 파업노동자의 직장복귀를 거부하고 대체노동자를 영속 고용할 수 있게 한 것, 단체교섭중에도 공장을 자유로이 이전할 수 있게 하여 노조의 협상력을 약화시킨 것, 전국노동관계위원회(NLRB)에 레이건이 임명한 반노조 성향의 인물이 다수를 차지하게 한 것, 동위원회가 부당노동행위를 방관한 것, 최저임금 수준을 삭감한 것 등을 들 수 있다. 대처가 광산노동자 파업을 격퇴한 것과 유사하게 레이건도 항공기관제소 노동자파업에 대한 단호한 대처방식에서 볼 수 있듯이 '작지만 강한' 정부의 자세로 노동배제적 유연시장체제를 확립해 나갔다. 이로써 신자유주의적인 국가–사회관계와 자본–노동관계의 기본틀이 구축되게 되었다.

둘째, 자본의 투자유인을 회복하고 근로의욕을 자극한다는 목적으로 법인소득과 개인소득 양쪽 모두의 세율을 대폭 인하하였다. 신규 설비투자에 대한 가속감가상각제(accelerated depreciation, 설비의 감가상각 잔액에 대하여 매년 일정률의 감가상각비를 계상하는 방법)를 도입하고 투자세액 공제를 확대하였으며 자본이득에 대한 과세를 경감하였다. 이 결과 과세비중은 근로소득 쪽으로 크게 이전되었다. 세출부문에서는 '강한 아메리카'를 재건하기 위한 군사지출이 대폭 증가한 것이 특징이다. 그러나 사회복지 분야에서는 복지지출을 삭감하고 근로지향의 복지개혁이 추진되었으나, 뉴딜적 복지국가체제를 근본적으로 무너뜨리는 제도개혁에는 착수하지 않았다. 감세와 군비확장으로 재정적자가 크게 확대되면서 레이건정부가 국채발행에 의존하게 되자 세출에서 차지하는 국채이자 지불이 계속 늘어났다.

셋째, 시장경쟁을 촉진하기 위한 규제완화와 자유화정책은 항공, 운송, 통신, 에너지 등의 분야에서도 이루어졌지만, 가히 혁명적이라 할 변화가 일어난 곳은 금융분야이다. 1980년 금융제도개혁법을 효시로 하는 레이건의 금융자유화는 이자율 규제의 폐기에 의한 시장자유화, 저축–투자의 매개방식이 은행 중심에서 증권시장 중심으로 전환하는 금융의 증권화 그리고 은행업무와 증권업무의 분리를 무너뜨리는 업무영역의 탈구획화를 포함한다. 이로써 미국 금융체제는 33년 글래스-스티걸법에서 정립된 오랜 뉴딜-케인스주의적 관리금융체제에서 기관투자가 중심의 시장금융체제로 변모하게 되었다. 그리고 이 같은 금융자유화는 미국역사상 최대에 달한 80년대 제4차 M&A 물결을 동반하면서 확립된, 기업지배구조에서 주주자본주의 형태와 동전의 양면을 이루는 것이다.

넷째, 증권시장의 변화는 연금규제의 개혁과 함께 진행되었다. 미국은 공적 연금과는 별도로 사적 기업연금이 세계에서 가장 발전된 나라라는 특징을 갖고 있는데, 이 기업연금개혁과 관련해서는 두 개의 개혁이 근본적으로 중요하다. 하나는 이미 1974년에 제정된 바 있는 ERISA(종업원퇴직소득보장법)이다. ERISA는 노동자의 기업연금 수급권을 보호함으로써 사회보장제도의 일환으로서의 성격을 강화한 반면에, 기업연금을 보다 용이하게 증권에 투자할 수 있도록 규제를 대폭 완화했다. 그 연장선에서 레이건정부는 81년 '401(k)플랜'으로 불리는 확정갹출형 기업연금제도를 허용했다. 기업연금제도가 종전의 확정급부형에서 확정갹출형으로 변화되면서 기업연금의 대대적인 증권투자가 가능해졌을 뿐만 아니라 연금의 성격에도 중대한 질적 변질이 일어났다. 즉 기업연금은 종전 임노동자에 대한 사회적 부채에서 임노동자의 단순한 사적 저축으로 변화하게 된 것이다.[17]

우익 군사케인스주의와 금융세계화 속의 미국의 특권적 지위

레이건은 집권 초기에는 볼커의 통화주의적 긴축정책을 계승했다. 그러나 레이거노믹스에서 통화주의 실험은 1982년 말 단명으로 끝났다. 이는 대처리즘을 비롯하여 유럽국가들에서 긴축통화정책과 긴축재정정책이 결합되어 오래 지속된 것과는 크게 대조를 이루는 미국 고유의 특징으로 강조되어야 할 점이다. 통화주의에서는 통화량 축소로 물가를 잡으면 이에 따라 이자율이 하락하여 투자와 성장이 재개될 것으로 보았다. 그러나 1979~82년에 미국이 실제 직면한 것은 30년대 이래 초유의 대불황이었다. 인플레는 가라앉았으나 불황의 심화와 실업률 급증이라는 대가를 지불해야 했다. 라틴아메리카에는 외채위기가 발생했다. 그리하여 레이건정부는 유례 없는 규모로 확대정책을 재개하기에 이르렀는데, 새로운 확대정책은 세출확대정책으로 이루어졌으며 군비지출이 그 중심이었다.

그렇지만 군비지출과 감세, 금융완화에 따른 80년대 경기회복의 혜택은 국민대중 전체를 견인하는 것이 아니라 계층 양극분화와 불평등의 심화를 초래했다. 분명 일자리는 많이 창출되었지만 그 대부분은 저임금의 비정규직 노동자였다. 중산층도 생활유지를 위해 더 많은 노동과 더 많은 부채에 의존해야 했다. 노동력의 1/3이 아무런 사회적 복지혜택을 받지 못했다(Lipietz, 1986b, pp. 224~26; 1992, p. 21; Guttmann, 1994, pp. 179~81). 금융자유화에 따라 실질이자율이 매우 높고(1983~85년 7~8% 수준)과 노동배제적 유연화정책이 강화되는 가운데 진전된, 군수와 적자재정에 의한 신경기 확장정책은 종래 노자타협에 기반한 케인스주의적 정책과는 질적으로 다르다. 이는 '우익 군사케인스주의'라고 부를 만하다.

그런데 레이건의 '우익 군사케인주의'는 방대한 재정적자를 초래했는데, 이것은 어떠한 방식으로 조달될 수 있었는가. 무엇보다도 인플레를 재연시킴이 없이 그리고 재정적자에 의한 민간투자 구축효과(crowding out effect)를 동반함이 없이 어떻게 가능했는가. 이는 일종의 기적이라 해도 좋을 테지만, 그것은 금융개방과 세계화에 따른 거대한 자본유입(재무부채권 구입)으로 재정적자를 메움으로써 비로소 가능했다(Chesnais, 1997b; Blecker, 1998). 미국은 방대한 외자로 재정적자를 메우면서, 군비지

출에 사용하고 저투자-저저축-고소비 경제를 지탱하며 또 외국에 투자
도 했다. 이를 위한 정책이 바로 금융 자유화와 개방에 의존한 레이건의
고이자-고달러 정책이었다. 그리고 바로 이 점이 달러를 찍어 적자를 메
웠던 카터의 케인스주의적 정책과는 근본적으로 다른 점이다(Lipietz,
1992, pp. 20~21). 그렇지만 이 정책으로 미국의 산업경쟁력은 약화되고
외국제품 수입이 급증하여 무역수지와 경상수지의 만성적 적자가 초래
되었다. 이로써 미국은 쌍둥이 적자와 채무 대국이 되었다.

　많은 사람들이 80년대 미국의 쌍둥이 적자상황을 미국패권 몰락의 기
본 지표와 같은 것으로 거론하곤 했는데, 그렇지만 정작 우리가 관심을
기울여야 할 것은 미국이 금융세계화와 글로벌 신자유주의 체제라는 호
랑이 등 위에 올라타 세계의 잉여자금을 일방적으로 흡수하고 또 달러특
권을 적절히 운용함으로써 80년대에 경기를 회복하면서 신자유주의적
성장체제를 구축해 나가고, 대외적으로는 미국패권의 위기에 대응해 나
갈 수 있었다는 사실이다.

　고달러-고금리가 국내경제에 미치는 영향이 심각해지고 국제수지 악
화가 심화되자 미국은 산업경쟁력 회복을 위해 지금까지 고달러를 방치
하던 정책에서 약달러를 유도하는 정책으로 전환했다. 그러면서도 여전
히 국제금융자본에 의한 달러불신을 막고 그 순탄한 유입을 확보해야만
했는데, 이를 가능하게 한 것이 바로 달러의 시뇨리지 특권과 발달된 금
융시장 그리고 선진국가들의 대미 순응적 정책협조였다. 미국은 플라자
합의(Plaza Meeting, 1985년 12월 G-5의 재무장관과 중앙은행장들이 뉴욕 플라자
호텔에 모여 당시 고평가되어 있던 미달러화로 인해 국제적인 무역불균형 등의 문제
가 야기되고 있는 점에 주목하여 주요국의 통화들이 미달러화에 대해 평가절상되어
야 한다고 주장하고 이를 위해 각국 중앙은행이 외환시장에 개입할 것을 발표함)
등을 통해서 일본과 유럽국가들로부터 달러의 안정과 엔-마르크에 대한
평가절하 그리고 금리격차에 대한 정책협조를 이끌어내었다.

태평양·대서양을 가로지르는 이 국제 통화협력·정책협조야말로 금융세계화 체제 아래서 미국이 세계잉여자금이라는 새로운 피를 수혈받아 인플레를 억제하는 가운데 생산성 향상과 경쟁력 회복으로 나갈 수 있었던 불가결한 국제적 조건이었다. 이런 조건을 가진 나라는 세계에서 미국밖에 없다. 그런 면에서 미국 신자유주의 역사와 현재에는 중심부 패권주의적 성격이 깊이 각인되어 있다고 해야 할 것이다(Chesnais, 1999b; 1997b; 이병천, 1999a).

5. 90년대 이후의 경기회복: 금융주도 신자유주의의 명암

주요 거시경제지표

90년대에 들어와서 미국경제는 1990~91년의 경기후퇴를 벗어나면서 약 10년간 고성장추세를 보이고 있다. 더구나 고성장세가 오래 지속될 뿐 아니라 실업률도 낮고 소비자물가조차 3% 내외로 낮게 유지되고 있다. 주가는 연일 최고치를 갱신하고 있다. 미국의 경제호황이 이처럼 전문가들의 예상을 넘어 오래 지속되고 필립스곡선이 말해 주는 실업률과 물가상승률 간의 상충관계마저 깨어지는 현상이 나타나자, 미국경제가 유례 없는 새로운 번영의 시대를 맞았다고 하는 이른바 '신경제'(new economy)론마저 제기되기에 이르렀다.

신경제론에 따르면 정보통신기술의 발전에 의해 생산성이 급상승하여 이것이 물가상승 압력을 흡수함으로써 인플레 없는 고성장을 가능하게 하고 있다고 설명한다. 이 주장의 바탕에는 정보통신기술이 규모에 대한 수익체증을 낳아 잠재성장률이 높아졌다는 생각이 깔려 있다. 이에 대해서 비판론은 정보통신혁명이 생산성의 향상과 호황을 주도하고 있다는 주장은 실증적 근거가 없고, 1995년까지 경기회복은 미약했고 뚜렷한 호황기는 96년 이후인데 이는 거창한 주장을 펴기에는 짧은 시기라고 반박한다. 이들은 현재의 호황은 급속한 생산성 향상보다는 일시적으로 유리한 요인들이 작용한 것이라고 설명하면서 임금상승 억제, 의료개혁으로 노동비용의 큰 부분을 차지하는 의료보험비용이 감소된 것, 달러강세(95년 이후)에 의한 수입물가의 하락, 90년대의 금리하락 등을 그 요인으로 들고 있다.

우선 미증유의 호황이라고 하지만 거시경제 전체 실적상으로 클린턴 시기는 케네디-존슨 시기에 미치지 못하고 있음을 지적해야 한다. 두 시기의 GDP증가율은 각각 4.8%, 3.7%이며, 생산성증가율은 3.4%, 1.8%이다(Pollin, 2000, pp. 28~32). 제조업 이윤율도 장기불황 개시 이래 처음으로 1973년 수준을 상회하였음에도 불구하고 여전히 50~60년대 황금기에 미치지 못하고 있다(Brenner, 1998a, pp. 186~87). GDP의 내부구성을 보면 정부지출 비중은 격감하였고 그 대신 민간투자는 약간 증가하고 민간소비는 격증하였다. 이는 클린턴정부의 총수요 증대가 민간소비 확대에 의해 추동되고 있음을 말해 주는 것이다.

신규 생산적 투자구성에서 정보통신부문이 차지하는 비중이 빠른 속도로 증대되고 유럽국가들에 비해 자본생산성이 두드러지게 향상되고 있는 것으로 볼 때, 미국경제의 호황에 정보기술의 새로운 기술패러다임이 중요한 기여를 하고 있는 점은 부인할 수 없을 것이다.[18] 앞으로 이 변화의 물결이 더욱 거세어질 가능성도 부정하기 어렵다. 그러나 현재 미국의 호황이 정보기술혁명에 의해 주도되고 있다고 보기에는 아직은 근거가 부족한 것 같다. 이른바 '생산성 패러독스'에 대한 여러 방식의 해명들이 있음에도 불구하고 90년대 이후에도 여전히 미국경제의 생산성증가율은 현격히 높지 않으며, 투자주도 이상으로 소비주도적인 성장 패턴을 보이고 있다.

〈표 1〉 주요 거시경제 지표

(단위: %)

	1961~68 케네디-존슨	1969~76 닉슨	1977~80 카터	1981~92 레이건-부시	1993~99 클린턴
GDP 실질성장률	4.8	2.7	3.4	2.9	3.7
생산성증가율(비농가)	3.4	2.1	0.7	1.7	1.8
실업률	4.8	5.8	6.5	7.1	5.6
물가상승률(소비자물가)	2.3	6.5	10.3	4.3	2.5

자료: Pollin, 2000, p. 29.

〈표 2〉 산업별 노동생산성 추이(연평균상승률)

(단위: %)

	60년대	70년대	80년대	90년대
전산업	3.2	1.8	1.3	1.4
제조업	3.0	2.5	2.8	3.6
서비스업	3.2	1.4	0.9	0.8

자료: 佐藤祐一・永井靖敏, 1999, 51쪽.

〈표 3〉 GDP의 구성

(단위: %)

	1961~68 케네디-존슨	1969~76 닉슨	1977~80 카터	1981~92 레이건-부시	1993~99 클린턴
소비	61.7	62.2	62.6	64.9	67.0
정부	22.4	21.9	20.0	20.6	18.2
투자	15.5	15.9	18.2	16.1	16.3
순수출	0.4	−0.05	−0.9	−1.6	−1.5

자료: Pollin, 2000, p. 29.

시장금융체제, 금융주도 성장체제, 카지노자본주의

클린턴정부 시기 미국경제 변화의 두드러진 특징은 경제의 금융화와 그에 따른 명암이다. 소비주도적 성장패턴도 이 경제의 전반적 금융화 현상과 직결되어 있다. 우선 클린턴정부 시기 주가는 사상 유례를 찾기 어려운 급상승세를 보였는데, S&P 상위 500대기업의 주가상승률은 연 6.2%였고, GDP 실질성장률을 뺀 S&P지수는 13.9%였다. 이를 이전 시기와 비교해 보면, 클린턴시기의 호황이 부정할 수 없는 실물부문의 상당한 정보통신혁신에도 불구하고 얼마나 투기적 거품의 축적에 의존해 있는지를 알 수 있다. 뿐만 아니라 고소비는 가계의 고부채와 자산가치 상승에 크게 의존하고 있다. 한편 이자율은 레이건-부시 시기에 비해서는 하락하였으나 그 이전 어떤 정부 시기보다도 여전히 높다. 실질장기

〈표 4〉 가계와 비영리기관의 금융자산 구성

(단위: 10억 달러)

	1975	1980	1985	1990	1995	1999
예금	901.0	1,533.0	2,484.3	3,253.3	3,309.5	4,231.5
신용대부시장증서	278.0	425.4	850.5	1,518.3	1,944.3	2,353.9
법인기업주식	499.0	875.4	1,058.1	1,795.3	4,081.5	8,542.5
뮤추얼펀드	34.4	45.6	197.9	456.6	1,170.1	3,014.5
생명보험	168.6	220.6	264.3	391.7	566.2	783.9
연금	467.0	970.4	2,085.0	3,460.1	5,812.7	9,999.4
은행투자신탁	169.3	265.3	384.3	551.7	803.0	1,116.6
비법인기업주식	1,146.8	2,189.7	2,659.8	3,265.3	3,671.6	4,643.5
기타	40.6	73.5	132.5	224.4	291.7	338.9
합계	3,709.2	6,598.9	10,151.8	14,979.1	21,778.0	35,343.1

자료: Board of Governors of the Federal Reserve System, *Flow of Funds Accounts of the United States: Annual Flows and Outstandings*.

<표 5> 기업주식의 보유주체별 구성

(단위: 10억 달러)

	합계	가계	외국부문	보험	사적 연금	공적 연금	뮤추얼펀드
1945	117.7	109.5	2.7	2.8	0.3	0.0	1.0
1950	142.7	128.7	2.9	4.7	1.1	0.0	2.9
1955	281.8	248.2	6.6	9.0	6.1	0.2	6.9
1960	420.3	359.8	9.3	12.5	16.5	0.6	14.8
1965	734.9	616.1	14.6	21.0	40.8	2.5	30.9
1970	841.4	572.5	27.2	27.8	67.1	10.1	39.7
1975	845.7	499.0	33.4	41.7	108.0	24.3	33.7
1980	1,494.9	875.4	74.7	78.6	232.0	44.3	42.4
1985	2,270.4	1,058.1	136.8	131.0	515.8	120.1	113.7
1990	3,542.6	1,795.3	243.8	161.8	606.2	270.7	233.2
1995	8,495.7	4,081.5	527.6	449.6	1,278.6	791.1	1,024.9
1996	10,255.8	4,717.8	656.8	562.7	1,432.9	1,013.9	1,470.0
1997	13,201.3	5,810.3	919.5	744.6	1,811.6	1,383.2	2,018.7
1998	15,427.8	6,514.5	1,175.1	934.6	2,079.0	1,680.6	2,508.5
1999	19,576.3	8,542.5	1,523.3	1,173.8	2,407.2	1,916.6	3,400.0

자료: 같은 책.

<표 6> 주식발행 총액과 순액

(단위: 10억 달러)

	1991	1992	1993	1994	1995	1996	1997	1998
발행 총액	4,866.0	5,458.3	6,257.6	6,237.9	8,331.3	10,062.4	12,776.0	15,437.7
발행 순액	76.9	105.4	137.7	24.6	−3.1	−8.7	−78.8	−184.8
비금융법인	18.3	27.0	21.3	−44.9	−58.3	−69.5	−114.4	−267.0
해외	30.7	32.4	63.4	48.1	50.4	60.0	41.3	75.9
금융	28.0	46.0	53.0	21.4	4.8	0.8	−5.6	6.3

자료: Board of Governors of the Federal Reserve System, *Flow of Funds Accounts of the United States, 1991~99.*

이자율이 실질성장률보다 높은 것은 금융주도 신자유주의 거시경제 유인체계의 중요한 특징이다(Pollin, 2000, pp. 32～34; Block, 1998, p. 13).

〈표 4〉와 〈표 5〉는 금융시장의 증권화와 기관화 상황을 잘 보여준다. 가계자산에서 주식과 연금의 비중이 급증했다. 또 기업주식에서 사적·공적 연금과 뮤추얼펀드 등 기관투자가가 차지하는 비중이 급증한 반면, 가계의 비중은 급감하고 있다. 기업의 주식발행 동향을 보면, 잔액 기준으로 본 시가총액은 1991년의 4조 9천억 달러에서 95년 8조 3천억 달러, 98년의 15조 4천억 달러로 지속적으로 증가했다. 그러나 순플로우 기준으로 보면 91년부터 94년까지는 플러스였으나 95년부터는 마이너스로 전환했음을 알 수 있다(〈표 6〉 참조). 이는 비금융법인의 자사주 구입과 합병매수에 크게 기인한 것으로 보인다(礎谷玲, 2000, 50～54쪽).

금융화된 성장체제가 이상적 모델이라면 다음과 같이 작동할 것으로 상정된다. 금융의 증권화와 탈구획화는 금융중개비용 감소와 경쟁규율에 의해 효율성을 증대시킨다. 증권시장을 통해 가계는 다양한 금융상품을 선택할 수 있는 자유를 갖게 되고 기업은 필요한 투자자금을 보다 용이하게 조달할 수 있다. 또한 시장금융체제는 기업경영을 금융시장의 규범, 즉 주주가치의 감시와 경쟁규율하에 놓이도록 한다. 한편 증권시장의 주가등락과 높은 수익의 전망은 가계의 소비-저축 행태를 변화시켜 경제호황의 지속에 기여한다. 유연노동시장과 임금감축이 곧 수요감소를 초래하진 않는다. 왜냐하면 증시활황에 따른 자본이득이 민간소비를 증대시킬 뿐만 아니라 추가적인 금융기관 차입이 또 소비지출을 증가시키기 때문이다. 기업이 생산적 투자를 증대하여 총공급이 유연하게 부응하면 이 총수요 증대는 거시경제의 호순환을 낳게 된다. 이대로라면 우리는 이른바 '지속 가능한 거품경제' 모델에 대해 말할 수 있게 될 것이다(Binswanger, 1999). 그러나 이는 어디까지나 이상형에 지나지 않는다. 금융주도 성장체제가 내포하고 있는 구조적 모순은 심대하며, 그 지속 가능성은 불확실성으로 가득 차 있다.

먼저 투기적 거품의 축적과 높은 금융불안정성 문제이다. 가공자본 (fictitious capital)의 투기적 운동의 폭발적 성장은 지난 20년간 미국경제 구조전환의 주요한 양상을 구성했다. 사람들은 기관투자가를 매개로 하여, 국채를 포함해서 예상 미래소득 흐름의 자본화에 의존하는 온갖 금융자산의 매매를 통해 짧은 기간 내에 높은 자본이득을 올리는 데 혈안이 되었다. 금융시장의 동학은 실물 기초여건과 상관없이 자기충족적으로 작동하여 마침내 지상 최고, 최대의 제도화된 카지노판이 되었다. 사회적 자금이 산업부문에서 금융부문으로 이전하고 투기활동이 기업활동을 구축하는 경향이 나타났다. 투기활동에는 산업기업과 은행들도 적극 가담하고 있는데, 헤징(hedging, 가격변동 위험을 제거하기 위해 행하는 거래)과 투기 사이에는 명확한 구분이 없다. 물론 자본시장을 통한 산업자본의 동원은 자본운동을 실물과 금융으로 이중화시키면서 금융투기는 자본주의 역사를 통해 줄곧 존재했고 1929년에는 대공황 발발의 중요한 요인이 되었지만, 오늘날에는 신용화폐제도에다 금융 자유화와 개방이 결합됨으로써 미증유의 양상을 낳고 있다.

그렇지만 자본시장이 요구하는 것과 실물조건이 허용하는 능력 간에는 근본적 모순이 있다. 금융자본의 투기적 축적, 가공자본의 평가절상에 대한 사회적 '가인정'은 영구히 지속될 수는 없다. 이는 결국 실물부문 기초여건의 성과에 의해 제약된다. 투기적 축적운동이 한도를 벗어나 누구의 눈에도 실물 기초여건과 괴리가 분명해질 때 거품은 꺼진다. 그리고 호황의 거품산(山)이 높을수록 붕괴 때의 골도 깊다. 기관투자가가 주도하는 시장금융체제와 금융주도 성장체제의 이러한 불안정 때문에 신자유주의 경제의 생존력은, 작은 정부론과는 달리 역설적으로 일반 물가안정의 유지 못지않게 금융거품에 대처하는 정부 경제정책의 효과적인 감시와 조절 능력에 크게 의존하게 된다. 중앙은행은 적당히 모래를 뿌려 거품과잉과 경제불안정을 조절하는 그 중심 쐐기와 같은 위치에 있다. 미국경제 호황의 최고 공신으로 연준(FRB)의 그린스펀 의장이 거론되는 것은 바로 이 때문이다.[19]

둘째, 시장금융체제는 기업의 지배구조와 지배방식도 변화시켰다. 곧잘 이야기되는 기관투자가가 중심이 된 주주행동주의는 부분적인 현상에 지나지 않는다. 주주의 최대 관심사는 주가변화에 따른 단기 매매차익이다. 기업은 금융이익을 최대화하려는 주주의 압력과 이탈위협 아래 주식가치를 높이는 일을 가장 중시하여, 기업의 지속적 발전에 필요한 조직과 기술에 대한 장기투자보다는 단기수익을 최대한으로 키우려는 근시안적 단기주의 투자경향을 갖게 된다. 시장금융체제 아래 금융유동성이 지배하고 기업시계가 단기화된다는 이 결함은 미국경제가 경쟁우위를 지속적으로 배양·발전시킬 가능성에 대해 의혹을 갖게 하는 부분이다. 그렇다고 해서 미국 신자유주의 경제를 경영자자본주의의 성격을 상실한 순수한 주주자본주의 또는 기관투자가자본주의로 이해하는 것은, 경영자의 기업지배권을 뒷받침하는 여러 현실적·법적 조건으로 볼 때 문제점이 있다(Duménil & Lévy, 1999b, pp. 31~32; O'Sullivan, 2000). 주주가치는 경영자를 규율하면서 동시에 경영자의 적극적 협력을 통해서 실현되는 것으로 보아야 할 것이다.

셋째, 금융유동성의 지배는 배제적 임노동관계를 확대재생산한다. 정리해고, 불안정고용, 임금감축, 장시간노동 등을 기본 특징으로 하는 노동시장의 유연화는 국가-사회관계와 자본-노동관계의 전환만이 아니라 금융유동성이 지배하는 시장금융체제의 논리에 의해 구조적으로 재생산된다. 경영진의 기업지배양식과 사업양식이 주주의 요구에 부응하여 정돈됨으로써 경영진과 노동부문의 관계도 이 요구에 맞추어 정돈되기 때문이다. 이로부터 우리는 신자유주의 경제에서 제도형태들 사이의 구조적 연관이 갖는 중요한 특징을 포착할 수 있다. 즉 금융제도가 조절양식을 구성하는 다른 모든 제도복합체들을 일차적으로 제약하면서 주도적 위치를 갖는다. 노자타협과 금융통제를 기반으로 포드주의 체제에서 지배적 제도형태를 구성했던 임노동관계는 확연히 종속적 위치로 전락했다(Aglietta, 1998a; 1998b; Boyer, 2000a; Lordon, 1999).

그런데 금융주도 성장체제에서 우리가 주목해야 할 것은 대중이 저축자=자산가적 주체 위치로서 갖는 이해관계이다. 물론 주식보유는 소득분포와 마찬가지로 상위계층에 집중되어 있다. 그러나 근로자가계 가처분소득에서 증권형태의 부 및 자본이득이 차지하는 비중이 매우 높아, 노동대중의 정체성 속에는 특히 연기금을 매개로 한 금융자산가적인 정체성이 가로지르게 되었다. 하지만 노동자들은 금융자산의 운용에 대해 의사결정권을 갖지 못한 채 기관투자가들에 종속되어 주주가치를 극대화하는 방식으로 자신들의 축적욕망을 실현하고 있을 뿐이다.

그리하여 기관투자가 중심의 시장금융체제-금융주도 성장체제는 대중의 금융적 이해추구가 임노동자의 이해에 타격을 입히는 심각한 구조적 모순을 내포하고 있으며, 이는 금융주도 신자유주의 경제가 단순한

〈표 7〉 경제의 금융화(국가별 비교)

	미국	영국	캐나다	일본	독일	프랑스
평균소비성향(1996)	0.95	0.926	0.956	0.869	0.884	0.908
주식과 채권 형태의 부/가처분소득(%, 1997)	145	75	95	30	25	20
자본이득의 크기/가처분소득(%)	35.5	15	11	-7	7	5
가계금융자산에서 주식 및 채권의 비중(%)	28.4	52.4	-	25.3	21.3	14.5
단기금리(%)	5.34	7.38	5.20	0.32	3.5	3.46
채권수익률(%)	6.51	5.59	7.30	1.06	3.97	4.23
기준수익률(%)	12~16	12~16	12~16	5	6~7	9

자료: Boyer, 2000a, p. 136.

강제적 질서가 아니라 연기금을 매개로 한 임노동자의 축적체제로의 포섭, 그리하여 임노동자의 자기모순적인 물질적 동의에 기반을 두면서 형성되고 있음을 의미한다(Harmes, 1998).

유연적 노동시장, 복지 축소, 20 대 80의 양극 분열사회

미국경제의 호황은 국민 전체를 견인하는 것이 아니라 '승자 독식'(winners all take)의 형태로, 국민이 20 대 80으로 양극 분열되는 배제적 성장체제로 나타나고 있다. 실물적 측면에서 신자유주의 축적체제를 작동하게 하는 가장 중요한 제도형태는 유연노동시장체제이다. 노동에 대한 장기간에 걸친 체계적인 공격으로, 종래 노동자들이 포드주의적 계급 타협체제에서 확보했던 고임금, 고용안정, 사회복지 등의 자산을 박탈하고 이른바 '강한 노동'이 자본축적에 부여하는 장애를 제거함으로써 축적 재개의 조건, 노동생산성 향상과 이윤율 회복을 위한 새로운 조건이 확보된 것이다. 노동과정의 효율적 통제, 양질의 정규직 노동의 축소와 비정규직 노동을 중심으로 하는 고용유연화, 임금동결과 장시간노동, 자유로운 M&A 등으로 노동을 순수한 상품으로 취급하는 자본의 노동에 대한 전제적 지배체제가 확립되었고, 이를 통해 제조업의 철저한 경영합리화(restructuring, downsizing)가 추진되었다.

실질임금은 1972년을 분기점으로 절대수준이 하향추세로 U턴하였다. 70년대 후반 짧은 기간 상승국면이 있긴 하였으나, 80년을 전후로 해서 지속적인 하락추세로 들어갔다. 그리하여 94년경에는 60년대 후반의 임금수준으로 후퇴하는 '임금압박'과 '절대적 궁핍화'가 진전되었다(Gordon, 1996; Harrison and Bluestone, 1990; Lazonick & O'Sullivan, 2000).

지난 20~30년 동안 실질임금 수준의 절대적 감소 현상은 일부 하층에 국한된 것이 아니라 임금소득자의 80%라는 압도적 다수가 겪어야 했던

현상이었다. 그 반면 CEO(최고경영자)의 보수는 공장노동자의 44배
(1965)에서 419배(1998)로 급증하였다. 고용 측면에서도 전문직·기술직
과 비정규직·서비스직 사이의 양극화가 진행되었다. 중간층이 소멸해
가고 공장현장 숙련노동자 기반도 빈약해지고 있다. 실직노동자의 재취
업이 용이하다고 하지만 재취업노동자들은 대부분 훨씬 낮은 소득과 지
위 조건으로 일해야 한다. 주식보유 구성을 보면 가계 상위 0.5%가 총주
식의 37%를, 80%가 2% 이하를 소유하는 극단적 불평등을 보인다
(Lazonick & O'Sullivan, 2000, p. 29). 계층별 소득구성으로 보면 70년 이후
상위 20%의 비율만 높아지고 나머지 80%의 비율은 지속적으로 줄어들
어 94년의 경우 상위 5%와 20%가 각각 20.1%, 47%로 독점하고 있는
데 반해, 최빈층 20%의 비중은 겨우 4.2%에 불과했다. 지니계수는 67년
0.358, 79년 0.365, 89년 0.401, 95년 0.426으로 지속적으로 악화되었다(정
건화, 1999, 157쪽).

노동시간도 1980년의 1,883시간에서 97년 1,966시간으로 4% 연장되어,
미국은 주요 선진국들 중 최장의 노동시간 국가가 되었다(조영철, 1999a,
58쪽). 미국노동자는 '절망의 공장'에서 고역에 종사한다고 비난받아 온
일본노동자보다 더 장시간노동에 시달리게 된 것이다. 공식 실업률이
4%대로 낮다고 하지만 임시직이나 일시해고자 그리고 일용직, 빈민 또
는 부랑자 등을 고려하면 실제 실업률은 거의 2배에 이르는 것으로 추정
된다. 뿐만 아니라 미국은 높은 투옥률을 자랑한다. 94년 말 미국성인 10
만 명당 373명이 죄수였다. 이 투옥률은 80년 10만 명당 103명보다 높아
진 것으로, 캐나다의 4배, 영국의 5배, 일본의 14배이다. 97년 초에는 성
인남자의 50명 중 1명이 철창 속에 갇혀 있었는데, 이는 유럽국가들보다
10배나 높은 비율이다(Gray, 1998, pp. 173~74).

클린턴시기에는 사회복지분야에서 중대한 개악이 있었다. 미국은 복지
지출이 낮고 포괄적인 사회보장제도가 없는 잔여적 복지국가의 전형이

며 전국민을 대상으로 하는 의료보험이 없는 유일한 선진 산업국가로 악
명이 높지만, 1996년 복지개혁법(개인책임 및 근로기회조정법)으로 뉴
딜 이래 운영되어 오던 공적 부조제도와 근본적으로 단절하게 되었다.
이 법에 의해 1935년 이래의 부양아동가정 부조와 67년 이래의 직업기회
기본기술 프로그램이 없어지고, 그 대신 빈곤가정 일시부조(TANF) 프
로그램이 만들어졌다. 일시부조에서 수혜기간은 일생 동안 5년으로 제한
되며, 24개월 내에 주정부가 규정하는 일에 참여해야 한다. 식권 프로그
램, 노인 빈곤장애인을 위한 보충보장소득 프로그램, 합법이민자에 대한
부조 등의 예산도 대폭 삭감되었다(이선우, 1997).

 '일자리 기적의 나라'라고 주장하지만 기실 새로운 일자리들이 생산성
이 가장 낮은 영역에 속해 있다는 사실, 중간계급이 격감하고 두 국민으
로 양극 분열되면서 불평등이 심화되고 있는 사실, 사회자본이 쇠퇴하고
정치적 방관이 만연해지고 있는 사실, '감옥의 기적'이 일어나고 있는 사
실 등을 제시하면서, 울리히 벡은 미국의 자유시장 유토피아가 보수주의
적 기획일 뿐만 아니라 '경제 및 문화에서의 반혁명' 강령이라고 말한다
(Beck, 1999, pp. 194~211).

강한 달러와 미일 협조개입, 아시아위기의 정치경제

 우리는 앞의 4절에서 금융세계화 또는 세계화된 금융지배 축적체제에
편승한 미국의 달러특권과 그것에 부응하는 태평양-대서양을 가로지르는
국제 통화협력·정책협조 그리고 세계잉여자금의 일방적 흡수는 미국이
인플레를 억제하는 경제회복을 이루고 패권위기를 만회하는 불가결한 국
제적 조건이었음을 지적한 바 있다. 그렇지만 달러약세는 산업경쟁력을
강화시키지만 그 대신 외국자본 유입흐름을 둔화시키기 때문에, 환율정책
은 산업적 이해와 금융적 이해의 상충관계에 직면한다. 90년대에는 이 상

충관계 때문에 다시 환율정책의 무게중심을 금융적 이해를 반영하는 강한 달러를 추구하는 방향으로 옮기는 중요한 정책변화가 일어났다.

주로 일본에 대한 거대한 무역적자를 개선할 목적으로 1985년 플라자합의에서 시작된 지속적인 달러약세-엔강세 행진은 이후 10년 동안이나 계속되었다.[20] 클린턴정부도 집권 초기에는 이 정책을 그대로 유지했다. 한때 200엔 수준까지 올랐던 달러는 95년에는 무려 80엔까지 추락했다. 이는 달러가 지속적으로 미국으로부터 탈출하는 결과를 가져왔고, 당연히 월가 금융자본에도 큰 타격을 주었다.

90년대 전반 다른 시장금융국가라면 불가능했을 저금리시기를 겪으면서(Chesnais, 1999b, p. 98), 94년에는 두 개의 정책노선, 즉 약한 달러-강한 엔을 더 밀어붙여 수출경쟁력을 높이고 일본의 목을 조여야 한다는 노선과, 강한 달러-약한 엔으로 전환하여 도망가는 달러를 붙잡아 미국으로 끌어들이고 세계적 디플레도 완화시켜야 한다는 노선 간에 치열한 논전이 벌어졌다. 월가 출신 루빈이 재무장관으로 입각하면서 미국의 정책은 후자 쪽으로 전환했고, 이로써 강한 달러를 위한 재무부-월가의 새로운 동맹이 구축되었다(정규재·김성택, 1998, 283~326쪽).

그런데 강한 달러는 자본유입은 용이하게 하지만 산업경쟁력과 국제수지에는 불리하게 작용한다. 이 때문에 미국은 동시에 연방기금금리를 인하하는 한편 일본과의 금리격차를 유지할 수 있도록 일본에도 금리인하를 요청했다. 한편 일본의 입장에서 보면, 엔저-저금리 정책은 냉전시대 이래 일본경제의 기본 특징인 수출주도 경제의 내수주도 경제로의 근본적 체질개선을 회피하고 부실처리 해결을 계속 지연시키면서 취할 수 있는 불황극복책이 될 수 있었다. 그리하여 미국과 일본의 요구는 95년 7~8월 강한 달러-약한 엔으로의 전환과 미·일의 금리격차 확대로 일단락되었다. 이 같은 이른바 '역플라자합의'의 성격을 갖는 미·일 협조개입으로 달러 대비 엔화 가치는 약 60% 하락했다.

　1985년 엔고-달러저 체제를 작동시킨 플라자합의로부터 10년 만에 이루어진 95년 엔고 시정을 위한 미·일 협조개입의 효과는 미국과 일본에만 한정된 것은 아니었다. 이는 달러페그제를 실시하고 있는 동아시아 국가들에 위기를 안겨준 핵심적인 국제적 조건이 되었다. 엔저로의 전환이 가하는 타격은 엔고의 이익이 큰 만큼이나 컸다. 엔고가 '동아시아 기적'의 국제환율적 조건이었다면, 엔저는 동아시아 위기의 국제적 조건이 되었던 것이다.[21] 타격은 환율절상에 따른 국제 가격경쟁력 추락에만 있었던 것이 아니다. 엔고시기 외자도입-수출지향의 개발전략을 추구한 동아시아경제의 성장은 엔고로 인한 수출경쟁력 상승과 함께 국제금융자본의 현지유입에 의해서도 부양되고 있었기 때문이다. 엔저-달러고로의 반전은 이 국제자금순환에 역류를 가져왔고, 이것이 성장거품을 꺼지게 함으로써 아시아경제를 궁지에 몰아넣은 것이다.

　특히 일본은 엔고문제를 해결하기 위해 인위적으로 초저금리정책을 강행했기 때문에 운용처를 찾지 못하고 국내에 축적된 과잉자본의 대아시아 수출이 급증했는데, 거품수출적 성격을 갖는 이 대부자금이 대거 빠지면서 위기는 촉발·심화되었다. 뿐만 아니라 일본은 냉전시대 이래의 기형적 수출주도 성장체제를 확대재생산하고 아시아국가들과 수출경쟁을 벌임으로써 과잉공급과 불황을 심화시켰다. 일본이 아시아지역에 유효수요를 제공하는 역할을 못하는 그만큼, 이들 국가의 미국시장에 대한 의존도는 높았다. 그러므로 우리는 아시아 위기구조가 단순히 미국-아시아 관계만이 아니라 거기에 일본-아시아와 미국-일본 관계가 결합된 특수한 중첩·복합구조를 가지고 있음을 주목해야 한다. 그리고 위기의 근저에는 환율적 조건 이상으로 냉전 이래의 일본과 동아시아국가들의 성장체제에 내재된 모순과 지역 차원의 조절양식의 부재라는 근본문제가 가로놓여 있음을 인식해야 한다(Bevacqua, 1998; Johnson, 1998; 2000, pp. 192~215; 전창환, 2000b, 82~85쪽; 이병천, 1999b; Lipietz, 1998b, pp. 30~33).

클린턴의 신경제정책은 강한 달러와 보완관계에 있는 금융개방 공세라는 또 다른 날개를 가지고 있었다. 미국의 대아시아 지역전략은 이미 레이건 때부터 반공발전주의 전략으로부터 신자유주의 통합전략으로 변화되었지만, 금융개방 공세는 주로 일본에 한정되었고 아시아의 다른 지역에 대해서는 주로 무역개방 공세를 가하는 것에 한정되어 있었다(Bello, 1994). 그러던 것이 클린턴시기에 와서 아시아 전역으로 금융개방 공세가 확대된 것이다.

그렇지만 간과해서는 안 될 것은 아시아국가들의 금융 자유화와 개방이 미국의 압력만이 아니라 그 못지않게 현지정부가 국제금융자본의 과잉차입에 의존하는 신자유주의적 단기성장제일주의 정책을 추구한 데 기인하고 있다는 사실이다. 이로 인해 거품호황과 거품붕괴의 사이클에 걸려들었고, 투기자본의 공격과 급작스런 자본유출에 속수무책일 수밖에 없었던 것이다. 위기가 발발하자 미국은 아시아지역을 IMF 관리체제 아래 편입시켰고, 이리하여 이 지역은 월가-재무부-IMF 3자복합체의 지배권 내에 포섭되었다. 이것이 90년대 이후의 미국경제 회복에 기여하고 있는 또 하나의 기둥이다(이병천, 1999b).

〈표 8〉 미국 내 외국자산의 순증가

(단위: 10억 달러)

	외국 공적 자산	외국인 직접투자	포트폴리오 투자
1990	33.9	47.9	59.2
1991	17.4	22.0	70.2
1992	40.5	17.9	110.4
1993	71.8	49.0	158.9
1994	40.4	45.7	211.3
1995	110.7	67.5	273.0
1996	122.4	77.0	348.2
1997	18.2	107.9	564.4

자료: Blecker, 1998, table 7.

미국의 패권적 외자의존 금융주도 자본주의의 동향과 전망에서 특히 미·일 협조고리가 갖는 중요성은 각별하다. 독일을 포함한 유럽의 경우 꾸준히 대미 순응적인 정책협조로부터 탈피하는 방향으로 독립성을 추구해 왔던 반면에, 일본은 충실한 대미 추수주의 자세를 벗어나지 못했다. 그러므로 아시아지역이 미국 신패권질서에서 벗어나 아시아통화기금의 창설, 엔-달러환율의 안정과 새로운 환율제도의 마련, 일본 흑자자금의 아시아지역으로의 환류 등을 통해 공생의 길을 개척하려면, 일본과 한국 경제를 위시한 아시아경제의 근본적 체질개혁과 미·일, 한·미 간 신자유주의 협조동맹체제의 타파가 선결과제라 할 것이다.[22]

6. 맺음말

90년대 이후 새로운 세기의 초까지 이어지고 있는 미국경제의 호황은 세계의 이목을 끌고 있다. 신경제론과 거품론이 날카롭게 대립하고 있다. 미국경제가 저물가-고성장의 유례 없는 신경제로 전환했다는 장밋빛 낙관론에 대해 거품붕괴의 위험에 대한 경고가 계속 나오고 있다. 미국경제는 주가기록만큼이나 무역적자도 사상 최고치를 기록하고 있다. 누구도 미국경제의 진로에 대해 확실한 장담을 할 수는 없다. 그러나 미국경제의 증시붕괴 경고는 귀를 기울일 만하다.

미국 신자유주의는 한국의 미래상인가. 한국은 미국패권 아래 금융자본 주도의 세계화의 함정에 빠졌고 지배엘리트들은 이 함정 속에서 우리 사회를 미국과 닮은 모습으로 개조하려 한다. 지금 우리는 신자유주의를 개발독재의 대안으로 강요받고 있는 셈이다. 필자는 현재의 미국경제 호황이 일정한 실물적 토대를 가지고 있는 것은 사실이며, 단순히 거품으로만 보는 것은 지나친 단순화라고 생각한다. 그러나 낮은 저축률 속에

서의 과열 주가, 격심한 불평등 그리고 고주가만큼이나 유례 없는 무역
적자와 대외자금 의존 등은 미국경제가 안고 있는 근본적인 구조적 모순
이며 아킬레스건이다. 한국이 미국을 그 미래상으로 상정하고 미국경제
의 길을 따라나선다는 것은 그만한 구조적 모순과 불안정을 감내해야 함
을 의미한다. 뿐만 아니라 한국은 미국과 같은 패권적 특권에 의존할 수
없기 때문에 미국경제가 보이는 효율성과 안정성을 얻기는 어렵다.[23]

새로운 세기에 미국 신자유주의와 그 세계적 패권은 얼마나 지속될 것
인가. 우리는 '글로벌 보수적 동의'를 얻고 있는 '미국 르네상스'론에 동
의하지 않지만, 그렇다고 세계체제론자들이 주장하는 것과 같은 조속한
쇠퇴나 막다른 파국을 전망하지도 않는다. 미국의 미래는 미국 보통시민
들이 시장의 미몽에서 어떻게 깨어날 것인지, 극단적 불평등을 얼마나
오래 감수하려고 하는지, 금융거품이 언제 어떠한 방식으로 꺼질 것인지
그리고 미국이 얼마나 오래 세계화된 금융지배 축적체제 아래 오만한 패
권적 특권을 세계에 강요할 수 있을 것인지, 달리 말해 아시아와 유럽
지역이 얼마나 협력적 대응력을 보일 것인지, 무엇보다도 이 지역의 보
통시민들이 얼마나 국제금융자본과 미국의 횡포를 인내할 것인지 등의
변수들에 달려 있을 것이다.[24]

주

1) Polanyi, 1957; Shonfied, 1965; Johnson, 1982; Zysman, 1983; Chandler, 1990; Albert, 1991;
   靑木昌彦・奧野(藤原)正寬, 1996; Berger and Dore, 1996; Crouch and Streeck, 1997;
   Gray, 1998; Kitschelt et. al., 1999; 이병천・김균, 1998. de Brunhoff(1999) 같은 급진주
   의자도 최근 자본주의 유형상의 차이가 갖는 의미를 중시하면서 라인형을 옹호하는 견해

를 피력하고 있다.

2) 전반적 사정은 Crouch and Streeck(1997) 참조.

3) 조절학파의 기여와 문제점에 대해서는 이병천(2000b, 제1절) 참조. 그리고 비교자본주의 론의 교과서적 원형을 제공한 Albert(1991)의 연구에 대해서 다음 두 가지 측면에서 결 함을 지적해 두고자 한다. 첫째, 이 연구는 자본주의 대 자본주의의 대립을 앵글로색슨형 대 독일-일본형의 대립구도로 잡고 있다. 그리하여 앵글로색슨형과 비교한, 독일형과 일 본형의 공통점에 주목할 뿐, 공통점 못지않게 중요한 양자간의 중요한 차이를 간과하고 있다. 그렇지만 일본형은 이른바 '이해당사자 자본주의'라기보다는 개발주의적 '회사본위' 자본주의라고 보아야 할 것이다. 둘째, 국민경제가 자본주의 세계체제 내에서 차지하는 불균등한 위치 문제(헤게모니/비헤게모니, 중심/반주변/주변)를 거의 완전히 배제한 일 국자본주의 분석이라는 한계를 갖고 있다. 세계체제론적 시각과 세계체제 내에서 차지하 는 국민경제의 불균등한 위치라는 관점의 결여는 알베르만이 아니라, 제도주의 정치경제 학과 비교자본주의 유형론 전반에서 볼 수 있는 공통된 결함인데, 그러한 시각과 관점의 도입은 영미형뿐만 아니라 라인형과 동아시아형 자본주의의 연구에서 필수 불가결하다. 필자는 급진민주적 제도주의가 지향하는 경제형태인 사회적 참여시장경제의 현실모델을 독일의 라인형 자본주의로 보고 있는데, 이와 관련해서는 라인형에 대한 Glasman(1996) 의 해석에 공감한다. Glasman은 라인형의 이론적 근거는 폴라니에서, 역사적·실천적 근거는 '교회와 노동'이라는 두 기둥, 즉 기독교민주주의와 사회민주주의의 두 전통에서 구하고 있다. 그는 전후 독일의 사회적 참여시장경제와 라인강의 기적의 이념적 근원을 '질서자유주의'에서 찾는, 흔히 볼 수 있는 자유주의적 해석을 비판하고 있다.

4) 미국경제의 연구에서 기술변화 문제 그리고 기술과 제도, 시장의 관계 문제는 필수적 주 제이지만, 이 글의 과제에서는 제외된다. 그 부분만큼 미국경제에 대한 이 글의 설명은 분명한 한계를 갖는다.

5) 이 말은 Maier(1977)에서 유래한다.

6) 이에 대한 면밀한 분석은 Rupert(1995) 참조. 자본주의 체제 아래서 국가는 '자본의 국 가'이지만, 다른 한편 사회적 관계로서의 자본은 축적체제를 정의하고 틀을 만들고 또 그것의 일부가 되는 국가권력에 의존한다는 점을 인식하는 것이 중요하다(Gill and Law, 1993, p. 98).

7) 자세한 것은 Rupert(1995, pp. 100~102); Dubofsky(1994, pp. 197~223); Ginger and Christiano(1987, pp. 243~46) 참조.

8) Roe(1994; 1998; 2000); 조영철(1999a, 40~43쪽) 참조. Roe는 '강한 경영자와 약한 소유 자'로 특징지어지는 미국기업 지배구조 및 금융구조가 역사적으로 정치적 근원을 가지고 있음을 보여주고 있다. 또한 그는 라인형 자본주의가 민주성의 강점을 가지고 있으면서 도 동시에 높은 소유집중과 대리인비용 등의 문제점이 있음을 지적하고 있다. 그리고 자 본주의 유형의 차이를 막론하고 전후 경쟁법은 미국의 법제를 모델로 해서 보편화되는데, 이에 대해서는 廣渡淸吾(1998) 참조.

9) 토빈 q는 주가를 순자산의 대체비용으로 나눈 값으로 정의된다.

10) 이는 국제통화논쟁에서 달러본위제론이라고 일컬어지는 소수파의 견해이다.

11) 독일은 스미소니언체제하의 와이드밴드의 고정환율제 유지를 포기하고 평가변경을 단행 했다. 미국·일본은 변동환율제로, 독일과 유럽은 준고정환율제로 이행했다. 1976년 자 메이카 킹스턴협정에서 환율체제의 선택은 각국의 재량에 맡기기로 결정되었다. 그 결과 브레턴우즈체제의 붕괴 이후에도 다양한 형태의 고정환율제를 채택하는 나라들이 다수 존재하게 된다. 동아시아국가들의 달러페그제도 그 일례이다.

12) 그렇다고 하더라도 글로벌 신자유주의가 일방적으로 삼각위원회와 같은 초국적 기구들의 사전적 의도에 의해 창출되었다고 보는 것은 무리한 주장이 될 것이다. 국가를 응집점으로 하는 국민적 정치경제의 요청과 초국적 자본 및 초국적 기구 간에는 부단한 모순이 존재한다고 보아야 한다(Block, 1980, p. 529). 그리고 시기적으로도 레이건정권 등장 이전 삼각위원회에 전후적 제도형태와 제도원리를 대체할 정도로 확고한 헤게모니적 통제관과 구상이 이미 정립되어 있었는지도 의문이다(van der Pijl, 1998, p. 128).

13) 유로(Euro)라는 접두어는 유럽이라는 특정 지역을 의미하는 것이 아니다. 유로시장은 유럽이라는 특정 지역에 근거를 두는 구체적인 시장이 아니라, 세계에 산재해 있는 금융기관들의 네트워크를 통해 기능하고 있는 시장이다. 그리고 유로시장에서 거래되는 유로통화(currency)는 특정국의 외부에서 특정국의 통화로 표시된 예금을 총칭한다. 즉 유로달러는 미국 밖에 예치되어 있는 달러예금을 말하고, 유로파운드는 영국 밖에 예치되어 있는 파운드예금을 말한다(이찬근, 1998, 90쪽). 유로달러의 잔고는 1964년 말 90억 달러에서 74년 말 1,330억 달러로 급증하였다.

14) 달러가치 안정을 무시하면서 달러를 발행하여 성장과 완전고용을 지향하는 방향으로 전환된 미국의 이 같은 일국중심적 정책을 통상 '은근한 무시'(benign neglect) 정책이라고 말한다.

15) 한국의 경우 1980년 군부독재 재편과 민주적 개방의 대격전에서, 미국은 신군부가 광주항쟁을 유혈진압하는 것을 도와주고 경제적으로 일본까지 불러들여 신군부가 경제위기를 수습하는 것도 도와주는 반동적 역할을 수행했다.

16) 신자유주의 경제정책을 거시정책과 미시정책으로 명확히 구분하여 정리한 것으로는 Amstrong et al.(1991, 제7장, pp. 436~58) 참조.

17) 기업연금과 금융시장의 관계에 대한 자세한 내용은 Montagne(2000b); 安保哲夫(1985) 참조.

18) 급진제도주의 정치경제학측에서 이러한 견해를 표명하는 대표적인 것으로는 Aglietta (1998b; 2000)를 들 수 있다. 그러나 새로운 기술혁신이 얼마나 신자유주의적 구조조정에 기인하고 있는지는 더 면밀한 검토를 요한다.

19) Lordon, 1999, p. 236. 1998년 미국의 주식시장이 붕괴했고 세계적으로 거품이 붕괴했다. 이때 클린턴은 "세계는 과거 50년 중 가장 심각한 위기에 직면하고 있다"고 말했다(IMF 총회, 1998. 10. 2). 아시아 정실자본주의를 비판하던 미국도 파탄에 빠진 대형 헤지펀드 LTCM을 구제하지 않을 수 없었다. 연준의 추산에 의하면 98년 7월의 주식시장 최고점 이래 미국 모든 금융상품에서의 총손실은 1조 5천억 달러에 달한다고 한다.

20) 자세한 것은 Destler and Henning(1989); 近藤健彦(1999) 참조.

21) 엔-달러변동과 한국을 비롯한 아시아경제의 불안정한 요동의 관련성에 대해서는 문우식 외(2000, 171~73쪽) 참조.

22) 미국과 일본, 미국과 한반도 관계를 포함하여 동아시아에서 미국 패권주의의 비용과 그 귀결에 대한 최근의 분석으로는 Johnson(2000) 참조.

23) 미국을 한국의 미래상으로 모방하려고 할 때 염두에 두어야 할 점에 대해서는 이병천 (1999c, 349~50쪽; 1999d, 147~49쪽) 참조.

24) 이 글은 미국경제의 경기침체가 현실화되기 이전에 씌어진 것이다. 10년의 장기호황이 저물고 미국이 빠져들고 있는 현재 경기침체의 깊이가 어느 정도일지 또 얼마나 지속될 것인지는 한국경제와 세계경제의 향배에도 지대한 영향을 미칠 것이다. 이에 대해서는 별도의 검토가 요구된다.

미국의 기업지배구조
주주자본주의의 신화와 한계

조 영 철[*]

1. 머리말

한국의 재벌체제는 소유집중과 선단식경영의 안정주주와 계열사간 네트워크, 내부자본시장체제를 통해서 영·미모델의 단기주의 문제를 완화하고 있지만, 재벌총수가 다른 이해관계자가 투자한 특수자산을 탈취(expropriation)하고 방만한 차입경영을 통해 제국건설(empire-building)을 하는 비효율을 견제하는 지배구조가 결여되어 있다. 1997년 경제위기 이후 한국 재벌체제의 전근대적 요소를 개혁하기 위해 앵글로아메리카 모델의 주주자본주의를 확립해야 한다는 신자유주의 주장이 확산되고 있다.

주주자본주의를 골간으로 한 신자유주의의 핵심 특징인 금융유동성이 기업지배구조를 지배하게 되면 재벌총수 전횡을 억제하고 기업 경영투명성을 높이는 긍정적 효과를 볼 수 있을 것이다. 하지만 다른 한편 기업

* 국회사무처 예산분석관

경영이 단기수익성 위주로 되어 장기적 혁신투자를 저해할 뿐만 아니라 자본시장의 단기주의 압력을 완화시킴으로써 과거 높은 경제성장을 가능하게 했던 한국경제의 중요한 제도적 특징들을 파괴하는 부정적 영향을 미칠 수 있다.

미국경제가 90년대 들어서 일본-독일 경제의 경쟁력을 능가하면서 장기호황을 누리고 있을 뿐 아니라 금융세계화가 심화되면서 앵글로아메리카모델이 세계적 기준이 되고 있기 때문에 이를 수용하는 것은 불가피하다는 주장이 확산되고 있다. 그러나 이미 많은 사람들이 지적하였듯이 앵글로아메리카모델은 20 대 80의 사회, 배제전략으로 인한 사회통합성의 결여 등 체제의 비인간성, 불안정성이라는 심각한 문제점을 드러내고 있으며 자본축적체제로서도 근본적인 문제점을 안고 있다고 판단된다. 따라서 앵글로아메리카모델을 한국 경제개혁의 준거로 삼는 것은 개혁이 아니라 개악으로 귀결될 수도 있기 때문에 매우 신중해야 할 일이다.

이 글은 경제위기의 원인 중의 하나로 지적되었던 한국 재벌경제체제를 개혁하기 위해 영·미 시스템을 준거로 한 신자유주의 개혁이 왜 우리의 대안이 될 수 없는지 그 한계점을 기업지배구조의 관점에서 논할 것이다. 장기적 경제발전은 장기적 혁신투자가 활발할 때 가능한 것인데, 금융유동성이 지배하는 앵글로아메리카모델은 장기적 혁신투자를 가능케 하는 금융헌신체제가 미비하다는 근본적 한계를 안고 있기 때문이다.

이하 2절에서는 혁신과 기업지배구조의 관계에 대한 이론적 설명을 하고 3, 4절에서 미국의 기업지배구조가 경영자자본주의에서 주주자본주의로 변천하는 역사적 과정을 살펴볼 것이다. 그리고 5절에서는 90년대 장기호황을 누리고 있는 미국 경제시스템이 자랑하는 경제성과의 본질이 무엇이고 자본축적체제로서 어떤 근본적 한계를 갖고 있는지를 검토할 것이다.

2. 혁신과 기업지배구조

기업과 혁신

제도경제학은 기업이론을 발전시키는 성과를 낸 것이 사실이지만 코즈(Coase, 1937)의 거래비용 개념에서 나타나듯이 정태적 개념에 기초하고 있기 때문에 기업의 동태적 문제, 즉 기업의 가장 본질적 기능 중의 하나인 혁신의 문제를 소홀히 다루고 있다는 비판을 받는다. 코즈의 기업이론을 동태적으로 발전시킨다면 기업의 경쟁우위를 가능하게 하는 혁신자산을 시장거래를 통해 확보하기 어렵기 때문에 기업조직이 존재하는 것이라고 말할 수 있다.[1]

개인자본주의 단계에서 기업가의 본질적 기능은 혁신의 주체이면서 동시에 혁신이 야기하는 불확실성, 위험을 부담하는 것이다. 슘페터는 혁신을 적응(adaptation)의 개념과 대비시키면서 다음과 같이 설명한다. 혁신은 기업가가 직면한 경제환경을 정면에서 극복하려는 것으로 경제환경을 바꾸는 역할을 하는 데 반해서, 적응은 주어진 환경에 순응하면서 비용을 최소화하는 것으로 흔히 미시경제학에서 말하듯이 주어진 제약조건 속에서 비용을 극소화하는 최적화 해(solution)를 찾는 것을 의미한다. 즉 적응전략은 혁신전략이 야기하는 불확실성을 피하기 위해서 새로운 고정비용, 매몰비용(특수설비자산에 투입되어 회수가 어려운 투자비용) 투자를 줄이는 대신 매몰비용으로 투자된 기존 투자자산을 최대한 활용하는 것이다(Lazonick, 1991, p. 200). 따라서 적응전략은 당장에는 불확실성을 낮추고 비용을 줄이는 효율을 내지만 장기적으로 경쟁우위를 확보하는 데 필요한 고정비용, 매몰비용 투자를 줄임으로 해서 장기적 경쟁우위를 상실하게 된다.

혁신은 경쟁상대 기업에 대해서 경쟁우위를 확보하려는 것이며, 경쟁우위란 경쟁상대 기업이 접근할 수 없는 요소자산을 확보하는 것이다. 특별잉여가치나 렌트는 경쟁상대 기업이 접근할 수 없는 요소자산을 확보할 때만 가능한 것이며 이것이 경쟁우위의 본질이다.[2] 그러므로 경쟁우위를 가능하게 하는 혁신적 요소자산은 시장거래에서 확보되기 힘든 기업특수자산의 성격을 가지며 이탈효과에 의존하는 거리두기 관계의 시장은 혁신자산을 제대로 창출하지 못하는 시장실패가 발생하게 된다.

경쟁우위를 확보하기 위한 기업간 시장경쟁이 치열할수록 혁신은 활발하게 창출된다. 그러나 이때의 시장개념은 거리두기 관계의 시장개념과 구분해야 한다. 시장관계는 크게 두 가지로 구분할 수 있는데 하나는 교환당사자들간의 관계이며, 다른 하나는 수요자간의 경쟁, 공급자간의 경쟁관계이다.[3] 혁신은 불확실성의 세계에서 진행되는 것이기 때문에 기회주의 문제가 불가피하게 발생한다. 따라서 혁신자산이 창출되려면 기업가, 투자자 등 이해관계자들이 기회주의 전략을 선택하지 않고 상호협력하는 정합게임 관계가 이루어져야 한다.

그런데 경쟁시장에서 교환당사자간의 시장관계는 익명적·일시적 관계이기 때문에 반복적 게임에서 형성되는 협력전략보다는 기회주의 전략이 선택되기 쉽고 혁신자산 창출을 위한 협력과 조정을 이루기 어렵다. 설사 교환당사자간에 협력이 성사되어 렌트를 창출하는 혁신적 요소자산을 만들어내더라도 상대의 기회주의 전략을 규제하는 기제가 이탈효과이기 때문에 협력이 장기적으로 유지되기 힘들다. 따라서 시장교환관계에서는 기회주의를 규제하고 협력과 렌트를 장기적으로 유지하기 힘들기 때문에 특수자산의 성격을 갖는 혁신자산에 대한 투자가 이루어지기 어렵다. 이처럼 기회주의적 시장관계는 혁신을 창출하는 전문화된 분업과 기업특수자산을 계획적으로 조정하는 기반을 제공하지 못한다(같은 책, p. 227).

그러므로 경쟁시장은 생산자간 경쟁을 통해 혁신을 촉진하지만 교환당사자간의 일시적 시장관계 측면에서는 혁신을 저해하는 이중성을 갖는다. 산업조직론에서 완전경쟁시장이 과점시장보다 R&D투자, 기술혁신 등을 이루어내는 데 반드시 우월한 것만은 아닌 것도 이런 경쟁시장의 이중성 때문이다. 즉 과점시장은 공급자간 경쟁이란 측면에서는 경쟁시장보다 혁신을 촉진시키는 힘이 분명히 약하지만 교환당사자들의 관계를 내부화함으로써 거리두기 관계, 기회주의적 시장관계를 쉽게 극복할 수 있기 때문에 다른 경쟁상대가 접근할 수 없는 기업특수적 혁신자산을 더 용이하게 창출할 수 있는 것이다.

자본주의가 발전할수록 혁신은 점차 시장관계에서 형성되기보다는 기업의 조직적 학습과정에서 발전하는 것이 일반적 현상이다. 즉 시장거래를 통해 혁신자산이 확보되기 힘들 뿐만 아니라 지식의 집단적·누적적 효과와 외부성 때문에 R&D투자 등 혁신투자는 기업조직의 내부시스템에서 주로 이루어지게 된다. 기업조직의 계획과정은 혁신자산을 둘러싼 당사자들간의 이해조정과 외부성 문제를 쉽게 해결하며 지식자산의 외부경제를 차단하여 혁신투자 수익을 최대한 내부화하고 지식의 누적적 장기효과를 계획적으로 조정한다. 기업조직은 노동, 자본, 경영을 담당하는 각각의 내부자들이 혁신투자를 적극 지원하는 구속적 관계의 통합을 만들어냄으로써 거리두기 관계의 기회주의적 시장관계를 극복한다. 그리고 기업조직의 내부자들은 장기적 시계 속에서 혁신투자에 필요한 고정비용, 매몰비용을 적극적으로 분담함으로써 기업의 생산역량을 증가시키고 단위비용을 감소시킨다. 특히 혁신에 관한 정보를 보유하고 있는 기업가와 혁신에 관한 정보를 보유하고 있지 못한 투자자 간에 상호신뢰의 협력관계가 형성되려면 금융에 의한 학습(learning-by-financing)을 통해 산업과 금융의 정보비칭성을 극복하는 산업-금융 네트워크의 제도적 배치(institutional arrangement)가 있어야 하며(Marmefelt, 1998) 혁신을 창출하는 금융헌신은 이를 기반으로 한다.

주주와 경영자의 이해상충

기업지배구조 문제는 기업공개(initial public offerings)로 개인자본주의가 법인자본주의로 전환되면서 등장하게 된다. 소유경영자가 지배하는 개인자본주의 단계에서는 기업가가 혁신과 위험부담을 동시에 수행하지만 소유와 경영이 분리되면서 경영자가 혁신을 전담하는 데 반해, 혁신이 실패할 때 발생하는 위험은 주주가 주로 부담하는 분업이 이뤄진다. 즉 생산의 사회화, 소유의 사회화가 진행되면서 사적 소유제도와의 모순이 발생하고 기업경영자와 자본투자자의 이해상충이 발생한다.

경영자는 수익극대화를 추구하는 주주와 달리 투자를 통해 경영권력을 극대화하려고 한다. 기업의 외적 성장은 경영자가 통제할 수 있는 자원의 규모를 증대시킴으로써 경영자 권력을 확대시킨다. 반면 유휴현금흐름(free cash flow)[4]을 주주에게 배당한다면 경영자 통제하에 있는 자원규모가 축소되고 그만큼 경영자 권력은 감소한다. 따라서 기업 내에 상당한 유휴현금흐름이 존재하는 경우 기회비용 이상의 수익을 낼 만한 적당한 투자기회가 없더라도 경영자는 주주에게 배당함으로써 외부자본시장에서 투자배분이 이루어지도록 하기보다는 비효율적이더라도 기업 내부에 투자함으로써 자신이 통제하는 자원과 조직 규모를 확대시키려고 한다. 즉 경영자는 기업을 최적 수준 이상으로 성장시키려는 인센티브를 갖는다(Jensen, 1986, p. 323).

현금흐름을 주주에게 배당금으로 지급하면 기업이 신규자금을 조달해야 할 때 자본시장의 감시·간섭을 받아야 한다. 그 결과 경영자는 자본시장의 간섭·감시를 피하기 위해서 투자자금을 내부에서 조달하려고 하기 때문에 현금흐름이 과도하게 기업 내에 유보되는 경향이 발생한다(Jensen, 1987, p. 358). 따라서 수익성을 무시하고 외적 성장을 추구하는 경영자 행동을 감시하는 제도적 장치가 마련되어 있지 않다면 유휴현금흐

름이 기업 내에 비효율적으로 과잉투자되고 기업이 과대성장될 가능성
이 상존하는 것이다.

주식자본은 만기 개념이 없기 때문에 일단 기업에 납입되면 기업조직
이 해산되거나 기업이 자사주를 재매입하지 않는 한 기업으로부터 분리
될 수 없다. 주주는 경영이 실패하는 경우 기업손실을 일차적으로 부담
해야 하는 반면에 기업이 생산한 부가가치 중 잔여소득에 대한 권리만을
갖는데 배당금 결정은 사실상 경영자의 권한이다. 이에 반해 부채는 만
기가 있을 뿐만 아니라 사전적 계약에 의해 고정이자의 형태로 투자수익
을 회수할 수 있다. 따라서 채권자는 기업경영이 불만스러운 경우 만기
연장이나 부채계약갱신을 거부하고 이탈효과의 압박을 가함으로써 경영
자 재량권을 강력하게 규율할 수 있다. 즉 투자자는 기업의 청산을 선호
할지라도 경영자는 항상 현재의 기업활동이 유지되는 것을 원하는데, 기
업이 지급불능(insolvency) 상태에 처하는 경우 채권자는 청산을 강제할
수 있는 권한을 보유하고 있기 때문에 주주보다 강력한 이탈효과를 가지
며 그만큼 투자자와 경영자의 이해상충이 완화된다.

소유가 분산된 경우 무임승차 문제 때문에 분산된 외부주주가 의결권
행사를 통해 경영자 재량권을 규율하는 것은 대단히 힘들다. 따라서 기
업경영이 불만스러운 경우 주주가 취할 수 있는 방어전략은 주식을 매각
하는 것이다. 그러나 이러한 주식매각의 이탈효과는 부채의 경우처럼 강
력하지 못하다. 왜냐하면 주식매각은 주권을 다른 주주에게 양도하는 것
일 뿐 투자된 자금을 기업으로부터 회수하는 것은 아니기 때문이다. 주
식매각이 경영자 재량권을 규율하는 효과는 주가하락을 통해 주식발행
의 자금조달비용을 높이고 적대적 M&A의 가능성을 높이는 것이다. 만
일 적대적 M&A가 경제구조의 특성상 성사되기 어려운 상황이라면 경영
자는 주가하락으로 자금조달비용이 증가하는 것에 대해 크게 구애받지
않는다. 왜냐하면 경영자와 투자자의 이해상충 때문에 주식발행으로 투

자자금을 조달하기 힘든 경우 양자의 이해상충 문제가 작은 부채를 통해서 필요한 투자자금을 조달하는 것으로 해결될 수 있기 때문이다. 따라서 소유와 경영이 분리된 경영자지배체제의 경우 경영자 재량권은 주식자본에서 더 크며 자본투자자와 경영자의 이해상충은 부채보다 주식자본이 더 심각하다(Harris and Raviv, 1991, p. 302).

형식적으로는 주주자본주의라고 불러왔지만 70년대까지 미국의 법인자본주의는 실질적으로 경영자자본주의였으며 현금흐름에 대한 통제권은 주주가 아니라 경영자가 장악하고 있었다. 경영자자본주의는 경영자 재량권을 바탕으로 외부자본시장의 단기주의 압력을 피하면서 현금흐름을 내부유보함으로써 혁신투자에 필요한 금융헌신을 확보할 수 있었고 이를 통해 경영자지배체제의 경쟁우위를 창출해 냈다. 그러나 금융헌신은 혁신의 필요조건일 뿐 충분조건은 아니다. 즉 금융헌신을 확보했다고 해서 그것이 반드시 혁신투자로 연결된다는 보장은 없다. 경영자 재량권은 금융헌신을 혁신투자로 연결시키는 것이 아니라 유휴현금흐름 대리인 문제로 귀결될 수도 있는 것이다.

3. 포드주의와 경영자자본주의

미국의 경영자지배체제는 전문화된 수직적 분업의 계획적 조정에 의해서 조직 내 혁신을 추구했고 포드주의 대량생산체제를 세계 최초로 완성했다. 포드주의 노동과정은 테일러주의에 근거한 것이었다. 테일러주의는 구상과 실행의 분리를 전제로 했고, 전문경영자와 전문기술조직이 구상기능의 혁신을 주도함으로써 포드주의 축적체제의 생산성 향상을 가능하게 했다. 미국대학들은 테일러주의 구상기능을 전담할 수 있는 전문경영자와 전문기술인력을 배출했고, 특히 연구중심 대학들은 기업과의

산학협력을 통해 테일러주의의 기술개발을 촉진시키는 역할을 수행했
다. 이들 전문인력들은 내부노동시장을 통해 기업조직의 내부자로서 생
산과정에서 통합됨으로써 테일러주의 혁신을 주도했다.

반면 생산직노동자들은 생산과정의 외부자로서 통합에서 배제되었으
며 단순한 실행기능을 담당했다. 따라서 이들은 노동통제의 대상이었을
뿐 혁신과정의 내부자로 참여할 수 없었다. 생산직노동자들은 외부자로
통합대상에서 배제되었기 때문에 작업현장의 혁신을 주도할 수 없는 것
은 물론 직접적 생산자로서 최소한의 노동동인도 가질 수 없었다. 따라
서 테일러주의는 생산직노동자들의 노동과정을 최대한 탈숙련화하고 기
계화에 종속시키고 노동을 강화함으로써 효율을 확보하는 생산체제였다.

테일러주의는 심각한 노동소외를 야기하기 때문에 탈숙련화와 감독강
화만으로 노동자를 통제할 수 없었다. 그리하여 노동자 불만을 완화하기
위해 육체근로자들을 대량생산체제가 가능하게 한 대량소비체제 속으로
포섭하는 계급타협이 이루어졌다. 즉 산별노조는 경영자지배체제가 생
산과정에서 육체근로자를 배제하는 테일러주의 전략을 용인하는 대신
선임권과 생산성임금제를 요구했고, 독점대기업은 생산과정의 통합에서
는 배제하지만 노조가 요구한 선임권체제를 인정함으로써 내부노동시장
의 성격을 띠는 1차 하부노동시장 속으로 육체근로자를 포섭했다. 그 결
과 독점대기업의 1차 하부노동시장에 진입한 육체근로자들은 산별노조
의 교섭력을 바탕으로 경쟁적 노동시장의 임금규범이 지배하는 2차 노동
시장의 노동자에 비해서 생산성임금제라는 상대적 고임금의 기득권을
향유할 수 있었다. 이러한 계급타협을 통해서 포드주의 대량생산·대량
소비 체제는 완성되었다.

미국의 포드주의 체제는 기업지배구조의 측면에서 보면 경영자자본주
의에 근거한 것이었다. 미국에서 이사회가 경영자로부터 독립해 경영을
적극적으로 감시하기 시작한 것은 80년대 후반부터이다. 80년대 구조재

편(restructuring) 이전까지 이사회의 독립성이란 형식적인 것에 지나지 않았으며 이사회는 사실상 경영자의 권력수단에 불과했다(Roe, 1997, p. 177).

잔여청구권자인 주주가 수익성극대화를 추구하는 데 반해서 경영자는 잔여청구권자가 아니기 때문에 수익성극대화는 경영자의 목표가 아니었다. 경영자는 현금흐름을 최대한 확보해 기업 내에 재투자함으로써 자신이 통제하는 조직자산을 확대하여 자기권력을 극대화하는 것을 추구한다. 즉 조직확대와 제국건설이 경영자의 목표이다. 구상기능을 전담하고 있는 전문기술자들은 생산과정에 완전히 통합되어 있는 내부자이기 때문에 조직확대와 제국건설은 곧 자신의 승진 가능성과 미래소득의 안정적 증가를 의미한다. 따라서 이들은 경영자와 이해가 일치하며 경영자의 경영목표를 적극적으로 지지했다. 독점대기업의 육체근로자들은 생산과정의 통합에서는 배제되어 있었지만 1차 하부노동시장에 포섭되어 있었기 때문에 경영자가 현금흐름을 기업 내부에 재투자해 조직확대를 추구하는 것을 지지했다. 그러므로 현금흐름을 기업 내부에 재투자하여 조직확대를 추구하는 경영자와 노동자 간에 계급타협이 형성되고 수익극대화를 추구하는 주주의 이익과 대립하게 된다.

즉 포드주의의 경영자자본주의는 셰보르스키(Przeworski, 1985)가 강조하는 사민주의적 계급타협의 기제인 임금자제(wage restraints)→이윤증가→생산적 투자 증대→미래고용 및 임금소득 증대라는 국민경제 차원의 호순환을 기업 차원에서 내부유보→테일러주의 혁신투자→조직확대를 통해 불완전한 형태이기는 하나 어느 정도 실현한 것이며, 수익극대화를 추구하는 주주의 영향력을 기업경영에서 배제하고 조직확대를 추구하는 내부자 이익을 우선함으로써 안정적 계급타협을 유지하고 성장을 촉구하는 생산체제를 이룰 수 있었다.

그러나 포드주의의 경영자자본주의가 주주의 이익을 완전히 무시한

것은 아니었다. 즉 경영자가 현금흐름을 주주에게 배당하지 않고 기업
내에 재투자하는 조직확대와 제국건설 전략을 쓰더라도 기업이 조직혁
신을 계속해서 창출함으로써 우월한 생산력을 확보하는 한 주가상승을
통해 주주의 이익은 보장될 수 있었다. 따라서 기업이 경쟁우위를 유지
하고 있을 때는 내부유보와 직접금융으로 대규모자본을 조달하면서 금
융자본이나 외부주주 같은 외부투자자의 간섭을 배제하고 금융헌신을
확보할 수 있었다. 또한 거대기업들이 M형 기업(수직적 단일체계의 기업이
아니라 다각화된 개별사업부들이 중앙본부headquarter로부터 상당한 자율성을 갖는
사업부제 기업)을 통해 내부자본시장을 확립함으로써 외부자본시장의 간
섭을 최소화할 수 있었던 것도 경영자지배체제를 공고하게 하는 데 기여
했다.

포드주의 축적체제는 현금흐름 분배와 통제를 둘러싼 산업자본과 금
융자본의 갈등에 대해 산업자본의 이익을 우선하는 체제였다. 즉 미국
연방정부는 글래스-스티걸법을 통해 금융자본의 산업자본 지배를 허용
하지 않음으로써 "약한 소유자와 강한 경영자"라는 경영자자본주의를
강화했으며(Roe, 1994) 관리된 금융시스템하에서 저금리를 유지함으로써
기업들이 낮은 비용으로 자금을 조달하고 장기적 시계를 갖고 투자를 할
수 있게 했다. 포드주의하에서 투자율과 노동생산성 상승률이 높았던 것
은 이와 무관하지 않다(전창환, 1999a, 100쪽). 또한 미국정부는 경쟁정책을
지속적으로 펼침으로써 경영자자본주의의 취약한 지배구조 문제를 시장
경쟁 규율로 완화시켰다. 미국의 거대한 시장규모는 규모의 경제를 실현
하면서도 경쟁시장구조를 가능하게 함으로써 경영자자본주의의 단점을
보완했다(Roe, 1997, p. 169).

이와 같이 경영자자본주의가 경쟁우위를 유지하는 한 경영자와 주주
간에 현금흐름 통제를 둘러싼 이해상충은 심각하지 않았다. 미국의 외부
투자자들과 금융기관들이 금융헌신보다는 금융유동성을 중시했는데도

불구하고 경영자자본주의가 금융헌신을 확보할 수 있었던 것은 경영자가 투자자 이익을 우선하는 경영을 폈기 때문이 아니라 테일러주의 혁신을 통해 세계시장에서 경쟁우위를 확보했기 때문이다.[5] 따라서 포드주의의 경영자지배체제는 경쟁우위를 상실하는 경우 주주자본주의와 심각한 갈등관계에 빠지게 된다.

포드주의 경영자지배체제는 생산직노동자들을 1차 하부노동시장과 대량소비양식 속으로 포섭함으로써 일정한 계급타협을 달성하고 있었지만 계급갈등을 내재한 자본주의 한계를 원천적으로 해결하고 있었던 것은 아니었다. 50년대에 들어서면서 일본과 독일의 제조업은 세계시장에 급속하게 진출하기 시작했다. 독일과 일본은 전후 복구 이후 새로운 기술과 생산설비에 지속적으로 투자함으로써 생산성을 급속히 향상시켜 나갔다. 50년대 독일 제조업의 노동생산성은 미국의 1/3이었지만 임금수준은 미국의 1/5에 불과했다. 따라서 독일과 일본은 가격경쟁력을 기반으로 수출을 증가시켜 미국기업들이 차지하고 있던 세계시장을 잠식해 나갔다. 독일은 2차대전 이전에 이미 세계수출시장을 영국, 미국과 함께 3분하고 있을 정도로 생산역량을 갖추었던 나라이다. 전후(戰後) 독일 제조업수출의 80%가 전전(戰前)에 있었던 상표명을 부착하고 수출될 정도로 독일기업들의 산업생산 기초는 탄탄했다.

미국 제조업이 세계수출시장에서 독일과 일본 기업의 추격을 받고 있었지만 미국경제의 내수 비중이 워낙 컸기 때문에 50년대까지 미국 제조업은 심각한 타격을 받지 않았다. 그러나 60년대 후반에 들어서 독일과 일본의 제조업이 미국 국내시장의 점유를 확대시키면서 미국 제조업은 점점 심각한 타격을 입게 되었다. 미국 제조업은 독일과 일본과의 가격경쟁 격화로 자본수익률이 지속적으로 감소했는데 1965~73년에는 자본수익률이 무려 40% 이상 감소했다. 가격경쟁 심화로 마크업(mark-up, 생산비에 얻고자 하는 마진율을 더해 가격을 설정하는 것) 가격을 유지할 수 없게 되자 미국 제조업체들은 임금비용 상승을 억제하기 시작했다. 따라서 포드주의 경영자자본주의하에서 지속적으로 상승했던 실질임금 성장은 하락했다. 또한 독일과 일본의 시장점유 확대가 과잉생산과 과잉설비를 야기해 자본/산출 비율이 크게 증가한 상태였기 때문에 자본생산성과 이윤율이 크게 떨어졌다.

그리하여 미국 제조업체들은 생산적 투자확대에 소극적 입장에 있었던 반면, 자본수익률 저하로 미국의 해외투자는 급속하게 증가했다. 미국 제조업경영자들은 임금비용 상승을 억제하고 부당노동행위를 증가하는 등 노동계급을 압박하고 생산적 투자확대를 둔화시켰고, 이것은 결국 포드주의 계급타협 기반을 파괴함으로써 노동계급의 저항을 초래했다 (Brenner, 1998a, pp. 93~109). 60년대 결근율 증대, 비공식 파업의 확산은 생산적 투자와 임금 자제를 교환하는 경영자자본주의의 노사간 계급타협이 무너지기 시작했다는 증거이다.[6]

노동계급 압박을 통해 경쟁열위를 만회하려는 경영자들의 대응방식은 경영자자본주의하에서 형성되었던 계급타협의 정합게임을 파괴하고 적응전략만을 강화시켰을 뿐 혁신자산에 대한 적극적 투자를 통한 경쟁우위 확보로 나가는 데는 실패했다. 경영자자본주의의 미국기업들이 일본·독일 기업의 등장에 맞서 경쟁우위를 확보하는 데 실패하자 뒤따르는 것은 경영자 재량권에 대한 주주자본주의의 반격이었다.

4. 유휴현금흐름 대리인비용과 주주자본주의의 반격

기회비용 이상의 내부수익률을 낼 수 있는 투자기회를 많이 가진 성장단계의 기업은, 경영자가 현금흐름을 배당하지 않고 기업 내부에 투자하더라도 주가상승을 통해 주주의 이익을 증가시키기 때문에 경영자와 주주의 이해상충은 크게 발생하지 않으며 기업의 효율성을 저해시키지도 않는다. 그러나 산업발전 주기상 성장단계에서 성숙단계로 넘어가 적절한 투자기회를 찾기 어려운 기업은 유휴현금흐름 대리인비용이 커질 것이다. 즉 내부유보를 통한 투자확대가 주가를 상승시키는 한 경영자자본주의는 주주이익을 충족시키지만 기업성장이 둔화되어 기회비용 이상의 투자수익을 얻어낼 만한 마땅한 투자기회를 찾기 어려워지면 현금흐름 통제를 둘러싼 주주와 경영자의 이해상충 문제가 발생하게 된다.

유휴현금흐름 대리인비용의 대표적 예는 석유회사들이다. 미국의 석유회사들은 70년대 유가상승으로 막대한 현금흐름을 보유하게 되었다. 석유회사들은 석유수요 감소가 예상되고 있어 마땅한 투자처를 찾지 못하고 있었지만 주주에게 유휴현금흐름을 배당하기보다는 유통업, 부동산업, 광산업 등에 진출하는 다각화전략을 추구했다. 그러나 이러한 다각화전략은 경영전문성 부족으로 대부분 실패했다(Jensen, 1987, pp. 362~63).

1965~69년 미국의 M&A 3차물결에서 복합기업(conglomerate)에 의한 다각화 M&A가 많이 이루어졌는데,[7] 합병 초기에는 합병 참가자들이 상당한 이득을 보기도 했지만 상당 기간이 지난 후에는 결국 경영자의 전문성 부족으로 다각화 M&A의 경제적 효과가 대부분 부정적이었다는 평가를 받게 되었다. 미국의 실증분석에 따르면 다각화가 기업의 가치를 감소시킨다는 증거는 일관되게 나타나며, 80년대 M&A시대에 비관련 다각화를 추구한 M&A가 관련 다각화를 추구한 M&A보다 주가반응이 더 나빴다. 많은 비관련 다각화 M&A가 나중에 다시 분할매각(divestiture)되었는데, 이것은 대부분의 비관련 다각화 M&A가 잘못된 것이었음을 의미한다(Black, 1997, p. 166).

경영자는 불확실성이 높은 혁신전략보다는 적응전략을 선호할 수도 있으며 다각화전략을 통해 자신의 권력 극대화를 추구할 수도 있다. 특히 풍부한 현금흐름을 보유하고 있는 성숙단계의 독과점기업들은 외부시장의 규율과 간섭을 피할 수 있었기 때문에 이런 현상이 나타날 가능성이 높았다. 과거에는 생산기술에 대해 전문적 지식을 갖고 있는 사람들이 경영자의 역할을 수행했지만, M형 기업이 출현하면서 생산에 관한 일상적 의사결정 권한은 하부 사업본부들에 위임되었고 중앙통제기구의 최고경영자는 내부자본시장의 현금흐름을 통제하고 중요한 핵심 전략만 결정하게 되면서 점차 생산기술전문가보다는 금융·재무 전문가로 채워지기 시작했고, 이들 금융·재무 전문가들은 적응전략을 중시하는 경향이 있었다. 더욱이 경영자시장이 발전하면서 최고경영자가 외부에서 채용되는 예가 늘어났다. 따라서 경영자들은 기업특수적 경영지식보다는 다른 기업에서도 사용할 수 있는 일반적 경영지식을 더욱 중시하게 되었고, 이것은 경영자들이 생산기술전문가에서 재무전문가로 전환되는 현상을 촉진시켰다. 또 단기수익성을 강조하는 외부자본시장의 압력이 강화되면서 경영진에서 기술전문가의 영향력은 더욱 약화되고 재무전문가의 영향력은 더 강화되었다(Keasey et al., 1997, p. 6).

미국 복합기업 최고경영자들이 적응전략에 빠져 있을 때 일본과 독일 기업들은 장기적 혁신투자를 과감하게 지속함으로써 경쟁력을 강화하고 있었고, 이것은 세계시장에서의 시장점유 확대로 나타났다. 독일·일본 기업 그리고 그 이후 신흥공업경제지역(NIES) 국가들의 기업들이 세계시장에 진출하면서 경쟁은 더욱 치열해졌고 경쟁우위를 상실한 미국기업들의 이윤율은 저하되기 시작했다. 가격경쟁력을 상실한 미국의 한계기업들은 구조조정을 하거나 퇴출해야 했다. 그러나 경영자지배체제인 대규모 공개기업의 경우 자본시장이나 생산물시장의 압력이 없는 상태에서 내부 경영시스템이 경영전략의 잘못을 인정하고 자발적으로 구조조정을 하는 경우는 극히 예외이다(Jensen, 1993, p. 30).

과잉생산, 과잉설비에 대한 시장조정은 한계가 있다. 자본시장이 불완전한 상태에서 과잉설비에 의한 가격전쟁이 이루어질 때 외부투자자는 어느 기업이 장기적 내재가치가 우수한데 일시적 요인에 의해 과잉설비를 겪고 있고, 어느 기업이 구조적 과잉설비를 겪고 있는지를 구분하기 힘들다. 유동성 위기를 겪는 기업이 반드시 비효율적인 한계기업인 것은 아니며 자본시장의 선별은 케인스가 말하듯이 미인대회선발의 성격을 지니고 있기 때문에 장기적 내재가치가 우수한데도 불구하고 일시적 요인에 의해 유동성 위기를 겪는 기업이 퇴출과 구조조정을 강요받을 수 있는 것이다.

따라서 경영자는 자기 기업의 과잉설비를 해소하려 하기보다는 경쟁 상대 기업이 퇴출해 과잉설비 문제가 해결될 때까지 버티려고 한다. 규모의 경제 산업일수록 개별기업 차원의 감량경영(downsizing)이 이루어질 가능성은 희박하다(조영철, 1999b). 더욱이 고정비용은 대부분 매몰비용이기 때문에 고정자본에 대한 정상수익률을 얻지 못하더라도 유동자본(circulating capital)에 대한 정상수익률이 보장되는 한 경영자는 퇴출보다는 현상유지를 선호했다. 케인스주의적 수요확장정책, 달러인하정책도 미국 한계기업의 잔존을 도왔다. 이와 같이 한계기업의 퇴출과 구조조정이 지연되었기 때문에 이윤율이 저하된 상황에서도 과잉생산·과잉설비의 세계시장 상황은 지속되었고, 이것은 70년대 이후의 장기불황을 야기한 원인이 되었다(Brenner, 1998a).

경영자자본주의의 포드주의와 주주자본주의의 갈등관계는 금융세계화가 진행되면서 더욱 심화되었다. 경영자자본주의가 주주이익보다 기업성장을 더 중시하는 포드주의 축적체제의 기업지배구조를 가능하게 한 중심축이었다면, 케인스주의 국민국가는 금리생활자 이익보다 국민경제의 성장을 더 중시하면서 포드주의적 노사간 계급타협과 자본축적의 호순환을 가능하게 한 또 다른 축이었다. 그러나 경영자자본주의가 경쟁우위를 상실하고 테일러주의의 한계가 드러나면서 케인스주의적 성장지향의 거시경제정책은 인플레이션, 재정적자, 경상수지적자 문제를 심화시켰고 정부는 금융자본보다 산업자본의 이익을 우선하는 정책을 유지할 수 없었다.

금융자본은 금융세계화가 강화되면서 금융유동성과 국가간 자본이동을 통한 이탈효과의 규율을 통해서 경영자지배체제, 포드주의적 노사간 계급타협을 가능하게 했던 케인스주의 국가정책을 압박하면서 금융자본과 주주이익을 중시하는 경제환경을 조성해 나갔다. 미국정부의 경제정책은 경영자자본주의와 친화성을 갖고 있던 케인스주의 정책에서 벗어나 고달러, 고금리를 사용해 물가안정을 거시정책의 최대목표로 삼는 통화주의 긴축정책으로 전환하고 노동시장 유연화, 한계기업 퇴출 등 기업구조조정을 강요함으로써 신자유주의와 친화성을 갖는 주주자본주의가 경영자자본주의를 공격할 수 있는 길을 열었다.[8]

70년대까지만 해도 기업이윤의 대부분은 내부유보되어 투자자금으로 활용되었다. 그러나 80년대에는 내부유보가 급속히 감소하며 장기불황 상황임에도 불구하고 배당금 비중은 크게 증가했다.[9] 포드주의 황금기였던 40년대 초부터 60년대 중반까지 S&P 주가지수는 연평균 8%씩 증가했고, 침체기였던 1969~79년에는 -0.4%인 데 반해 80~95년에는 무려 10%씩 상승했다(Binswanger, 1999, p. 223). 이것은 케인스주의 국민국가의 후퇴, 금융세계화와 신자유주의의 득세라는 사회배경 속에서 주주자본주의가 경영자자본주의를 대체해 나갔다는 것을 반영한다.

〈표 1〉 미국 제조업의 이윤 분배구조

(단위: %)

	1950~65	1965~73	1973~79	1979~82	1982~90	1990~96
이자	1	11	15	31	35	24
배당금	24	26	16	24	27	36
내부유보	75	63	69	44	37	40

자료: Brenner, 1998a, p. 210.

주주자본주의의 반격은 유휴현금흐름 대리인비용을 해결하기 위해 80년대에 적대적 M&A, 차입매수(leveraged buyout, LBO) 등의 활성화에 의한 구조조정 형태로 전개되었다. 미국의 경우 60~70년대에 융성했던 복합기업의 다각화현상이 약화되었는데, 이것은 적대적 M&A의 활성화 등 외부자본시장의 통제가 정교해지고 발전하면서 다각화기업이 갖는 내부자본시장의 장점들을 압도하기 시작했기 때문이다. 또 80년대에 들어서 기관투자가의 비중이 크게 확대되고 자본시장에 대한 규제완화로 자본시장 내의 금융기관들간 경쟁이 매우 치열해지며 뮤추얼펀드, 연금기금 등 기관투자가들의 기업감시와 성과분석 능력이 크게 강화되고 이들이 기업정보 공개를 강력하게 요구하면서 외부투자자와 기업의 정보 비대칭성도 크게 완화되었다(Bhide, 1997). 이런 상황에서 외부자본시장이 내부자본시장을 압박·대체해 나가고 M&A가 비효율적인 다각화기업을 분할매각시킴으로써 다각화현상을 약화시켰던 것이다.

5. 앵글로아메리카모델의 한계

1970~89년 선진국 기업들의 순자금조달구조(net source of finance)를 보면 대부분이 내부유보이며 나머지는 주로 은행차입과 회사채발행이 차지했고 주식을 통한 순자금조달 비중은 독일 0.9%, 일본 2.7%, 영국 -8.0%, 미국 -8.8%로 극히 미미하거나 음(陰)의 값이었다.[10] 1970~94년 주식발행을 통해 자금을 조달한 순규모가 전체 자금조달 순규모에서 차지하는 비중을 보더라도 일본 3.5%, 독일 -0.7%, 영국 -4.6%, 미국 -7.6%로 주요 선진국 주식시장의 자본조달 비중은 일본을 제외하면 대부분 음으로 나타나고 있다. 신규상장과 유상증자가 활발했음에도 불구하고 주식발행에 의한 자금조달 순규모가 감소한 것은 첫째, 영국과 미

국에서 기업들이 신주발행이 아니라 현금흐름을 사용해 타기업의 주식을 구입하는 방식으로 M&A가 활발하게 이루어졌고 둘째, 80년대에 주식을 부채로 대체하는 차입매수 형태의 구조재편이 확산되었을 뿐만 아니라(Corbett and Jenkinson, 1998, p. 107) 셋째, 주가관리와 적대적 M&A 방어수단으로 기업들이 자사주 매입을 크게 증가시켰기 때문이다(佐藤佑一·永井靖敏 編, 1999, 88쪽).

그러므로 미국, 영국 등 선진국 주식시장은 1차 발행시장이 중요한 것이 아니라 2차 유통시장이 중요한 의미를 갖는다. 주식자본은 가장 많은 위험을 부담하고 기업과 사실상 생사를 같이하는 자기자본이기 때문에 가장 헌신적 자본이라고 할 수 있다. 따라서 주식자본은 일단 납입된 이후에는 기업에 완전히 구속되는 성격을 띠므로 주식유통시장이 발달해 주식매매를 통해 자금을 회수하고 유동성을 보장받을 수 있어야만 주식발행시장도 성립할 수 있는 것이다. 벤처기업에 헌신적 자본을 공급하는 모험자본(venture capital)이 활성화되려면 나스닥이나 코스닥, 독일의 신시장처럼 모험자본가가 투자한 위험자본을 회수하고 유동성을 확보할 수 있는 제도적 장치가 있어야 하는 것도 같은 이치이다.

그런데 뉴욕거래소시장의 경우 주식발행을 통한 순투자자금 조달비율이 음이기 때문에 나스닥시장만 위험자본을 공급하는 발행시장의 기능을 수행하고 있을 뿐 거래소시장은 사실상 이미 발행된 주식의 배당권리를 재배분하는 유통시장의 기능만 하고 있는 것이나 마찬가지이다. 주가가 상승했는데도 불구하고 거래소시장 전체적으로 보면 유상증자가 많이 이루어지지 않았다.[11] 더욱이 기업투자가 M&A와 자사주 매입같이 기존 금융자산을 중심으로 이루어져 주식유통시장의 주식공급물량을 감소시키고 있기 때문에 유상증자에 의한 주식공급물량 증가분을 상쇄함으로써 주식유통시장에서는 주식공급물량이 거의 증가하지 않았다. 투자가 실물자산이 아니라 금융자산에 집중되었기 때문에 투자증가에도 불구하고 인플레이션이 유발되지 않았다. 따라서 연기금과 뮤추얼펀드의 주식투자 급증으로 주식수요는 급증한 데 반해 주식공급물량은 제한됨으로써 주가가 지속적으로 상승하는 금융주도적 거품체제가 만들어졌다.[12]

주식시장이 헌신적 자본을 공급하는 기능을 수행하지 못하고 있으면서도 80년대 구조재편은 기업경영을 금융유동성이 지배하는 자본시장 규율에 종속시킴으로써 주주자본주의를 확립시켰던 것이다. 이제 경영자들은 주주자본주의 원리에 신속하게 적응하여 주가극대화, 자본수익성 극대화를 경영의 최고목표로 설정하는 변신을 했다. 즉 단기 주가극대화 목표를 달성하지 못한 기업의 경영자들은 적대적 M&A로 경영권을 박탈당했고 스톡옵션제도가 도입되고 주가를 기준으로 경영자 보수가 결정되는 경우가 많아지면서 경영자들 스스로 단기 주가극대화를 경영목표로 설정하기 시작했다. 따라서 주주자본주의의 주요 공격대상은 포드주의 경영자자본주의에서 누렸던 노동자들의 기득권이었다.

소유집중은 경영자 대리인비용을 완화하는 효과를 지니는 반면, 소유경영자가 강력한 지배권을 바탕으로 하여 다른 이해관계자들이 투자한 기업특수자산을 탈취하는 문제를 안고 있다(Shleifer & Vishny, 1997). 적대적 M&A는 일시적 소유집중을 통해서 경영자 대리인비용을 해결하는 것이기 때문에 주주가 다른 이해관계자의 자산을 탈취하는 현상이 나타나기 쉽다. 즉 적대적 M&A는 유휴현금흐름 대리인비용 때문에 현금흐름은 풍부한데도 불구하고 주가가 낮은 기업을 대상으로 이루어지는 경우가 많으며, 따라서 장기적으로 기업을 경영하려는 목적보다는 구조조정을 통해 주가를 상승시킨 후 매각함으로써 시세차익을 얻으려는 목적으로 이루어지는 경우가 많다.

단기적 시세차익을 노리는 기업인수자와 종업원, 원료공급자 등 다른 이해관계자들과의 관계는 반복적 게임이 될 수 없기 때문에 기업인수자한테서 평판효과나 장기적 협력의 정합게임 관계를 기대하기 힘들다. 기업인수자는 경영자지배체제가 종업원들에게 부여했던 기업특수자산에 대한 권리를 빼앗는 재분배형태의 구조조정을 실시함으로써 자본수익성을 극대화하는 전략을 추구한다. 즉 M&A에 의한 기존 경영자 축출은 주주가 다른 이해관계자들과의 묵시적 계약을 파기함으로써 렌트를 빼앗을 수 있게 한다(O'Sullivan, 1997, p. 125). 그리고 80년대 미국의 고금리정책은 미래수익의 현재가치를 하락시키고 경제의 불확실성을 증대시킴으로써 기업인수자들이 구조조정과정에서 이해관계자들간의 묵시적 장기협력 속에서 형성된 무형의 평판자산을 현금화(cash out)하여 탈취하는 행동을 유인했다(Deakin and Slinger, 1997, p. 132).

그러므로 80년대 M&A의 구조재편이 내부자들간의 담합이란 경영자지배체제의 비효율을 깨뜨리고 한계기업을 퇴출시키고 구조조정을 촉진하고 자원을 고수익성 부문으로 이동시키는 자원배분을 통해 자본의 수익성을 높인 것은 사실이지만, 그것이 혁신투자 증가→기업의 장기적 핵심 역량 향상에 따른 자본수익성 증가라고 보기는 어렵다. 실증연구들에 따르면 M&A와 기업효율 간의 긍정적 인과관계를 찾을 수 없었고 장기적 기업성과는 기업인수 이후 악화되는 것으로 나타났다(O'Sullivan, 1997, p. 139). 즉 자본수익성 증가는 기업의 핵심 역량 향상의 결과가 아니라 M&A 구조조정을 통해 주주가 다른 이해관계자들, 특히 종업원들의 특수자산을 탈취하는 재분배의 결과일 가능성이 크다.[13]

80년대의 구조조정은 경영자자본주의에서 불완전하나마 형성되었던 노사간 계급타협 기반을 완전히 파괴하고 주주자본주의를 완성시켰다. 그러나 경영감시와 관련한 정보생산의 공공재적 성격 때문에 자본시장의 정보생산은 과소생산되며, 이탈효과에 의존하는 자본시장 중심의 시스템은 정보 비대칭성과 정보생산능력의 한계 때문에 묵시적 계약관계 속에서 형성되는 무형자산(intangible asset)이 과소생산되는 결과를 초래

한다. 무형자산은 기업의 생산능력을 구성하는 중요한 자산 중의 하나이
지만 장부에는 자산으로 기록되지 않으며 무형자산 유지를 위한 투자는
장부에 비용으로만 기록된다. 더욱이 무형자산에 대한 투자의 수익은 장
기적으로 회수되는 데 반해 무형자산에 대한 투자감소는 즉각적인 비용
절감 효과를 가져오기 때문에, 구조조정의 주대상이 되기 쉬우며 경영자
가 적응전략에 치우쳐 있는 경우에는 더욱 그렇다. 따라서 자본시장 주
도로 기업 구조조정과 감량경영이 진행되는 경우 외부자본시장에 의해
제대로 평가받지 못하는 기업특수적 무형자산이 집중적으로 파괴되는
조정이 이루어지기 쉽다.

포터는 자본시장 중심의 영·미 시스템은 투자결정의 시계가 지나치
게 단기적이어서 동태적으로 최적 효율의 투자를 달성하지 못한다고 한
다(Porter, 1992). 그리고 자본시장의 단기주의 때문에 미국이 일본, 독일
에 비해서 기업특수숙련, R&D 등 장기투자를 적게 하고 미국경제의 장
기적 경쟁력이 저하되었다면서, 장기투자가 이루어지려면 장기적 이해관
계를 갖는 헌신적 자본(dedicated capital)이 필요하다고 주장한다. 즉 자
본시장의 단기주의 문제가 발생하는 근본 원인은 정보 비대칭성 때문인
데, 단기주의 문제를 해결하려면 기업의 장기적 내재가치가 우수하다는
것을 외부주주가 이해할 수 있도록 기업의 내부정보를 공개해야 한다.
그러나 정보자산의 비배제성 때문에 포트폴리오 투자를 하는 모든 외부
주주들에게 정보를 공개하는 것은 현실적으로 불가능하다.[14)]

따라서 정보 비대칭성을 해결하는 포터의 방식은 기업정보를 기회주
의적으로 이용하지 않을 만한 신뢰관계와 장기적 투자관계가 형성되어
있는 일부 투자가들에게만 제한적으로 정보를 공개하는 것이다(Miller,
1997, p. 41). 일본과 독일의 주요 투자자들은 장기간 상당량의 지분을 보
유하는 관계투자를 하기 때문에 기업에 대해 광범하고 지속적인 정보수
집을 하고 장기이익을 추구하는 데 반해, 영국과 미국의 포트폴리오 위

주의 투자를 하는 투자자들은 그렇지 못하다는 것이다.[15] 더욱이 자본시장은 유동성 문제가 심각하므로 자본시장에서 발생하는 예측하기 힘든 급격한 변화에 대처하기 위해 유동성을 중시하는 포트폴리오 투자가 이루어지고 기업과 금융의 관계도 이탈효과와 거리두기 관계에 의존하기 때문에 금융헌신보다는 금융유동성이 지배하며 단기주의 문제는 더욱 심화된다.

90년대 초 적대적 M&A를 어렵게 하는 주법(州法) 개정이 많이 이루어졌고 80년대 후반부터 반인수 정관개정(anti-takeover amendments)을 한 기업들이 늘어나, 90년대 초까지 미국 대기업의 2/3 정도가 적대적 M&A 방어장치를 채택했다.[16] 적대적 M&A에 대한 방어전략이 개발·확산되면서 적대적 M&A 물결은 90년대 들어 주춤하고 있다.

그러나 금융유동성이 지배하는 금융주도적 축적체제는 더욱 강화되고 있다. 금융의 증권화 경향이 강화되면서 뮤추얼펀드, 헤지펀드, 연기금, 보험회사 등 기관투자가들은 증권시장에서 차지하는 투자비중이 급증했고 유동성 선호전략을 추구하기 어려워졌다.[17] 이에 반해 기관투자가들은 공공재의 성격을 띠는 감독비용을 수용할 충분한 유인을 갖게 되었고 정보능력도 강화되었기 때문에 기업지배구조에 적극적으로 발언·참여하는 경우가 많아졌다.[18]

기관투자가의 이탈비용이 증가하고 발언기능이 강화되었다는 것이 거리두기 관계와 금융유동성의 약화를 의미하지 않는다. 왜냐하면 기관투자가는 여전히 유동성을 중시하고 포트폴리오 투자대상 기업의 주가극대화를 목적으로 하고 있는데, 자본시장의 불완전성으로 주가가 주로 장기적 내재가치를 결정하는 기초조건(fundamentals)에 대한 평가에 의해서 결정되는 것이 아니라 단기수익성의 영향을 많이 받기 때문이다.[19] 따라서 기관투자가들의 기업지배구조에 대한 발언 강화는 오히려 기업의 시계를 더욱 단기화하고 금융유동성의 지배를 심화시킨다.

유동성 제약을 상대적으로 덜 받는 연기금, 생명보험사 등의 기관투자
가들은 장기적 자산운영을 할 수 있다. 연기금은 수입-지출의 안정성 때
문에 헌신적 자본의 역할을 할 수 있는 조건을 갖추고 있지만 실제로 금
융유동성을 철저히 추구하고 있다(Watson and Hay, 1998, p. 418). 더욱이 연
기금, 생명보험사보다 더 급증하고 있는 것은 뮤추얼펀드와 헤지펀드인
데, 특히 헤지펀드는 고위험·고수익의 단기투자를 위주로 하고 있다.
또한 연기금의 경우 자산운영회사들간에 기금 자산운영을 둘러싼 수탁
경쟁이 발생했고 연기금이 이들의 자산운영 성적을 단기적으로 평가했
다는 것도 단기투자를 심화시켰다.

이렇듯 기관투자가의 비중이 증가하고 있음에도 불구하고 주식시장의
투자는 더욱 단기화되었다. 즉 기관투자가들의 주식매매 회전율이 70년
대 후반 이후 급증했기 때문에 뉴욕증시의 주식매매 회전율은 1970년
18.9%에서 80년 35.6%, 90년 45.7%, 95년 58.7%로 지속적으로 상승했으
며(靑山和司, 1998, 254~55쪽), 99년에는 125%에 달하고 있다(『경향신문』,
2000. 6. 25). 더욱이 기관투자가는 포트폴리오의 국제적 다변화전략을 추
구함으로써 국내 자본시장에서만 포트폴리오 투자를 할 때 겪었던 이탈
비용 증가압박을 완화시킬 수 있었다. 해외 단기투자가 급증하고 개도국
신흥시장에 대한 투기적 공세가 증가하는 것은 그 예이다.

그리고 금융의 증권화와 기관투자가의 확대·집중화는 금융자본의 패
권화를 초래하고 있다. 투자자들이 경제적 기초조건을 평가하기 위해 사
용하는 이론모델은 비슷하기 때문에 자본시장의 집단적 운동 경향은 더
욱 강화된다. 자본시장 투자자들 사이에서 신자유주의가 시대정신으로
자리잡게 되면 자본운동은 집단적으로 움직이기 때문에 금융자본은 차
입기업과 차입국가의 전략결정에 영향을 미치는 구조적 권력을 갖게 된
다. 자본파업과 같은 집단행동은 투자자들의 대세 따르기 경향과 투자자
들이 경제의 기초조건을 신자유주의 같은 비슷한 모델에 근거해 평가하

는 경향에서 비롯된다.

더욱이 투자결정이 소수의 기관투자가들 수중에 집중되었기 때문에 집단행동 가능성은 더욱 커진다. 미국 기관투자가는 1995년 현재 가계자산의 40%를 통제하고 있다. 이처럼 개인들이 저축자산을 기관에 위탁할 뿐만 아니라 기관들 사이에서도 자산운영 위탁이 이루어지고 있다. 즉 연기금은 자기자산의 대부분을 뮤추얼펀드 같은 다른 기관에 위탁하고 있기 때문에 연기금이 직접 운영하는 자산은 전체 자산의 12%에 불과하다.

이와 같은 개인과 기관들의 자산위탁 경향은 자본시장의 집중과 위계화를 가져오고 있다. 즉 맨 아래에 개인투자자, 중간에 연금, 은행, 보험사, 헤지펀드, 뮤추얼펀드 그리고 정점에 거시 헤지펀드(macro hedge fund)가 있다. 최근 다소 쇠퇴하고 있는 거시 헤지펀드는 자기자본의 20배에 달하는 차입자금을 이용해 투자하면서 자본시장의 대세 따르기 경향을 부추기고 투기적 투자흐름을 선도하는 역할을 했다. 기관투자가들은 일반적으로 개인투자자보다 더 단기의 시계를 갖고 있는데, 그중에서도 헤지펀드는 가장 단기적이다. 기관투자가들의 차입투자는 단기적 시계를 더욱 심화시킨다. 왜냐하면 기금의 높은 레버리지는 약간의 가격하락에도 엄청난 손실을 초래하는 고위험에 노출시키므로 펀드매니저는 미세한 시장변동에도 민감하게 반응해야 하기 때문이다(Harmes, 1998). 기금산업들간의 경쟁가속화는 펀드매니저들이 더욱 고수익·고위험 전략을 선택하도록 강요하며 단기주의를 심화시킨다. 펀드매니저의 업적평가는 적어도 일년에 한 번, 대개 몇 달에 한 번씩 이루어지는데, 이는 펀드매니저의 시계를 더욱 짧게 한다(Shleifer and Summers, 1990, p. 21).

소유가 기관투자가들 수중에 재집중되었기 때문에 기관투자가들은 대규모 투자자로서 발언권을 행사하면서 단기적 시계를 기업경영자에게 강요한다. 90년대 기관투자가들의 기업에 대한 단기수익성 압박은 80년대 적대적 M&A의 일시적 소유집중을 통한 압박보다 훨씬 더 일상적이고 구조화된 것이다. 노동자, 부품공급자 등 이해관계자들에 대한 주주들의 탈취행동은 대규모 기관투자가들의 존재로 이제 일상화·구조화되었다.

국제자본시장 위계의 최정점에 있는 미국의 금융자본은 포트폴리오의 국제적 다변화전략을 추구하면서 자본파업이라는 집단행동을 주도하는 시장지배력과 대규모 투자자로서 발언권을 이용해 이해관계자들에 대한 탈취와 재분배의 구조조정을 전세계로 확대시키고 있으며 거기서 얻은 막대한 경제잉여의 일부를 미국으로 환류시키고 있다. 미국 금융자본의 패권적 지위에 근거한 경제잉여 환류메커니즘은 미국경제 활성화의 핵심적 기반이다.[20] 미국이 브레턴우즈체제에서는 동의에 기초한 헤게모니 지위를 가졌다면 현재의 신자유주의 국제질서에서는 강제에 기초한 패권적 지위를 누리고 있는 것이다.

그러나 90년대 미국경제의 장기호황이 단순히 금융현상 때문만은 아니며 실물경제 측면의 요인도 있다. 금융헌신이 혁신투자의 필요조건이기 때문에 금융유동성이 지배하는 자본시장 중심 시스템은 적응적 전략이 범람하고 혁신전략이 내몰리는(crowding-out) 결과를 초래하기 쉽다. 흔히 시장경쟁의 강화는 혁신을 촉진하기 때문에 장기적 관계지향 시스템이나 내부통제 중심의 시스템보다 시장중심 시스템에서 혁신이 더 활성화되며, 실리콘밸리의 정보통신혁신이 그 대표적 예라고 주장한다. 장기적 관계지향의 이해관계자들간의 조정을 거쳐야 하는 독일과는 달리 거리두기 관계의 미국 시스템은 신속한 의사결정, 빠른 노동이동 및 고용조정, 손쉬운 조직전환, 차별적이고도 과감한 보상체제, 미국대학의 높은 연구개발능력과 산학협력의 전통 그리고 소규모기업들간의 치열한 시장경쟁을 통해 실리콘밸리의 혁신을 달성할 수 있었다.

그러나 간과해서 안 될 것은, 벤처기업들의 혁신적 창업이 활성화될 수 있었던 조건에는 모험자본가(venture capitalist)와 에인젤(angel)이 있었으며, 모험자본가와 에인젤은 월가의 금융유동성이 아니라 금융헌신을 특성으로 한다는 점이다. 모험자본가는 자본은 부족하지만 혁신적 기술력을 갖춘 창업자에게 장기적 혁신투자자금을 제공하는 대신 위험과 수익을 공동으로 분담하기 때문에 거리두기 관계의 금융유동성이 아니라 벤처기업에 통합되는 '인내하는 자본'(patient capital)의 역할을 수행한다.[21] 미국 금융시장은 금융유동성이 지배하고 있지만 적어도 혁신적 창업기업을 지원하는 모험자본은 세계에서 가장 발달한 나라 중의 하나이다.[22] 더욱이 스톡옵션제도 도입으로 벤처기업이 성공하는 경우 기술개발에 참여한 핵심 노동자들도 이익배분에 참여할 수 있기 때문에 종업원헌신이 가능했다는 것도 간과돼서는 안 된다. 지식집약적 고기술산업일수록 핵심 노동자의 헌신은 결정적으로 중요하다. 즉 실리콘밸리는 금융유동성이 지배하는 월가의 전통과 달리 금융헌신과 종업원헌신을 가능하게 한 제도혁신을 만들어냈던 것이다.

미국의 경우 중소기업부문이 급성장하고 있는데, 1982년 이후 중소기업의 수가 49% 증가했다. 1990~94년에 만들어진 거의 모든 신규 일자리는 500인 미만 사업체에 의해서 창출된 것이었다. 95년 한 해 동안 중소기업의 고용은 2.7% 증가했고, 신규 일자리의 75%에 해당하는 125만 개의 일자리를 창출했다(조영철·최영섭, 1998). 그러나 중소기업부문의 일자리 창출은 전통적 대기업부문의 감량경영과 외주(outsourcing)에 기인하는 바가 클 뿐만 아니라 모험자본과는 별 관계가 없는 서비스산업에서 비숙련노동의 고용증가가 전체 고용증가의 많은 부분을 차지하고 있다.

정보기술투자 확대가 미국경제 활성화에 상당한 기여를 하고 있는 것은 사실이다. 1998년 정보기술산업이 미국 전체 경제성장률의 1/3을 견인하고 있으며 미국의 유형고정자산 증가의 58%가 정보기술투자에 의해 설명되고 있다(서환주, 2000). 그러나 신경제론자들이 주장하듯이 미국

경제 활성화의 주된 이유를 모험자본과 정보기술투자에서만 찾는 것은 곤란하다. 1974~95년 미국의 노동생산성 증가율은 연간 1.4%의 미미한 수준에 그쳤을 뿐 상대적으로 급상승한 것은 96년 이후부터이다. 비농림 민간생산부문의 노동생산성 증가율을 보면 95년 4/4분기~99년 1/4분기에 2.15%로, 72년 2/4분기~95년 4/4분기의 1.13%보다 컸지만 52년 2/4분기~72년 2/4분기의 2.63%보다는 작았다. 잠재생산성이 90년대 중반 이후 증가하고 있으나 그것도 거의 대부분 자본심화(투입노동단위당 기업의 자본스톡의 양)에 기인하는 것이다. 다양한 형태의 실증연구들에 따르면, 특히 거시 총량변수를 사용해 생산성자료를 추계한 경우를 보면 지속적인 정보기술투자의 확대에도 불구하고 국민경제 차원에서는 괄목할 만큼의 생산성 증가를 찾아보기 어렵다는 '생산성역설'(productivity paradox)이 지적되고 있다(전창환, 2000a, 16쪽; 윤택, 1999, 9~10쪽).

외부자본시장 통제에 의한 구조재편은 유휴현금흐름 대리인비용을 억제하고 유휴현금흐름을 정보통신산업과 벤처기업 같은 성장산업에 재분배함으로써 자원배분의 효율을 증대시키는 데 기여했다. 그러나 완전고용에 근접한 낮은 실업률, 낮은 인플레이션 등 높은 거시경제성과를 낸 미국경제의 장기호황에는 정보기술투자 확대에 의한 생산성 향상이라는 밝은 측면과 함께 주주자본주의가 포드주의 계급타협에서 노동계급이 보유했던 사회복지, 고용안정 등의 사회적 자산을 박탈함으로써 테일러주의 노동규율을 강화하고[23] 금융주도적 축적체제에 의해 거품경제가 조성된 어두운 측면도 있는 것이다.

일본 노동자들의 1인당 연평균 노동시간은 1980년 2,121시간에서 97년 1,889시간으로 11%나 준 데 반해, 미국은 80년 1,883시간에서 97년 1,966시간으로 4% 늘어나 미국이 일본보다 더 장시간노동을 하는 것으로 역전되었다. 미국은 영국(1,731시간), 프랑스(1,656시간), 독일(1,560시간) 등 주요 선진국들 중 가장 장시간노동을 하는 국가가 된 것이다(『한겨레신문』, 1999. 9. 7). 그러므로 미국경제의 노동생산성 증가와 높은 경제성과는 혁신투자에 기반한 특별잉여가치의 증대에 주로 기인하는 것이라고 보기 힘들며 노동강화와 노동시간 증대를 통한 절대적 잉여가치의 증대에 기인하는 바가 크다.

시장규율에 근거한 테일러주의의 강화는 일단 성공한 것으로 보이지만 절대적 잉여가치 생산방식은 완전고용이 장기화되면서 60년대에 그랬던 것처럼 효율성이 부식될 것이며, 혁신전략이 아닌 적응전략에 치우친 주주자본주의는 머지않아 장기적 경쟁우위를 이루지 못하는 근본적 한계를 드러낼 가능성이 크다.

6. 맺음말

포드주의로 대변되는 20세기 미국경제의 발전은 경영자자본주의에 의한 것이었다. 미국 자본주의는 형식적으로 주주자본주의였지만 실제로 본질적 내용은 경영자자본주의였다. 미국 경영자지배체제는 기본적으로 금융유동성을 차단하고 금융헌신을 확보함으로써 혁신투자를 가능하게 했지만 다른 한편 유휴현금흐름 대리인비용에서 보듯이 내부자 담합으로 빠질 수도 있는 한계를 갖고 있었다.

미국의 경영자지배체제가 경쟁우위를 상실했다는 것이 분명하게 드러나면서 주주자본주의의 반격이 시작되었고 80년대 구조재편과정을 거쳐 주주자본주의는 실질적으로 확립되었다. 그러나 주주자본주의의 확립 이후 90년대 미국경제의 장기호황은 주주자본주의의 효율성 때문이라고 보기 힘들며, 이해관계자들에 대한 탈취와 재분배에 의한 자본수익성 증가에 기초한 바가 크다. 미국은 물론이고 앵글로아메리카모델의 주주자본주의 논리를 받아들인 대부분의 나라들에서 20 대 80의 사회가 출현하고 소득불평등이 급속히 심화되는 것도 이 때문이다. 금융세계화 속에서 심화되고 있는 금융의 증권화와 기관투자가의 비중증가 현상은 80년대 M&A 4차물결과 같은 일시적 구조재편이 아니라 금융주도적 축적체제에 기반한 주주자본주의의 구조재편을 일상화·항구화하고 있다. 그러나 금융주도적 축적체제는 단기주의와 적응전략을 범람하게 하고 장기적 혁신투자를 저해하기 때문에 미국경제의 장기적 경쟁력을 낙관하기는 어렵다.

80년대 주주자본주의의 구조재편이 시작되었던 것은 미국의 실물경제가 경쟁력을 상실하면서 수익성 있는 투자기회를 확보하지 못했기 때문이다. 이 시기의 구조개편이 유휴현금흐름 대리인비용과 과잉투자 문제를 어느 정도 해결했지만 경쟁우위 확보란 근본적 문제를 해결한 것은 아니며 오히려 기업경영에서 단기주의 문제를 심화시키고 있다. 미국의 실물경제는 여전히 수익성 있는 투자처를 확보하지 못함으로 해서 주가가 상승하는데도 불구하고 거래소시장에서는 유상증자가 많이 이루어지지 않을 뿐만 아니라 기업투자가 M&A와 자사주 매입같이 금융자산을 중심으로 이루어져 유상증자분을 상쇄함으로써 주식유통시장에서는 주식공급물량이 거의 증가하지 않고 있다. 즉 주가상승이 실물부문에 대한 투자확대로 연결되지 않고 금융축장(financial hoarding)의 형태를 띠고 있어 금융자산 가치는 상승하더라도 실물경제에서 인플레이션을 크게 유발하지 않기 때문에 주식시장의 거품이 장기간 지속될 수 있는 것이다. 현재 뉴욕거래소시장의 활황이 기초조건의 변화에 일부 근거한 것은 사실이지만 그럼에도 불구하고 본질적으로 투기적 거품이다.

따라서 나스닥의 활성화만을 갖고 신경제 도래를 주장하면서 미국경제를 장밋빛으로 평가하는 것은 성급한 것이다. 현재의 미국경제는 정보통신투자와 벤처자본이 주도하는 신경제라는 긍정적 측면과 금융주도적 축적체제의 거품경제가 공존하고 있다. 투기적 거품이 장기간 지속될 수

있는 것도 신경제의 생산성 향상에 근거하는 것만은 아니며 투기가 금융
축장의 메커니즘을 통해 이루어져 물가안정이 유지되기 때문이기도 한
것이다(Binswanger, 1999). 자본수지 흑자에 의한 고달러 유지도 수입물가
를 낮추어 물가안정에 기여하고 있으며 장기호황이 지속되고 있다. 그러
나 가계저축률이 음인데도 불구하고 주가상승에 의한 부효과(wealth
effect)로 가계가 비정상적인 고소비를 하고 있고 이에 따른 사상 최고치
의 경상수지 적자(1999년 3,389억 달러)가 고달러, 고주가에 의한 자본수지
흑자로 상쇄되는 현상이 언제까지 지속될 수 있을지 의문이다.

　미국은 장기호황으로 완전고용이 지속되자 노동시장 유연화에 의한
임금억제도 한계에 도달하고 있기 때문에 비용상승 인플레이션 위협에
직면해 있고 고금리 긴축정책을 고려해야 할 상황에 처해 있다. 이것은
테일러주의와 완전고용이 장기간 양립할 수 없으며 임금상승 압박을 노
동자참가, 숙련향상, 노동생산성 증대를 통해 흡수하는 메커니즘을 확보
하지 못하고 비용삭감에 주로 의존하고 있는 미국경제의 특성을 드러내
는 것이다. 따라서 물가상승의 불안요인이 잠재해 있는 상황에서 큰 폭
의 금리인상, 달러절하가 불가피해지면 주식시장 활황과 고달러 유지에
근거한 미국의 장기호황도 순식간에 무너질 수 있다. 미국의 자본축적체
제는 노동계급을 희생시키는 재분배와 노동시장 규율로 임금상승을 억
제하고 물가를 안정시키는 조건 속에서만 유지될 수 있는 매우 불안정한
축적체제인 것이다.

　그러므로 앵글로아메리카모델이 이미 세계적 표준이기 때문에 이의
수용이 불가피할 뿐만 아니라 한국경제의 개혁을 위해서도 앵글로아메
리카모델을 적극적으로 받아들여야 한다는 주장은 매우 성급한 것이다.
오히려 앵글로아메리카모델의 주주자본주의 확산은 기업경영의 투명성
을 높이고 재벌총수 전횡을 억제하여 한국경제를 보다 현대화하는 긍정
적 효과보다는, 장기적 혁신투자를 촉진시켜 과거 높은 경제발전을 가능

하게 했던 한국경제의 제도적 장점들을 훼손시키는 부정적 효과가 더 클
수도 있기 때문이다.

주

1) 경쟁우위를 가능하게 하는 생산역량(capability)은 외부시장에서 구입될 수 있는 것이 아
   니라 조직과정에서 건설되는 것이다(Deakin and Slinger, 1997, p. 130).
2) 전문화된 분업의 계획적 조정의 결과 자산소유자의 생산역량은 기업 특수적인 것이 된다
   (Lazonick, 1991, p. 83).
3) 시장개념을 사용할 때 혼란이 발생하는 이유 중의 하나는 시장관계가 교환당사자간의
   관계와 수요자간·공급자간의 경쟁관계라는 두 가지의 다른 개념을 구분하지 않고 사용
   하는 데서 오는 경우가 많다. 마르크스의 계급관계, 노동력의 상품화, 물신성 개념이나
   Bowles(1985)의 경합적 교환(contested exchange) 개념과 같이 자본주의 시장이 사회적
   인간관계를 대물적·익명적 관계로 전화시킴으로써 거래비용, 비인간화와 기회주의 같
   은 시장실패를 야기하게 되는 것은 주로 전자의 시장개념에서 비롯되는 경우가 많다. 이
   에 반해 보이지 않는 손이나 균형, 파레토 효율 등 시장에 대한 긍정적 평가는 주로 후자
   의 경쟁적 시장관계에 근거하는 경우가 많다.
4) 유휴현금흐름은 현금영업이익(당기순이익＋감가상각비＋세후이자비용)에서 총투자금
   액을 뺀 값으로 모든 투자지출을 지불하고 남은 현금흐름을 말한다(선우석호, 1999, 190
   쪽).
5) 미국이 경영자자본주의를 통해서 포드주의를 완성시킨 데 반해 영국이 미국 같은 성과를
   내지 못하고 20세기에 들어서 쇠퇴하게 된 것은 영국의 소유자자본주의(proprietary
   capitalism)가 지니는 한계 때문이었다. 영국의 소유자자본주의에서는 소유와 경영의 분
   리가 불철저함으로 인해서 전문경영자에 의한 테일러주의 혁신이 제대로 추진되지 못했
   다. 즉 구상기능을 담당한 전문경영자와 전문기술인력들이 생산과정에 내부자로 통합되
   어 있었던 미국과 달리 영국은 소유경영자와 전문기술인력이 분리되어 있은데다 생산기
   술에 대한 소유경영자의 지식부족으로 직장(職長, foreman)이 작업장을 장악하고 있었
   기 때문에 미국처럼 테일러주의 혁신이 제대로 이루어지지 못했다. 소유경영자들은 기존
   에 투자한 자산에 의존하는 시장의 적응적 조정에 몰두했고 지분율 하락을 염려하여 유
   상증자에 소극적인 데 반해, 산업금융이 미발달했고 금융은 국내 산업금융 지원보다는
   국제금융으로 발전하여 금융유동성이 지배하고 있었다. 더욱이 개인은 젊을 때 투자하고
   늙어서 과거의 투자자산을 소모하면서 생존하는 것이 합리적인데, 소유자자본주의에서
   는 기업의 시계가 소유경영자 개인의 시계에 의존하기 때문에 소유경영자가 지배하는 기
   업의 경우 종국에는 혁신투자보다 기존 자산에 의존하는 적응전략으로 빠지는 경향이 있

었다(Lazonick, 1991, p. 90). 따라서 영국은 경영자지배의 대기업에 기초한 포드주의 체제를 확립시키는 데 크게 뒤처지게 되었다.

6) 노동자저항이 확대되면서 테일러주의의 한계가 노정되고 독일과 일본 생산방식의 경쟁우위가 드러나자 GM 같은 미국의 일부 기업들은 이에 대한 대응으로 노동소외를 완화하기 위한 직무충실, 새턴 플랜 등 혁신전략을 추진하기도 했지만, 이것은 생산직노동자를 배제하는 미국의 전통적 분절노동시장(segmented labor market)의 구조를 극복하지 못하고 실패했다.

7) 미국 M&A 역사는 동종업종 내의 수평적 결합으로 독점이 강화되는 1887~1904년의 1차물결, 원료에서 판매에 이르는 수직적 합병으로 일관생산체제를 확립하는 1916~29년의 2차물결과 적대적 M&A, 차입매수, MBO(management buyout), 기업해체를 통한 기업구조재편이 활발했던 1981~89년의 4차물결로 구분된다(선우석호, 1999, 30~53쪽).

8) 닉슨행정부 시절부터 법무부와 공정거래위원회의 반독점정책은 완화되기 시작했는데, 특히 레이건정부는 세계화시대에는 경쟁정책이 기업경쟁력을 강화시키는 것으로 바뀌어야 한다면서 반독점정책을 기업효율성 증대라는 관점에서 추진했다. 따라서 레이건정부는 M&A에 대해 매우 관대한 입장을 취했다. 공정위는 레이건시대에 일어났던 9,500개의 합병 중 17건에 대해서만 조사를 했고, 법무부는 28건에 대해서만 조사했다. 이 기간 동안 반독점부서들은 조직과 예산 규모가 거의 절반 정도 축소되었다(Champlin and Knoedler, 1999, pp. 43~45).

9) 80년대에 이자비용 비중이 급등하는 것은 차입매수의 증가와 1979년에 취임한 볼커 FRB 의장이 연방기금금리를 거의 20% 수준으로 올린 초고금리정책에 기인한 바 크다. 80년대의 금리수준은 장기금리 기준으로 최고 13.9%에서 최저 7.7%에 달했다(OECD, 1999).

10) Stiglitz, 1994, p. 99. 1970~85년을 대상으로 각국의 자금조달구조를 조사한 연구에서도 거의 비슷한 결과가 나오고 있다(Holle, 1998, p. 35).

11) 단기주가 상황에 크게 연연하지 않는 경영자자본주의에서는 장기적 시계 속에서 투자계획이 세워지면 경영자는 현상황에서 기업에 가장 유리한 자금조달방법이 무엇인가를 따져 투자자금을 조달하게 된다. 따라서 경영자자본주의에서는 경영자가 주식시장 활황으로 자사주가 고평가되었다고 판단하는 경우 투자자금은 유상증자로 조달될 가능성이 높다. 그러나 단기주가 극대화가 경영목표인 주주자본주의에서는 주식시장 활황으로 유상증자가 가장 저렴한 자금조달방식일지라도 경영자는 유상증자 선택에 신중하게 된다. 유상증자로 주식유통시장에서 자사주 공급물량이 증가하면 주가하락으로 연결될 가능성이 커지기 때문이다. 또한 정보 비대칭성으로 외부투자자가 기업의 내재가치를 정확히 알기 힘든 상황에서 경영자의 유상증자 결정은 "경영자는 자사주가 고평가되어 있다고 판단하고 있다"는 신호를 외부투자자에게 전함으로써 주가하락으로 연결될 가능성이 커지게 된다. 따라서 주식시장 활황이 경영자자본주의에서는 유상증자로 연결되지만 주주자본주의에서는 유상증자에 의한 주식공급물량 증대로 연결되지 않을 수도 있다. 결국 자사주 관리가 불가피한 주주자본주의에서는 경영자가 주식시장에서 자사주 공급물량을 증가시키는 유상증자라는 자금조달방식을 기피하는 경향이 발생한다. 즉 주주가치 위주의 기업지배구조는 주식시장 수급의 조절기능으로 작동하는 것이다.

12) Binswanger, 1999, p. 206. 만일 대공황 직전의 미국증시나 80년대 일본증시의 거품처럼 주가상승→유상증자→실물투자 확대로 연결되었다면 물가상승과 금리인상으로 인해 투기적 거품은 장기간 유지되기 힘들었을 것이다. 따라서 80년대 구조재편 이후의 미국경제의 거품은 금융투자가 실물투자로 연결되었던 대공황 직전의 미국경제나 80년대 일본

경제의 거품과는 성격이 다르다.

13) TWA에 대한 기업인수 연구에 따르면 TWA 주주에게 지불된 프리미엄의 절반 정도가 TWA 종업원들의 임금과 부가급부 삭감에서 나온 것이라고 한다(Deakin and Slinger, 1997, p. 144). 1990~96년의 산출, 투자, 생산성, 임금성장 등 모든 거시지표들은 79~90년의 지표들보다 훨씬 나빴다. 그럼에도 불구하고 미국의 투자증가가 지속되고 경제성과가 개선된 것은 이윤율이 80년대 후반부터 회복되기 시작했기 때문이다(Brenner, 1998a, p. 187). 미국의 연평균 임금상승률은 79~89년 -0.7%, 89~94년 -0.6%로 지속적으로 하락하고 있고 총요소생산성 연평균 증가율은 60~69년 2.1%, 70~79년 1.0%, 80~89년 0.4%, 90~96년 0.2%로 80년대 구조재편 이후에도 계속 하락하고 있다(정건화, 1998, 70쪽). 80년대의 구조재편이 생산성을 개선시켰다는 주장에 대해 의문을 표시하는 연구들은 많이 있다. Gordon(1996)은 80년대에 감독직 비중이 증가해 감독비용이 증가하는 비효율이 나타나고 있다고 주장한다. 80년대 구조재편의 생산성 효과를 부정적으로 평가하는 연구들에 대한 자세한 설명은 Champlin and Knoedler(1999, p. 50) 참조.

14) 자본시장이 완전하다면 주가는 기업의 장기적 수익흐름의 현재가치에 의해서 결정되고 기업의 투자결정의 시계는 무한대이기 때문에 비효율적 경영이 외부자본시장에 의해 규율된다. 그러나 실제로 자본시장이 불완전하고 주식가격이 단기적 기업상황에 민감하게 반응한다면 경영자는 장기적 투자수익을 극대화하기보다는 단기적 극대화에 치중하여 동태적으로 최적의 자원배분이 달성되지 못한다. 이러한 문제가 발생하는 근본 이유는 장기적 이윤극대화 전략이 단기적으로는 손실을 발생시키지만 장기적으로는 이윤을 증가시킨다는 정보를 경영자가 분산된 외부주주들에게 제대로 전달하기 힘들기 때문이다 (Gamble and Kelly, 1996). 이에 반해 Jensen(1987)은 단기주의 문제가 발생하는 것은 자본시장 때문이 아니라 경영자의 근시성 때문이며 80년대에 M&A, 차입매수 등 미국 자본시장기능이 활성화됨으로써 경영자 근시성에 기인한 기업 비효율 문제가 완화되었다고 주장한다. 자본시장 근시성을 부정하는 실증분석 연구들은 미국의 경우 R&D투자를 적극적으로 한 기업이 그렇지 않은 기업보다 주가반응이 더 좋았다면서(Keasey et al. eds., 1997) 자본시장은 기업의 장기적 내재가치를 제대로 평가한다고 주장한다(Romano, 1999, p. 388). 그러나 이런 실증분석 연구는 R&D투자가 주가를 상승시킨 것인지 기업성과가 좋은 기업이 R&D투자를 적극적으로 한 것인지에 대한 인과관계가 불분명하다는 문제를 안고 있다. 또한 이러한 실증분석 연구들이 미국의 자본시장이 근시적이지 않다는 것을 보여주고 있다 하더라도 그것이 미국의 자본시장 중심 시스템이 일본·독일의 은행중심 시스템보다 장기의 시계를 갖는다는 것을 증명하는 것은 아니다. R&D투자의 양도 중요하지만 어떤 R&D투자를 했느냐의 문제도 중요하다. Porter(1992)에 따르면 장기사업과 관련된 R&D투자의 비중이 미국은 22.6%에 불과한 데 반해 일본과 유럽은 각각 46.8%, 60.5%로 일본과 유럽이 미국보다 더 장기적 R&D투자를 하는 것으로 나타났다. 그리고 R&D투자, 인적 자본 같은 무형자산에 대한 투자, 생산설비에 대한 투자 비중이 독일, 일본보다 미국이 더 낮은 것으로 나타났다. 더욱이 최고경영자들에 대한 설문조사에서는 미국의 최고경영자들은 일본이나 유럽의 최고경영자들보다 자신들의 시계가 더 짧다고 믿고 있는 것으로 나타났다(Pollin, 1998, p. 171).

15) 단기 포트폴리오 투자를 하는 기관투자가의 경우 감시투자를 기피한다. 왜냐하면 감시투자의 수익은 장기적 수익이기 때문이다(Black, 1997, p. 171). 기관투자가의 펀드매니저들은 위험분산과 유동성 확보를 위해 수십 개에서 100여 개에 이르는 기업들에 분산투자를 하는데, 펀드매니저가 이렇게 많은 기업을 지속적으로 철저히 감시하기는 매우 어렵다. 더욱이 영·미의 파산법은 은행이 위기에 처한 기업 문제에 직접 개입한 경우 채무변제

우선순위를 잃을 수 있게 함으로써 관계금융을 억제하고 있으며, 엄격한 내부거래 규제
도 기관투자가들이 기업지배구조에서 적극적 역할을 하는 것을 막고 있다. 그리고 은행
간 경쟁심화로 은행들이 서로 타은행의 우수고객을 빼앗는(poach) 경쟁이 격화되었던
것도 장기적 기업금융을 지향하는 관계금융을 더욱 위축시켰다(Watson and Hay, 1998,
pp. 412~13).

16) Ghilarducci et al., 1997, p. 42. 반인수 정관개정이 기업성과에 미친 효과에 대한 실증연구
들을 보면 경영자가 단기주의 압력에서 벗어나 보다 장기적 시계 속에서 기업을 운영하
기 때문에 자본지출, R&D투자 같은 장기지출이 증가하는 것으로 나타났다(Akhigbe and
Madura, 1996, p. 528; O'Sullivan, 1997, p. 129). 반면 기업주가에 미친 효과를 보면 긍정
적 평가(Linn and McConnell, 1983), 중립적 평가(DeAngelo and Rice, 1983)와 부정적
평가(Jarrell and Poulsen, 1987; Akhigbe and Madura, 1996)가 엇갈린다. 반인수 정관개정
이 주가에 부정적 영향을 미쳤다는 연구의 논거는 기업통제시장의 규율을 약화시킴으로
써 경영자 대리인비용을 증가시킨다는 것이며, 긍정적 평가의 논거는 적대적 M&A가 야
기하는 비용을 줄이고 경영자가 장기적 시계에서 기업을 운영한다는 것이다.

17) 기관투자가들이 운영하는 자산규모는 초국적 기업들이 통제하는 자산규모보다 더 크다
(Blackburn, 1999).

18) Prabalad, 1997, p. 46. AFL-CIO(미국노총) 산하 노조들은 연금자산 운영자들에게 노조
와 우호적 관계를 유지하고 있는 기업에 대한 적대적 M&A를 인정하지 말 것을 주문하
기도 했다. 또한 노조는 연금의 주주권리를 기반으로 이사회나 위임장 경쟁을 이용하여
단체교섭과 공공정책에서 노동자 이익을 증진시키려고 했다. 철강노동자와 AFL-CIO가
후원한 회의에서는 연기금이 중소기업에 투자하는 것을 꺼리기 때문에 중소기업들이 자
금부족을 겪고 있다면서 연기금이 전략적 산업정책의 틀 속에서 투자를 해야 한다는 논
의가 제기되기도 했다(Ghilarducci et al., 1997, p. 39).

19) 행동금융학(behavioral finance)은 투자자들이 다른 투자자의 행동을 주시하고 뒤따르는
경향이 있기 때문에 자본배분이 군중심리에 따라 움직일 수 있다고 주장한다. 완전히 합
리적이지 않은 투자자도 있으며 위험자산에 대한 투자자의 수요가 기업의 기초조건이
아니라 자신들의 신념이나 정서의 영향을 받을 수도 있다. 이러한 투자자를 잡음거래자
(noise traders)라고 하는데, 비합리적인 잡음거래자들의 임의행보(random walk)는 서로
상쇄되어 신고전파 경제학자들이 생각하듯이 시장결과에 아무런 영향을 미치지 않을 수
도 있다. 그러나 정보를 처리하는 데 투자자에게 영향을 미치는 판단편의(judgement
bias)가 같은 방향이라면 잡음거래자들의 행동이 상관관계를 갖게 된다(Shleifer and
Summers, 1990, p. 23). 만일 투자자가 기초조건이 아니라 다른 투자자들의 행동에 반응
하면서 자본을 배분하는 판단편의가 존재한다면 시장왜곡이 발생할 수 있다. 투자자는
다수 여론에 편승할 때 더 안심할 수 있기 때문에 군중 따르기 투자를 할 수 있다. 심리
학 연구는 투자자가 최근 자료에 더 높은 가중치를 두는 경향이 있기 때문에 대세 따르
기 투자가 발생할 가능성이 커진다고 한다. 정보비용 때문에 다른 투자자 행동을 주시하
는 것은 경제적 기초조건 분석에 근거한 투자방식에 비해 값싼 대안이기도 하다. 합리적
투자자가 악화(惡貨)를 구축하기 힘든 이유는 잡음거래자에 의해 거품이 발생하는 경우
합리적 투자자도 추세를 따르면서 잡음거래자의 대세 따르기 행동을 부추기는 것이 더
유리하기 때문이다(Harmes, 1998).

20) 국제금융에서 차지하는 미국의 지위에 대해서는 이병천(1999d) 참조.

21) Romano, 1999, p. 392. 미국 에인젤의 투자기간은 3~7년이고 83%가 기업경영에 직·간
접적으로 참여한다(『한겨레신문』, 1999. 10. 6). 벤처투자회사, 벤처투자조합 등 모험자

본가들은 전망 있는 사업을 선별하고 감시하는 광범한 통제(governance)기능을 수행했다. 또한 모험자본가는 투자자와 벤처기업 간의 정보 비대칭성을 완화시키는 네트워크기능을 수행했다. 즉 벤처사업의 기업특수정보는 외부에 공개되지 않지만 벤처사업의 일반적 기술정보는 모험자본가들과 공유되며 모험자본가들은 이런 정보를 바탕으로 하여벤처사업의 전망, 기술경향을 추정하고 사업성 있는 벤처사업을 선별하고 자신이 투자한벤처사업이 제대로 진행되고 있는가를 감시했다. 이와 같이 모험자본가들의 정보네트워크를 통해 벤처사업의 일반적 정보자산이 실리콘밸리 전체로 확산·공유됨으로써 기술네트워크의 외부성효과와 확산효과를 얻게 되었다. 그리고 벤처산업단지에는 벤처사업전문기술 노동시장이 형성되었는데, 전문기술직 근로자들의 이직은 산업기술정보가 산업단지 내에서 자연스럽게 확산·공유될 수 있게 했다. 전문기술노동자들은 벤처사업의실패 가능성을 가장 먼저 알 수 있는 내부자 위치에 있기 때문에 이들의 이직은 비효율적 벤처기업을 규율하는 효과를 냈을 뿐만 아니라 모험자본에 사업실패 가능성에 대한신호를 줌으로써 모험자본이 벤처기업을 더욱 철저히 감시할 수 있게 하는 효과까지 냈다(Aoki, 1998).

22) 자본시장은 정보 비대칭성과 규모의 경제 때문에 중소기업 금융을 못하는 시장실패가발생한다. 은행은 장기 거래실적에 기초한 신용정보를 바탕으로 하여 정보 비대칭성을극복하고 은행조직의 중개를 통해 규모의 경제 문제를 해결하기 때문에 중소기업 금융은 자본시장이 아니라 은행이 주로 담당하게 된다. 그러나 은행도 각 사업의 총기대수익률이 아니라 채권자에게 돌아오는 기대수익률의 관점에서 자금지원 여부를 결정하기 때문에 총기대수익률이 가장 높은데도 불구하고 고위험성 때문에 자금지원이 이루어지지못하는 경우가 발생한다(조영철, 1999b). 또한 거래실적에 기초한 신용정보가 없는 창업기업에 대해서는 은행도 자금지원을 하기 어렵기 때문에 모험자본의 역할을 하는 데는한계가 있으며, 단기운영자금 위주의 대출을 하는 미국은행들은 더욱 그렇다.

23) 미국 작업현장의 노사관계가 테일러주의의 강화가 아니라 노동자 자율성 강화, 직무충실,구상과 실행의 통합, 혁신과정에의 노동자참여 등 반테일러주의적 방향으로 나가고 있다는 착각을 하게 되는 것은 미국의 성장을 견인하고 있는 정보통신산업, 금융산업, 전문서비스업, 문화산업 등이 대체로 오퍼레이터의 비중이 작은 산업들이기 때문이다. 따라서이들 성장산업의 기업들은 생산직노동자를 배제하고 전문경영자와 전문기술인력을 생산과정에서 통합하는 미국의 전통적 테일러주의 생산방식을 채택하고 있지만 배제되고 있는 생산직노동자들의 고용비중이 매우 작고 부가가치생산에서 하는 역할도 크지 않기 때문에 배제에 따른 노사간 갈등의 문제도 별로 없다. 이들 성장산업에서는 인력의 대부분을 차지하는 고숙련 지식노동자들이 생산과정에 통합됨으로써 성장산업의 혁신을 적극적으로 주도하고 있지만(O'Sullivan, 1998c) 다른 산업부문에서는 구상과 실행의 분리라는 미국적 전통의 테일러주의는 바뀌지 않았다.

금융세계화와 일본 기업지배구조의 위기

메인뱅크 시스템의 변화를 중심으로

홍 영 기[*]

1. 머리말

80년대 중반까지만 해도 일본경제는 전후(戰後) 눈부신 성장 속에서 경제대국으로 도약한 매우 효율적이고 경쟁력 있는 시스템으로 칭송받았다. '일본을 배우자'는 극단적인 긍정론마저 제기되는 가운데 일본의 경제구조, 생산방식에 대한 체계적인 분석과 서구에의 이식 가능성 등에 대한 연구가 광범위하게 전개되었다. 그러나 80년대 후반 이후 거품(bubble)과정을 거치면서 일본경제는 장기적인 경기침체에 빠져들었고 대대적인 경기부양책에도 불구하고 좀처럼 헤어나지 못하고 있다. 이 과정에서 일본경제의 이른바 '전후시스템'이 갖고 있는 문제점이 극명하게 드러났고, 일본경제는 유연하고 개방적인 시장중심의 미국경제에 대비되어 경쟁력을 상실한 낙후된 시스템으로 낙인찍히고 말았다.

이렇듯 일본경제에 대한 평가가 반전되는 상황의 중심에 있었던 것은

---

* 경제학 박사, 금융감독원 조사연구국

바로 일본의 메인뱅크 시스템과 기업지배구조이다. 기존 일본의 기업지
배구조는 계열화된 기업조직과 일본적 생산방식, 협조적 노사관계 등과
정합적으로 작용하면서 효율적인 일본식 경영의 핵심적 요소로 기능해
왔다. 특히 미국의 시장적 규율에 기초한 기업지배구조가 경영자를 단기
적 성과에 치중하게 하여 미국기업의 장기적인 경쟁력을 상실하게 한 데
반해, 일본에서는 금융행정당국 및 메인뱅크를 중심으로 한 효과적인 감
시체계하에서 경영 및 고용의 안정성이 확보된 가운데 지속적으로 기업
경쟁력을 축적할 수 있는 우월성을 보여왔다.

그러나 90년대 들어와서 이러한 상황은 역전되었다. 장기적인 경기침
체 속에서 일본기업의 경쟁력이 쇠퇴한 데 비해 미국기업은 강력한 구조
조정을 통해 새로운 환경에 뛰어난 적응력을 보이며 지속적인 호황을 주
도하였기 때문이다. 이에 따라 메인뱅크 시스템과 일본의 기업지배구조
에 대한 재평가가 이루어졌다. 즉 행정당국의 과도한 규제와 감시규율의
불투명성·자의성, 메인뱅크 시스템의 기반인 주식상호보유구조의 폐쇄
성과 그 결과인 자본시장의 정체 등이 비판의 대상이 되었고 이런 경직
되고 폐쇄적인 금융시스템이 일본경제의 장기침체를 초래했다고 지적되
었다.

그리하여 일본정부는 마침내 6대개혁의 일환으로 금융빅뱅을 선언하
였고 "시장원리가 적용되고, 자유로우며 투명하고 공정한 규율이 이루어
지고 국제적으로 정합성을 갖추고 앞서가는" 금융시스템의 구축을 위해
나서고 있다. 하지만 아직까지 금융빅뱅의 성과와 일본 기업지배구조 및
금융시스템의 변화방향은 불투명한 상태라고 할 수 있다. 미국적인 시장
중심 시스템, 개방형 기업지배구조의 즉각적인 도입이 가져올 부작용에
대한 우려감과 함께 한편에서는 일본식 경영의 기초를 이루었던 메인뱅
크 시스템 등의 장점을 지속적으로 발전시켜 나갈 필요성도 제기되는 상
황이다.

이러한 맥락에서 이 글에서는 일본의 기업지배구조와 메인뱅크 시스템의 반전이 이루어지는 경과와 배경, 원인에 대해 분석해 보고 그것을 바탕으로 금융빅뱅의 성과와 향후 변화방향을 전망해 보고자 한다. 특히 금융세계화와 그것의 기업지배구조에 대한 영향을 전제로 해서 80년대 후반 이후 일본 기업지배구조상의 내부적 모순구조의 형성이라는 측면에 초점을 맞춰 논의를 전개하기로 하겠다.

2. 금융세계화와 기업지배구조

세계화는 80년대 이후 세계자본주의의 두드러진 변화를 집약할 수 있는 개념이라고 할 수 있다. 그러나 '세계화'라는 것 자체가 자본주의의 질적 변화나 새로운 전화를 의미하는 것은 아니다. 즉 자본주의는 이미 처음부터 세계화 경향을 내포하고 있으며, 생산력의 발전 정도, 재생산과정의 기술적·구조적 특성, 국제정치적 역학관계와 추진주체의 성격 등에 따라 나타나는 양상이 다를 뿐이다. 현단계 자본의 세계화는 무엇보다 금융의 글로벌화, 나아가 금융주도의 축적체계 형성이라는 측면에서 그 특징이 두드러진다. 금융세계화의 형성과정은 역사적으로 1971년 닉슨의 금태환정지 선언으로 인한 브레턴우즈체제의 붕괴와 변동환율제로의 이행에서부터 살펴보아야 한다.

브레턴우즈체제의 붕괴에 따른 변동환율제로의 이행은 공공부문이 부담하던 외환위험의 민간화라는 의미를 갖는다. 결과적으로 이것은 위험의 연계매매를 허용하는 형태로 외환규제의 철폐를 필요로 했고 이에 따라 80년대 이후 새로운 금융수단의 개발과 국내외 금융거래의 폭발적 증가를 가져오게 된다. 이것은 한편으로 내부적으로는 노령화사회의 도래라는 사회구조의 변화 등과 맞물려 금융의 증권화를 초래했고, 또 한편으로 역외금융시장의 확대를 가져와 국제금융시장의 통합을 촉진했다 (Eatwell & Tayler, 1998). 또한 주요 선진국가에 형성된 과잉자본은 경기침체에 따른 이윤율 저하의 영향으로 선진국시장에서 한계에 봉착하게 되고 신흥시장(emerging market)으로 진출을 모색하게 된다. 80년대 후반 이후 선진국과 신흥시장의 이자율 격차가 확대되는 가운데[1] 금융혁신 및 신상품개발에 따른 리스크 헤지수단의 발달로 신흥시장에의 진출이 크게 증가하였고 이를 통해 세계화는 더욱 확산될 수 있었다.[2]

물론 90년대 이러한 금융세계화의 본격적인 전개에는 신자유주의 및 워싱턴 켄센서스(Washington Consensus)의 등장이 핵심적인 역할을 했다. 특히 1982년 라틴아메리카 외채위기 이후 라틴아메리카 국가들의 정책실패에 대응하여 주요 선진국들이 적절한 정책권고를 도모하는 가운데 제시된 워싱턴 컨센서스는 세계 곳곳에 '거시경제적 건전성, 대외지향성, 대내 자유화'를 핵심으로 하는 IMF의 정책개입을 통해 금융세계화의 중요한 배경으로 작용하였다.[3]

그러면 이러한 금융세계화는 각국의 금융시스템과 기업지배구조에 어떠한 영향을 미치게 되는가? 무엇보다 기관투자가의 대두에 주목해야 한다. 노령화사회의 도래와 환율 및 금리 변동의 확대 그리고 금융의 증권화와 겸업화 추세는 연기금, 뮤추얼펀드 등 기관투자가들의 역할을 확대시켰고, 기업지배구조에 있어 이들의 발언력을 강화하는 결과를 가져왔다. 또 이러한 변화는 기업지배구조에서 시장의 규정력을 높이게 된다. 나아가 과거 '월가 룰'(Wall Street Rule)에 따라 발언(voice)보다는 이탈(exit)을 선택했던 기관투자가들은 점차 지배구조상의 발언력을 확보하면서 수익성 위주의 의사결정을 내리게 되고 이는 필연적으로 기업의 단견주의적 구조조정으로 연결된다. 이에 따라 특히 이것은 관계지향적인 내부자형 지배구조에 특징적인 장기지속적인 관계를 파괴하는 결과를 가져온다. 즉 금융세계화는 독일과 일본의 금융시스템 및 기업지배구조에 큰 영향을 미치게 되는 것이다.

70년대 이후 제조업에서 일본에 경쟁력을 상실했던 독일의 경우 80년대 후반 이후 통독에 따른 사회통합비용이 부담으로 작용하면서 전후 기존 경제시스템이 흔들리고 있었다. 이러한 가운데 가계저축의 수익추구화, 인구의 고령화와 노동참여 감소에 따른 연기금 운용의 변화 요구 등이 나타나면서 관계중심의 금융시스템, 내부자형 기업지배구조와의 상충이 부각되었다. 이러한 연기금의 위기는 장기지속적 관계의 균열과 시장규정력의 강화를 초래했고, 결과적으로 독일 시스템의 특징이었던 소위 금융헌신의 금융유동성으로의 점진적인 대체 우려까지 제기되고 있다(O'Sullivan, 1998a). 대내외 기관투자가의 영향력이 강화되는 가운데 이러한 경향은 더욱 확산될 것으로 보인다. 또한 노자관계에서도 80년대 초 고실업상황 속에서 노동쟁의 이후 노동자교섭의 산업단위에서 공장단위로의 탈중앙화(decentralization)가 전개되면서 점차 노조의 새로운 기술과 노동조직의 도입에 대한 영향력 행사가 위축되었고, 도제제도의 동요도 나타나면서 독일 특유의 코포라티즘적 사회통합의 기반이 훼손되고 있다.[4]

그러면 이러한 금융세계화의 파괴적인 영향은 일본의 경우에 어떻게 작용하고 있는가? 우선 메인뱅크 시스템 및 일본 기업지배구조의 특징과 그것의 모순구조가 형성되는 과정을 살펴보도록 하자.

3. 일본 기업지배구조의 특징

일본과 독일의 기업지배구조는 시장중심적인 영미형 기업지배구조와는 달리 은행중심체제로서 은행-기업의 장기지속적 관계가 근간이 되는 내부자 시스템(insider system)이라는 특징을 갖는다. 일본과 독일의 내부자형 기업지배구조는 은행과 기업의 긴밀한 관계에 기초하여 장기적 시계를 확보하고 조직적 통합과 금융헌신에 의한 혁신을 도모함으로써 효율적인 성과를 거두어왔다고 할 수 있다(Lazonick, 1998a). 특히 임노동 관계의 측면에서도 시장조절이 아닌 코포라티즘적 조절을 통해 안정적 노자관계를 확립하고 이를 바탕으로 사회통합을 달성하였으며 나아가 참여를 통한 사회적 통제의 가능성까지 열어주는 진보적 성격을 갖고 있었다.[5] 그러나 일본과 독일의 기업지배구조는 그 공통점 못지않게 구체적으로 많은 차이가 났다. 여기에서는 독일의 기업지배구조와의 비교를 통해 일본 기업지배구조의 특징을 정리해 보도록 하겠다.

정부의 역할

우선 기업지배구조의 체계상 정부 및 중앙은행이 차지하는 위상에서 독일과 일본의 경우는 상당한 차이가 있었다. 독일이 그야말로 겸업은행 중심의 간접금융체제라고 한다면 일본은 대장성과 일본중앙은행의 적극적인 개입과 규제를 포함하는 '금융억제'(financial restraints)체제라고 할 수 있다(Hellmann et al., 1997). 즉 은행중심체제인 일본 기업지배구조의 정점에는 금융행정당국이 있었다.

일본의 금융행정당국은 그 동안 진입 및 금리 규제 그리고 원금보증 및 안정적인 금융·재정 정책 등을 통해 은행경영의 안정성과 성장성을 보장하는 가운데 은행경영에 적극적으로 개입·감시하는 이른바 '호송선단방식'(護送船團方式)의 금융행정을 전개하여 왔다. 호송선단방식 하에서 금융행정당국은 신규진입을 억제하여 반과점적인 금융구조를 형성함으로써 적절한 금리규제를 통해 금융기관에 충분한 이익(렌트)창출의 기회를 만들어주었던 것이다.

특히 금리규제하에서는 예금기초를 확대하는 것이 은행의 장기적인 이윤극대화 전략의 핵심이 되므로 많은 지점을 어느 장소에 획득하는가가 은행수지의 관건이었다. 이러한 상황에서 대장성은 신규지점의 개설허가를 은행간에 분배하는 재량으로 강한 영향력을 행사할 수 있었다. 대장성은 은행의 성과 및 정책협조 여부를 지점개설과 결부시킴으로써 은행에 대한 강력한 규율을 실행할 수 있었던 것이다. 이 밖에 은행의 경영이 악화되어 조직 면에서 쇄신이 필요한 경우에 대장성은 퇴임한 고위관료를 임원 또는 이사로 파견했다. 경영상 문제가 있는 중소은행의 대형 도시은행에 의한 매수, 도시은행간의 합병, 중소금융기관의 동업종 금융기관에의 흡수합병 등을 행정당국이 비밀리에 중개하기도 했다. 또 독일의 중앙은행이 엄격한 통화관리에 집중하면서 최후의 대부자 역할에 충실했던 데 비해 일본의 중앙은행은 대장성 등 금융정책당국의 제약하에 최후의 대부자뿐만 아니라 적극적인 최초 대부자의 역할도 수행했다. 즉 대장성에 협조하여 자금배분을 통한 직접적인 은행의 규율 역할을 했던 것이다.

메인뱅크의 역할

대장성 등 금융행정당국의 규율하에서 일본의 은행은 기업지배구조에 있어 핵심적인 역할을 수행하였다. 겸업은행으로서 독일의 은행이 의결권 대리행사(proxy voting) 등을 통해 관련기업에 큰 영향력을 행사하고 중층적 은행구조에서 지역 저축은행의 비중이 컸던 데 비해, 일본의 은행들은 분업주의적 전통 아래서 상호주식보유와 계열융자를 중심으로 기업과 메인뱅크의 관계를 형성하면서 주요 시중은행을 중심으로 기업집단 내 상호규율의 중추로서 역할을 해왔다.

우선 메인뱅크로서 일본의 은행은 주식상호보유구조[6]의 중핵으로 자리잡았으며 관계기업에 대해 안정주주로서의 역할을 해왔다. 일본의 은행은 독점금지법의 상한(1987년 이후 5%, 이전에는 10%)에 가까운 수준으로 거래기업의 주식을 보유하고 있으며 거래기업의 상위 5위 이내의 주주(예외적인 경우를 제외하고는 최대주주)인 경우가 보통이다. 은행은 메인뱅크로서의 지위를 포기하는 것이 아닌 한 시장에서 거래처의 주식을 매각하는 경우가 거의 없었다. 필요하다면 계열의 신탁은행, 보험회사, 기타 관련회사의 보유주식을 동원하여 협조해서 의결권을 행사할 수도 있었다. 따라서 비상시에 메인뱅크가 행사할 수 있는 잠재적 의결권과 거래기업을 적대적 매수로부터 방어하는 힘은 막강했다. 이를 통해 일본의 기업들은 외부의 적대적 매수와 개입을 배제한 채 전문경영자 중심의 안정적인 지배구조를 형성·지속할 수 있었다.

한편 일본의 은행은 기업의 외부자금 조달에 절대적인 비중을 차지하고 있었고 이를 통해 기업에 대해 강력한 사전적·현재적·사후적 감시 유인을 가졌다. 또한 메인뱅크는 거래기업의 결제계정을 통한 정보의 우위를 바탕으로 지배력을 행사할 수 있었다.[7] 이러한 상황을 배경으로 해서 일본의 은행은 여타 다른 대출기관의 이익을 대표해서 거래기업에 대해 적극적인 감시기능을 수행했다. 물론 메인뱅크는 거래기업의 경영성과가 양호할 때는 현 경영진에게 상당한 재량권을 주고 거의 간섭하지 않는다. 경영자가 재량권을 잘못 사용하여 기업이 경영부진에 빠지게 되면 메인뱅크의 개입은 점차 강화되기 시작한다.[8]

거래기업이 도산의 위험에 직면하면, 메인뱅크는 우선 자금융통을 통해 도산을 방지하고 이어서 다른 은행들도 움직여 금리감면 조치 및 원금변제 연기를 통해 부채부담을 경감하는 동시에 기업에 대해 다양한 형태의 적극적인 사업재편성을 요구한다. 물론 메인뱅크는 추가적으로 임원을 파견하기도 하고 경우에 따라서는 경영진을 경질하고 경영권을 넘겨받기도 한다. 그러한 가운데 재건계획에 기초해서 과잉설비 및 부동산 등을 매각하여 재무구조를 튼튼히 하고 부채를 회수하는 등 여러 가지

합리화를 진행한다. 즉 메인뱅크는 도산을 대체하는 기업구조조정(work out)의 기능을 나름대로 수행했다. 나아가 해당 기업이 단독으로 존속할 수 없다고 판단되면 마땅한 상대자를 찾아서 합병을 하든지 또는 관련 대기업에 그 기업의 주식을 보유하도록 해서 계열로 끌어들이게 하는 방식으로 기업재편을 중개하기도 했다.[9]

그런데 이러한 기업과 메인뱅크의 관계와 메인뱅크의 역할을 논의하는 데 있어 놓치지 않아야 할 관점이 있다. 바로 메인뱅크관계가 단순히 기업과 은행의 개별적인 기능적 결합에 그치는 것이 아니라 독점자본주의 단계에 있어 대기업과 대은행의 금융자본적 결합의 일본적 형태라는 점이다.[10] 산업부문에서 독점적 지위를 차지하고 있는 대기업과 금융부문에 독점적 지위를 점하고 있는 대은행이 각자의 지배적 지위를 강화하기 위한 상호 의존적 관계로서 메인뱅크관계가 형성되고 금융자본형의 기업집단을 이루게 된다. 다만 여기에서 메인뱅크로서 대은행은 은행업무의 보편성에서 비롯되는 산업자본에 대한 비대칭적인 위상을 반영하여 중심적인 역할을 수행하게 된다. 그리고 이러한 금융헤게모니 구조하에서 메인뱅크는 기업에 대한 감시기능을 발휘할 수 있었다.

노자관계

일본의 기업지배구조는 노자관계에 있어 독일의 시스템과 두드러진 차별성을 갖고 있다. 즉 일본의 경우 독일과 같이 상대적으로 매우 안정적인 노자관계가 형성되어 있었지만 그것은 매우 다른 정치적 지형 위에서 있었으며 그 내용 또한 상이했다. 독일의 경우 사회적 계급타협(거시적 코포라티즘)과 도제제도를 통한 숙련형성 등을 바탕으로 일정 범위 내에서 지배구조에의 노동자의 참여가 가능했지만, 일본의 경우에는 노자관계가 기업 차원의 타협에 의해 제약되는 미시적 코포라티즘의 특성

을 갖고 있었고, 작업과정과 지배구조는 노동자의 실질적 참여가 배제된
전포드주의적(Pre-Fordism)이고 극단적인 포드주의(Ultra-Fordism) 형태
였다.

일본의 노조는 기업별노조로서, 자주성을 상실하고 기업의 관료조직에
통합된 채 노동자를 회사에 헌신하고 자발적으로 참여하게 만드는 이른
바 '회사주의'를 강제하는 중요한 기제였다. 일본 특유의 종신고용과 연
공임금 제도도 실제로는 노동자가 기업에 장기적으로 정착할 수 있게 유
도하기 위한 인센티브구조를 형성하는 것으로 작용했다. 또한 정부가 법
률적 기초에 의해 복지를 지원하는 포드주의와 달리, 일본에서는 정부를
대신해 기업 차원에서 주택제공, 건강의료서비스 및 연금의 지불 등 중
요한 사회적 복지 제공의 역할을 수행하는 특징도 갖고 있었다.[11]

한편 노동과정의 측면에서 볼 때 포드주의와 구별되는 유연한 생산방
식으로 평가됐던 '도요타생산방식'도 본질적으로는 단순노동자에 대한
많은 과업할당과 장시간노동에의 속박이라는 노동강화의 한 방식에 불
과했다. 그곳에서도 구상과 실행의 분리는 분명하게 관철되고 있었던 것
이다. 그리고 관리방식에 있어 관리조직의 분권화와 수평적 위계의 확산
도 이른바 '전략적 지배'와 '일상적 업무관리'의 엄격한 구분이라는 틀 안
에서 이루어졌다.

이러한 일본의 노자관계는 일본 기업집단의 틀 속에서 정부 및 메인뱅
크의 역할과 일정한 호순환구조를 형성하여 전후 일본경제의 지속적 성
장을 가져온 일본식 경영의 근간을 형성하여 왔다. 즉 '대장성 등 정책당
국→메인뱅크→기업'으로 이어지는 일본의 기업지배구조는 '종신고용·
연공임금·기업별노조'라는 회사주의적 기제 및 일본식 생산방식의 '전
근대적 유연성' 등과 맞물려 기업경영의 안정성과 효율성의 기초를 제공
하였다.

4. 일본 기업지배구조의 위기: 원인과 그 양상

일본 기업지배구조에 대한 비판의 한계

80년대 초까지만 해도 일본의 기업지배구조와 메인뱅크 시스템에 대해 긍정적인 평가를 하던 많은 논자들이 거품경기를 전후한 일본경제의 침체와 함께 일제히 비판적으로 평가하기 시작한다.

특히 일부 논자들은 이전에 효율적으로 기능했던 일본의 기업지배구조가 거품경기를 거치면서 동요했다기보다 그 자체에 이미 고유한 한계가 존재했고 그 결과가 현재 명확하게 표출되는 것으로 파악한다. 이들 비판의 핵심은 일본의 기업지배구조에 있어 규율방식이 자의적이고 불투명한데다 합리적이지 못하고, 또한 경영자규율이 제대로 이루어지지 못해 높은 대리인비용과 저배당을 초래하며 한편으로 금융행정당국의 과다한 규제가 금융기관의 효율적인 경영과 자본시장의 발달을 가로막고 있다는 것이다.

히다카와 기카와는 철강산업과 석유화학산업을 대상으로 한 실증연구에서, 메인뱅크가 금리규제하에서 시장확보를 위해 기업에 대한 감시(monitoring)의 기준을 단순히 생산규모의 확대와 매출액 증대 등으로 설정함으로써 해당 기업의 투자프로젝트 수익성을 제대로 평가하지 못하고 감시기능을 효과적으로 수행하지 못했다고 비판한다(日高千景·橘川武郎, 1998). 그리고 채권자로서 은행이 주주보다 더 위험회피적이기 때문에 은행에 의해 주도된 보수적인 투자전략이 기업의 성장을 방해할 수 있으며, 자금 및 기타 서비스 제공을 통해 은행이 고객기업의 렌트를 수탈하여 오히려 수익성을 떨어뜨린다는 주장이 있다(Weinstein and Yafeh, 1998). 나아가 일본의 은행중심 기업지배구조에서는 기업의 저성장 및 저수익성의 문제 이외에도 기업이 은행의존적인 상황에서 은행의 상태가 악화되면 기업이 양호한 상태에서도 투자를 지속하기 어려운 문제가 발생한다고도 주장한다(Kang & Stulz, 1997).

그런데 이러한 비판적 논의는 일본의 기업지배구조와 메인뱅크 시스템이 갖고 있는 기능적인 문제점들을 일정 정도 타당하게 지적하고 있기는 하지만 우선 실증적 분석결과가 제한적이라는 점, 80년대까지 일본경제의 호조와 그 이후 침체로의 반전을 체계적으로 설명하지 못한다는 점 등에서 한계를 갖고 있다. 또한 그들의 주장은 시장기능에 대한 지나친 신뢰를 바탕으로 하고 있으며 일본과 구미 간 경제시스템의 차별성에 대한 이해가 부족하다는 문제도 안고 있다.

금융시스템과 기업지배구조의 유형에 있어 시스템들간의 본질적인 우열을 논하기는 쉽지 않다. 그리고 각 시스템의 특질을 정확히 이해하지 못한 비판은 설득력을 가질 수 없다. 예를 들어 메인뱅크 시스템에서 정보공개의 미비와 규율의 불투명성이 지적되지만, 내부자형 기업지배구조는 본래 정보공개의 중요성이 크지 않은 시스템이라는 점을 고려해야 한다. 또한 상이한 기업지배구조의 유형에는 각기 고유한 장단점이 있으며 각국의 제도적 특성과 역사적 경험, 시장의 성숙도, 대외조건, 이해관계자들간의 관계 등에 의해 그 적합성이 결정될 뿐이다. 경제상태의 부침에 따라 선택적으로 부정적 또는 긍정적 측면을 일방적으로 강조하는 것은 적절하지 못한 것이다.

무엇보다도 일본 기업지배구조의 동요와 비효율성 노정을 정확하게 이해하기 위해서는 80년대 이후 기업지배구조상 모순의 생성과정을 구체적으로 파악할 필요가 있다. 또한 노령화사회로의 전환, 금융세계화의 전개 등 대내외적 환경변화가 미친 영향에 대해서도 충분히 고려해야 할 것이다.

일본 기업지배구조상 모순의 형성

일본의 기업지배구조에 모순이 형성되는 과정을 이해하기 위해서는 우선 기업금융의 은행이탈로 인한 메인뱅크의 상대적인 위상약화를 살펴보아야 한다. 일본에서도 금융자유화, 규제완화 등으로 기업자금조달에서 주식 및 사채 등 직접금융의 비중이 높아지고 은행대출은 이전만큼 중요하지 않게 된 것이다.

〈표 1〉에서 나타나듯이 80년대 들어 일본기업의 외부자금조달은 간접금융과 직접금융의 비중이 역전되어 직접금융이 더 큰 비중을 차지하는 형태로 전개되었다. 특히 80년대 후반 시가발행(時價發行, 상장회사가 신주의 발행가액을 액면가와는 무관하게 구주의 시장가격을 기준으로 책정하는 방식)의 이쿼티파이낸스(equity finance)가 성행하면서 기업금융이 은행에서 증권으로 크게 이동하였고 그 과정에서 교섭력이 은행(공급자) 쪽에서 기업(수요자)으로 이동하게 된다.[12] 90년대 들어와서도 기업의 총자금조달에서 은행차입의 비중은 70년대 이래 최저수준에 머물렀다. 다만 주가폭락, 경기침체, 기업부진 등으로 인해 80년대 후반 급증했던 이쿼티파이낸스가 대폭 감소한 대신에 사채조달 비중이 증가했으며, 내부자금(=감가상각+내부유보)의 비중이 크게 증가하였다.

이처럼 은행의 교섭력이 약화됨에 따라 기업경영에서 자유재량의 폭이 넓어지고 반대로 상호 위탁된 감시메커니즘 속에서의 메인뱅크의 우위성은 저하하였다. 특히 은행대출이 가진 경성예산 제약에 기초한 교섭력의 발휘가 어렵게 됨에 따라 메인뱅크에 의한 사전적·현재적 감시는 크게 위축된다. 은행대출이 기업금융의 중심에 있을 때는 은행이 지속적인 정보획득 등을 통해 제안된 프로젝트의 진출 및 지속 여부에 대한 결정권을 장악했으나 은행대출 비중이 줄어들면서 정보획득 등이 어려워졌기 때문이다. 이에 따라 일상적인 상황에서 메인뱅크의 감시기능이 잘

〈표 1〉 일본기업의 신규자금조달 추이

(단위: %)

연도	내부자금	외부자금			
			주식	차입금	사채
1967~69	43.85	56.15	4.74	45.97	5.44
1970~74	41.37	58.63	3.80	48.84	5.99
1975~79	50.33	49.67	8.78	29.25	11.64
1980~84	61.18	38.82	11.45	18.14	9.23
1985~89	54.12	45.88	18.25	8.08	19.55
1990~94	80.68	19.32	4.24	4.82	10.26

자료: 日本銀行調査統計局, 「主要企業經營分析」.

작동하지 않게 되었고, 이는 기업경영의 규율을 부분적으로 상실하는 결과를 초래하였다.

한편 이러한 가운데 80년대 후반 거품형성의 과정에서 상호주식보유 비중은 더욱 증가하는 현상이 나타났고 이에 따라 자본시장의 규율은 더욱더 취약해진다. 본래 주식상호보유는 안정주주 공작을 통해 적대적 인수 등 외부로부터의 경영개입을 방지하는 역할을 해왔고 그 대신 메인뱅크에 감시기능이 위임되어 왔다. 그런데 기업금융의 은행이탈로 메인뱅크의 감시기능이 저하하는데도 불구하고 자본시장의 감시기능마저 강화되지 않음으로써 경영자는 점점 과다한 재량권을 손에 넣게 되고 경영자에 대한 규율이 크게 저하되었던 것이다.

실제로 1987~89년의 거품 최고조기에 시가발행 중심의 증자총액은 14조 2천억 엔에 달하였다. 그러나 그러한 증자가 기업측에 매우 유력한 프로젝트가 있고 내부자금이 부족해서 실시된 것만은 아니었다. 거품에 편승한 안이한 증자가 버젓이 통용되었다. 이 과정에서 오히려 안정주주 공작이 자기목적화하여 〈표 2〉에서 나타나듯이 거품기간 동안 개인, 외

국인 등 순수투자가의 지주비율은 줄어들고 안정주주로 기능하는 금융
기관, 사업법인 등 상호보유투자가의 지주비율은 높아졌다. 14조 엔이나
되는 증자를 법인간에 떠안는 것으로 끝을 맺었고 일단 개인이 수취한
주식도 다시 팔려 법인으로 되돌아가는 등 주식상호보유구조가 더욱 강
화되었다.[13] 어떤 의미에서 거품시기는 감시기능에 관한 한 주식시장의
영향력을 확대할 수 있는 시기였지만 결국 경영자측의 재량권만 확대시
키면서 감시규율의 저하를 초래하고 말았던 것이다.

　이러한 가운데 일본 기업지배구조상 감시체계의 정점에 있는 금융행
정당국의 금융기관 감시기능도 약화되었다. 금융자유화, 규제완화가 전
개되면서 금융행정당국의 감시기능을 가능하게 한 법률 및 행정지도에

〈표 2〉 소유자별 지주비율의 추이

(단위: %)

| | 지 주 비 율 | | | | | | | | | |
	1986	1987	1988	1989	1990	1991	1992	1993	1994	1995
금융기관 합계	43.5	44.6	45.6	46.0	45.2	44.7	44.5	43.8	43.5	41.4
(투신 제외)	41.7	42.2	42.5	42.3	41.6	41.5	41.3	40.8	40.8	39.3
은행·신탁은	20.5	21.0	22.2	22.1	21.6	21.7	21.9	21.7	22.2	21.6
투자신탁	1.8	2.4	3.1	3.7	3.6	3.2	3.2	3.0	2.7	2.1
연금신탁	0.9	0.1	0.1	0.9	0.9	1.0	1.1	1.4	1.6	1.8
생보사	13.3	13.2	13.1	13.1	13.2	13.2	13.0	12.7	12.2	11.2
손보사	4.4	4.3	4.2	4.1	4.1	4.0	4.0	3.8	3.7	3.6
기타	2.6	2.8	2.1	2.1	1.8	1.6	1.3	1.2	1.1	1.2
사업법인 등	24.5	24.9	24.9	24.8	25.2	24.5	24.4	23.9	23.8	23.6
개인	23.9	23.6	22.4	22.6	23.1	23.2	23.9	23.7	23.5	23.6
외국(개인·법인)	4.7	3.6	4.0	3.9	4.2	5.4	5.5	6.7	7.4	9.4

* 정부·공공단체와 증권사의 지주비율은 제외.
　자료: 東京證券去來所, 『東證要覽』, 1997; 坂本恒夫·佐久間信夫 編, 1998, 65쪽.

기초한 권한들이 축소되었기 때문에 금융행정당국이 종래 방식대로 감시·개입 작업을 활발하게 수행하기가 점차 어렵게 된 것이다.

이에 따라 금융행정당국이 주도하는 은행의 파산처리절차도 대장성의 힘만으로 감당하는 데는 한계를 보였다. 기존 호송선단방식에 의한 파산처리는 대장성의 주도하에 은행업계의 내부사정에 맞춰 처리하는 형태로 이루어져 왔다. 그러나 효고은행(兵庫銀行) 파산의 예에서 알 수 있듯이 더 이상 그러한 내부적 조정만으로 해결할 수 없는 많은 문제점을 드러냈던 것이다.[14] 가장 큰 원인은 대장성의 인허가 권한으로부터 생겨나는 흡수·합병에 대한 인센티브 부여가 규제완화에 따라 어려워지고 있다는 점이다. 사실 파산은행을 인수하는 측에서는 일정한 인센티브를 부여하지 않으면 인수하려 하지 않을 것이다. 금융행정당국은 앞에서 언급한 것처럼 점포배분의 권한뿐만 아니라 금융상품의 인가, 일본은행의 대출 등의 면에 이르기까지 폭넓은 권한을 갖고 이에 대응해 왔다. 그러나 그러한 재량권이 점차 상실되고 정책당국은 파산은행을 인수하는 은행에 그러한 인센티브를 더 이상 부여할 수 없게 된 것이다.[15]

그런데 이렇게 금융행정당국→메인뱅크→기업으로 이어지는 일본 기업지배구조상의 규율이 느슨해지는 상황은 일본경제에 투자기회가 줄어드는 시기와 중첩되어 나타나게 된다. 이 시기에 주식상호보유가 필요 이상으로 진행되면서 메인뱅크 및 주식시장의 감시기능이 충분히 작동하지 못하고 경영규율이 떨어진데다 일본기업들은 경제가 성숙화되어 투자기회가 줄어든 시기임에도 거품상황하에서 기존의 확대지향 경영을 지속하면서 저수익 프로젝트에까지 경영을 확대하였던 것이다. 또한 이 시기 거품 속에서 고주가의 시가파이낸스가 가능하여 자본코스트가 매우 낮았던 것도 저수익 프로젝트에의 투자를 가능하게 한 원인의 하나였다. 결국 그 결과는 기업투자수익률(ROI)의 급격한 저하로 나타났다(渡辺茂·山本功, 1992).

이상과 같이 80년대 후반 이후 일본 기업지배구조의 동요와 효율성 저하의 배경에는 기업금융의 은행이탈로 메인뱅크의 사전적·현재적 감시가 크게 위축된 상태에서 거품기간 동안 주식상호보유의 증가로 경영자 규율이 두드러지게 느슨해지고, 감시체계의 정점에 있는 금융행정당국의 규율기능도 규제완화의 추세 속에서 점차 효과적으로 작용하기 어렵게 된 모순적인 상황이 놓여 있었다.

일본 기업지배구조의 대내외적 환경 변화

일본 기업지배구조의 동요에는 앞에서 살펴본 모순구조의 형성 이외에도 은행과 기업의 관계를 둘러싼 주변환경이 크게 변화한 점도 중요한 요인으로 작용했다. 예를 들면 일본이 점차 고령화사회로 진입함에 따라 일본의 가계가 원금보증상품 위주의 자산운용에서 탈피하여 주식 같은 높은 수익을 기대할 수 있는 금융자산을 찾는 유인을 갖는다는 점에도 유의해야 한다.

일본 금융시스템의 특징 중의 하나는 가계부문의 금융자산에서 원금이 보증되는 금융상품이 차지하는 비중이 매우 크다는 점이었다.[16] 일본에서 가계부문은 기업에 대해 노동력의 공급자라는 측면만 부각되고 주주로서 자금공급자가 될 수도 있다는 면은 배제되어 왔다. 이러한 상황에서 원금보증주의는 금융기관의 경영안정성을 보장해 호송선단방식의 금융행정을 원활하게 하는 한편 가계부문이 순수투자가로서 자본시장에서 적극적으로 역할하는 것을 제약하는 기능을 하였다.

하지만 고령화사회의 도래는 이러한 원금보증주의의 원활한 작동을 어렵게 하였다. 고령화사회에서는 가계부문이 후생증대를 위해 원금보증 금융자산보다 높은 수익을 기대할 수 있는 금융자산을 찾게 된다. 이러한 변화는 순수주주 또는 가계부문 역할이 미약한 일본의 자본시장에서 갈등요인이 되지 않을 수 없다.

한편 1985년 플라자합의에 의한 엔고체제의 형성과 이후 환율기조 등을 중심으로 한 미·일의 정책협조 그리고 금융의 정보화·글로벌화 등 대외적 조건의 변화도 거품경기 전후 메인뱅크 시스템과 기업지배구조의 기능저하에 영향을 주었다.

사실 거품형성의 배경에는 플라자합의로부터 시작된 일본의 대미종속적인 환율정책이 놓여 있었다. 플라자합의에 의한 엔고체제는 일본의 국내 유동성 팽창으로 이어져 주식, 부동산 등에 대한 가격기대심리가 팽배해진 가운데 이들 자산에 대한 투자가 급증하면서 자산가격이 실질 내재가치에 비해 높게 평가되는 거품현상이 나타났던 것이다. 그리고 이러한 상황에서 한편으로 이쿼티파이낸스를 통해 기업들이 지속적으로 방만한 증자를 하는 가운데 금융기관들은 대기업의 이탈에 직면하여 중소기업과 개인, 부동산, 건설업 등에 대한 대출비중을 증가시켰다. 그러나 금융기관들은 거품붕괴와 함께 부실채권 누적과 보유주식의 평가손 확대로 크게 부실화되었다. 더구나 거품붕괴 이후에도 엔고의 지속 등으로 경기침체가 심화됨에 따라 기업도산의 증가로 부실채권규모가 더욱 확대되면서 일본의 금융부문은 심각한 위기상황에 직면하게 되었다. 이처럼 환율정책을 중심으로 한 미·일 정책협조는 거품형성과 일본기업의 경쟁력 제약 등을 통해 메인뱅크 시스템에 불리한 환경으로 작용했다.

또한 금융의 정보화·세계화 추세도 금융시장통합을 진전시키는 가운데 이 과정에서 경쟁력이 강화된 외국 자본 및 투자가들이 도쿄시장으로 진출하면서 폐쇄적인 일본의 금융산업 및 금융시장에 외부적 충격으로 작용하였다. 특히 이러한 대외적 환경의 변화는 일본의 금융빅뱅을 불가피하게 하였고 은행중심의 내부자형 시스템인 일본의 기업지배구조와 메인뱅크 시스템에 부정적인 영향을 주었다.

5. 일본의 금융빅뱅과 기업지배구조

금융빅뱅의 주요 내용

1996년 11월 당시 하시모토 수상의 선언과 함께 시작된 일본의 금융빅뱅은 일본 금융시스템의 근본적인 개혁을 지향하고 있다. Free(시장원리가 적용되는 자유롭고), Fair(투명하여 신뢰할 수 있으며), Global(국제

〈표 3〉 일본 금융빅뱅의 원칙과 추진

원칙	제시된 항목	구체적인 추진사항
Free	새로운 활력의 도입 (은행·증권·보험 분야의 상호진입 촉진)	금융지주회사의 해금 자회사 범위의 확대로 은행·증권·보험의 상호진입 촉진
	폭넓은 수요에 부응하는 상품과 서비스 (장단기 분리 등에 기초한 상품규제의 철폐, 증권·은행의 취급업무 확대)	일반은행의 증권채 발행 허용 비은행의 자금조달 자유화 장단기 분리에 의한 상품규제 철폐 은행창구의 증권상품 판매 증권구좌의 결제기능 부여
	다양한 서비스 수요와 다양한 대가 (각종 수수료의 자율화)	손해보험료율의 자유화, 주식매매위탁 수수료의 자유화
	자유로운 대내외 거래 (은행본위주의 철폐)	기업의 외국환거래 자유화
	1,200조 엔 개인저축의 효율적인 운영 (자산운용기준의 완화)	투자신탁, 상품펀드, 연금 등의 자산운용에 관한 업무규제의 완화·정보공개
Fair	자기책임원칙 확립을 위한 충분한 정보제공, 규칙의 명확화	금융기관의 공시·공개의 충실과 철저
	규칙위반에 대한 처분의 적극적인 발효	조기시정조치 실현
Global	법제도의 정비 회계제도의 국제표준화	법제도와 회계제도를 영·미와 일치 시가회계제도의 도입 유가증권 관련세의 재조정
	국제적인 감독협력체제 확립	G7에서의 협력강화 추진

적으로 정합적이고 앞서가는)이라는 기본적인 원칙 아래 전개되고 있는
일본 금융빅뱅의 계획안에는 금융산업에서의 경쟁유도, 수요자(market
user)의 자기책임원칙 확보, 투명하고 명확한 행정 및 감독, 회계제도의
개혁 등이 주요 내용으로 담겨 있다.

무엇보다 금융빅뱅의 핵심은 규제완화를 통해 금융행정을 개편하고
겸업화와 시장경쟁의 촉진을 가져와 대외경쟁력을 갖춘 금융산업을 재
건하는 데 있다. 즉 기존의 은행, 증권업 등에 대한 업무 내용·방법의
인허가 등으로 대표되는 진입규제를 원칙적으로 철폐하여 각 금융기관
의 업무영역을 확대하고, 이를 기초로 시장참여자간의 경쟁을 촉진하는
것이다. 그리고 금융행정당국의 직접적인 개입을 없애는 대신에 금융시
스템의 안정성을 침해하는 도덕적 해이를 방지하기 위하여 정보공개의
무를 강화하고 동시에 금융거래에서 금융기관 및 예금자·계약자·투
자자 모두에게 자기책임원칙을 철저하게 적용하도록 하는 것이다. 이러
한 금융빅뱅이 순조롭게 추진되면 일본의 금융산업은 업태간의 업무영
역이 통합되어 겸업화가 더욱 진행될 것이고 금융시장은 더 경쟁적인 형
태로 변해 갈 것이다.

금융빅뱅의 성격과 영향

일본의 금융빅뱅은 무엇보다 시장의 역할을 강화하는 방향으로 금융
행정에 큰 변화를 가져와 시장중심적인 금융시스템으로의 개혁을 지향
하고 있다는 점에서 두드러진 특징이 있다고 할 수 있다.

일본의 금융행정당국은 이제까지 신용보증 및 금융불안의 연쇄방지라
는 일반적 기능 이외에 금융기관의 경영에 대한 직접적인 감시기능까지
담당하고 있었다. 금융당국은 감독권한을 사용해서 금융기관의 인사 및
사업운영 등 경영 자체에도 개입하여 어디까지가 본래의 금융행정이고

어디부터가 개별 금융기관에 대한 지배·감시에 속한 것인지 구별되지 않을 정도였다. 금융빅뱅은 금융자유화의 추세 속에 전개되던 규제완화를 한층 광범위하게 전개해 이러한 상태에 명확한 선을 긋게 될 것으로 보인다. 이제부터 정책당국의 임무는 본래의 금융행정부분에 국한되고 금융기관에 대한 직접적인 감시·개입에 해당하는 부분은 시장기능에 맡긴다는 것을 빅뱅은 분명히 선언하고 있다.

그렇다면 이러한 금융빅뱅의 방향설정이 이루어진 배경을 어떻게 이해할 수 있을까? 우선 규제완화의 필요성 제기는 기존 일본정부의 각종 정책수단과 지원체계가 더 이상 일본의 메인뱅크와 기업집단에 적합한 형식과 내실을 갖지 못하며 오히려 질곡으로 작용하는 측면이 있음을 의미한다고 볼 수 있다. 즉 금융의 겸업화와 세계화라는 대외적 환경변화에 대응하고 80년대 이후 거품의 형성과 붕괴 과정을 거치면서 경쟁력을 상실한 일본 금융기관의 시장지배력을 복원하기 위해서는 새로운 방식의 규제형식과 내실이 요구되었던 것이다(鈴木健, 1998, 282쪽). 무엇보다 기업금융의 은행이탈, 직접금융 비중의 증가라는 상황에서 위상이 후퇴한 메인뱅크로서 대형 도시은행의 경쟁력 재건을 위해서는, 자본시장을 무대로 한 새로운 금융업무에 진출하여 직접금융시장에서의 영향력을 확보하고 대기업의 다국적 전개에 대응하여 국제적 규모에서의 기업금융을 뒷받침할 수 있어야 했다.

이러한 맥락에서 전개되는 각종 진입규제의 완화는 금융업무의 상호진입을 촉진하고 종합적인 금융업무를 겸업하는 거대 금융복합체(financial conglomerate) 형성의 제도적인 틀을 마련하는 것으로 볼 수 있다. 이미 금융지주회사가 이를 실현하는 가장 중요한 제도형태로 허용되었고, 이에 따라 다이이치칸교(第一勸業), 후지(富土), 니혼코교(日本興業) 은행이 통합된 '미즈호금융그룹'(Mizuho Financial Group) 등이 등장하고 있다. 물론 이러한 제도적 변화는 실질적으로 글로벌한 차원의 경쟁에 참여할 수 있는 거대 금융기관에만 한정된 효과를 줄 것이고, 따라서 금융빅뱅은 경영파산·도산 등 다수 금융기관의 경영불안과 대은행 및 금융기관에 의한 흡수·합병 등 새로운 지배집중의 과정을 수반하게 될 것이다.

그리고 이 과정, 즉 금융빅뱅을 통해 새로운 지배집중을 수반하는 금융산업의 재편성, 시장경쟁의 가속화, 금융행정·감시체계의 변화 등은 80년대 후반 이후 일본 기업지배구조의 규율체계에 형성된 모순을 더욱 증폭시킬 수 있다. 종래의 3단계 기업지배시스템(금융행정당국→금융기관→기업)에서 대장성 및 일본은행과 메인뱅크의 관계가 더욱 변화하게 되고, 메인뱅크는 보다 경쟁적인 시장환경에서 기업지배의 기능을 발휘해야 하는 제약에 직면할 수 있다. 그리고 아직 자본시장의 규율에 의한 기업지배구조가 미비한 상황에서 이러한 기존 내부자 규율의 와해는 규율체계의 공백을 더욱 크게 할 수 있다.

금융빅뱅과 기업지배구조의 변화

그렇다면 이러한 금융빅뱅의 전개 속에 메인뱅크 시스템과 기업지배구조는 실제로 어떠한 영향을 받고 있는가? 금융빅뱅이 시작된 90년대 후반 일본 기업지배구조상의 변화를 메인뱅크관계를 중심으로 살펴보도록 하자.

먼저 메인뱅크관계를 규정하는 기본적인 요소인 기업의 자금조달 측면을 보면 80년대 후반부터 나타난 기업금융의 은행이탈은 90년대 들어서도 지속되고 있다. 특히 90년대 후반(1995~98)의 통계를 보면 내부자금조달 비중이 연평균 90%선에 이르는 가운데 주식과 차입금을 통한 조달은 각기 4% 내외 수준에 머물고 있다.[17] 물론 이렇듯 기업의 은행이탈이 지속되었음에도 불구하고 미국과 일본 기업의 자금조달형태에는 아직 상당한 차이가 남아 있다. 즉 99년 말 현재 일본 비금융기업의 부채는 차입 38.1%, 주식·출자금 34.2%, 채권 9.5% 등으로 미국의 주식·출자금 65.5%, 차입 12.2%, 채권 8.4% 등과 대조적인 구조이다. 그렇지만 80년대 이후 기업금융의 은행이탈이 지속적인 경향으로 나타나고 있는 것은 분명하다고 할 수 있다.

〈그림 1〉 비금융기업의 자본·부채 구성(1999년 말 현재)

(단위: %)

일본	차입 (38.1)	채권 (9.1)	주식·출자금 (34.2)	기업간·무역신용 (12.5)	기타 (5.7)	1,460조 엔

미국	차입 (12.2)	채권 (8.4)	주식·출자금 (65.5)		기타 (9.8)	29.1조 달러

기업간·무역신용(4.2)─↑

　다만 90년대 기업금융의 은행이탈 과정에서도 차입비중의 감소가 주로 제조업분야에서 두드러지고 비제조업분야에서는 오히려 차입금의 비중이 증가했다는 점, 제조업에서도 중소기업의 은행차입 비중은 증가하고 있다는 점 등을 고려해야 한다(山田弘史·野田正穗 編, 1997, 221~23쪽). 특히 중소기업의 차입금 조달비중이 증가하였다는 것은 일본의 다수 중소기업이 하청관계 등으로 대기업 산하의 계열관계로 포섭되어 있는 점에 비추어, 기업집단 전체의 입장에서 메인뱅크로서 대은행과의 배타적 거래관계에 대한 요구는 해소되지 않았다는 것을 의미한다고 볼 수 있다. 또한 직접적인 대출은 감소하였지만 각종 사채와 주식의 소화선으로서 은행 등 금융기관의 비중이 크므로 광의의 의미에서 간접금융형태의 기업자금조달은 결코 줄어들지 않았다는 점도 간과해서는 안 된다. 기업의 사채관련 업무에서 메인뱅크는 여전히 중요한 역할을 수행하고 있는

것이다.[18]

이렇게 볼 때 일본의 대은행-대기업 관계에서 전반적인 차입비중의 감소로 거래기업에 대한 메인뱅크의 감시규율이 약화되고 있는 것은 분명하다고 할 수 있으며, 다만 관계중심 시스템 특유의 긴밀한 관계형성이 기업금융의 은행이탈로 단기간 내에 쉽게 해소되지는 않을 것이라는 것을 알 수 있다.

한편 무엇보다도 일본의 메인뱅크 시스템과 내부자형 기업지배구조의 핵심적인 특징은 주식상호보유구조와 안정주주의 존재에 있다고 할 수 있다. 특히 일본형 기업지배구조의 유지 여부와 관련하여 무엇보다 융자관계가 약화되고 채권자로서 은행의 발언력이 떨어지더라도 주식보유를 통해 메인뱅크관계가 유지될 수 있다는 점에 주목해야 한다. 도요타자동차처럼 자금조달에 있어 은행이탈이 두드러진 대기업도 상호주식보유관계를 기초로 사쿠라은행 등과 메인뱅크관계를 유지해 왔다.[19] 결국 기업금융의 은행이탈은 은행과 기업의 상대적인 역관계의 변화를 의미하지만 그것만으로 곧바로 메인뱅크제도의 붕괴와 결부짓는 것은 잘못된 판단이라고 할 수 있다.

그렇다면 이러한 주식상호보유구조의 추이는 어떠한가? 금융자율화의 지속적인 전개에도 불구하고 90년대 중반까지 주식상호보유구조가 붕괴하는 조짐은 나타나지 않았다. 현실적으로 상호보유지분이 거품기에 다소 높아졌다가 거품붕괴 후 다시 낮아졌지만 그 추세는 큰 변화가 없는 상태였다.[20] 거품 직후 부각됐던 기업측의 은행주 매각도 경영위기시 매각이익을 재건에 사용하는 기존의 주식상호보유구조 아래서 나타나는 일정한 패턴의 범주를 벗어나지 않는 것이었다. 그러나 금융빅뱅이 전개되면서 상호주식보유구조의 해소경향이 점차 뚜렷하게 나타나고 있다. 〈표 4〉에서 나타나듯이 90년대 중반 이후 은행의 사업법인주에 대한 소유비중과 사업법인의 은행주에 대한 소유비중이 상대적으로 크게 감소

하고 있다. 상장주식 중 상장기업이 보유하고 있는 비중으로 본 주식상
호보유 비중도 90년대 중반 이후 비교적 큰 폭으로 감소하고 있다(〈그림
2〉 참조).

이것은 금융빅뱅의 전개와 함께 유가증권의 시가평가제 도입에 따라
주식보유에 따른 이익실현의 이점이 감소하였고, 은행의 입장에서는 위
험자산인 주식의 보유가 오히려 BIS비율의 규제에 부정적인 효과를 주
었기 때문이다. 특히 1999년부터 본격화되고 있는 일본 주요 은행들의
공동지주회사 설립을 통한 통합·합병은 주식상호보유 해소가 확산되는

〈표 4〉 은행과 사업법인 간 주식상호보유 비중의 변화추이

(단위: %)

		88	89	90	91	92	93	94	95	96	97	98
은행의 사업법인 주식소유 비중	주수 기준	16.5	16.6	16.5	16.4	16.3	16.1	16.0	15.7	15.5	15.1	14.5
	금액 기준	16.3	16.2	16.3	16.3	16.3	16.2	16.3	16.1	16.2	16.0	15.3
사업법인의 은행 주식보유 비중	주수 기준	45.0	44.9	45.4	44.9	44.5	43.3	42.7	41.8	41.4	40.9	40.3
	금액 기준	51.8	49.6	50.7	49.4	49.8	48.8	47.6	47.2	44.7	43.1	42.0

자료: 『證券』, 1999. 9.

〈그림 2〉 상장기업의 주식상호보유 비율 추이　　　　　(단위: %)

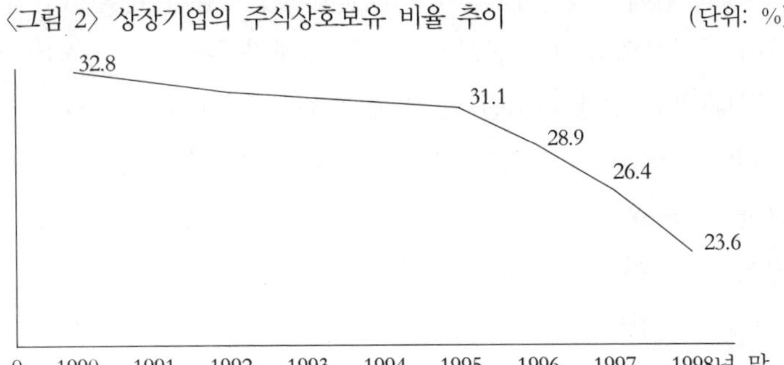

* 관계회사 주식으로 보유하고 있는 부분 제외.
자료: 『金融財政事情』, 1999. 10. 25.

계기가 될 것으로 보인다.[21] 이들은 한결같이 자산건전화의 일환으로 '정책투자주식의 압축'을 강조하고 있다. 사업법인의 입장에서도 주가속락으로 평가손이 발생하는 상황에서 은행주 보유의 이점이 사라졌고, 재무구조 개선을 위한 부실자산 처분의 필요성, 은행과 긴밀한 관계의 필요성 저하, 거래관계의 다양화·국제화 등으로 상호주식보유의 해소경향이 더욱 뚜렷해지고 있다.

더구나 금융빅뱅의 전개 이후 일본의 주식시장에서 안정주주의 비중이 저하하고 순수투자가, 특히 외국인의 보유비중이 크게 증가하고 있다는 점을 주목해야 한다. 1989년 46.0%에 달했던 금융기관의 지주비율이 98년에는 39.3%로 감소한 데 비해, 개인의 비중은 22.6%에서 25.4%로, 외국인(법인 및 개인)의 비중은 3.9%에서 무려 10.0%로 증가하였다.[22] 외국인들이 주식위탁매매에서 차지하는 비중도 99년 39%로 금융기관(22%), 사업법인(5%), 개인(29%) 등을 압도하면서 시장을 선도하는 등 자본시장 흐름의 주도세력으로 등장하고 있다. 향후 금융빅뱅의 확산과 함께 기관투자가(예를 들면 안정주주인 생보사)들이 이윤추구를 우선하는 투자행동을 나타낼 가능성도 커지고 있다.

물론 이상과 같은 변화는 급격하지 않고 서서히 이루어지고 있다. 미국, 영국 등에 비해 안정주주(신탁·증권 제외한 금융기관 및 사업법인)의 비중이 상대적으로 크고 연기금 등 기관투자가의 역할도 아직은 매우 미약한 상태이다. 또한 1998년 말 현재 안정주주의 비율이 60%선에 이른다는 점에 비춰볼 때 그리고 아직까지 상호 긴밀한 관계의 유의성과 그로 인한 경쟁우위 요소가 남아 있는 한 주식상호보유구조의 해소도 상당 기간에 걸쳐 이루어질 것으로 전망된다.

그러나 금융빅뱅으로 진입·가격 규제 철폐, 대내외 거래자유화, 회계 및 공시 제도 개선 등이 이루어지면서 바야흐로 간접금융 중심의 기업금융, 상호주식보유와 안정주주 공작 등에 기초한 메인뱅크 시스템과 기업지배구조의 골격이 주식시장에서 상호보유지분의 감소, 순수투자가 비중의 증가와 주식유동성의 확대 등으로 와해되는 방향으로 나아가는 것은 분명하다고 할 수 있다.

6. 맺음말: 향후 전망과 시사점

향후 금융빅뱅의 전개 속에서 일본의 메인뱅크 시스템과 기업지배구조는 결과적으로 어떠한 방향으로 나아갈 것인가? 금융빅뱅이 시작된지 3년여가 지난 지금 일본경제는 초기의 보수적인 관측과는 달리 상당한 변화의 가능성을 보여주고 있다. 사실 일본 기업집단이 기존 내부자형 기업지배구조를 그대로 유지하기는 어려운 상황이다. 앞에서 살펴보았듯이 일본형 기업지배구조를 뒷받침해 주던 대내외적, 사회·경제적 제반 전제조건들이 약화된 상태이다(전후 시스템의 피로누적). 특히 메인뱅크 시스템의 근간인 간접금융 중심의 기업금융, 주식상호보유구조, 금융행정당국의 적극적 역할 등에 뚜렷한 변화가 나타나고 있다.

그렇다면 금융빅뱅의 과정을 거쳐 시장중심 금융시스템, 개방형 기업지배구조로 곧바로 전환하게 될 것인가? 하지만 급격한 시스템 전환도 쉽지는 않을 것으로 보인다.

개방형 기업지배구조로의 이행은 지배기능의 주도권이 내부자가 아닌 외부시장에 위임되며, 최고경영진을 포함한 매우 활발한 경영자원시장이 확립되어 종업원의 종신고용 개념도 사라지고, 특히 자본시장을 통한 기업매매가 활발하게 전개됨을 의미한다. 또한 불특정 다수 제3자에 사후처리를 포함한 감시기능을 분산시킨 가운데 이해대립이 보다 선명해지고 법률적 처리가 긴요하게 될 것이다. 그런데 일본에서 이러한 개방형 기업지배구조로의 급격한 전환은 많은 문제점을 내포하고 있다.

　　무엇보다 일본경제에 개방형 구조를 완전 이식하는 경우 일본식 경영이 안고 있는 서브시스템과의 병립이 어려워진다는 점을 지적할 수 있다.[23] 우선 기업경영권의 불안정과 함께 내부 노동시장이 붕괴되면서 종신고용체계가 동요할 가능성이 크다. 종신고용이 흔들리면 신뢰에 기초한 협조적 노사관계도 계약에 기초한 관계로 이행하면서 동요할 것이다. 개방형에서는 조립기업의 주문, 판매가 시장거래를 통해 경쟁적으로 이루어지기 때문에 공급선 및 판매선과의 계열관계도 무너지게 될 것이다. 이렇듯 급격한 전환은 무시할 수 없는 막대한 전환비용의 발생을 수반할 가능성이 크다.[24]

　　따라서 이러한 점들을 고려할 때 일본의 기업지배구조는 금융빅뱅의 전개에 따른 환경변화에 적응하면서 시장중심 시스템, 개방형 지배구조로 점진적으로 변화해 나갈 것으로 보인다. 그 과정에서 관계중심 체제로서 기존 메인뱅크 시스템의 고유한 특징도 재활성화되어 미국적인 시장중심 시스템과의 일정한 차별성을 형성할 가능성도 있다. 예를 들면 기업과 은행 간 금융자본적 결합형태로서 메인뱅크관계는 형태적 변화 속에서도 유지될 수 있다. 특히 거대 도시은행들은 이합집산을 통해 대형화·겸업화를 도모하는 데 직접금융을 통한 대기업 자금조달에의 진출, 국제적 규모에서의 대기업 기업금융 매개 등으로 기업집단 내 대기업과 지속적인 관계를 확보할 수 있을 것이다.[25]

　　그렇지만 한편으로 이러한 점진적인 전환과정은 80년대 이후 일본기업의 지배구조에 형성된 모순을 증폭시켜 비효율성을 증대시키는 등 위기의 과정이기도 하다. 즉 아직까지 다른 내부자의 감시기능이 활성화된다든지 또는 시장규율이 보다 강화되는 등의 보완이 필요한 상황에서 메인뱅크 시스템에 고유한 감시규율의 약화는 규율체계의 공백을 증폭시킬 우려가 있다.

　　이와 관련하여 주목해야 할 것이 지주회사의 도입이다. 기존 일본의 기업집단은 전후 재벌해체과정을 거쳐 은행 등 금융기관을 중심으로 주요 대기업을 포함한 6대 기업집단 그리고 대기업을 정점으로 한 수직적 계열형태의 독립계 기업집단 등으로 재편성된 바 있다. 이제 지주회사가 부활함에 따라 기업집단구조에 많은 변화가 있을 것으로 예상되고 있다. 일단 전전(戰前) 재벌형태의 부활과 경제력 독점 등 폐단에 대한 우려를 일부에서 제기하고 있으나 지주회사 도입시의 제한조치 및 현재 일본의 산업구조를 볼 때 그러한 가능성은 크지 않은 것으로 보인다. 또한 향후 재벌의 부활이 있다고 해도 그것은 전전과 같은 동족회사적인 단일지주회사가 아니라 금융그룹을 중심으로 한 복수지주회사 형태를 띠게 될 가능성이 크다.

현재 6대 기업집단에 속하는 대기업은 독자적으로 지주회사를 만들어 계열기업군을 산하에 흡수하는 방향으로 나아갈 것이고, 한편으로 은행도 스스로 금융지주회사를 만들어 다양한 업태의 금융기관을 산하에 흡수하게 될 것이다. 이러한 변화 속에서 새롭게 도입된 지주회사는 기업지배구조에서 중요한 역할을 할 가능성이 크다. 기존에 메인뱅크와 분할하여 산하 기업군에 대한 감시기능을 담당했던 모기업보다 지주회사에 대해서는 기업지배기능의 적극적인 담당자로서의 인식이 높아지고 그 역할도 강화될 가능성이 크다.[26]

금융빅뱅이 제기되던 90년대 중반 일본의 제도권 학계에서는 신속하고 철저한 시장중심 시스템으로의 개혁을 주장하는 급진적인 견해와 구시스템의 장점을 강조하면서 현재 상황에 조응하는 부분적이고 점진적인 개혁을 주장하는 온건한 견해가 병존했다(新美一正, 1998). 그러나 현재의 상황은 철저한 개혁의 불가피성이 힘을 얻어가고 있는 것으로 보인다. 시장중심 시스템으로의 개혁에 반대하는 세력들도 금융세계화 등 현재의 조건에서 기존 일본식 기업지배구조가 갖고 있는 경쟁력을 복원할 수 있는 뚜렷한 대안을 제시하지 못하고 있는 상황이다. 금융세계화의

심화와 금융주도적 축적체제의 구축이라는 대외적 조건에서 이미 대대
적인 금융산업 재편(대형화·겸업화·증권화 촉진), 금융시장의 가격·
진입 규제 철폐, 건전성 감독 강화와 공시제도 개선 등의 조치와 주주가
치 극대화 경영의 압박을 통해 금융빅뱅의 방향은 분명해지고 있다.

　다소 시간이 걸리겠지만 결과적으로 일본의 금융빅뱅은 기존 메인뱅
크 시스템으로 대표되는 일본 기업지배구조상의 '금융헌신'을 파괴하고
자본시장이 주도하는 '금융유동성'을 확산시키는 방향으로 나아갈 것으
로 보인다. 또한 이 과정에서 관계중심 시스템 특유의 발언중심 지배구
조(voice oriented system)가 갖고 있는 진보적인 측면은 더욱 배제될 것
이다. 나아가 일본식 경영에 고유한 노동과정, 생산체계, 노사관계 전반
에도 파괴적인 영향을 줄 것이다. 더구나 그 과정은 불안정성이 더 한층
높아진 글로벌 자본주의에 더 깊숙이 편입되는 과정이기도 하다. 일본의
노자관계가 갖는 독일과의 차별성을 고려할 때 이러한 과정은 더욱 불가
피해 보인다.

주

1) 90년대 초반 선진국들이 불황에 직면하여 확대정책을 구사하였고 이에 따라 금리수준이
　　신흥시장에 비해 크게 낮아진다.
2) 아시아 및 라틴아메리카 자본유입규모의 변화를 보면 1990년 355억 달러(직접투자 186
　　억 달러, 포트폴리오 투자 및 기타 신용·대부 등 169억 달러)였던 것이 95년에는 1,937
　　억 달러(직접투자 717억 달러, 포트폴리오 투자 및 기타 신용·대부 등 1,221억 달러)로
　　크게 증가한다.
3) 워싱턴 컨센서스는 미국 국제경제연구소(소장 Bergsten) 주최 컨퍼런스(1989. 11. 6~7)
　　에서 존 윌리엄슨(J. Williamson)의 문제제기에 의해 구체화되었다. 이때 제시된 정책의
　　주요 내용은 건전한 재정운영(재정적자 GDP의 2% 이내), 조세개혁, 금융자유화, 시장

기능에 의한 이자율·환율 결정, 무역자유화, 해외자본과 국내자본이 동일한 조건에서 경쟁 가능하도록 모든 장벽 제거, 민영화, 경쟁 및 진입 제한 등 정부의 규제완화, 소유권 확립 법제 완비 등이다. 이러한 내용은 IMF와 세계은행이 대표하는 국제금융자본의 이해와 금융부문에 구조적 지배력—달러의 지도적 지위와 금융산업의 정교함과 경쟁력—을 갖고 있는 미국의 이해가 강하게 반영된 것이라고 할 수 있다.

4) 그러나 독일 자본주의가 갖고 있는 공고한 조직적 통제의 기초인 노동운동의 정치적 파워라는 미국과의 차별성이 새로운 조직적 통제체제의 재구축을 가져올 수 있을 것이라는 기대 섞인 전망도 있다.

5) 폴린의 지적처럼 일본 및 독일의 은행중심 시스템은 단순히 미시적 효율성의 차원뿐만 아니라 신용배분과정에 공적 개입을 통해 거시적 안정성과 형평성을 도모할 수 있다는 점에서 진보적인 성격을 갖고 있었다. 다만 기존 은행중심 시스템에서는 발언의 행사가 주로 자본가, 고위관료, 정치지도자 등 엘리트그룹에만 엄격하게 제한되었다는 점에서 한계를 갖는다고 지적하고 이를 '엘리트 보이스 시스템'(elite voice system)이라고 규정한다. 그러나 향후 공적 개입이 민주적 참여메커니즘에 의해 뒷받침된다면(democratic voice system) 이러한 금융시스템은 계층적·지역적 형평성을 실현하는 데 효과적일 수 있을 것이다(Pollin, 1998, p. 164, 179).

6) 주식상호보유는 뒤에 서술하겠지만 메인뱅크, 종신고용, 기업계열 등과 함께 서로 정합적으로 작용하여 일본식 경영의 근간을 형성하고 있다. 주식상호보유는 이탈리아, 스웨덴 등 다른 나라에서도 나타나지만 일본은 주요 거래선간의 상호보유라는 면에서 독특하다.

7) 일본의 기업들은 현금흐름과 관련된 거래(수표, 약속어음 등)를 메인뱅크의 결제계정에 집중하는 경향이 있고, 이 결제계정을 통해 메인뱅크는 거래기업의 재무상황 변화를 상세하게 파악할 수 있어 정보 면에서 다른 금융기관이 향유할 수 없는 유리한 입장에 서게 된다.

8) 이러한 메인뱅크의 개입은 우선 강한 교섭력에 의해 가능하다. 경영이 악화될 때 기업은 현금흐름이 부족하여 은행대출에 의지할 수밖에 없고 기존 은행차입의 변제도 어려워지므로 전체 융자단을 대표한 메인뱅크가 강한 교섭력을 갖게 되는 것이다. 또 하나는 안정주주의 암묵적인 지지가 뒷받침된다는 점이다. 안정주주의 입장에서 메인뱅크의 개입은 다시 기업가치를 회복시키고 거래상의 이점도 증가시키므로 반대하지 않는다(Sheard, 1997, pp. 138~39).

9) 즉 일본의 경우 미국과 같은 적대적 기업매수 시장이 존재하지는 않지만 메인뱅크를 매개로 '일본식 M&A'라고 할 수 있는 기업매수의 구조가 있었다. 일본식 M&A와 메인뱅크의 기능에 대한 평가는 藤原賢哉(1996) 참조.

10) 鈴木健, 1998. 특히 스즈키(같은 책, 24쪽)는 개별기업과 개별은행의 관계는 독립적으로 존재하는 것이 아니라 동일 산업부문에 지배적인 지위를 점하고 있는 대기업군과 대은행군 관계의 구성부분으로서 존재하는 것임을 강조한다. 그는 구체적으로 일본 전기산업의 예를 들어, 자금조달 측면에서 대기업군은 주력은행을 중심으로 다수의 도시은행을 자금조달의 원천으로 이용하면서 은행체제 전체를 자금동원기구로 활용하고, 반대로 대은행 측에서도 각각 주력 거래선 기업을 지정하면서도 동시에 협조융자체제를 확보하여 해당 부문 대기업군 전체에 대한 자금공급에 관해서 공동으로 역할을 분담하고 있음을 보여준다.

11) Boyer & Juillard, 1998. 단 이것은 전체 노동자의 30% 정도를 포괄하는 대기업에만 해당되는 사항이다.

12) 1986~89년의 은행차입이나 일반적인 사채의 조달비용이 연평균 4.0% 수준임에 반하여,

워런트채(warrant, 발행인의 보통주 또는 신규발행 채권을 추가로 매입할 수 있는 권리가 부여된 채권), 전환사채 등 이퀴티파이낸스를 통한 자금조달비용은 평균 연 2.0~2.5%로 상대적으로 낮은 수준을 유지했다. 즉 이퀴티파이낸스는 기업의 입장에서 저렴한 비용으로 자금을 조달할 수 있는 좋은 기회를 제공했고 이에 따라 동일 기간 국내외 시장에서 무려 약 55조 엔 규모(증자도 포함)의 이퀴티파이낸스가 행해지게 된다.

13) 이것은 법인 이외의 주식소화기반이 취약했던 점 이외에도 법인들이 거품기 주식인수를 통한 자본이득을 추구한 결과인 것으로 보인다. 특히 금융기관들마저 BIS비율 규제강화에 따라 이퀴티파이낸스에 앞다투어 나서는 상황에서 주식소화는 상호보유관계를 중심으로 이루어질 수밖에 없었다.

14) 효고은행의 경우에도 대장성이 파산 전에 경영에 개입해서 어느 정도 불량채권을 정리한 후 대형은행에 흡수시키고 스스로는 물러나는 단계를 밟았지만 내용을 들여다보면 효고은행의 불량채권 규모가 예상보다 컸고 흡수합병하는 측도 불량채권을 안고 효고은행을 떠맡을 여유가 없었기 때문에 많은 어려움을 겪었다.

15) 특히 독일과 같이 일정 정도의 시장적 경쟁관계가 형성되어 있지 못하고 감독기관의 규율도 미미한 일본에서 정책당국의 적극적 개입이 차단된다면 은행 등 금융기관에 대한 규율은 공백상태가 될 수밖에 없다.

16) 1996년 말 현재 약 1,200조 엔에 이르는 일본 개인금융자산의 55.7%가 현금, 은행예금이고 25.2%가 보험, 그외 공사채 등으로 명시적·암묵적으로 원금이 보증되는 금융상품을 모두 합하면 약 90%에 달한다. 나머지 10% 정도가 주식, 투자신탁 등 원금이 보증되지 않는 상품에 투자되고 있다. 반대로 미국의 경우에는 50% 이상이 원금이 보증되지 않는 상품에 운용되고 있다(Sheard, 1997, p. 201).

17) 大藏省 財政金融硏究所(1999), 『年次別法人企業統計調査』.

18) 廣田眞一, 1997, 10쪽. 이렇듯 간접금융형태의 자금조달이 다양해졌다는 것은 금융 자유화·개방화 등으로 은행차입이 기업자금조달에서 갖는 경쟁력이 상실되는 가운데, 은행의 입장에서 차입을 대신하는 자금공급방식의 개발을 통해 대기업과의 금융적 결합을 유지하려 한 결과, 기업들의 사채발행에 의한 장기자금조달이 급증함에 따라 사채모집업무 및 담보수탁업무 등 사채발행 관련업무를 광범위하게 수행한 것으로 이해할 수 있을 것이다.

19) 도요타자동차의 최대주주는 도요타자동직기제작소(豊田自動織機製作所)이고 근 20여 년 동안 은행으로부터 별다른 차입을 하지 않았다. 그러나 도요타는 여전히 도카이(東海), 사쿠라, 상와(三和) 등을 메인뱅크로 갖고 있다. 이들 세 은행은 도요타자동차 주식을 각기 5% 가깝게 갖고 있으며 상호보유관계를 형성하고 있다.

20) 1992~95년 6대 기업집단의 사장회 멤버기업 수에 대한 상호대량주식방출(100만 주 이상)의 출현율(=상호대량주식방출 출현수/동일기업집단 내 가능한 상호대량주식방출 관계수)은 미쓰이(三井) 0.67%, 미쓰비시(三菱) 0.92%, 스미토모(住友) 3.51%, 후요(芙蓉) 2.12%, 상와(三和) 0.22%, 다이이치칸교(一勸) 0.10% 등의 수준에 머물렀다. 비교적 방출률이 높았던 스미토모의 경우에도 오히려 지배효율을 높이고 매각이익을 통해 재무구조를 개선하고자 하는 의도를 갖고 있었다(坂本恒夫·佐久間信夫 編, 1998, 74~78쪽).

21) 1999년 8월 다이이치칸교, 후지, 니혼코교 세 은행이 지주회사방식의 통합을 선언하여 자산규모 세계 최대은행(141조 엔)으로 부상한 데 이어, 작년 들어 상와, 도카이, 아사히 세 은행도 지주회사방식의 통합을 추진키로 발표했으며(아사히은행 이탈) 최근에는 도쿄미쓰비시(東京三菱)은행과 미쓰비시신탁은행이 공동지주회사 '도쿄미쓰비시파이낸셜

그룹'의 설립을 선언한 바 있다. 일본의 대형 도시은행은 이러한 금융지주회사의 설립 시도로 사실상 ① 미즈호 파이낸셜그룹(日本興業, 第一勸業, 富士) ② 스미토모 및 사쿠라(→三井住友銀行) ③ 상와, 도카이그룹(아사히은행 이탈) ④ 도쿄미쓰비시파이낸셜그룹 등 4개 그룹으로 재편되고 있다.

22) 시장가격 기준으로 외국인의 비중은 1998년 말 현재 14.1% , 참고로 2000년 3월 말 현재 우리나라 거래소시장의 외국인 보유비중(금액기준)은 27%선에 이르고 있다.

23) 새로운 기업지배구조의 도입은 여타 서브시스템의 정합적인 변화를 수반할 때 하나의 완결된 시스템으로 정착할 수 있다. 따라서 기존 일본식 경영을 이루고 있는 유효한 서브시스템은 그대로 간직한 채 기업지배구조만의 급격하고 전면적인 전환을 시도한다는 것은 불가능하다고 할 수 있다.

24) 전환비용의 대표적인 예는 대량실업을 비롯한 사회적 혼란이다. 현재 일본형 시스템에서는 개인적 차원이나 기업 차원에서도 법률상 명확하지 않은 암묵적인 계약에 의해 권리관계가 성립하고 있다. 종신고용계약도 법률적 보호 없는 암묵적인 계약이므로 일단 유사시에는 약화될 수 있다. 이에 따라 전환기에 고용계약 등 전후시스템에서 보증된 여러 암묵적인 권리들이 상실될 가능성이 있는 것이다.

25) 아오키는 향후 시장중심-은행중심이라는 금융시스템과 기업지배구조에 대한 이분법적 구분이 양 시스템의 상호수렴으로 의미를 상실하게 될 것이라고 주장하면서 그러한 가운데서도 관계적 금융의 보편적인 효율성은 중소기업금융, 벤처금융 등에서 존재할 것임을 강조한다(Aoki & Dinc, 1997).

26) 지주회사 도입은 현실적으로 상호지분 관계를 간소화하는 방향으로 작용할 수 있다. 즉 지나치게 확산된 소유관계를 중앙에 집중시킬 수 있다. 그렇게 되면 지주회사가 산하기업에 대해 좀더 강력한 지배기능의 담당자가 될 것으로 보인다. 즉 메인뱅크의 감시기능이 약화되고 상호주식보유 관계가 해소되는 가운데 생기는 기업지배구조상의 공백을 지주회사가 메울 수도 있는 것이다. 지주회사는 산하 기업군의 자금관리를 통해서 지배기능을 발휘할 수 있다.

세계화와 스웨덴모델의 위기

성 낙 선[*]

1. 머리말

이 글의 목적은 스웨덴 복지자본주의를 80년대 이후 진행의 속도를 더하고 있는 금융세계화와 관련하여 살펴보는 데 있다. 통상 스웨덴모델 (Swedish model)[1]은 팍스아메리카나 시대에 예외적으로 포용적이고 평등주의적인 국가자본주의를 대표한다. 이는 기본적으로 중앙단체교섭과 중앙집권적 노사협약을 통해 생산성 증가와 노동계급의 복지증진을 함께 도모했기 때문에 가능했다. 이 점에서 스웨덴모델은 과거 노동배제적인 고도성장과 압축성장을 이룬 우리 사회에 그 의미가 각별하다.[2]

그러나 글로벌 정치경제의 등장으로 스웨덴모델의 특징인 노동과 자본 간의 노동시장 지배구조를 위한 제도적 장치가 몰락했다. 그 원인은 여러 가지가 있겠으나 무엇보다도 탈구된 포드주의적 생산시스템 자체와 세계화의 진행에 따른 정부정책의 모순된 대응에 기인한다. 그래서

<hr>

* 한신대학교 경제학과 교수

일부에서는 스웨덴 복지자본주의는 팍스아메리카나 시대에 일국적 복지국가의 가장 전진적이고 포괄적인 형태로서 매력적인 모델이었지만, 금융세계화로 국내의 노동·저축·투자에 대한 부정적 효과가 나타나고 있기 때문에 이 모델을 초자유주의의 대안으로 보는 것은 잘못이라고 평가한다(Lindbeck, 1997; Lindbeck et al., 1994; 송호근, 1997). 하지만 보편적 복지가 일단 제도화되면 그것을 회귀시키는 것이 거의 불가능하다는 역사의 불가역성을 고려한다면 이런 평가는 일면적일 수 있다.

그런데도 세계화와 더불어 현재 스웨덴모델은 '위기'에 처해 있다. 이 세계화에 대응하는 스웨덴 복지자본주의의 전망은 무엇인가? 우리의 질문은 여기에서 시작된다. 이 질문을 통해 이 글은 다음과 같은 점을 해명하고자 한다.

우선 스웨덴모델 고유의 중앙단체교섭과 중앙집권적 노자간 협약, 적극적 노동시장정책, 이에 기초한 생산성 증가와 보편적 복지의 보장 그리고 이를 뒷받침한 국제 정치경제 상황을 살펴볼 것이다. 다음으로 가속화되고 있는 세계화가 스웨덴모델에 미친 영향을 분석할 것이다. 이를 통해 임금·고용·가격·투자의 결정을 시장의 자율적 조정이 아니라 노조·기업·정부 간 조정을 통해 시장의 힘을 재구성하는 스웨덴모델의 특징을 살펴보고, 나아가 세계화의 진행에 따른 국가의 대응양식이 지니는 중요성을 확인할 것이다. 그러면서 자본축적의 세계화과정 및 그 '금융화'가 자연적으로 주어진 것이 아니라 오히려 내적 한계와 모순을 지니고 있다는 점(de Brunhoff, 1999, p. 57)을 강조할 것이다.

이런 두 가지 목적은 스웨덴이라는 구체적인 모델을 통해 세계화가 지닌 이데올로기적 내용을 점검해 보는 실마리가 될 것이다. 현재의 복지수준이 50년대 오스트리아의 그것에도 미치지 못하는 미국에서 복지국가 해체의 논리와 구체적 작업이 계속 수행되고 있는 반면, 미국에 비해 2배나 많은 복지비지출을 하는 노르웨이에서는 다시 지출증가에 합의하는 역설적 현상(고세훈, 1997, 126~27쪽) 그리고 비록 미국의 1인당 국민소득이 스웨덴의 그것보다 28% 정도 높지만 최하위 10% 소득층의 소득에서는 오히려 스웨덴이 미국보다 63% 이상 높다는 점(Vartiainen, 1998, 주38)은 자본의 금융화가 지니는 신자유주의 이데올로기를 어느 정도 보여준다고 생각되기 때문이다.

2. 전후 세계 정치경제의 변화

세계화와 자본주의의 불안정성

세계화는 전후(戰後) 팍스아메리카나 세계질서의 위기 및 이행과 긴밀하게 관련되어 있다. 특히 신자유주의적 세계화는 생산자본의 국내 대량소비에 대한 의존을 약화시켰을 뿐만 아니라 국제통화제도 및 글로벌 금융시장의 변화와 깊이 연루되어 있다. 이런 의미에서 세계화(globalization)는 예전의 국제화(internationalization)와 달리 혁신방법의 복수성과 불확실성의 가속적인 증대가 존재한다(Coriat, 1997, pp. 242~43). 이것이 세계시장에서 국가적 지위의 차이를 낳는 것이다. 고소득국에서 저소득국으로의 자본축적과정의 공간적 재배치와 자본의 고소득국으로의 재집중화는 세계화의 지배적인 경향이다.

세계화는 또한 사회적 정체성의 해체와 국가의 약화를 초래한다. 각 개별국가에서 독립적으로 이루어지던 생산활동 내지 가치창조활동을 세계적 차원에서 배치·조정할 수 있는 초국적 기업의 능력이 크게 확대되는 과정에서 국민국가에 대한 초국적 기업의 상대적 자율성은 크게 강화되고 있다(Strange, 1997, pp. 184~85). 따라서 세계화와 함께 기존 국민국가의 약화는 필연적으로 나타난다. 그런데도 국가와 초국적 기업을 서로 대립

142

적 관계로 파악할 수는 없다. 국가는 여전히 초국적 기업의 세계화과정이 제대로 진행될 수 있도록 적절한 제도적 틀을 제공하기 때문이다.

현재 진행되고 있는 세계화는 특히 금융시장의 개방을 핵심으로 하고 있다. 가계 및 기업 행태의 금융화와 기업지배구조에 대한 금융의 규정성, 자본의 금융화로 인해 해당 국가의 축적체제와 사회질서가 질적으로 변화하고 있다.[3] 따라서 금융세계화하의 시장자본주의는 국내투자와 국내저축을 긴밀히 연결하는 자본이동의 엄격한 통제가 존재했던 포드주의와 분명히 구분될 뿐만 아니라 포드주의 위기의 결과이다.[4] 이 과정에서도 국가간 경쟁은 중요한 역할을 하고 있다. 이것이 금융적 팽창의 결정요인이자 정부 및 기업 조직의 블록을 형성하는 주요인이다(Arrighi, 1994, p. 12).

세계는 20년대에 자족적 시장의 붕괴, 자유방임주의의 종언, 금본위제의 해체, 금융과 통합된 화폐경제체제에 기초한 국제질서의 변화를 경험함으로써 일찍이 대전환(great transformation)을 겪은 바 있다(Polanyi, 1957, p. 23). 게다가 현재의 금융세계화로 인해 사적 경제주체들은 장기적인 경제전망을 하기 어렵게 되었다. 뿐만 아니라 상호 의존적인 기대와 모방행동 때문에 자본주의의 시스템 리스크는 증가하고 있다. 따라서 무엇보다도 자본주의의 안정성을 확보하는 것이 현대사회의 관건이 되고 있다.

이때 일부에서는 시장규율에 따름으로써만 자본주의의 안정성이 확보될 수 있다고 주장한다(Williamson, 1985). 그러나 시장은 규범의 구속을 가장 적게 받고 극히 제한적인 범위의 규범적 상호기대로 이루어진 제도일 뿐이어서 안정성보다 불안정성에 노출되기 십상이다. 그런데도 최근 글로벌 정치경제의 등장은 시장의 힘에 기대고 있는 선진자본주의 국가의 탈규제정책에 힘을 더해 주는 것으로 나타나고 있다. 세기말 세계화와 글로벌 신자유주의의 출현은 이런 과정의 총체적 표현이다.[5]

전후 팍스아메리카나 체제의 글로벌 정치경제로의 진화

팍스아메리카나 시대에 서구사회는 산업자본, 조직화된 노동, 개량주의적 테크노크라트와 연관된 '성장동맹'(growth alliance)을 형성하였다.[6] 이 동맹에 기초하여 조직화된 노동은 경영자의 경영권과 평화적 노사관계를 수용하면서 낮은 실업률과 높은 사회임금을 보장받았다. 즉 테일러주의 원리에 입각한 생산과정에 제품 특수적 기계가 대규모로 응용됨으로써 비인플레이션적 성장과 높은 생활수준을 보장받았던 것이다. 이런 의미에서 생산자본이 자본의 유통형태를 지배했다. 여기에다가 냉전담론을 국제적으로 주도하여 어떤 급진적 요소도 배제한 팍스아메리카나는 고정환율제와 브레턴우즈체제를 통해 완전고용과 밀접히 연관된 국내 및 국제 경제활동간 균형을 유지하였다.

그러나 60년대 말 생산성 하락, 71년 기축통화인 달러화의 평가절하에 따른 변동환율제의 출현, 73년 오일가격의 폭등 등에 기인하여 팍스아메리카나 헤게모니 질서는 해체과정에 놓였다. 아메리카 헤게모니와 이를 뒷받침한 포드주의적 축적체제 사이의 불안한 균형이 허물어지기 시작했다. 성장이 둔화되면서 국가의 재정위기가 나타났고 이런 악화된 경제상황을 구체적으로 표현한 것이 복지자본주의의 정당성 위기이다.

복지자본주의의 위기에 대응하여 등장한 노조운동, 시민권운동, 평화운동, 환경운동, 페미니즘, 기타 신사회운동은 강화된 테일러주의, 사회 주요 부문의 계속된 주변화, 미국의 제국주의적 만행, 성장에 따른 관료화 현상 등에 저항했다. 하지만 이런 저항을 주도하면서 서구의 정치와 제도를 급진화하려는 좌파의 시도는 무위로 끝났다(Ross, 1992). 그 결과 노동조합, 경제규제, 복지국가에 적대적인 입장을 취하던 '초자유적'(hyper-liberal) 우파가 주도권을 행사하게 되었다(Cox, 1992). 따라서 자본은 이들의 주도하에 더욱더 초국적 형태를 띠었고, 핵심 신기술의 등장과 더불어 생산의 국제화와 금융세계화는 더욱 속도를 높였던 것이다.

고도금융(high finance)은 자원배분에 강력하게 개입하여 초자유적 글로벌 헤게모니를 형성하는 데 결정적으로 작용했다. 이런 과정은 자본의 생산형태가 자본의 유통형태에 종속되는 것을 일정하게 반영한다. 자본축적의 형태가 생산자본 우위에서 유통자본 우위로 변화함에 따라 자본은 상품화, 개인화, 시장청산을 선호하고 공공복지기금과 단체교섭을 반대하였다. 자본축적은 생산성 증가와 대량소비보다는 회전기간의 단축과 노동비용의 감축을 통해 진행되었다(Harvey, 1989, 10~11장). 동시에 자본의 힘이 증가하면서 시장과 국가 간 영토적 비조응이 나타났다.[7] 그결과 국가를 통한 규제보다 '기업의 신뢰'(business confidence)가 자금흐름의 방향, 금융의 이용 가능성, 미래투자를 결정하였고 그만큼 미래생산, 고용, 조세수입은 거기에 더 의존하게 되었다(Ryner, 1999b, pp. 42~43). 기업전략의 새로운 형태가 노동·자본·국가의 관계를 변화시켰고, 따라서 국민국가가 시장을 조절할 수 있는 능력은 줄어들었다.

금융세계화를 통해 신자유주의적 반혁명을 주도하는 미국은 내외의 적자에도 불구하고 정책의 자율성을 유지했다. 즉 미국은 유로달러시장을 돕는 것을 시작으로 70년대 초에는 자본통제를 반대했고 레이건 집권기간 동안에는 금융자유화에 대한 열정을 적극적으로 추진했다. 이런 신자유주의와 궤를 같이하는 유럽통화동맹 역시 회원국가의 경제정책에 대한 형식적·외적 헌정규율을 강제하고 있지만, 이것이 낳는 사회갈등과 정당성 위기 때문에 장기적으로는 국가에 압력을 가하여 동맹 자체의 내용을 변화시킬 것으로 보인다.

이하에서는 스웨덴모델 자체의 특징과 그를 둘러싼 국제 정치경제 상황을 검토해 본다. 나중에 보겠지만, 스웨덴모델의 위기는 이미 복지국가모델 고유의 '생산성 정치'에서 그 일단을 찾아볼 수 있기 때문이다.[8]

3. 스웨덴 복지국가모델의 특징

수출지향적 성장구조

스웨덴경제의 특징은 소규모 수출지향적 구조를 갖고 있다는 점이다. 수출부문은 전통적으로 국내 원자재에 의존했고, 이것은 국제수지와 밀접하게 연결되어 왔다. 그리고 튼튼한 인간자본을 바탕으로 몇몇 산업 및 기업이 경제를 지배해 왔다. 따라서 스웨덴경제는 대량생산이 세계경제의 수요에 의존하면서 대량소비는 수입품에 의존하는 '탈구된' 포드주의(disarticulated Fordism)였다.

전후 시기 동안 노르딕(Nordic)국가의 수출부문의 구성은 상당히 변화했다(Mjøset, 1987). 스웨덴경제는 자동차와 엔지니어 산업에서 고도로 자본집약적인 구조를 지녔는데, 이는 반가공된 목재와 금속제품 등 단일 품목 위주로 수출하는 덴마크의 그것과 다른 것이었다(Esping-Andersen, 1985a, pp. 227~28). 스웨덴 수출부문은 대부분 소수의 다국적 기업에 의해 사적으로 소유되었고 소유권 또한 고도로 집중되어 있었다. 제조업 생산수단의 94% 정도가 사적으로 소유되었고 총 사적 투자는 57%, 기계류에 대한 사적 투자는 78%에 이르렀다(Himmelstrand, 1991, p. 271). 특히 스웨덴자본의 특징은 기업이 소수의 은행 수중에 있고 그 은행들은 몇몇 가계에 의해 상호 소유되었다는 점이다. 그런데도 국가는 고도로 자본집약적인 프로젝트에 투자재원을 제공하는 중요한 역할을 담당했다. 공공서비스를 직접 제공할 뿐만 아니라 대규모 공공부문을 창출하여 완전고용을 유지한 것도 국가였다.

수출지향적 엔지니어산업이 자본집약적인 만큼 스웨덴은 산업사회 중에서 가장 높은 노동조합 조직률과 고도로 중앙집권적인 조합을 가지고 있다. 그 대표적인 것이 생산직노동자노동조합 중앙조직인 LO(Landsorganisationen)이다. 고용주 역시 스웨덴사용자연합인 SAF(Sveriges arbets-givareföreining)로 잘 조직되어 있었고 매우 중앙집권적이다. 강력한 노동조합과 수출의존성이 결합하여 임금억제가 가능하였는데, 노동조합은 임금억제를 대가로 완전고용과 제도적 복지국가를 얻은 한편으로 고용주들은 안정된 노사관계를 바탕으로 성장주의적 경제정책을 추진할 수 있었다.[9] 또한 LO는 연대임금정책을 통해 지불능력과 상관없이 임금수준이 높은 그룹의 임금을 억제하는 평등주의적 경향을 지향했다. 스웨덴 사회민주당(veriges socialdemocratiska arbetareparti, SAPS)은 누진율이 높은 개인소득세 정책을 통해 고수익부문의 경제성과물을 재분배하는 국가독점적 사회복지를 지향했다.

스웨덴에서 복지국가가 확장되기 위해서는 무엇보다 경제성장이 필수적이었다. 그런데도 거대기업 위주의 경제정책은 재산과 경제적 권력이 소수의 사적 거대주주들에게 집중되는 데 일조했다. 따라서 수출부문 거대기업 위주의 경제성장정책은 사민주의 운동의 평등주의적 이데올로기와 상충하여 그 이념적 정체성의 위기를 초래했다. 뿐만 아니라 거대기업 및 그 소유주의 경제적 권력이 강화되고 의사결정의 선택 폭이 확대되었다.

개량주의적 노동조직

대부분의 노르딕지역은 개량주의적으로 조직된 노동운동의 전통을 갖고 있다. 이것은 경제주의적 노동조직모델에서 나온 것이다. 하지만 노르딕의 노동운동은 강력한 노조의 조직능력과 노동계급의 의식을 하나의 정치세력으로 연결짓는 사민당의 지원능력에 힘입어 정치권력을 성공적으로 획득하였다(Esping-Andersen, 1985b; Korpi, 1983). 여기에서 결정적인 역할을 한 것은 '전국적이고 대중적인' 노동자와 농민 간의 적녹

(red-green)연대였다. 이런 연대가 그 지위를 인식한 자본과 '성장동맹'을 가능케 한 요인이었다(Esping-Andersen, 1985a; Marklund, 1988).

이런 연대가 가능할 수 있었던 것은 스칸디나비아의 후발산업화 때문이었다. 이런 점에서 스칸디나비아의 후발근대화 과정은 부르주아가 일찍이 헤게모니를 장악한 서구와 다를 뿐만 아니라 채찍과 당근의 정치를 구사한 독일과도 구별된다.[10] 즉 스웨덴의 경우 1917년 보통선거권 획득 과정, 그후의 불황 그리고 2차 세계대전 동안의 국민정부 시기에 노동운동이 대중적인 지도력을 행사했다. 이런 점에서 스웨덴 복지국가의 이념은 사회주의 혁명의 이념을 포기하고 선거에서 승리하기 위한 전략의 결과가 아니라 이미 10년대 초반의 노동운동에 뿌리를 두고 있었다(안재흥, 1994). 농민당은 적녹연대의 하위파트너가 되었다.

스웨덴노조들은 적녹연대를 바탕으로 노동시장을 효과적으로 조직하였다(Esping-Andersen, 1985a, pp. 78~90, 99~111). 따라서 고도로 중앙집중화된 LO의 권한은 커졌고, SAF와 중앙단체교섭 및 중앙집권적 협약을 통해 노사간 쟁점사안을 자율적으로 일괄타결함으로써 산업평화와 계급 타협을 유지하였다.[11] LO와 SAF의 조합주의적 의사결정구조는 그후 원만한 경제성장과 완전고용을 달성하는 데 기여했던 것이다. 여기에서 확인할 수 있는 것은 완전고용과 평등을 최우선의 가치로 두었던 스웨덴모델에서 중앙집권적 단체교섭은 완전고용과 가격안정성의 딜레마를 해결하기 위해 만들어진 것이었다는 점이다.

한편 기업의 수익성 수준에 상관없이 동일노동에 동일임금을 보장하는 연대임금정책은 고수익부문과 저수익부문 노동자간 소득격차를 줄이는 데 기여했다. 동시에 연대임금정책은 사양산업의 생산성 향상을 촉구하는 데 기여했다. 뿐만 아니라 퇴출되는 저수익부문 노동자들의 실업발생시 적극적 노동시장정책을 통해 그 비용을 사회 전체로 전가하기도 했지만, 노동자를 보호하는 성격을 갖고 있었다. 이런 점에서 연대임금정

<표 1> 스웨덴모델의 대략적인 특징

목 표	완전고용	평 등
제약조건	가격안정성	효율성
수 단	제한된 일반적 조치와 선별적 노동 시장 정책의 결합	보편적 복지 대규모 공공부문 연대임금정책 ←─ 임노동자기금

책은 평등성을 보장하기 위한 것으로서 중앙집권적 단체교섭과 상호작용하였을 뿐만 아니라 복지정책과도 긴밀히 연계된 것이었다. 이상을 도식화하면 <표 1>과 같다(Meidner, 1993, p. 219).

조절양식

전형적인 포드주의적 조절양식은 국내경제의 총수요의 증가와 안정화에 기초한다. 스웨덴 복지자본주의 역시 어느 정도는 이런 요구를 기능적으로 충족시켜야 했다. 그러나 이에는 중요한 제약요인이 있었다. 경제가 탈구되어 총수요를 수출부문에 의존해야 했기 때문에 스웨덴모델은 국제수지 제약에 특히 민감했다. 이것이 국가의 거시경제정책의 일반적인 운영을 제한했다. 더욱이 적녹연대의 정치적 정당성 때문에 완전고용, 사회적 임금상승, 사회보장, 국내농업 보호와 같은 요구에 부응해야 했다. 따라서 스웨덴의 조절양식은 수출부문의 비교우위뿐만 아니라 세계시장 조건에 대한 신축적인 조정과 일치해야 했다.

스웨덴에서 경제정책의 우선순위는 신속한 기술변화를 토대로 완전고용과 경제성장에 두었다. 재정정책은 어느 정도 경기 역행적(counter-cyclical)이었고 가끔 평가절하에 의해 보완되었다. 그러나 이런 경제정책은 공급조건에 의존해야 했다. 공급정책은 일반적 대책을 뛰어넘어 선별적 조치까지 포함하는 단계로 확장되었다. 예컨대 교육과 직업훈련, 기간시설, 값싼 신용정책, 연구개발을 위한 일반적 대책에서부터 적극적 노동시장정책, 소비자보다는 사업가를 선호하는 신용정책, 선별된 산업에 부여하는 보조금 등 선별적 조치로까지 확장되었다. 특히 금융재원은 소수의 민간은행이 지배하는 국내 신용시장을 통해 주로 배분되었다.

노동운동은 집중화되어 있었지만 노자 양자간 타협구조를 통해 전반적인 경제환경에 통제를 행사했다. 정부는 화폐 및 외환 통제에 대체로 엄격했고 이자율을 낮추면서 완만하게 경기 역행적인 재정정책을 추구했다. 공동결정제도는 이런 재정정책 및 화폐정책과 긴밀하게 연관되어 있었다.[12] 적극적 노동시장정책과 산업정책은 중앙정부의 정책에 속했다. 대량소비는 주로 공공적인 성격을 가졌는데 그 일부는 제도적 복지국가의 조세부문 팽창으로 나타났다.

이런 경제정책들은 경제 전반에 걸쳐 동등한 일에는 동등한 지불이 따라야 한다는 렌-마이드너모델로 윤곽이 드러났다. 이 모델은 평등주의적 임금분배가 경제구조의 합리화와 일치하도록 보장하는 것이었다. 이런 점에서 스웨덴모델은 중앙집중적 노사관계뿐만 아니라, 노조와 사민당의 전통적 유대에 기초하여 평등주의와 연대주의를 기본 이념으로 하는 포괄적 복지제도와 국가규제형 경제체제를 수립하는 복지국가의 개혁적 모델이었다(Pontusson, 1992). 스웨덴의 가능한 사회세력간 갈등은 정당과 노조관계를 통해 복지정책으로 구체화되었는데, 그 핵심은 탈상품화(사회보험과 적극적 노동시장정책)에 있었다.

이상을 도식화하면 〈표 2〉와 같다.

·기본연금(보편적 정률제)
　　　　　　　　　　　　　　　　사회보험
·국민보충연금(소득·임금과 연계)　　　　　탈상품화
·낮은 실업급부, 직업훈련제도　→　노동시장정책

4. 세계화가 스웨덴모델에 미친 영향

70~80년대 조절양식과 경제구조의 전환

70년대 초 유가상승은 수출 위주의 스웨덴 산업구조에 커다란 부담으로 작용했다. 특히 특수강 생산부문 및 제품 주기가 후기에 접어들었던 대기업부문이 심각한 타격을 받았다. 이들 기업은 대개 가격설정자이기보다 가격순응자였기 때문에 더욱 타격을 받았다. 게다가 1974, 77년의 지나친 재정팽창정책은 재정위기를 유발했다.

이런 요인들은 스웨덴 고유의 포드주의에 근거한 경쟁력의 유례 없는 상실을 의미한다. 국제 정치경제의 측면에서 브레턴우즈체제의 붕괴 이후 세계경제의 수요가 감소하면서 스웨덴 수출부문은 구조적 충격에 직면하게 되었다. 이에 스웨덴정부는 축적과 사회적 소비를 연결하는 조치를 취하지 않고, 다만 크로나화의 평가절하와 임금세 조항의 삭제로 사용자에게 이중의 혜택을 부여하는 조치를 취했다. 이를 기반으로 SAF의 주도권은 오랫동안 코포라티즘적인 정책에 불만을 가졌던 소자본가에게 넘어갔다. 1978년 쿠르트 니콜린(Curt Nicolin)이 의장으로 선출되자 SAF는 초자유주의적 성향을 강화했다.

이후 SAF는 중앙교섭을 산업평화의 유지와 전체 임금비용의 틀을 짜는 데 한정함으로써 분권화된 형태의 교섭구조를 선호했다. 더욱이 1976년 집권한 부르주아정부는 연대임금정책을 직접 공격하지는 않았지만 중앙교섭을 주변화하는 데 주력했다. 이런 상황에서 중앙교섭이 사라지고, 산업별 교섭(national bargaining)과 지부별 교섭(local bargaining)이 이를 대체하였다.[13]

그러나 노조의 대반격이 나타나고(1980), 1982년에는 사민당이 재집권에 성공했다. 재집권에 성공한 사민당은 재무장관 펠트(Feldt)의 주도하에 '제3의 길'을 채택했다. 이는 기존 연대임금정책의 '저이윤-저임금-고성장-고인플레-완전고용' 패턴에서 환율인상으로 '고이윤-저임금-고투자-고성장-완전고용' 패턴으로의 정책 자체의 변환을 의미했다. 따라서 산업구조조정을 동반한 성장방식에서 임금비용 우위의 성장방식으로 정책이 바뀌었다. 그러나 스웨덴 산업구조는 점진적으로 활력을 찾지 못하고 대신 생산의 국제화에 따라 기업인수와 관련된 성숙한 산업 및 주요 상품생산자들에 완전히 의존하게 되었다.

실제로 스웨덴기업은 해외 직접투자에 따른 대규모 자본유출 경향을 보였다.[14] 계속된 생산적 자본의 누출 경향은 그에 상응하는 스웨덴으로의 자본유입 없이 해외 직접투자의 가속화로 나타났다. 스웨덴의 해외 직접투자는 70년대에는 1년에 10억 크로나, 80년대 초에는 50억 크로나, 80년대 말에 이르면 800억 크로나로 급증한다(Ryner, 1999b, p. 72). 그 결과 스웨덴경제에는 탈산업화(deindustrialization)와 주변화(peripheralization) 경향이 나타났다. 탈산업화는 국내성장률을 배제하면서 대규모 자본계정의 적자를 초래했고 주변화는 자본축적과 국가조절의 영토적 비조응을 낳았다. 동시에 SAF는 노사정 3자기구에 참여하기보다는 이탈을 촉진하는 전략을 취했다.

한편 사민당은 보다 직접적인 소득정책에 의존하면서 단체교섭을 침해하기 시작했다. 이런 정책은 노조운동을 파편화하는 데 일조하는 결과를 초래했다. 그런데도 여전히 강력한 노동운동의 영향 때문에 초자유적 의제의 범위만을 증가시킨 정부는 노르딕 복지자본주의의 핵심, 즉 노조주의의 일반원칙과 제도적 복지주의의 원칙에 도전할 수는 없었다.

1990~91년의 경제침체는 정부가 노사간 단체교섭에 직접 개입하는 계기였다. 그 목적은 임금인상-물가상승의 악순환을 깨려는 데 있었다. 이를 위해 임금연동제와 임금인상보장 조항이 사라졌고 누진세 조항도 폐지되었다. 결국 정부가 신용 및 화폐 시장의 탈규제화, 소득정책의 포기, 대량실업의 수용을 추진함으로써 스웨덴 고유의 모델은 해체과정의 중심에 서기에 이르렀다. 전후 스웨덴 정치경제에서 임금교섭은 매우 중요했기 때문에 임금교섭의 탈집중화는 노동과 자본의 정점 조직의 권위와 정치적 영향력을 손상시켜 스웨덴 정치경제제도의 전체 지형을 변경시킨 중요한 요인이었다(Swenson and Pontusson, 2000, pp. 80~84). 여기에다가 신용 및 화폐 시장의 탈규제화 조치는 완전고용과 가격안정성에 기반한 중앙집권적 노자간 협약구조를 근본적으로 뒤흔드는 것이었다.

임노동자기금 논쟁[15]

스웨덴경제는 70년대에 심각한 자본축적의 위기를 경험했다. 대중들이 소득정책과 같은 조절메커니즘을 수용한 것은 미래의 번영과 완전고용을 기대한 것이기 때문에 자본축적의 문제는 정당성 문제를 부채질했다. 이에 사민당정부는 LO와의 협력하에 자본의 주도로 산업합리화를 강력하게 추진했다. 더욱이 중앙집권적 노사관계는 각층 노동자들의 의견을 효과적으로 수렴하기에는 부적합했다. 특히 스웨덴 고유의 연대임금정책은 이윤저하로 인한 투자부족 문제를 발생시켰고 이를 보완하기 위해 긴축재정을 통한 예산상의 잉여와 새로운 연금제도로 집단적 투자

재원을 마련하려는 계획이 수립되었다. 마이드너의 임노동자기금안은 투자의 사회화, 자본소유의 집단화에 의해 집단적 투자재원을 마련하려는 구상이었다.

임노동자기금안의 골자는 대체로 수익률이 높은 민간대기업의 이윤 일부를 신규발행주식의 형태로 노동조합이 소유·관리하는 임노동자기금에 매년 의무적으로 적립시킴으로써, 고수익 기업들이 누려온 초과이윤을 임노동자들이 회수하여 장기적으로 노동조합이 민간대기업의 지배주주가 되고 소수 사적 거대주주들에 의한 소유집중을 억제하도록 한다는 것이었다. 또 임노동자기금에 의한 주식소유로 확보되는 기업들의 주주총회에서 표결권과 이사선임권의 일부를 개별기업 수준의 단위노조들에 분여함으로써 중앙집권적 노사관계 때문에 위축되었던 단위노조들의 역할을 강화시킨다는 목표도 갖고 있었다.

1976년 애초의 임노동자기금안은 사민당-노조-사용자단체 3자공공위원회의 산업정책 결정과정과 사민당-노조의 협의를 통한 교섭이 이루어지도록 의도되었다. 그러나 시간이 흐를수록 그것은 사민주의 운동의 평등주의적 이념과 상치되는 방향으로 흘러갔고, 83년 사민당정부가 제출한 임노동자기금 입법안이 의회를 통과한 내용은 당초 LO가 제출한 것과 전혀 상이한 것이었다. SAF는 공공위원회에서 수용될 수 없는 전략을 추구하여(위원회는 1980년 붕괴) 기금사회주의에 반대하고 자유기업을 옹호하는 대규모 캠페인을 벌였다. 여기에 기금에 반대하는 비사회주의 당의 캠페인이 결합되었다.[16] 따라서 사민주의자는 고립되고 다만 노조를 달래는 정도의 상징적인 임노동자기금법안이 83년 의회를 통과했을 뿐이다. LO의 임노동자기금안은 생산수단 소유의 사회화라는 고전적인 사회주의적 기획에 기반한 것이었음에 반해 실제로 입법화된 임노동자기금제도는 기금규모의 미약성과 기금 운영방식의 시장원리 지향성에 기반하였던 것이다.

이미 알려졌듯이 임노동자기금안은 자본주의 사회에서 불가피하게 나타나는 저축과 투자의 괴리, 이자소득 극대화와 임금소득 극대화의 괴리를 해결하고자 하는 방안으로 제출된 것이었다. 특히 임금자제로 고수익 기업으로 이윤이 넘어가 사적 자본에의 자본집중화가 발생하는 것을 막는 동시에 연대임금정책을 보완하려는 계획이었다. 이런 측면에서 보면 임노동자기금안은 논쟁과정에서 나타난 사민주의 진영의 분열과 부르주아 진영의 결속이라는 점에서 그 실패를 찾을 수도 있을 것이다. 즉 그 실패는 사회주의적 이념과 실제적인 제도화(및 세력갈등)의 모순이라는 측면에서 살펴볼 수도 있다.

그러나 무엇보다도 임노동자기금안 자체는 노동자간 상이한 이해, 특히 현직 피고용자와 퇴직자의 갈등을 고려했어야 했다.[17] 동시에 연기금의 장기투자를 가능하게 하는 제도적 기반, 예컨대 국가간 거래세를 도입해서 통화·자본 이동에 따른 불확실성을 제거하는 국제적 연대가 고려되어야 했다. 이런 측면을 충분히 고려하지 못함으로써 임노동자기금안은 사민주의적 진영 내부의 분열을 자초했고, 모든 법적 규제에서 해방된 스웨덴자본의 해외유출 경향을 피할 수 없었다. 결국 자본의 해외유출로 국내고용은 감소했고 완전고용과 가격안정성의 딜레마를 해결하기 위한 중앙단체교섭제도는 심각한 위기에 처하게 되었다.

세계화와 정부정책의 모순

스웨덴모델은 현존하는 글로벌분업의 구조화 과정에서 상대적으로 패배자이다. 그러나 이것이 곧바로 스웨덴경제가 '비효율적'이라는 것을 함축하는 것은 아니다. 스웨덴의 중앙집권적 단체교섭과 공동결정 제도는 새로운 포스트포드주의적 생산제약 내에서 훌륭한 미시경제적 성과를 낳을 수 있는 잠재력을 가지고 있다. 그리고 제도적 복지국가가 경쟁부문을 반드시 '몰아내는'(crowd out) 것도 아니다. 그런데도 스웨덴에서 70년대에 복지국가를 확장하려는 시도와 80년대에 보상적 자유주의(compensatory liberalism)[18]를 통해 복지국가를 제거하려는 시도는 모두 실패했다. 그것은 주로 수출부문의 부적절한 성과 때문이었다. 이런 맥락에서 중요하게 고려해야 할 문제는 1985년의 자본 및 화폐 시장의 탈규제화 조치이다.

1985년 스웨덴정부는 '규준에 기초한' 화폐정책을 채택하여 노조와 사회서비스 분야 종사자 같은 집단적 행위자에게 시장규율을 부과함으로써 인플레이션을 잠재우고자 했다. 중앙은행은 자본시장을 자유화했고 자금조달을 위해 해외에서 더 이상 차입을 하지 않고 국내시장에서 채권을 발행해 차입하겠다고 선언했다. 이것은 국제수지가 마이너스인 상태에서 사적 차입자가 국제자본시장을 통해 해외대부자로부터 차입해야 함을 의미했다. 더욱이 금융기관의 대출총량에 대한 규제가 폐지됨으로써 GDP대비 은행대출은 86년까지는 90% 전후였지만 91~93년에는 140%로 급증했다. 이런 차입은 주로 부동산에 집중투자되었고 이로 인해 부동산을 중심으로 자산가격 상승과 인플레이션 압력이 크게 증가했다(Englund, 1998, pp. 84~86). 따라서 스웨덴의 이자율은 단기투자의 위험에 곧바로 노출되었고 '환율인상 위험'(devaluation risk)이 증가함에 따라 높아졌다. 환율인상 위험으로 스웨덴경제는 과열되는 경향을 보였다.

임금 및 공공예산 교섭과정에서 노조와 사회복지부에 대해 최대한의 시장규율을 행사하는 국가-시장의 경계가 그 조절과정에서 변화했다. 다시 말해 글로벌 금융시장과 단체교섭 간의 영토적 비조응이 증폭되었다.[19] 이런 정책변화는 노조의 탈상품화전략에 대한 정부의지의 실질적인 포기를 의미했다. 예전의 재무부는 노조의 이해를 대변하여 연대임금정책과 일치하는 거시경제정책을 추구했지만 이제는 임금변화에 대한 시장규율을 적극적으로 늘렸다. 그 결과 사민당과 노조 간에 이데올로기적 틈새가 발생했다. 예전에도 긴장은 있었지만 그것은 조절양식의 기능상의 상이한 역할에서 비롯된 것인 반면, 이제는 조절원칙의 전반적인 합의를 둘러싸고 발생했다.

자본의 탈규제화와 이자율에 대한 민감함을 높이고자 한 정부의 전략은 장기적인 평가절하전략에 악영향을 미쳤다.[20] 자본의 탈규제화는 소비를 자극해 경기과열을 부추겼고 따라서 수요견인 인플레이션을 초래했다. 평가절하에 따른 수출부문 수입의 증가와 외국은행 및 주식시장으로부터의 경쟁격화는 스웨덴은행의 '재순환 문제'(recycling problem)를 야기했다. 스웨덴은행의 재순환 문제는 초국적화한 스웨덴기업이 해외은행에서 차입을 늘릴 가능성과 주식자본이 해외 및 스웨덴 주식시장에 의존할 가능성을 높였다. 이에 따라 금융기관들은 신용도 기준을 낮추어 소비 및 부동산투자를 위한 대출을 제공했다.[21] 더욱이 1989년에는 외환시장의 자유화('외환규제법' 철폐)로 인해 부동산투자와 기타 해외자산에 대한 투자가 허용되었다. 그 결과 국제금융시장에서 크로나화의 투매가 초래되어 일본 엔화에 비해 크로나화 가치의 40% 정도가 상실되었다. 92년 경기가 급속하게 후퇴국면에 들어서자 상업용 부동산 가치는 50% 이상 폭락했다. 따라서 금융기관에 대한 채무불이행 사태가 속출했다. 이것이 스웨덴 은행제도의 실질적인 붕괴를 초래했던 것이다.

여기에서 우리는 정부정책의 모순을 보게 된다. 평가절하는 단기적으로 수익을 낳을 것으로 생각되었지만 실제로는 장기투자를 늘리는 생산성 향상과 같은 '동태적 효율성'(dynamic efficiency)을 달성하기 위한 신용제도의 능력을 손상시켰다. 오히려 평가절하로 인해 스웨덴경제가 글로벌 금융제도에 노출됨으로써 투자시계(視界)를 단기화시켰던 것이다.

정부정책의 모순 못지않게 중요한 것은 정책입안자의 의지(commitment)와 시각이다. 스웨덴모델의 위기를 가속화한 1985년 '규준에 기초한' 화폐정책을 추진한 재무부관리들과 중앙은행은 노동운동과 유기적 관련이 전혀 없는 아카데믹한 비당파적 지식인이거나 아니면 오히려 초국적 엘리트의 신자유주의적 통화주의자의 시각을 가진 사람들이었다. 즉 그들은 BIS, IMF, 영국의 정책연구소(Policy Studies Institute), 미국의 경제개발위원회(The Committee of Economic Development) 및 그 스웨덴 파트너인 SNS 등과 동일한 시각을 갖고 있었다(Ryner, 1997, pp. 42~43). 이들은 금융세계화의 추세에 적극 부응해 신용 및 외환 규제완화를 주도하였고, 이 때문에 자본의 해외유출은 두드러지게 증대했던 것이다. 이에 따라 자본의 교섭력은 증대한 반면 LO의 영향력은 약화되어 스웨덴모델을 지탱하던 중앙집권적 단체교섭은 거의 와해되었다.

한편 스웨덴 내에서는 EU에 참여해야 한다는 논의가 한창 벌어진 바 있다. 이는 복지국가에 대한 공세가 강화됨으로써 스웨덴 단독으로 완전고용을 유지하는 것이 점점 어려워진 상황과도 맞물려 있다. 그 결과 1994년 11월 13일 국민투표를 통해 52.3% 대 46.8%의 근소한 차이로 EU참가를 공식결정했다. 그런데도 녹색당과 좌파당, 사민당 내 전통주의자 등 좌파세력들은 2002년 유로체제에 참여하는 것에 대해 크게 반발하고 있다.[22] 반면 사민당 지지자들 중에서는 환율변경을 통해 스웨덴의 경쟁력이 유지되던 시대는 지나갔으며 오히려 단일통화에 참가하는 것이 스웨덴의 신인도를 높이는 데 유리하다고 보는 세력이 점차 강화되고 있다. 정책입안자, 테크노크라트, 중앙은행 정책집행위원회 등이 유로체제에의 조기참여를 주장하고 있고 LO 내에서도 금속노조, 도매부문노조 등 하위노조들은 이에 찬성하고 있는 실정이다(Aylott, 1999, pp. 157~80).

그러나 이처럼 스웨덴 내에서 유로에의 조기참여의 목소리가 커지고 있는 상황은 금융세계화의 추세에 따라 신용 및 외환 규제완화를 주도한 신자유주의 세력의 확대가 아닌가 하는 생각을 갖게 한다. 사실 유로 단일시장의 형성은 정치적·경제적 권리가 높은 제도를 그렇지 못한 쪽으로 하향조정할 가능성이 큰 반면, 자본가의 운신의 폭을 넓히는 쪽으로 생산체계를 변화시킬 것으로 전망되기 때문이다(Streeck and Schmitter, 1991, p. 145). 정부 역시 복지국가의 재정위기와 결합된 예산제약 때문에 단체교섭에서 임금절제를 하는 노조에 보상을 제공하려는 능력을 많은 부분 상실하고 말았다. 이런 상태에서 이미 와해되고 있던 중앙집권적 단체교섭제도와 함께 비록 일부이기는 하지만 노동포용적인 제도적 복지자본주의를 광범하게 지지하던 노동세력의 이탈은 스웨덴모델을 말 그대로 '위기'로 몰아가는 셈이다.

5. 맺음말

스웨덴모델은 전후 세계질서를 전제로 하기 때문에 신자유주의적 세계화가 위기의 핵심으로 자리한다. 그러나 위기는 세계화로 환원될 수 없는 스웨덴 국내의 독특한 요인에서 출발하였다. 즉 중앙단체교섭과 중앙집권적 노사협약을 통해서 생산성 증가와 노동계급의 물질적 풍요 및 복지증진을 함께 모색한 '생산성 정치'는 포드주의 자체가 안고 있는 한계 때문에 위기에 봉착했다. 이에 대한 대응으로 실시된 사회복지개혁은 변화된 경제적 조건 속에서 제대로 기능하지 못했고 70년대 중반에 이르러 자본축적과 조절의 위기로 나타났다. 이런 의미에서 스웨덴의 복지수준을 확장하려는 시도가 실패한 것은 포드주의의 위기와 일치했다.

임노동자기금안은 스웨덴 자본축적의 위기를 해결하려는 것이었다. 그러나 사민당 내의 의견분열과 노동조합간의 이해불일치가 존재한 반면 사용자단체는 보편적 복지국가와 조응하는 자본주의 발전의 중심 역할이었던 조절메커니즘을 무력화시키고 초자유적 기획에 의지함으로써 결국 상징적인 임노동자기금법안이 의회를 통과했을 뿐이다. 따라서 스웨덴 복지국가의 위기는 탈구된 포드주의적 생산시스템 자체와 세계화의 진행에 따른 정부정책의 모순된 행위에서 찾을 수 있다. 이것은 금융자본과 초자유주의의 발흥을 국제적 경제위기의 원인이 아니라 결과로 볼 것을 요구한다.

80년대 초국적 헤게모니와 관련된 중앙은행 및 재무부가 추진한 보상적 자유주의는 좌파의 패배와 복지국가 위기로 인해 강화된 70년대 국제경제 위기의 대응이었다. 그러나 그것은 또 다른 위기로 치달았다. 스웨덴경제의 주변화 경향이 그것이다. 주변화에 따라 스웨덴경제는 글로벌 분업의 상대적 패배자로 자리매김되었기 때문이다. 이런 점에서 복지국가를 제거하려는 초자유주의적 시도가 실패한 것은 북유럽 정치경제를 특징짓는 주변화 경향과 일치했다. 더욱이 EU의 등장과 유럽 거시경제 제도 및 정책에의 참여는 스웨덴모델 고유의 연대임금정책이 활성화되기 어렵게 하였다.

이때 강도 높은 위기로의 이행을 촉구하는 세계화에 대한 대응은 여러 가지로 모색될 수 있을 것이다. 그 대안 가운데 하나로 초국적 은행, 초국적 기업의 의사결정에 상당한 영향을 받는 모든 사람들이 그 결정과정에 참여하는 것이 제시될 수 있다. 그러나 이것은 사실상 불가능할 뿐더러 비현실적이다. 오히려 이들이 후견하는 은행·기업을 일국 내부에서 개선할 수 있는 제도형태들——공동결정제도의 활성화, 연대임금정책, 환경보호부문의 창출 등——을 마련하는 것이 더 현실적일 것이다. 특히 노조주도의 연대임금정책, 단체교섭의 핵심 대상으로서의 노동시간 문제는 대안적 축적전략을 위한 바탕이 된다. 이를 위해 노동운동의 분열을 극복하는 것이 선결과제임은 물론이다. 동시에 안정되고 비투기적인 수요 진작을 보장하는 예컨대 자본거래세의 도입을 위한 지역적 연대는 중요한 의미를 지닌다.[23]

이런 점에서 유럽통화동맹이 의도하는 것처럼 세계화라는 대세를 거부하지 않고 경쟁력을 강화할 수 있는 사회인프라의 확충, 연구개발에 대한 지원, 노동숙련의 향상, 취업기회의 확대 등을 지역적으로 적극 지향하는 것은 21세기 정치경제의 진화에서 중요한 시험대가 될 것이다. 그러나 경쟁력 강화와 세계시장에 대한 초국적 규제는 궁극적으로 양립할 수 없기 때문에 지역적·국민적 경쟁력 강화는 세계화의 한 특징인 불확실성의 증대를 증폭시킬 가능성이 크다. 더욱이 어떤 초국적 조직에 의한 초국적 규제의 강화는 그 자체가 심각한 민주주의의 침식을 수반할 것이다. 새롭게 형성되고 있는 유로체제의 형성이 과거 국민국가 차원의 민주주의가 시장·권력·민족주의와는 다른 차원에서 시민사회와 공론장을 형성하였듯이, 초국적 시민사회를 형성할 수 있다면 그 의미가 전혀 다르겠지만 말이다.

그렇다 하더라도 공동결정제도의 활성화, 연대임금정책의 강화, 노동시간의 단축 및 고용확대, 환경보호부문의 창출, 지역적 격차의 축소 및 지역연대의 강화라는 과제들을 수행하는 핵심 주체는, 그 지위와 역할이 축소되고는 있지만, 여전히 국가일 수밖에 없다. 사회관계는 추상적 자본운동에 의해서가 아니라 오히려 시장 이외의 존재인 국가의 지원하에서 형성되기 때문이다. 이런 점에서 국가는 설사 복합적 실체로서 신화화된 추상물로 보일지라도 개인의 삶을 구성하는 현실적인 힘인 것이다. 전후 연대(solidarity)를 증대시키고 불평등(inequality)을 축소하는 방향으로 사회적 룰을 제도화했던 스웨덴정부가 80년대 신자유주의적 세계화에 보상적 자유주의로 대응함으로써 자신의 위기를 심화시켰던 것은, 역설적으로 국가역할의 중요성을 보여준다.

주

1) 스웨덴모델이라는 용어는 복지국가모델 또는 독특한 노동시장모델로 스웨덴 외부에서는 자주 사용되어 왔지만, 정작 스웨덴사람들 스스로는 그 사회경제적 정책이 다른 서구 복지국가와 근본적으로 다른 것으로 인식하고 있지 않다. 그런 만큼 이들에게 스웨덴사회는 전통적으로 강력한 노동운동의 영향을 상당히 받은 복지국가로 다가온다(Meidner, 1992; 1993). 비교사회학적 연구에 따르면, 과거 스웨덴시민들은 사회복지의 가장 높은 수혜자이면서도 다른 어느 나라의 시민보다도 불평등·정의·계급모순 등의 문제들을 더 많이 느낀다고 한다(Himmelstrand, 1991, p. 273, 282).

2) 스웨덴, 노르웨이, 핀란드에 덴마크를 포함하여 '노르딕' 복지자본주의라고 말하는데, 이를 하나의 단일한 모델로 묘사할 수 있는지에 대해서는 이견이 존재한다. 스웨덴은 노자쌍방의 강력한 중앙집중화된 타협구조를 바탕으로 하는 반면, 노르웨이는 노사정 3자의 타협협조, 특히 상당 정도의 공공소유와 선별적 산업정책을 특징으로 한다. 사민주의가 취약한 덴마크와 핀란드의 경우, 전자는 노르딕모델 중 가장 시장지향적이고 후자는 노동운동이 매우 취약하다. 이런 차이에도 불구하고 이 국가들은 앵글로아메리카형 자본주의에 비해 노동포용적인 성격을 띠고 있다는 점에서 공통점이 많다. 노르딕 복지자본주의의 공통점과 차이점에 대해서는 Stephens(1996, pp. 33~43) 참조.

3) 자본의 금융화가 금융시장의 탈구획화, 탈중개화, 증권화를 초래하여 자본주의의 국민적 다양성이 계속 유지될 수 있을 것인가에 대해 의문을 표하는 논자도 있다(Cerny, 1997, pp. 174~78). 하지만 유동자본의 거대한 금융적 흐름이 전지구적으로 유통되고 있다 하더라도 세계적인 단일이자율이나 단일제품가격은 존재할 수 없기 때문에 전지구적인 단일자본시장은 존재할 수 없고, 따라서 자본주의의 국민적 다양성은 유지될 것이다(de Brunhoff, 1999, p. 50). 이와 같은 대립된 의견이 있지만 현시대를 규정하는 핵심 요인이 세계화, 특히 자본의 '금융화'라는 데는 이견이 없다. 자본의 금융화 현상 때문에 자본이동이 더욱 자유롭게 되면서 이동성이 큰 부유한 납세자들이 이동성이 작은 가난한 사람들의 세금에 무임승차하는 결과가 나타나게 되었다(*The Economist*, 2000. 1. 29).

4) 세계화의 유럽적 현상인 마스트리히트조약 역시 유럽의 기업이 포드주의의 위기에 대응하는 측면을 갖는다(Ryner, 1999a, pp. 96~97).

5) van der Pijl(1998, p. 47)에 따르면, 점차 지배적으로 되는 신자유주의적 경향에서 금융자본이 특히 대표적이라고 말한다.

6) 팍스아메리카나 시대는 미국이 자국의 세계적 지위를 유지하기 위해 화폐를 찍어낸 사실과 긴밀하게 연관된다. 당시 유럽과 일본은 미국공채의 형태로 통화팽창된 달러를 보유함으로써 미국에 차관을 제공했고, 이에 대한 보답으로 미국은 유럽 및 일본의 미국 수출품에 대한 차별정책뿐만 아니라 이들 국가의 적극적인 무역팽창정책을 계속 인정해 주었던 것이다(Gilpin, 1987, p. 193). 이것이 전후 서구사회의 주요한 성장동력이었음은 물론이다.

7) 시장과 국가의 작동간의 영토적 비조응은 화폐정책이나 환율정책 같은 적극적인 국제경제정책을 필요로 하게 되고, 이런 정책메커니즘에 초국적 파워블록의 실질적인 헤게모니전략이 접합된다. 그리고 이런 접합을 응집하는 것은 공적이고 형식적인 포럼(OECD, IMF, BIS, EU 재무장관회의 등)뿐만 아니라 사적이고 비공식적인 포럼(3자위원회, 유럽원탁회의 등)이다(Gill, 1990; van der Pijl, 1998).

8) 복지국가 자체를 어떻게 정의하는가에 따라 달라질 수 있겠지만, 이것은 노동운동이 강한 상태에서 임금관계의 일반화와 노동과정의 합리화가 이루어지면서 그 이면에서는 나

머지 노동의 한계화, 특히 여성의 한계화가 동시적으로 발생하는 과정을 국가가 탈상품
화를 통해 이를 지원하는 체제로 이해한다. 따라서 복지국가는 포드주의에 적합한 형태
였다. 이를 둘러싼 세계시장이 포드주의와 연계되어 있었음은 물론이다.

 9) 물론 안정된 노사관계가 저절로 이루어진 것은 아니었고, 1938년 살쇠바덴협약(Saltsjö-
baden Agreement)이라는 '역사적 절충'의 장기적 효과였다. Korpi(1983, pp. 47~48)는
이를 다음과 같이 특징짓고 있다. 첫째, 경제성장을 창출하는 데 LO와 SAF가 협력하자
는 동의가 이루어졌다. 둘째, 노동운동은 생산결과에 대해 보다 큰 영향을 갖는다. 셋째,
고용주는 생산과정과 투자방향을 통제할 권리를 갖는다.

10) 소규모 개방경제로서 대외균형의 제약하에 물가안정을 절대적 목표로 삼으면서도 완전
고용을 유지한 스웨덴의 보편적 복지제도와 직업훈련을 통한 숙련형성과 중소기업이 결
합한 독일모델의 차이에 대해서는 Pontusson(1997) 참조.

11) 이런 점에서 스웨덴모델을 코포라티즘으로 보는 견해가 있다. 그러나 스웨덴은 국가개입
의 정도가 강한 노사정간 코포라티즘이 아니었고 또한 코포라티즘의 성립을 위해 중요한
엄격한 소득정책도 1982년 사민당 재집권 후에야 제한적으로 실시되었을 뿐이다(김수진,
1992).

12) 스웨덴의 공동결정법에 의한 노동자경영참가에 대해서는 홍성우(1995) 참조.

13) 여기서 지부란 민간부문의 경우 한 기업이나 공장, 공공부문의 경우 정부 기관 또는 부서
를 의미한다. 노동자 수가 적은 기업의 경우 노조클럽을 만들지 못해 여러 기업이 한 노
조클럽을 만들기도 했다. 따라서 민간기업의 경우 임금교섭의 분권화가 크게 진전되었는
데, 일시적으로 공공부문이 더 진전되는 경우도 있었다.

14) 해외판매 및 자산비율로 볼 때 세계에서 가장 높은 10대기업 가운데 스웨덴이 3개(그중
하나는 스웨덴과 스위스의 합작인 ABB), 스위스가 3개, 네덜란드가 1개, 영국이 2개이
다. 스웨덴기업의 해외투자를 유도한 가장 중요한 요소는 시장근접성(market proximity)
이다(Ryner, 1997, p. 48에서 재인용).

15) 이 논쟁에 대한 보다 자세한 내용은 신정완(1998) 참조. 다만 여기서 임노동자기금안을
간략히 다루는 것은 세계화와 관련해서 스웨덴 자본유출의 문제를 충분히 고려했어야 한
다는 점을 강조하기 위해서일 뿐이다.

16) 소기업의 대표와 Wallenberg/SE-Bank(가족소유를 선호한 은행)의 영향하에 있는 기업의
대표들이 SAF의 세력을 장악하고, Handesbanken의 강력한 지원을 받던 구세력들이 주도
권을 잃었다.

17) 따라서 스웨덴모델의 실질적 한계는 글로벌라이제이션, 탈산업사회보다는 블루칼라와 화
이트칼라의 분할, 남성 지배적인 수출부문과 여성 집중적인 서비스부문의 분할과 같은
노동운동 내부의 긴장에서 찾을 수 있다(Mahon, 2000, pp. 49~50).

18) 보상적 자유주의의 특징은 재정절제(fiscal moderation), 통화주의(monetarism), 명시적인
소득정책에 대한 의존증가 등이다. 이것은 시장규준이 사회통합에서 주가 되어야 한다고
보는 점에서 신자유주의적 경향의 변형형태라고 말할 수 있다. 그런데도 시장수용적인
행위가 시장 자체에 의해 보장될 수 없을 때 공공개입을 실용적으로 수용한다는 점에서
'보상적'인 성격을 갖는다. 따라서 보상적 자유주의는 자본의 초국적화가 진행됨에 따라
일국적 맥락에서 점점 모순적인 모습을 띤다.

19) 이것은 집단적 행위자가 일국 내가 아니라 글로벌 수준에서 시장규율에 그대로 노출되어
어쩔 수 없이 그것을 따라야 한다는 점에서 일종의 '신헌정주의'(new constitutionalism)
라고 부른다.

20) 정부당국은 국제적으로 결정된 이자율이 인플레이션에 대처하기 위한 유일한 효과적 수

단이라고 생각하여 탈규제화를 추진했다(Notermans, 1993, pp. 142~43, 145~46). 이런 사고의 바탕에는 탈규제화가 신용시장의 배분상의 효율성을 증대시켜 줄 것이라는 암묵적 전제가 자리잡고 있다. 그러나 이런 전제는 검증되기 어려운 신화일 뿐더러 스웨덴모델의 위기를 더 심화시킨 신자유주의적 처방——렌-마이드너모델과 첨예하게 대립——에 불과한 것이었다. 반면 일찍이 LO는 인플레이션에 대처하기 위해 완만한 환율인상과 집단적 저축 및 투자의 증대를 제시했다.
21) 80년대 말 당시 금융기관 총대출금의 절반 정도는 건설과 부동산 시장으로 흘러갔고, 그 결과 대도시지역의 부동산가격은 연 25% 정도 상승했다(한국금융연구원 국제금융팀, 1997).
22) 스웨덴의 경우 22명을 뽑는 1995년 9월 유럽의회 선거에서 전체 투표율은 41.3%로 역대 최저였는데, 반EU 성향의 녹색당과 좌파당의 지지율은 각각 17.2%, 12.9%였다. 여기에 다가 28.1%를 얻은 사민당의 일부 반EU 성향의 의원을 합하면 스웨덴의 반EU 성향은 적은 편이 아니다. 최근의 연구결과에 따르면 유럽 대부분의 국가와 달리 스웨덴은 EU에 속할 '대의'가 없고, 또한 스웨덴 사민주의 이데올로기는 대부분의 유럽 사민주의보다 초국적 통합이라는 개념에 덜 부합한다고 한다(Aylott, 1999, pp. 182~83).
23) 변동환율이라는 무체제의 불안정성이 지속되고 정책조정이 불가능한 것으로 입증된다면, 외부교란으로부터 자국을 보호하려는 국가 또는 블록 들의 유일한 대안은 국제적 자본과 통화 운동에 대한 국가적 또는 지역적 통제이다(Gilpin, 1987, p. 231).

제2부 독일의 사회민주적 자본주의

독일 자본주의의 제도적 기초와 동요

전 창 환[*]

1. 머리말

앵글로아메리카형 자본주의와 함께 전후 선진자본주의의 양대 축을 구성하였던 라인형 자본주의는 80~90년대 미국에서의 신자유주의적 금융세계화와 유럽통화동맹의 결성 등을 계기로 심대한 변화를 겪고 있다. 이 과정에서 대륙유럽의 라인형 자본주의는 90년대 미국의 거시경제적 선순환과는 대조적으로 장기침체와 대량실업이라는 깊은 수렁에서 헤어나지 못하는 듯했다. 2000년 들어 독일을 중심으로 유럽경제가 회생기미를 보이고 있지만 아직 본궤도에 오르지 못한 것으로 보인다.

사실 21세기 라인형 자본주의[1]의 미래는 알베르가 지적한 바와 같이 유로화의 출범과 유럽의 정치통합에 상당 정도 의존한다. 그러나 유로체제와 유럽정치통합의 전망이 불투명하고 불확정적이어서 라인형 자본주의의 장래를 내다보기에는 많은 제약이 따른다. 라인형 자본주의의 전망

---

* 한신대학교 국제경제학과 교수

과 관련하여 무엇보다 중요한 것은 라인형 자본주의가 앵글로아메리카
형 자본주의와 어떤 다른 제도적 틀에 기초하고 있는지를 명확히 하는
것이다. 또한 미국이 70~80년대 신자유주의적 금융화와 구조조정과정
을 거치는 동안 라인형 자본주의는 어떤 다른 진화와 발전 과정을 겪었
는지를 주목해야 한다. 과연 라인형 자본주의가 앵글로아메리카형 신자
유주의로 흡수·동화될 것인지 그렇지 않으면 사민주의의 쇄신을 통해
새로운 유럽사회모델로 거듭날 수 있을지가 21세기 초 초미의 관심사가
아닐 수 없다. 이 글은 사민주의적 자본주의와 라인형 자본주의 모델을
대표한다고 해도 과언이 아닌 독일을 중심으로 위에서 제기한 문제들을
차례로 해명하고자 한다.

2. 라인형 자본주의의 성격

라인형 자본주의의 제도적 기초

라인형 자본주의는 기본적으로 미국주도의 전후 국제경제질서에 비헤
게모니적으로 삽입되어 진화해 왔다. 라인형 모델은 기본적으로 주주주
권(주주가치의 극대화) 모델과 소유개인주의에 기반한 새로운 앵글로아
메리카형과 구분되거니와 자본주의 황금기의 미국 자본주의(금융규제하
의 포드주의적 경영자자본주의)와도 구분된다. 독일의 사회적 시장경제
모델 혹은 합의모델은 자유주의와 사회민주주의·사회기독교주의(social
catholicism), 전통주의와 근대주의(자유주의와 사회주의), 노동과 자본
의 복잡한 역사적 타협의 산물이다(Streeck & Yamamura, 1996, p. 9). 이 합
의모델은 제도적 토대로서 산별노조와 직장평의회(Betriebsrat)라는 이원
적 노사관계,[2] 미국과는 상이한 형태의 금융통제 내지 관리된 금융시스

템을 기반으로 하고 있다.

자본주의 황금기의 유럽 사민주의적 자본주의를 특징짓는 두 가지 제도형태인 임금교섭구조(계약에 기초한 명목임금결정-소득형성방식)와 금융시스템 내지 통화체제(monetary regime) 중에서 역시 전자가 우위에 있었다. 통화체제는 임노동관계의 내적 모순과 갈등을 사후적으로 완화시켜 주는 역할을 하였다. 국민적 수준에서 명목임금 결정이 갖는 중요성을 중시하여 일부 논자들은 이런 체제를 국민적 노동본위제라고 부른다(Boyer, 1992, pp. 7~14).

우선 독일의 이원적 노사관계는 산별 수준의 노동조합-단체교섭-노동협약의 노사관계제도[3]와 직장 수준의 직장평의회-직장협정(Betriebsvereinbarung) 시스템-노사협의제가 공존하여 상호 긴밀한 연계관계가 유지되었다. 산별노조는 산업별로 노동협약(Tarifvertrag)을 체결하는데, 이 협약이 노동조건의 형성 및 노사관계의 제1수단이며 동일노동에서의 최저노동조건을 설정한다. 산별단체교섭은 직종간, 지역간, 숙련수준간의 임금격차를 줄이는 데 크게 기여함으로써(Mahnkopf, 1999, p. 154) 독일 연대임금정책의 핵심 기제의 역할을 해왔다. 이를 통해 저임노동이 사라지고 기업에 혁신이 강제될 수 있었다.

그러나 산별임금교섭에서 정해지는 것은 동일노동에서의 최저노동조건이기 때문에, 개별직장들간의 경영실적의 차이가 개별 기업이나 작업장의 구체적 임금에 반영되지 못할 수가 있다. 독일에서는 이런 문제에 대처할 수 있도록 종업원 5인 이상 기업에 직장평의회를 둘 수 있다. 직장 수준에서의 노동조건 결정과 노사협의를 담당하는 노동자측의 당사자인 직장평의회는 노동조건의 결정 및 인사·경영 사항에 관한 공동결정권을 포함한 참가권을 보장받으며, 직장단위의 대부분의 노동조건은 직장평의회가 공동결정권을 행사하여 사용자와 체결하는 직장협정의 규정을 받는다. 따라서 직장평의회는 산별단체교섭의 보완기제인 동시에 경영참가를 넘어 실질적이고 구체적인 노동조건을 결정하는 제도적 장치이다.

1952년 직장평의회가 법제화되었을 때는 노조가 직장평의회에 대해 적대적이었지만 60년대 이후부터 노조의 인식이 달라지기 시작하였다. 노조는 직장평의회가 집중화된 단체교섭과 노조의 여타 목표를 뒷받침하는 공장 수준에서 중요한 안전판을 제공할 수 있다는 사실을 알게 되었다. 그리하여 독일의 노조와 직장평의회는 미시적 수준의 경제행위자들과 거시적 수준의 정책결정자들의 상호작용을 원활하게 하는 중간매개로서 큰 역할을 하였다. 여기에 공적·준(準)공적 연합(association)들이 가세하여 기업·산업·지역·중앙 수준들간에 발생할 수 있는 이해관계의 마찰과 갈등이 조정될 수 있었다(Streeck, 1997).

공동결정제는 직장 수준에 그치지 않고 회사 수준의 감독이사회(Auf-sichtsrat)[4]에서도 관철된다. 직장 수준에서 노동자의 공동결정 주체는 직장평의회이지만, 회사 수준에서는 감독이사회의 종업원대표이다. 이 점에서 독일의 공동결정제도는 이원적이라 할 수 있다. 양자 모두 사용자와 종업원의 상호신뢰에 근거하여 협조주의적 기업문화를 창출하는 데 중요한 역할을 해왔다. 5인 이하 소규모기업의 경우에는 공동결정제가 적용되지 않지만 그외 기업들에는 적용된다. 두 가지 다 갖춘 기업도 있고 둘 중 하나만 갖춘 경우도 있다. 이처럼 독일에서는 단일한 법적 기반 위에 매우 차별화된 공동결정제도가 제도화되어 있음을 알 수 있다. 최근 공동결정제를 약화시키려는 시도가 일고 있지만, 이 제도의 순기능을 최대한 살리려면 산별 수준의 단체교섭과 공동결정 간의 역할분담을 균형적으로 유지할 필요가 있다.

이원적 노사관계와 공동결정제 같은 독일의 사회경제적 토대는 독일의 혁신시스템을 유지하는 데 필요한 기본적인 인프라로 작용하였다.[5] 물론 독일의 혁신시스템에서 중심을 이루는 것은 고부가가치·고품질

생산을 담당하는 양질의 숙련노동자를 대량 배출하는 직업훈련제도
(Teague, 1997, pp. 77~78)이지만, 이 제도 역시 이원적 노사관계와 공동결
정제라는 제도적 기반 없이는 확립되기 어려웠을 것이다. 이외에도 도제
제도의 위계에서 최상위를 차지하려는 노동자들의 노력, 훈련기간 동안
에는 저임금을 수용할 뿐 아니라 미래의 보수를 위해 초기에는 숙련 수
준보다 낮은 임금을 감수하는 노동자들의 자세 등도 독일의 직업훈련제
도를 이해하는 데 간과해서는 안 될 요소들이다.

　독일의 이원적 노사관계 및 공동결정제와 함께 전후 독일식 포드주의
의 개화에 크게 기여했던 제도적 토대로서 독일의 관리된 금융시스템의
특징을 주목할 필요가 있다. 독일의 금융시스템은 미국의 금융시스템과
달리 기본적으로 겸업은행체제[6]이기 때문에 업무영역에 대한 규제가 상
대적으로 미약하다. 뿐만 아니라 금리규제도 미국에 비해 느슨하여 미국
의 레귤레이션Q와 같은 금리규제가 없었으며 은행이자율에 대한 규제는
1967년에 이미 철폐되었다(R. H. Schmidt, 1999). 그러나 주식시장과 자본
시장의 발전은 미국에 비해 지체되어 있었다.

　미국과 독일 모두 관리된 금융시스템하에서 은행간 과점적 경쟁이 지
배적이었지만, 금융규제가 상대적으로 미약한 독일의 경우 과점적 경쟁
체제에서도 금융기관간 경쟁압력이 훨씬 더 강했다(Edward & Fischer,
1994, pp. 241~43). 외부자금조달이 제한되어 있었던 독일의 대기업들은
제한된 범위 내에서 여러 금융기관을 경쟁시켰고, 은행간 경쟁격화로 특
정 은행에 대한 차입비율이 높지 않아 대기업에 대한 특정 은행의 개입
여지도 협소한 편이었다. 이런 측면에서 독일의 거대은행(은행자본 내지
금융자본)이 대기업(산업자본)을 지배한다는 통상적 견해는 분명 과장
된 것이다. 생산적 기업과 은행의 장기지속적 금융관계도 이런 경쟁하에
서 존재하였던 것이다.[7] 독일 금융시스템을 특징짓는 주거래은행(Haus-
bank)제도는 20세기 초에 가장 광범위하게 보급되었을 뿐, 전후에는 그

렇게 일반적이지 않았다. 그리고 주거래은행제라 하더라도 산업과 은행의 관계는 기업규모, 산업부문, 지역에 따라 매우 다양하였다.[8] 최근 들어 주거래은행제는 중소기업을 중심으로 일부 남아 있는 정도이다.

자금조달과 기업통제에서도 은행의 역할은 통상적으로 알려져 있는 것보다 크지 않은 것으로 나타났다. 1970~89년에 법인기업은 대부분의 자금을 내부유보이윤과 연금충당금으로부터 조달하고 그 다음이 은행대출이고 주식과 채권을 통한 자금조달비중은 매우 낮은 것으로 나타났다. 독일의 자금흐름에 대한 코베트와 젠킨슨의 경험연구에 따르면, 1970년 이후 독일기업의 내부자금 이용도가 계속 상승하여 85~89년에는 순금융의 90%가 내부수익으로부터 조성되었다.[9] 요컨대 기업과의 거래관계 면에서 볼 때, 독일의 은행역할은 통상적으로 알려진 것보다 미미하며 특히 일본의 주거래은행(main bank)에 비하면 그러하다(Edward & Fischer, 1994; 田中一弘, 1999, 61~65쪽).

전후 20~30년 동안 기업경영자의 경영활동에 대한 감시·감독자로서 독일의 은행이 다른 나라 은행들보다 상대적으로 큰 역할을 할 수 있었던 것은 기탁의결권대리행사제도와 감독이사회제도 같은 제도적 기반이 튼튼했기 때문이다. 그럼에도 불구하고 금융기관간 경쟁이 치열해, 전후 자본주의의 황금기 동안 독일기업의 경영자들은 상대적으로 강한 자율성을 가졌으며, 미국의 자본시장 규율이 본격적으로 침투하기 전인 90년대 초까지는 경영자의 권한이 훨씬 더 강해 은행들이 사실상 경영자의 과도한 권력을 견제하기는커녕 오히려 경영자에 포획되는 경우가 비일비재했다.

전후 독일의 수평적 겸업은행체제의 공고화와 겸업은행체제하에서 금융기관간 경쟁을 촉발하는 데 결정적인 역할을 한 것은 바로 슈파르카센(Sparkassen)이라는 저축은행이다. 슈파르카센은 미국의 저축대부조합과 유사한 역할을 담당함으로써 가계저축을 증대하는 데 크게 기여하였으며, 전통적 상업은행의 경쟁자로서 그리고 그 자체가 겸업은행으로서 독일의 금융시스템에서 매우 중요한 역할을 해왔다. 독일의 거대 상업은행들이 주로 수출주도 대기업의 자금조달을 담당하는 데 비해, 슈파르카센은 주로 자영업자, 중소기업 등 내수관련 기업의 융자를 전담하였다. 1998년 현재 비은행으로부터의 예금의 시장점유율이 상업은행 22.5%, 저축은행인 슈파르카센 30.0%, 신용협동조합 19.1%로, 슈파르카센의 비중이 매우 높음을 알 수 있다(Deutsche Bundesbank, 2000).

슈파르카센의 업무는 미국의 저축대부조합과 달리 가계예금과 저당(mortgage)에만 한정되지 않고 3대 민간상업은행이 담당한 업무를 거의 모두 수행했다. 70년대에 이르면 슈파르카센간의 주별 중앙결제기관인 주립은행(Landesbank)이 3대 상업은행에 비견될 정도였다. 1998년 독일 20대 금융기관에 13개의 주립은행이 들었던 데서도 이들 기관의 비중이 얼마나 큰지 단적으로 확인할 수 있다. 이 주립은행은 주나 지방자치단체가 소유하여 주정부의 중앙은행과 같은 역할을 수행하였다. 따라서 슈파르카센은 주정부와 긴밀한 관계를 유지하면서도 지방 중앙은행에 막강한 영향력을 행사할 수 있었다. 슈파르카센과 그들의 주된 고객인 중산계급은 분데스방크를 브레턴우즈체제하에서 과소평가된 마르크화 가치를 유지하는 전통적 방향에서 국내 안정화를 위한 체제로 전환하게 하는 데 결정적으로 기여하였다. 요컨대 통화주의의 가장 강력한 옹호자는 독일의 겸업은행인 거대 상업은행이 아니라 슈파르카센이었다(Johnson, 1998, p. 11).

독일식 관리된 금융시스템의 또 다른 중요한 특징으로 주식시장의 미발달에 관심을 돌려보면, 그 원인을 크게 세 가지 차원에서 접근할 수 있다. 첫째, 독일은 미국보다 소유집중이 훨씬 심할 뿐만 아니라 상호주식보유(cross-holding)도 더 광범위하게 보급되어 있어 개인·가족·기업·은행 등의 거대 지배주주(blockholder)가 강하게 존재하고 있다는 점이다. 그러나 거대 지배주주로서 은행의 중요성은 상대적으로 크지 않다.[10] 등록된 법인기업의 주식보유비율을 국제적으로 비교해 보면, 독일 은행의 주식보유비율이 미국보다 높지만 일본보다는 훨씬 낮다. 또한 연기금의 주식보유비율이 매우 낮으며 개인의 주식보유비율도 미국보다 크게 낮고 일본보다도 낮다(Jackson, 1997, pp. 8~10, 56~57).

둘째, 지역 수준에서 출발한 증권거래소가 주로 자기규제적인 연합회 내지 위원회에 의해 통제됨에 따라 투자자에 대한 보호가 상대적으로 허술한 점도 주식시장 발전의 제약요인이었다(Lütz, 2000). 이는 금융세계화 하에서 독일 주식시장 모델이 헤게모니 모델이 되지 못하는 요인이기도 하다. 최근 독일은 이를 만회하기 위해 외부자에게 신뢰를 주지 못하는 자기규제적 모델을 개혁하기 시작하였다. 주식시장에 대한 통일적 규제기관과 투자자보호를 위한 규제체계를 정비하는 과정에서 연방정부의 권한이 대폭 강화되고 있다.[11]

독일에서 주식시장이 발달하지 못한 또 다른 요인으로 주목할 것은 기업측에서 주식발행을 통한 자금조달의 필요성이 상대적으로 낮았다는 점이다. 이는 독일기업 특유의 자금조달방식과 관련이 있다. 사실 중소기업은 은행차입이 지배적이지만, 거대기업의 경우에는 연금충당금에서 자금을 쉽게 조달할 수 있었기 때문에 주식이나 채권 발행을 통해 자금을 조달할 필요를 별로 느끼지 못했다(Bundesbank, 1999, pp. 34~37).

이 점은 거대기업 연금체제의 특유한 성격과 관련이 있다. 독일의 경우 사적 연금체제(기업연금)가 미국과 영국에 비해 발달하지 못했으며 그나마 미미하게 존재하는 사적 연금체제의 재정방식이 적립(funding) 방식이 아니라 부과(pay-as-you-go)방식으로 운영되고 있다(Emmons & Schmid, 1998; 조영철, 1999a). 부과방식의 사적 연금체제하에서 독일기업의 사용자들은 종업원연금에 대한 갹출금을 분리된 연기금에 불입하지 않고 해당 기업의 대차대조표에 표시함으로써 현재의 갹출금으로 현재 연

174

금급부를 지급하도록 되어 있다. 그 결과 이 대차대조표에 표시된 연금 적립금이 기업의 장기자금의 조달원천으로 활용됨으로써 거대기업의 금융유연성을 높이는 데 큰 역할을 할 수 있었다.[12] 또 이는 거대기업의 금융상의 자율성과 적응력을 높이는 데도 유리하게 작용하였다. 이외에도 부과방식의 사적 연금체제하에서는 연금가입자의 계정을 충당하기 위한 금융자산, 특히 장기금융자산에 대한 수요가 줄어듦으로써 장기금융시장 자체가 위축될 수밖에 없고 그 결과 주식을 포함한 자본시장의 발달이 상대적으로 지체된다.

세계은행의 연금제도개혁안(World Bank, 1994)대로 부과방식의 공적 연금체제가 축소되고 그 대신 적립형의 사적 연금체제, 특히 확정갹출형 사적 연금체제가 확대될 경우, 독일식 기업지배구조뿐 아니라 기업금융구조도 크게 변하지 않을 수 없다. 즉 적립형 연금체제로의 전환이 자본(주식)시장을 기반으로 한 기업 지배구조와 금융방식을 활성화시킬 것이다(Davis, 1998). 더욱이 연금제도개혁은 기존의 재분배적 복지국가체제의 개편과 리스크자본의 제공을 위한 인프라구축(Guellec, 2000, pp. 28~29)과도 관련이 있기 때문에 향후 사민주의적 자본주의의 쇄신에서 매우 중요한 의미를 갖게 될 것이다.

이원적 노사관계와 공동결정제 그리고 독일 특유의 금융시스템은 라인형 자본주의 모델의 핵심 요소라고 해도 과언이 아닌 기업지배구조에도 그대로 반영된다. 이미 앞에서 지적한 바와 같이, 포드주의는 라인형이든 앵글로아메리카형이든 경영자자본주의의 변종인데, 80년대 이후 미국에서는 자본시장에 대한 규제완화로 주주의 발언력에 대한 제한이 급격히 완화되기 시작하였다. 이와 동시에 적대적인 합병인수에 의한 경영권교체 위협, 소액투자자와 일부 기관투자가들의 월가 룰, 최근 일부 공적 연기금 등의 기업지배구조에의 적극적 참여 등과 같은 방식으로 경영자의 전횡이 규율되어 왔다. 문제는 앵글로아메리카형 연기금체제에서 연기금의 기업지배구조에의 참여방식이 주주가치 극대화에 기초하여 신자유주의를 철저하게 강요하고 있다는 점이다. 또한 연기금을 포함한 기관투자가들의 기업지배구조에의 개입은 가계의 금융화(저축의 기관화)와 금융의 증권화 그리고 금융화된 축적체제의 출현과 맞물려 자산적 개인주의(individualisme patrimoniale)를 극도로 강화할 것으로 보여 (Orléan, 1999, p. 235) 사회적 합의와 연대의 재구축에도 큰 제약요인으로 작용할 것이다.

이에 비해 라인형 기업지배구조[13]는 겸업은행과 공동결정제를 통한 이해당사자, 특히 종업원들의 내부통제가 기업지배구조에서 핵심 역할을 하는 일종의 사회적 합의모델이다. 그리고 이것이 법적으로 제도화되어 있어 독일기업을 헌정적 기업(Constitutional Enterprise)으로 이해하기도 한다. 즉 독일의 기업지배구조에서 핵심적 두 축인 겸업은행과 공동결정제의 역할이 법적으로 명시되어 있다는 것이다. 이에 따라 주주가치의 극대화 원리가 관철되기보다는 이해당사자들의 이해관계가 우선적으로 고려됨으로써, 기업에서 생산된 부가가치가 주주에게 높은 배당으로 분배되는 것이 아니라 임금이나 사회급여, 직업안정성 형태로 노동자에게 환원되는 경향이 강하다.

라인형 기업지배구조가 기업의 다양한 이해당사자들의 이해를 반영하는 사회적 합의모델이라는 점에서 영미형 기업지배구조보다 우월한 부분이 있다는 사실을 부정하기 어렵다. 즉 종업원들이 감독이사회를 통해 기업지배구조에 일정한 발언을 행사함으로써 자신들의 이해를 기업의 주요 의사결정에 최대한 반영하고자 하였다. 그러나 이들의 발언에는 몇 가지 한계가 있다.

첫째, 공동결정제하의 감독이사회에서 자본측의 대표들이 노동측 대표들의 발언과 권한이 강해지는 것을 우려하여 자세한 기업경영정보를 감독이사회에 제공하기는커녕 정보유입을 차단하는 경향이 있어 감독이사회의 감시·감독 기능이 실제로는 매우 취약하다는 점이다. 또 이는 독일 거대기업의 소유분산과 기업공개를 지연시키고 자본측 대표와 경영자의 담합을 조장하기도 하는데, 이로 인해 독일에서도 경영자의 대리인 비용이 커질 수밖에 없었다. 주식시장이 제대로 발전되어 있지 않고 이 사회가 기업경영을 충실히 감시·감독하지 못하는 상황에서, 거대 지배주주가 경영자와 비공식적으로 만나 기업경영을 점검하는 사태가 자주 발생하였다(Roe, 1999, pp. 202~203).

둘째, 감독이사회의 종업원대표의 발언이 조직노동자 중심의 이해를 대변함으로써 비조직노동자, 여성노동자, 이민노동자 등의 이해를 포괄적으로 반영하지 못한다는 점이다. 산별노조가 임금격차를 줄이기 위해 많은 노력을 하였지만 그 역시 조직노동자의 이해에 충실할 수밖에 없었다. 산별노조는 특히 성별 임금격차를 시정하는 데 대단히 미온적이었다(Mahnkopf, 1999, p. 154). 그 결과 기존의 라인형 기업지배구조는 다양한 노동자층의 사회적 연대와 응집을 강화하는 데는 한계를 드러냈다.

라인형 자본주의의 특징을 이해하기 위해서, 대내적 제도형태 이외에도 전후 미국 헤게모니=군사적·화폐적 헤게모니하에서의 세계경제와의 결합방식도 간과해서는 안 될 중요한 요소이다. 우선 라인형 자본주의는 미국에 비해 대외무역이 성장체제에서 차지하는 비중이 훨씬 높다. 대외무역을 지향하는 소수의 수출주도적 자본 내지 부문이 라인형 자본주의의 성장체제를 이끌어가는 주도세력이라고 해도 과언이 아니다.[14] 숙련수준에 비해 상대적으로 임금이 억제되어(wage-restraint) 내수중심의 성장체제를 지탱하기에는 역부족이었으며[15] 그나마 제도화된 복지국가를 통해 국내 수요부족을 만회할 수 있었다. 물론 이 제도화된 복지국가는 제한된 범위 내에서 노동력의 탈상품화를 유지하면서, 사민주의의 핵심 이념인 사회적 형평 내지 평등을 사회적으로 확산할 수 있었다.

대외무역이 라인형 자본주의의 거시적 성장체제를 유지하는 데 대단히 중요한 이상, 가격경쟁력과 비가격경쟁력을 동시에 추구하지 않을 수 없었다. 임금자제와 분데스방크의 엄격한 물가관리는 가격경쟁력을 유지하는 데 결정적인 요소였으며, 독일식 직업훈련제도 및 숙련형성구조는 비가격경쟁력(고품질생산)을 높이는 데 크게 기여하였다. 이런 상태에서 독일의 거시적 성장체제의 최대 제약요소는 달러/마르크화 환율안정과 국제수지균형의 유지라는 비대칭적 조정부담을 부과하는 고정환율의 달러본위제였다.

고정환율의 달러본위제는 미국과 유럽 선진국들간의 비대칭성, 특히 고정환율제 유지와 국제수지조정에서의 비대칭성에 의거해서만 제대로 작동할 수 있었기 때문에, 국제수지와 환율 조정부담이 모두 서유럽국가들에 전가될 수밖에 없었다. 국제수지와 환율 조정에서의 이러한 비대칭성은 유럽의 국민경제정책의 자율성을 크게 제약함으로써 70년대에 구조적 위기를 극복하기 위한 대안모색을 더욱 어렵게 하였다. 브레턴우즈체제의 붕괴 이후 스미소니언협정에 따라 브레턴우즈체제하에서보다 더 넓은 변동폭을 가진 고정환율제가 잠시 유지되었으나 1973년 독일이 이 고정환율제마저 거부함으로써 전후 고정환율의 달러본위제는 완전히 붕괴하고 말았다. 미국은 국제통화체제 개혁을 위한 20개국 위원회에서 뒤늦게 대칭성과 조정 가능한 페그제(adjustable peg)를 특징으로 하는 국제통화체제를 제안하였으나, 독일이 정면으로 거부하면서 환율안정을 위한 국제적 합의도출은 물거품이 되었다. 대신 독일은 유럽 역내국가들간의 환율안정에 더 역점을 두면서 유럽통화동맹을 추진하는 방향으로 나아갔다.

사회적 시장경제,[16] 질서자유주의 그리고 화폐질서

독일의 관리된 금융시스템이 미국의 그것과 확연하게 다른 제도로 정착될 수 있었던 데는 독일 질서자유주의론의 화폐질서 관념이 결정적인 역할을 하였다(Dehay, 1995a; 1995b; Aglietta & Cartelier, 1998). 이미 앞에서도 간단히 지적한 것처럼, 50~60년대 독일의 포드주의하에서는 이원적 노사관계를 중심으로 한 임노동관계가 화폐질서, 좁게는 금융시스템보다 우위에 있었기 때문에 통화체제의 순수하고 고유한 본질이 전면화되지 못했다. 그러나 브레턴우즈체제의 붕괴 이후 유럽에서 기존의 국민적 노동본위제가 유럽통화본위제로 이행함에 따라(Boyer, 1992, pp. 7~14), 화폐질서 내지 화폐체제가 자본주의 시장경제의 작동에서 압도적으로 중요해졌다. 이제 화폐제약을 중심으로 한 화폐체제가 유럽 자본주의에서 핵심적 우위를 차지하는 제도가 되며 이에 따라 기존의 임노동관계의 변화도 화폐체제의 변화에 종속된다.

유럽의 화폐질서는 상당 정도 독일 화폐질서의 규정을 받기 때문에 독일의 화폐질서에 대한 이해는 독일모델뿐 아니라 새로운 유럽 화폐질서하의 유럽 자본주의를 이해하는 데도 매우 중요하다. 독일의 화폐질서는 화폐가치의 안정성에 대한 절대적 우위 부여와 중앙은행의 독립성이라는 두 가지 기본 특징으로 정의할 수 있는데, 여기서 중요한 것은 이런 규범이 독일 질서자유주의론의 화폐질서 관념에서 유래했다는 점이다.

독일의 질서자유주의론과 이에 기초한 화폐질서 관념을 이해하기 위해서는 우선 질서자유주의와 구자유주의의 관계를 정확히 파악할 필요가 있다. 오이켄의 질서자유주의론은 구자유주의에 대한 비판에서부터 출발한다. 오이켄에 따르면, 자연상태의 절대적 자유를 최고목표로 삼는 구자유주의하에서는 필연적으로 사적 권력이 등장할 수밖에 없고 그 결과 일반적 이해 내지 일반의지가 사적 권력의 특수이해에 의해 침해되는 상황이 종종 발생한다. 그리하여 독점이 발생하고 자유로운 경제질서(경쟁질서)가 훼손된다는 것이다. 오이켄이 지향하는 것은 개인의 자유와 함께 일반적 이해 내지 일반의지가 동시에 확립될 수 있게 하는 원리이

다. 즉 오이켄은 자유, 평등, 정의라는 보편적 가치에 따라 일반의지를
체화할 수 있는 질서를 어떻게 확립할 수 있을 것인가에 대해 집중적으
로 관심을 기울였다.

　질서자유주의론의 질서에서 핵심은 경쟁질서이며 이는 법치국가의 질
서정책에 의해 구성된다. 여기서 법치국가의 질서정책의 핵심은 자유로
운 경제질서의 틀을 제도화하는 것이다(Salley, 1996, pp. 248~50). 그리고
질서정책을 위해 화폐의 안정성, 자유로운 시장접근, 사적 소유, 계약의
자유 등으로 구성되는 헌정적 원리(konstituierende Prizipien)와 경쟁정
책을 핵심으로 하는 규제적 원리(regulierende Prizipien)가 제시된다. 요
컨대 질서자유주의론에서 경쟁질서의 창출은 기본적으로 정치적인 것이
기 때문에 이들은 이를 위한 법적·제도적 틀을 마련하는 데 주로 관심
을 기울였다.

　질서자유주의론에서 경쟁질서에 못지않게 중요한 구성요소가 화폐질
서이다. 오이켄은 화폐질서에 의해 화폐의 일정한 안정성이 보장되지 않
는 한, 경쟁질서를 실현하려는 모든 시도는 헛수고가 된다(Eucken, 1952,
p. 421. 인용은 한국어판)고 강조한 바 있다. 그렇다면 어떤 이유에서 화폐
질서가 질서자유주의론의 중심 구조에서 결정적인 요소(Dehay, 1995b, p.
36)가 되는 것일까?

　질서자유주의자들에 따르면 화폐는 모두에게 받아들여지는 교환수단
인 동시에 부채청산의 수단이다.[17] 화폐의 본질은 물질적 가치가 아니라
기능적 가치에 있으며, 화폐로 유통될 수 있는지 여부는 신뢰에 의존한
다. 이 신뢰가 물질적 요소에 의존할 수도 있지만 법적 보장에 기초할
수 있다. 오이켄의 화폐조직관에서 특징적인 것은 신용분배와 화폐의 창
출이 서로 다른 원리에 지배된다고 보는 데 있다. 즉 경쟁하는 사적 기관
만이 위험부담을 제대로 파악할 수 있기 때문에 신용배분은 철저하게 시
장원리에 기초하여 경쟁하는 은행에 의해 이루어져야 한다. 반면 화폐는

자유경쟁에 의해 지배되어야 하는 것이 아니라 국가의 관할 아래 있어야 한다. 즉 국가가 화폐에 대해 책임을 지도록 되어 있다.

만약 경제불안정과 인플레가 발생한다면, 그것은 화폐관리가 특정 이해집단에 맡겨지거나 이에 영향을 받는 정치당국에 의해 이루어지기 때문이다. 따라서 화폐가치의 안정성을 확립하려면 화폐적 특권이 국가에 귀속되는 동시에 그것이 일반이해를 유지하는 방식으로 활용될 것을 헌정 차원에서 보장할 필요가 있다. 화폐질서는 경제질서에 필수적일 뿐아니라 경제헌정과 긴밀하게 통합되어야 한다는 것이다. 요컨대 질서자유주의론은 화폐질서가 일반이해를 추구하는 원리에 근거할 것을 요구한다. 구체적으로 질서자유주의자들은 사법권력의 모델에 기초하여 화폐권력을 조직화함으로써 이를 행정부권력으로부터 독립시키고자 한다. 이렇게 볼 때, 독일의 화폐질서가 근거하고 있는 최고원리는 정치적 자유주의의 토대인 시민적 원리라 하겠다(Dehay, 1995a, p. 52).

이들이 화폐질서에 정치적 자유주의의 토대인 시민적 원리를 각인시키려고 하는 것은 모든 헌정이 소유권을 보호하지만 어떤 헌정도 화폐보유자의 소유권 문제를 제기하지 않기 때문이다. 사실 화폐가치의 급격한 변동은 소유권의 불안정성을 불러일으키기 때문에 사법부가 정치권력으로부터 독립되어야 하는 것처럼 화폐 또한 정치권력과 분리되어야 한다. 그리고 정치권력에는 경제정책의 책임성을, 중앙은행에는 화폐정책의 책임성을 부과할 필요가 있는데 책임성을 부여하려면 그에 상응하는 독립성을 부여해야 한다. 화폐정책을 담당하는 중앙은행의 독립성과 책임성이 확고해지면 화폐정책이 정치세력들간의 대립으로부터 자유로워짐으로써 시민의 소유권이 더 한층 강력하게 보호될 수 있다는 것이다.

오이켄의 질서자유주의론은 하이에크의 자생적 질서 관념과 구분되며, 또 시장과 사회보호의 조화와 균형을 중시하는 밀러-아르막의 사회적 시장경제론과도 구분되는 것 같다. 왜냐하면 전자가 경쟁정책 이외에는 일체의 국가경제정책을 거부하는 데 비해 후자는 국가의 사회정책뿐 아니라 시장과정에의 개입까지도 일부 인정하기 때문이다. 사실 질서자유주의론에서는 질서정책만 중시될 뿐 사회정책이라는 관념이 매우 희박하다(Salley, 1996, p. 241). 일부 질서자유주의자들, 즉 뢰프케와 뤼스토우는 사회적(Sozial)이라는 것에 나름의 의미를 부여하지만 흔히 사용되는 의미의 '사회적'이라는 것과는 그 의미를 달리하는 것으로 보인다. 이들은 이 사회적이라는 것의 의미를 법의 지배, 자유시장경제하의 광범위한 유기적 전체의 일부로 이해할 뿐, 재분배적 장치 나아가 국가의 시장과정에의 개입정책으로 이해하지 않는다.[18] 전후 에어하르트가 사회적 시장경제정책을 실시할 때 염두에 두었던 것도 바로 이 측면이다. 뢰프케, 뤼스토우, 에르하르트는 사회적 응집이 재분배정책을 포함한 광범위한 사회정책으로 보장되기보다 가족, 교회, 지방자치단체 등 공동체의 전통과 관습에서 자생적으로 출현하는 것으로 보고 궁극적으로는 자조, 자기책임, 공민적 성향에 의해 가능한 것으로 받아들인다.[19] 최근 슈뢰더의 독일사민당이 복지국가의 쇄신, 사실상 재분배적 복지지출의 삭감의 명분으로 개인의 자조와 자기책임의 마비 및 위축 운운하는 것도 따지고 보면 넓게는 사회적 시장경제론, 좁게는 질서자유주의의 초기이념으로 회귀하는 것으로 이해할 수 있다(Paraïso, 2000, p. 129).

질서자유주의론은 국가에 의한 법질서와 화폐질서의 확립을 통해 개인의 자유 및 일반이해를 보장할 수 있다고 보는 점에서 확실히 19세기말의 구자유주의와 구분된다. 오이켄이 자신의 질서자유주의론을 신자유주의로 명명했던 것도 이런 점을 염두에 두었던 것으로 보인다. 드에가 질서자유주의를 경제에서의 정치적 자유주의(political liberalism)에 정확히 대응하는 것으로 규정한 것(Dehay, 1995a, p. 51)도 같은 맥락에서 이해될 수 있을 것이다.

질서자유주의론과 사회적 시장경제론의 차이를 명확히 하는 것은 20

세기 말 글로벌 신자유주의와 유럽판 신자유주의를 이해하는 데 매우 중요하다. 왜냐하면 유럽에서 신자유주의의 출현은 다름아니라 질서자유주의론과 이에 기초한 화폐질서 관념이 자립화해서 전유럽 질서를 좌우하는 핵심 이념이 되었음을 의미하기 때문이다.

그럼에도 불구하고 최근 신자유주의 개념의 내포와 외연을 둘러싸고 개념적으로 몇 가지 혼동이 계속되고 있다. 오이켄의 질서자유주의론을 20세기 말~21세기 초 신자유주의의 중요한 한 흐름으로 이해하려는 시도는 그다지 새로울 것이 없으며 어떻게 보면 지극히 당연할 수 있다. 그러나 사회적 시장경제론, 특히 사회정책과 시장과정에의 국가개입을 주장하는 사회적 시장경제론을 신자유주의로 치부할 수는 없다. 20세기 말의 영미형 신자유주의는 김성구의 지적대로 과거의 자유주의와 별 다를 바가 없지만 엄격히 말하면 경제적 자유주의의 부활이다.

초민족적 헤게모니 블록을 설정하여 20세기 말 글로벌 신자유주의를 이 초민족적 헤게모니 블록의 헤게모니 프로젝트로 이해하는 네오그람시주의자들도 글로벌 신자유주의를 영미형의 초자유주의와 대륙유럽의 신헌정주의[20] 내지 보상적 자유주의(compensatory liberalism)의 모순적 통일체로 파악하는데, 후자의 이념적 뿌리는 독일의 질서자유주의론에 맞닿아 있는 것으로 생각된다. 보상적 자유주의는 시장규율을 사회통합의 핵심이라고 보는 점에서 신자유주의와 맥을 같이하지만, 시장순응적 행동이 시장 그 자체에 의해 확립되지 않을 때 국가가 개입하여 노조, 사용자단체, 관료 등 주요 경제주체들을 가능한 한 시장과 경쟁규율에 노출되도록 한다는 점에서 보상적이다(Ryner, 1999b, pp. 40~48). 보상적 자유주의는 기본적으로 중앙은행, 재무부 등 테크노크라트 중심의 정책담론으로 등장하였지만 대중 수준에서 복지국가의 관념과 전통이 여전히 강하게 남아 있기 때문에 신자유주의에 대한 대중적 동의를 이끌어내는 데는 초자유주의보다 미약하다. 그러나 보상적 자유주의는 마스트리히트조약과 암스테르담조약 그리고 유럽중앙은행을 중심으로 한 유럽통화동맹의 출범 등을 계기로 유럽 전체로 확산되고 있다.

독일의 화폐질서와 제도화된 통화주의

독일의 화폐질서에서 핵심적 위치에 있는 분데스방크는 2차대전 이후 연합국주도의 점령정책 아래서 통화개혁을 담당하기 위해 잠정적으로 설치된 란데스방크[21]를 대신하여 등장한 독일의 중앙은행이다. 1949년 독일기본법(헌법) 88조에 따르면 란데스방크는 잠정기관으로 되어 있었으며, 점령이 종료되면 분데스방크를 설립하기로 하였다. 57년 7월 26일 독일연방은행법이 제정되면서 과도기의 란데스방크체제가 해체되고 분데스방크가 설립되었다.

독일의 분데스방크는 중앙은행위원회(Zentralbankrat)와 이사회(Direktorium), 주중앙은행이사회로 구성된다. 중앙은행위원회가 분데스방크의 최고의사결정기관이며 이사회는 중앙은행위원회의 결정들을 집행하는 기관이다. 중앙은행위원회는 총재, 부총재, 이사(6명 이내)로 구성되는 이사회 구성원들과 주중앙은행 총재(9명)로 구성된다. 주중앙은행이사회는 주중앙은행 총재 9명과 1∼2명의 이사로 구성된다. 동서독 통일 이후 1992년 3월 독일 분데스방크법이 개정되었는데(제4차 개정), 여기서 주중앙은행 수는 16개(서독 11개 주, 동독 5개 주)로 증가한 것이 아니라 9개로 감소하여 현재에 이르고 있다. 이사회 참가자 수도 독일연방은행 총재와 부총재를 제외한 이사의 수가 8명 이내에서 6명 이내로 줄어 총 8명이 되었다. 그 결과 중앙은행위원회의 위원 수도 종래의 21명 이내에서 17명 이내로 줄었다.

분데스방크는 독일의 정부로부터 상당히 독립되어 있는데 그것은 분데스방크의 주요 인사를 결정하는 데서도 드러난다. 총재, 부총재, 이사

184

회의 이사는 연방정부의 추천에 의해 대통령이 임명하고 주중앙은행 총재는 연방상원(Bundesrat)의 추천으로 연방대통령이 임명한다. 또 주중앙은행의 총재는 사실상 각 지역주의 대표이고 연방정부로부터 상대적으로 독립되어 있다. 이런 점에서 독일정부는 중앙은행의 핵심 인사 다수의 임명을 통제할 수 없다. 또 분데스방크는 의회에 설명책임이 없으며 통상 14일마다 개최되는 중앙은행위원회의 의사록은 위원회의 위원들과 정부관리에게 전달되지만 30년간 공개하지 못하게 되어 있다. 이는 설명책임과 공시의무(투명성)가 법적으로 부과되어 있는 미국연방준비은행의 제도 및 절차와 확실하게 대비된다. 이 점은 분데스방크의 강한 독립성의 한 측면이기도 하지만, 한편으로는 민주주의 결여의 한 측면으로도 지적된다.

분데스방크의 독립성과 관련하여 주목해야 할 것은 분데스방크는 금융통화정책, 재할인율, 최저준비율 결정, 공개시장조작에 대해 권한과 책임을 질 뿐,[22] 은행(금융)감독은 재무부 직속기구인 연방은행감독국이 담당한다는 점이다. 이 밖에 환율결정에 대해서도 분데스방크는 관여하지 않는다. 연방정부 대표는 중앙은행위원회에 출석할 권리와 제안권만 가질 뿐, 의결권이 없다. 연방정부가 가지고 있던 중앙은행위원회의 의결연기청구권도 최근 법개정을 통해 삭제되었다.

그럼에도 불구하고 분데스방크는 교조적이고 경직되어 있다기보다 실용주의를 상당히 내포하고(Dehay, 1995a, pp. 52~53) 있다. 분데스방크의 명시적 권한 밖에 있는 경제정책 방향에 대해 분데스방크와 정부 간에 이견이 생길 경우, 분데스방크는 여론을 통해 정부에 영향을 미치기도 한다(Duckenfield, 1999, pp. 104~106). 그리고 의제나 정책목표는 설정할 수 없지만, 정부의 정책결정을 유도하고 제한할 수 있다. 하지만 유럽중앙은행의 등장으로 분데스방크의 공식적 영향력이 제한되고 통화정책에 대한 권한이 유럽중앙은행으로 이전됨에 따라, 기존의 분데스방크의 비공식적 힘도 약화되었다.

흔히 분데스방크는 화폐가치의 안정성(물가안정)을 가장 성공적으로 달성한 중앙은행으로 알려져 있는데, 물가안정만을 배타적 목표로 삼아 통화량(M3)의 증가를 준칙에 따라 관리하고 엄격한 화폐 룰을 부과하는 이른바 통화주의를 채택한 것은 1974년이다. 사실 전후에 분데스방크가 설립된 뒤로 통화주의를 채택하기까지는 많은 시간이 걸렸다. 분데스방크가 통화주의를 채택하기 전까지만 해도 성장과 고용을 중시하는 성장 원리, 케인스주의적 색채가 상당 정도 남아 있었다.[23] 그러나 60년대 말~70년대 초 노조의 임금상승 압력과 70년대 초의 유가상승에 따른 인플레 압력을 계기로 당시 분데스방크의 부총재 에밍거가 통화목표관리정책(monetary targeting)을 채택하면서 본격적으로 통화주의를 수용하였다.

분데스방크의 통화주의는 대처와 레이건 시대의 순수한 통화주의와 크게 다른,[24] 실용주의적 통화주의 내지 제도화된 통화주의이다(Streeck, 1994, pp. 122~32). 우선 70년대 분데스방크가 인플레 억제에 성공할 수 있었던 데는 산별노조에 의한 임금자제, 포괄적 임금교섭에 힘입은 바가 크다. 따라서 산별임금교섭제도 그리고 이의 두 당사자인 산별노조와 사용자단체의 준(準)공적 연합이라는 제도적 장치를 빼놓고는 분데스방크의 성과를 논할 수 없다. 게다가 앞에서 말한 슈파르카센 같은 저축은행의 중요성이 매우 큰 독일의 경쟁적 금융시스템도 통화주의를 금융제도 차원에서 뒷받침했다.

둘째, 영국과 미국의 통화주의가 화폐적 엄격성과 변동환율제를 채택한 데 비해, 독일의 통화주의는 화폐적 엄격성과 함께 EMS를 중심으로 한 준고정환율제로 나아갔다는 점을 주목할 필요가 있다. 이것은 70년대 말 대륙유럽의 통화주의와 영미의 통화주의의 결정적인 차이 중의 하나였다. 어떻게 보면 50년대 중반부터 프리드만이 줄기차게 주장해 온 통화주의와 변동환율제로의 선회라는 대안을 대처와 레이건하의 통화주의가 가장 순수하게 따랐다고 할 수 있겠다. 독일이 영미처럼 변동환율제로 나가기 어려웠던 것은 독일사회가 평가변경에 따른 마르크화의 신뢰성 약화를 용인할 수 없었기 때문이다. 또한 환율이 불안정해져 단체교섭에서 환율변화에 대한 예상, 기대인플레율 등이 고려되면 안정적인 임금타협을 이끌어내기가 더욱 어려워지고 따라서 독일 전체의 사회적 합의구조가 심각하게 교란될 수 있다는 우려도 크게 작용한 것으로 보인다. 이념적으로는 화폐가치의 안정성 이외의 여타의 경제적 목적을 위해 평가절하를 해서는 안 된다고 보고 엄격한 고정환율제의 룰을 절대시하는 질서자유주의의 화폐질서 관념이 독일의 이런 선택을 강하게 규정하였다(Bernholz, 1989, p. 208).

끝으로, 분데스방크의 통화주의와 그것의 전유럽으로의 확산과정은 미국에서 통화주의가 1979년 볼커의 대반격으로 전격적으로 도입되었다가 이어 80년대 초에 사라지는 단명의 운명과는 확실히 대조적이다. 이것은 그만큼 독일의 통화주의가 사회에 착근되어(embedded) 있음을 보여준다. 나아가 오랜 기간 인플레율이 안정되어 있어서 양의 실질이자율이 유지될 수 있었고, 그 결과 금융자본·자산계급·지대추구자 들의 저항이 사전에 완화될 수 있었다는 것을 보여준다.

3. 금융세계화와 라인형 자본주의의 동요

통화주의의 확산과 라인형 자본주의의 동요

독일 포드주의의 황금기는 사회적 시장경제의 사회적 측면과 질서자유주의론의 화폐질서(좁게는 통화주의)의 공존 내지 동거로 특징지을

수 있다. 양자가 공존할 수 있었던 것은 기본적으로 수출부문의 고부가
가치 생산능력과 이에 기반한 국제분업상의 유리한 지위 때문이다. 아데
나워-에어하르트 체제에서는 미국의 생산방식과 소비양식이 독일에 유
입·전파되는 시기로, 높은 임금증가가 사회지출 증대와 양립할 수 있었
다. 60년대 브란트-슐러 체제에서는 온건 케인스주의가 득세하여 독일
에서는 상대적으로 영향력이 약했던 케인스주의가 큰 힘을 발휘하였는
데, 이 시기에 독일은 국제경제의 수요확장에 힘입어 고도성장을 달성하
였다. 전체적으로 독일의 전후 타협은 70~80년대까지 안정적으로 유지
되었다. 그렇다면 다른 사민주의 국가에 비해 독일의 사민주의적 타협구
조가 오래 지속될 수 있었던 요인은 어디에 있는가?

　독일 자본주의의 이런 측면은, 60년대 말~70년대 초 인플레 압력에
심각한 취약성을 드러내고 또 금융자본 및 금융이해세력들이 포드주의
적 타협과 경영자의 강력한 자율성에 크게 도전했던 미국의 경험과는 확
실히 구분된다. 즉 1979년 통화주의의 반격으로 앵글로아메리카형 자본
주의에서는 신자유주의적 공세가 본격화되어 급격한 정책선회가 이루어
졌지만 70년대 중·후반 미국에서 시작된 금리생활자, 지대생활자, 금융
자본 특히 상업은행들의 저항과 공세가 독일에서는 큰 문제가 되지 않았
다.[25] 그 결과 경영자의 자율성에 대한 도전과 공세가 90년대 초까지도
현실화되지 못했다. 실제 1982년 콜의 연정체제(기민당, 기독교사회당
등)는 신자유주의로 급선회할 수 없었다. 이는 연정체제 내에서 이해관
계를 달리하는 세력들간의 힘의 균형이 유지되었음을 의미한다. 80년대
연정체제가 특정한 방향으로 정책기조의 응집성을 이끌어낼 수 없었던
것도 바로 이 때문이다.[26]

　이처럼 미국과 달리 독일에서 금리생활자, 자산계층, 금융자본 등이 포
드주의-경영자자본주의에 커다란 위협이 되지 못했던 것은 전세계적으
로 인플레 압력이 가장 심했던 70년대에도 독일에서는 양의 실질이자율

이 유지되고 90년대 초반까지도 예대금리 차가 안정적으로 유지될 수 있었기 때문이다. 확실히 이런 측면은 70년대의 미국과 70~80년대 스웨덴의 음의 실질이자율 구조와 대비된다. 독일에서 이것이 가능했던 것은 미국보다 상대적으로 경쟁적인 은행시스템과 분데스방크를 중심으로 한 견고한 화폐질서 때문이다.[27] 그리고 인플레 압력에 체질적으로 거부반응을 보이는 분데스방크와 단체교섭을 주도하는 핵심 산별노조 간의 사전적 대화와 조정도 낮은 인플레율과 양의 실질이자율 유지에 크게 기여했다는 점(Franzese & Hall, 2000, pp. 180~83)이 간과되어서는 안 된다.

그러나 80년대 이후 독일모델은 여러 가지 측면에서 동요의 징후를 보이기 시작한다. 단체교섭의 분권화와 사회적 타협기반의 약화, 통화주의의 확산에 따른 성장률의 둔화, 장기침체의 지속과 대량실업의 만연, 거대기업들의 해외 현지생산의 확대 등 전성기 독일모델의 정치경제적 성과와는 판이한 양상이 나타나고 있다. 독일모델의 이런 동요는 기본적으로 사회적 시장경제의 사회적 측면과 질서자유주의의 화폐질서 관념 간의 긴장과 갈등이 본격화된 데서 유래한다. 특히 80년대 이후에도 통화주의가 오랜 기간 독일 및 전유럽을 지배하면서 양자간의 긴장과 고조는 극에 달했다. 게다가 90년대 초·중반 이후에, 경쟁력 강화 일변도의 경쟁국가적 개입방식과 주주가치 극대화 및 금융유동성을 핵심 원리로 하는 금융세계화가 통화주의를 대체하여 독일에 확산되면서 전후 황금기 독일모델은 커다란 동요와 도전에 직면하게 되었다.

우선 통화주의의 채택 이후 발생하기 시작한 단체교섭의 분권화 경향부터 살펴보면, 70년대 중반 스태그플레이션하에서 노조는 분데스방크의 비타협적인 물가안정성 추구 노력을 현실적 제약으로 받아들였다. 이제 노조도 이런 제약 아래서 단체교섭전략을 구사할 수밖에 없었다. 독일의 노조가 통화주의의 제약하에서 실업문제를 해결하기 위해 선택한 전략이 바로 노동시간 단축이었다. 노동시간 단축으로 부분적으로 대량실업사태를 저지할 수 있었지만 단체교섭의 분권화라는 반대급부를 치러야만 했다. 노동시간 단축협상에서 직장평의회의 중요성이 커지고 산별 단체교섭의 구속력이 현저히 약화됨에 따라 단체교섭의 분권화 경향이 나타나기 시작했던 것이다. 실제 산별노조도 직장평의회가 직장이기주의에 매몰될 가능성을 크게 우려하였다(O'Sullivan, 1998b, p. 29). 게다가 경영자들이 생산의 재배치 압력을 통해 직장평의회로부터 더 많은 양보를 얻어내고자 하면서 노동자의 교섭력은 더 약화되었다(Flecker & Schulten, 1999, p. 107). 더욱이 노동시간 단축으로 그나마 숨통이 트였던 고용사정은 90년대의 화폐적 엄격성과 저인플레율 규준이 마스트리히트 수렴조건에 삽입되면서 더욱 열악해졌다.

이런 열악한 조건에서 산별노조는 조직노동자의 임금 및 노동 조건을 유지하는 데 급급했다. 그 결과 산별노조와 사민당은 전체 노동자의 포괄적 이해를 담아내기에는 역부족일 수밖에 없었다. 90년대 초반 전체적으로 사민주의가 약화되고 좌파의 정치적 진출도 상대적으로 부진했다(Padgett & Paterson, 1994, pp. 102~29). 그 대신 환경운동, 평화운동, 여성운동 등 새로운 차원의 운동이 형성되었고 이 신사회운동과 노동운동의 결합이라는 새로운 과제가 제기되었다(住澤博紀, 1999, 38~39쪽).

70년대 중·후반 독일이 화폐적 엄격성을 강조하는 실용주의적 통화주의를 전면에 내세우면서 인플레 억제에 일정한 성공을 거두자 유럽의 다른 국가들도 이를 따르기 시작하였다.[28] 그러나 이들 국가는 독일의 화폐질서를 뒷받침할 만한 제도적 기반을 갖추지 못한 상태에서 독일의 통화주의를 맹목적으로 수용함에 따라 심각한 딜레마에 빠졌다. 실업과 장기침체가 예상외로 오래 지속되고 인플레가 진정되었음에도 불구하고 통화주의가 오랜 기간 동안 유럽을 지배하였다. 독일의 실용주의적 통화주의가 유럽 전체로 퍼져나가면서 유럽대륙 전체가 보상적 자유주의, 규율적 신자유주의의 덫에 걸리고 말았다(McNamara, 1999, p. 466).

90년대 중반까지 유럽 전체에 경기침체가 장기화되고 미국도 세계시장을 대상으로 공세적 통상정책을 강화함에 따라, 해외시장에 크게 의존하는 독일의 거시적 성장체제에 거시적 선순환으로의 반전을 위한 돌파구가 좀처럼 주어지지 않았다. 게다가 통독 이후 실업의 증대로 이전지출이 급증하여 재정적자가 커졌지만 통화주의가 지배하는 상태에서는 재정규율이 강제될 수밖에 없었다. 1996년 콜정부가 극심한 실업 속에서도 긴축을 강요하자 노동자들은 이에 격렬하게 저항하였다. 적녹연합에 기초한 중도좌파 연립정부가 집권할 수 있었던 데는 이런 열악한 경제적 조건이 깔려 있었다.

금융세계화와 라인형 자본주의의 미래

21세기 라인형 자본주의의 미래에 대해서는 극단적인 낙관론에서부터 극단적인 비관론에 이르기까지 다양한 스펙트럼이 존재한다. 극단적인 낙관주의에 서 있는 하딩은 라인형 자본주의를 뒷받침하는 제도들의 기초가 여전히 튼튼하며 거시경제적 성과도 매우 양호할 것이라는 전망을 내린다(Harding, 1999, pp. 66~88). 하딩에 따르면, 네트워크가 시장보다 더 중요해지는 세계화 속에서 네트워크에 의한 조정으로 특징지어지는 독일의 사회적 시장경제가 위기에 처할 하등의 이유가 없고 오히려 네트워크 조정에 기초한 신속한 적응력을 무기로 독일이 세계화에서 국민적 경쟁우위를 더욱 공고히 할 수 있다는 것이다. 이런 인식과 전망이 전혀 틀린 것은 아니지만 문제는 과연 라인형 자본주의의 제도적 기반들이 21세기 금융세계화하에서도 그대로 유지·존속될 수 있는가이다. 안타깝게도 그의 인식에서 이에 대한 해답의 실마리를 찾기란 쉽지 않아 보인다. 왜냐하면 그는 세계화를 네트워크와 기업이 국제적 자원배분 기제로서 시장보다 더 중요해지는 것으로만 이해할 뿐, 세계화의 금융적 차원

(주주가치 극대화, 시스템 리스크의 고조, 금융유동성의 심화)을 전혀 안 중에 두지 않기 때문이다. 뿐만 아니라 그는 세계화에 따른 민주주의의 공동화 내지 결여라는 측면도 별로 주목하지 않는다.

라인형 자본주의에 대해 객관적이고 균형 잡힌 전망을 내리기 위해서는 라인형 자본주의를 뒷받침하는 여러 가지 제도들이 금융세계화로 어떤 진화와 변용을 겪을 것인지를 정확히 짚을 수 있어야 한다. 특히 이 중에서도 노사관계와 금융시스템, 기업-은행관계, 유럽통화동맹이 결정적으로 중요한 지점인 것으로 보인다.

독일모델의 핵심을 독일의 노사관계에서 찾는 일부 논자들은 독일모델의 동요를 신자유주의 세력의 노조에 대한 공세와 단체교섭의 분권화에서 찾는다.[29] 사실 현재 독일의 노사관계모델이 무차별적이고 규제되지 않은 분권화 내지 유연화로 치닫고 있다기보다 아직까지는 규제된 유연성과 중앙에서 통제·조정된 분권화의 틀을 유지하고 있는 것으로 보인다(Tüselmann & Heise, 2000, pp. 169~74). 단체교섭의 분권화와 관련하여 우리가 주목해야 할 것은 독일의 노사관계의 포괄범위가 이전보다 더 협소해지고 있다는 점이다. 이는 거대기업의 남성중심의 조직노동자 이해에 갇혀 임노동자의 전체적 이해를 포괄하지 못했던 기존 사민주의적 노사관계의 고유한 한계 내지 결함(Demirovic, 1997, pp. 130~31)이 전혀 극복되지 못한 데 그 원인이 있다.

금융세계화와 함께 전세계적인 차원에서 관심을 끌고 있는 연금제도 개편이 독일에서도 예외일 수 없다면, 향후 독일 사민주의자들이 집중적으로 관심을 기울여야 할 부분은 다름아니라 신자유주의자들이 주도하는 연금제도개편에 어떤 대안으로 대항할 것인가인 것 같다. 극단적으로 독일의 연금제도가 세계은행이 권고하는 방식이나 앵글로아메리카형과 유사한 방식으로 개편될 경우, 노동자계급의 세대간 갈등이 더욱 첨예화되어 노동자 전체의 포괄적 이해를 담아내기가 어려워질 수밖에 없다.

문제는 독일 사민주의 세력들이 신자유주의적 연금제도개편, 자본축적의 금융화와 주주가치 극대화를 핵심 내용으로 하는 금융세계화를 전면적으로 거부하기 어렵다는 데 있다. 왜냐하면 유럽 내 신자유주의 세력, 신중상주의 세력, 사민주의 세력 등 다양한 세력의 복잡한 타협으로 추진된 유럽통화동맹 프로젝트 내에 이런 금융화의 요소들이 그대로 포함되어 있기 때문이다.

90년대 이후 독일에서는 자본시장진흥법에 따라 증권거래소법이 개정되면서 주식소득에 대한 이중과세 완화, 자본이득에 대한 과세철폐(2001년 실시 예정), 기업투명성 강화, 자사주매입 상각 및 스톡옵션 도입, 은행의 기탁주 의결권의 권리행사 제한 등의 주주권한 강화 조치, 미국의 NASDAQ시장에 상당하는 신시장(Neuer Markt)의 개설(1997) 등 주식거래 활성화 조치가 크게 강화되고 있다.

신자유주의적 금융화가 유럽의 자본시장통합으로 더욱 강화되면서 독일의 민간상업은행들도 증권화를 통한 수익확보에 관심을 돌리기 시작하였다. 거대은행들은 은행경영진에게 은행의 보유지분 가치를 높일 것을 요구하는 투자가들의 압력을 무시할 수 없었다. 이에 따라 거대 상업은행들은 증권화에 커다란 걸림돌이었던 높은 자본이득세를 회피하기 위해 국내기업에 대한 보유지분을 줄이는 방향으로 대처하였다. 결국 주식투자가들의 요구와 거대 상업은행의 수익확보전략 때문에 자본이득세가 철폐될 지경에 이르렀다.

독일의 민간상업은행이 21세기 새로운 금융환경에 적극적으로 대처하기 위해 합병·제휴 등을 추진함에 따라 기존의 유럽 겸업은행모델은 새롭게 재편될 수밖에 없을 것이다. 이들은 기존의 소매금융(retail banking)에서 벗어나 부유한 고객을 대상으로 하는 개인금융, 자산관리업무 특히 투자은행업무 같은 고수익 업무를 지향할 것으로 보인다. 이 과정에서 민간상업은행의 탈금융중개화 추세가 더 강해질 것으로 예상된다

(Lütz, 2000, pp. 15~17).

거대 상업은행과 달리 저축은행과 신용협동조합의 경우 연방정부와 주정부가 이들 금융기관에 보조금까지 제공하면서 강력하게 보호하고 있기 때문에 이들 금융기관은 집중화와 민영화 과정을 크게 겪지 않고 있다. 그 대신 금융화와 증권화에서 서로 우위를 차지하려는 경쟁과정에서 3대 금융기관간의 경쟁과 알력이 갈수록 격화될 조짐이다. 최근 민간 상업은행과 이들 연합은 지방은행과 저축은행 등에 대한 연방정부와 주정부의 보조금지급이 유럽의 보조금지급 금지원칙을 위반하는 것이라면서 유럽집행위원회에 제소하기에 이르렀다. 유럽집행위원회도 이런 제소를 받아들여 지급된 보조금을 환불할 것을 명령하였지만, 보조금을 받은 주은행이나 보조금을 지불한 북부라인웨스트팔렌 주정부 모두 보조금 환불을 거부하고 있어 좀처럼 갈등이 해결될 기미를 보이지 않고 있다. 이 사례는 독일 민간상업은행들이 유럽 및 세계 시장의 경쟁에서 자신들에게 가해지고 있는 불리한 여건에 대해 얼마나 민감하게 반응하는지를 단적으로 보여준다.

독일의 거대기업들(다임러-크라이슬러)도 미국식 회계원리의 도입과 투자자보호조치의 정비 등을 통해 뉴욕증시에 상장하기 시작하였다. 이는 독일기업의 최고경영자들도 주주가치 극대화를 중시할 수밖에 없게 되었다는 것을 의미한다. 결국 독일에서도 90년대 초·중반 금융세계화가 본격화되면서 생산자본(고부가가치생산의 수출중심 기업)과 화폐자본(겸업은행을 중심으로 한 거대은행)의 연결고리가 약화 내지 해체되어 가는 양상을 보인다. 다시 말해 독일의 은행들도 생산자본과의 장기적 헌신관계에서 이탈하여 증권화되어 가는 금융영역으로 진출하는 양상을 보인다. 유럽 자본시장의 통합과 전세계적 금융통합이 가속화됨에 따라 이런 추세는 더욱 강화될 것으로 예상된다.

결국 90년대 독일경제가 보여준 여러 현상들은 독일이 기존 모델의 중

요한 특징 중의 하나였던 은행을 중심으로 한 코포라티즘적 형태의 조절
과 이해당사자들간의 타협체제로부터 점점 이탈해 간다는 것을 의미한
다. 독일의 관리된 금융시스템이 독일경제의 황금기에 사회적 불평등 축
소와 같은 사회적 목표와 양립 가능한 생산모델을 확립하는 데 중요한
하부구조로 기능했지만(Albert, 1997, p. 10) 금융세계화를 그대로 방치할
경우 예전처럼 독일 금융시스템으로부터 이런 역할을 기대하기 어려울
것으로 보인다. 도이체-텔레콤사의 민영화와 다임러사와 크라이슬러사
의 합병 이후 새로운 주식문화가 급속히 확산되면서 독일에서도 주주자
본주의의 도래와 이해당사자자본주의의 쇠퇴가 새로운 화두로 등장하고
있지만, 기본적으로 주주자본주의는 독일경제의 기본적 특징의 하나인
이해당사자들간의 타협에 기초한 조정과는 양립하기 어려울 것이다. 그
렇다고 조기에 독일모델이 무기력하게 주주가치 극대화 논리에 굴복할
것이라고 보기는 어렵다. 왜냐하면 독일제도의 강한 법적 기반, 노동자
들의 분명하고 의식적인 계급타협과 조직적 저항(Dore et al., 1999, p. 117)
그리고 주주자본주의 도입에 대한 주정부의 견제와 감시[30] 등이 아직까
지 힘을 발휘하고 있기 때문이다.

　따라서 전체적으로 볼 때 90년대 독일에서 금융세계화로 주주자본주
의의 요소가 크게 확대되고 있지만 정치적으로 어느 정도 수준의 주주자
본주의를 용인할 것인가는 여전히 불투명하다고 보아야 할 것이다
(Gordon, 1999, p. 32). 주주가치 극대화 논리에 기초한 주주자본주의가 아
직까지 독일에서 정치적 지속 가능성을 확보하지 못하고 있는 것도 이와
무관하지 않다.

4. 맺음말

지금까지 앵글로아메리카형 자본주의와 대비되는 라인형 자본주의의 제도적 기초와 금융세계화에 따른 라인형 자본주의의 딜레마를 독일을 중심으로 살펴보았다. 산별노조와 직장평의회 중심의 독일 노사관계나 기업지배구조 그리고 독일 특유의 관리된 시스템과 제도화된 통화주의 등 전후 황금기 독일경제를 뒷받침했던 제반 제도들이 나름의 경로의존성 때문에, 비록 크게 허물어졌다고는 할 수 없으나 그렇다고 신자유주의적 금융세계화에 능동적으로 대처하고 있다고 보기도 어려움을 확인할 수 있었다.

21세기 독일과 유럽 사민주의자들의 최대과제는 주주가치 극대화 등을 지상목표로 하는 신자유주의적 금융화의 지지세력들에 대한 견제와 저항의 기반을 어떻게 확대·강화할 것인가이다. 주주가치 극대화에 따른 높은 금융수익성의 요구와 자본축적의 금융화가 지배적 규준으로 되어가는 국민적 계급정치에 대항할 수 있는 새로운 계급타협의 기반을 모색할 필요가 있다(de Brunhoff, 1999, p. 57). 금융통제가 금융화를 지지하는 지배계급연합에 대한 투쟁을 의미하는 이상, 글로벌금융에 대한 통제가 새로운 계급타협의 핵심 매개이다. 또한 그것은 라인형 자본주의의 쇄신에서도 결정적인 조건이기도 하다. 이 점에서 유럽 차원에서 노동자의 경영참여를 제도적으로 보장하는 기업지배구조의 모색(Lannoo, 1999; 濱口桂一郎, 1999)이 비록 최근 실패로 끝났지만 앞으로 더 중요한 의미를 가질 것으로 보인다. 이와 함께 유럽 중도좌파정권의 개혁과제 중에서 연금제도개혁은 유럽 사민주의의 사활이 걸린 최대 현안으로 대두할 것으로 예상된다.

혁신체제의 확립을 통한 경쟁력 확보와 민주주의(교섭에 기초한 참여)의 강화·확대라는 일부 조절이론가와 사민주의자들이 제기했던 포스트포드주의 대안들이 80년대에 완전히 좌절되었던 것은 바로 유럽대륙에서 추진된 신자유주의적 프로젝트와 금융세계화의 다양한 효과들이 갖는 파괴적 측면들을 중시하지 않았기 때문이다. 조절이론가들 중에서 리피에츠 등은 포스트포드주의적 대안에 대한 금융적 제약 내지 금융자본의 저항과 공세, 신자유주적 금융화 및 이에 기초한 축적체제의 변화를 중시하지 못했다는 비판을 면키 어렵다. 다른 한편 화폐관계 및 이에 기초한 매개제도로서 금융제도를 중시한 아글리에타의 경우, 미국 헤게모니하의 달러본위제가 유럽에 가한 구조적 제약 문제, 달러본위제로부터의 이탈 논리 그리고 이를 위한 실현 가능한 경로와 방식 문제에 얽매인 나머지 유럽 내에서 형성되는 신자유주의적 프로젝트와 금융세계화에 대한 경계를 놓치고 말았던 것으로 보인다. 현재 가장 절실하게 요구되는 것은 글로벌금융의 안정화가 아니라 그것의 제어라는 사실을 잊어서는 안 된다.

주

1) 알베르는 오스트리아, 독일, 스위스, 베네룩스3국의 자본주의를 라인형 자본주의로 개념화하고 일본, 스칸디나비아국가에서도 라인형 자본주의의 일부 특징들이 존재한다고 본다. 앵글로아메리카형 자본주의에서는 자본주의적 시장경제의 세 가지 특징(사적 소유, 이윤 및 효용 극대화, 시장에 의한 조정)이 분배적·정치적 제약으로부터 벗어나 있는 (disembedding) 데 비해 라인형 모델은 시장을 사회적·정치적 틀, 사회정책의 틀에 착근(embedding)시킴으로써 시장의 효율성과 형평, 사회적 연대를 동시에 추구하는 것으로 이해된다(Koslowski, 1998, pp. 4~5). 넓은 의미에서의 라인형 자본주의에는 유럽 사민주의 국가들과 일본까지도 포함되지만, 독일과 일본 간에도 상당한 차이가 존재한다. 독일이 합의에 기초한 모델이라 일본은 발전주의(developmentalism)에 기초한 모델이다 (Streeck & Yamamura, 1996, pp. 1~22). 즉 독일 자본주의 제도들의 일차적 목적이 국

민적인 사회적 응집과 연대에 있었다면, 후자는 서구의 추격과 능가에 있었다. 하지만 이들은 독일과 일본의 헤게모니 국가인 미국과의 정치·군사·경제적 관계나 미국주도의 세계경제에의 삽입방식은 크게 중시하지 않는다. 90년대 일본의 경제위기와 제도변화를 이런 관점에서 분석한 것으로는 전창환(2000b) 참조. 독일과 일본 모델의 차이가 한국경제의 패러다임 전환에서 갖는 의미는 이병천(2000c, 169~80쪽) 참조.

2) 독일 노사관계의 세부적인 내용에 관해서는 이 책의 강신준 글과 土田道夫(1999) 참조.

3) 독일 노동조합은 금속, 철강, 화학 등 각 단위산업별로 조직되어 있다. 이 산별노조와 사용자단체 간에 단체교섭이 이루어지는 것이 일반적이며, 또한 전국 수준이 아니라 주(지역) 수준에서 이루어진다. 예외적으로 사용자단체에 가입하지 않고 있는 폴크스바겐사는 전통적으로 기업단위에서 단체교섭을 하는 것으로 알려져 있지만, 이때에도 단체교섭의 주체는 폴크스바겐사의 종업원대표가 아니라 산별노조의 대표인 금속노조이다.

4) 독일의 대표적인 법인기업형태로 주식회사와 유한책임회사가 있다. 둘 다 유한책임회사이지만 후자는 주식시장에 상장될 수 없다. 또한 양자 모두 감독이사회와 집행이사회 (Vorstand)라는 이원적 이사회체제를 가진다(Emmons & Schmid, 1998, p. 12).

5) 임금결정이 산업 및 지역(주) 수준에서 이루어지기 때문에, 기업이 독자적 전략을 구사할 여지가 없고 고임금을 얻기 위해 기업 특수의 지식을 활용하려는 노동자들의 지대추구행위가 방지된다. 직장평의회는 세대간 노동자 갈등을 줄이고 작업장에 신뢰관계를 구축하는 데 크게 기여함으로써 고숙련의 훈련에 유리한 조건을 창출한다(Teague, 1997, pp. 79~82).

6) 2차대전 이후 미국이 점령정책의 일환으로 독일의 겸업은행체제를 해체하고자 했음에 불구하고 그대로 유지될 수 있었던 것은 미국과 함께 독일의 점령통치에 참여한 영국이 강력하게 반대하였기 때문이다. 그에 비해 일본에서는 미국 단독의 점령정책이 추진되었기 때문에 미국식 글래스-스티걸체제의 기본 골격이 그대로 이식되었다. 전후 독일 금융기관은 겸업은행과 전문은행으로 구분된다. 겸업은행은 장단기 금융업무와 증권업무 (예대업무, 이체결제, 유가증권업무, 투자업무, 보증업무)를 수행하는데, 민간상업은행그룹(독일의 3대은행, 개인은행, 외국인은행지점), 비상업저축은행그룹(저축은행인 슈파르카센과 주 수준에서 저축은행들간의 중앙결제기관인 주립은행), 신용협동조합그룹(상공신용협동조합, 농공신용협동조합, 상부조직으로서 신용협동조합중앙결제은행)으로 구성되며 각 그룹의 연합에 소속된다. 각 가맹은행은 이들 연합의 감사 아래 영업을 수행하며 이 연합의 주도로 금융기관간 경쟁이 이루어진다. 비상업저축은행그룹과 신용협동조합그룹은 연방 차원에서 확립되었다는 점에서 민간상업은행과 다르다. 저축은행그룹은 공법의 제도로서 각각 지방자치단체(community)와 주정부 및 시정부(municipal government)의 지원을 받아 공적·사적 업무를 수행한다. 신용협동조합그룹도 민간고객, 숙련노동자, 소매업 종사자들의 부조라는 집단적 목적을 수행한다(Lütz, 2000, pp. 8~9).

7) 주거래은행제도가 가장 성행했던 20세기 초에도 기업은 여러 은행들을 경쟁시킴으로써 은행의 파워를 분산시켰고 금융서비스에서 독점가격이 관철되는 것을 저지할 수 있었다.

8) 즉 석탄·철강·중기계·전기 산업에서는 주거래은행이 압도적인 역할을 하였지만, 섬유·기계기구·화학 산업에서는 그렇지 못했다. 지역별로도 지겐, 바덴-뷔템베르크 지역에서는 분권화된 산업화가 추진됨으로써 중소기업이 주도적 역할을 한 것으로 나타났으며 공업화에 필요한 자금도 거대 상업은행보다는 저축은행과 신용협동조합에 의해 주로 조달되었다(같은 글, p. 10).

9) Corbett & Jenkinson, 1996. 이런 측면을 주목하여 Mayer, Corbett & Jenkinson, Edward & Fischer 등 영국의 일부 논자들은 경제부문간의 순자금흐름의 통계를 바탕으로 선진국

기업금융에 대한 일련의 경험적 연구를 하여, 라인형 기업 금융/지배 구조와 영미형 간에는 체계적 차이가 거의 없다고 주장한다. 이들은 영국의 은행자금조달이 독일의 그것에 비해 크며 주식발행을 통한 자금조달이 영국에서 음이었다는 사실을 강조한다. Corbett & Jenkinson도 최근의 통계를 이용하여 이를 뒷받침하고 있다. Block(1998, p. 18)은 이런 연구에 기초하여 라인형 금융시스템과 영미형 금융시스템을 각각 은행을 기반으로 한 시스템과 (자본)시장을 기반으로 한 시스템으로 이해하는 Zysman류의 접근방법을 재검토할 것을 주장한다. 그러나 이들이 이용한 경험적 실증연구방법에는 중대한 오류가 내포되어 있다. 즉 이들은 총자금흐름이 아닌 순자금흐름에만 의존하여 양 모형의 유사성을 주장하지만, 실물투자와 금융투자를 집계하는 과정에서 순자금흐름에만 주목하여 양 모형의 차이뿐 아니라 외부차입금융의 역할을 못 보는 오류를 범한다(R. H. Schmidt, 1999, pp. 17~18). 독일의 R. H. Schmidt, Hackethal, Tyrell은 순자금흐름과 총자금흐름을 동시에 분석하여 영미형 금융시스템과 라인형 금융시스템의 확실한 차이점을 부각시키고 있다(Hackethal & Tyrell, 1998).

10) Emmons & Schmid, 1998, pp. 30~31. 독일의 전체 공개기업에서 지배주주가 사업회사인 기업은 27%, 동족인 기업은 20.5%, 은행인 기업은 9%에 불과하며, 공개기업의 3/4 이상이 은행주주가 전혀 없다. 이에 비해 일본의 경우에는 은행이 사업회사의 대주주로 상호주식보유구조에서 핵심적인 위치에 있다. 독일에서는 동족 등의 지배주주가 있는 경우가 많다(田中一弘, 1999, 63~64쪽). 독일의 주식보유구조와 지배주주로서의 은행의 주식보유실태에 관해서는 Bundesbank(1997, pp. 27~40); Jackson(1997, pp. 8~12) 참조.

11) 전후 8개의 지역거래소가 1993년 성립한 독일거래소주식회사(Deutsche Börse AG)에 통합되어 이제는 프랑크푸르트거래소와 베를린거래소가 증권시장의 두 축을 이룬다. 독일의 지역거래소의 변천과정과 그 특성에 관해서는 山口博敎(2000, 118~31쪽) 참조.

12) 그러나 중소기업의 금융유연성을 높이는 데 결정적인 역할을 한 것은 하우스방크의 은행신용, 특히 당좌대월(overdraft) 신용제도였다(Bundesbank, 1999, p. 45).

13) Albert & Gonenç(1996, pp. 187~88)는 라인형 모델을 시장경제의 효율성을 높이는 일련의 제도이며 그 핵심적 축을 사업회사의 기업지배구조를 뒷받침하는 계약구조로 본다. 알베르는 공정성, 신뢰, 위험부담의 사회화, 동의에 의해 정당화된 룰의 확립(정당성)과 같은 사회적 가치 및 사회적 자본이 이 계약구조에서 결정적으로 중요하며 이것을 바로 라인형 모델의 핵심으로 이해한다.

14) 독일의 수출부분을 담당하는 기업들은 겸업화된 은행과 연결됨으로써 수출주도적 조직자본주의의 중추세력이 되었다. 이처럼 조직화·집중화된 경제구조는 중범위 수준의 개별자본들간의 비공식적 조정과 거시적 수준에서의 조정 계획을 가능하게 하였다. 요컨대 집중화되고 조직화된 경제구조가 코포라티즘적 조절형태를 촉진했다(Mjøset, 1995, pp. 398~406).

15) Ryner(1999a, pp. 104~14)는 이런 측면을 주목하여 독일을 스웨덴과 마찬가지로 대량생산과 대량소비가 세계시장에 의해 매개되는 탈구화된 포드주의(disarticulated Fordism)로 규정한다. 기본적으로 독일은 고부가가치생산이며 수출산업이 국내 대량소비를 뒷받침한다. 또 투자재 생산부문이 주도적 역할을 하지만, 내구소비재의 생산기반도 튼튼하다.

16) Wartin(1998, p. 17) 등은 뮐러-아르막을 중심으로 한 사회적 시장경제론과 오이켄·뵘을 중심으로 하는 프라이부르크학파의 질서자유주의론을 40~50년대 독일의 자유주의(신자유주의)의 두 가지 큰 흐름으로 정리하고 있지만, 양자는 강조점과 내용에서도 매우 다르다(Salley, 1996, pp. 233~34). 필자도 후자의 입장에서 양자간의 차이점과 긴장관계를 중시할 것이다.

17) 오이켄, 뢰프케 등 질서자유주의자들의 화폐관에 대해서는 Dehay(1995b, pp. 36~42)에 주로 의존하였음.

18) 김성구(1999, 89쪽)는 바로 이 측면 때문에 사회적 시장경제론이 60년대 중반 케인스주의와 결합할 수 있었다고 한다. 그에 비해 질서자유주의론 자체는 이론의 특성상 케인스주의와는 매우 이질적이다. 질서자유주의론자들의 케인스비판에 대해서는 Bernholtz(1989, p. 201) 참조.

19) Salley, 1996, p. 249. 뮐러-아르막도 경쟁질서의 창출을 위한 정치적인 제도정비만으로 근대사회의 위기를 해소하기에는 불충분하다고 보고 형이상학적 실체(종교나 윤리 등)의 재구축으로 개인들을 내면으로부터 자립시키는 것이 필요하다는 것을 강조한다(手塚眞, 1998, 320~21쪽). 이 점에서 뮐러-아르막은 안정적인 근대질서의 유지에서 종교적·윤리적 요소를 중요시하는 것으로 생각된다.

20) 신헌정주의는 정부가 시장규율에 보다 민감하도록 함으로써 국가의 경제정책을 광범위한 정치적 책임으로부터 분리시킴과 동시에 대중적·민주적 요구에 대해서는 둔감하게 하는 담론의 정치적·법적 차원을 의미한다(Gill, 1998, pp. 5~6).

21) 2차대전 이후 점령군의 과도체제하에서는 라이히마르크 대신 독일재건의 상징으로 독일마르크가 도입됨과 동시에 통화개혁의 전제조건으로 독일 란데스방크가 설치되었다. 란데스방크는 구서독지역의 11개 주에 설치된 주중앙은행의 중앙은행으로 설치되었다.

22) 정책결정권한이 독일의 분데스방크로부터 ECB로 이전됨에 따라 독일연방은행법 제4장 금융정책상의 권한 중 제15조 재할인, 대출, 공개시장조작정책과 제16조 최저준비율정책은 1998년 12월 31일자로 전문 삭제되었다. 이 개정은 분데스방크가 ECB의 지시에 따라 움직이는 기관이 되었다는 것을 보여준다(村瀨哲司, 1999, 29~30쪽).

23) 시기적으로 보면, 독일에서 케인스주의의 영향력이 가장 컸던 것은 1967년경이며 60년대 말부터 서서히 통화주의의 반격이 시작되었다(Richter, 1999, pp. 533~42).

24) 미국과 독일 통화주의의 차이에 대한 역사제도적 접근으로는 Johnson(1998); Deeg & Lütz(1998, pp. 1~33) 참조.

25) Block, 1998, p. 21. Smithin(1996)은 이를 지대생활자의 복수(revenge of rentier)로 이해한다.

26) Zohlnhöfer(1999, p. 156)는 콜정부에서 신자유주의 개혁이 부진했던 것은 기민당 좌파(노동자세력을 반영하는 분파), CDU, CSU이 주도한 지방정부 때문이라고 지적한다.

27) 독일의 통화주의자들은 독일의 경험으로부터 M3의 연간증가율을 사전에 고시하는 분데스방크의 통화목표관리정책이 주효하였고 전통적인 통화주의자들의 기본명제의 하나인 화폐수요의 안정성 명제가 여전히 확증되고 있다고 주장한다(Issing, 1997, pp. 67~79).

28) 독일의 슈미트와 함께 70년대의 EMS와 유럽통화통합을 주도했던 데스탱 프랑스대통령은 70년대 중반에 위기대책으로 독일의 통화주의를 모방할 것을 공공연하게 주장하였다(McNamara, 1999, pp. 467~68).

29) Thelen & Kume(1999, pp. 477~505)는 독일모델의 위기는 신자유주의 세력의 노조에 대한 공세에서 비롯되었다고 보는 일면적 견해를 정정할 것을 요구한다. 즉 독일의 가장 선도적인 산업부문의 사용자들은 전통적인 노사관계모델을 유지·존속시키려는 데 비해, 그렇지 못한 사용자들이 기존의 노사관계모델에서 이탈하려는 경향을 보인다는 것이다. 이들은 노동자들의 연대 약화 못지않게 사용자들의 연대 약화에도 대처할 것을 제안한다. 선도적 산업부문의 사용자들이 독일의 전통적 노사관계모델을 고수하려는 이유는 기업간 관계가 긴밀하고 기업간 경쟁이 적기생산하에서 품질과 신뢰성에 기초하여 이루어질 경우, 경쟁우위를 확보하는 데 있어서 노동자들의 적극적인 협조가 결정적으로 중요

하기 때문이다(Thelen, 2000, p. 167). 이런 상황에서 노사타협의 결렬에 따른 노사분규
는 이 산업부문의 기업에 치명적인 타격을 가한다.
30) 독일의 크루프사가 티센사를 앵글로아메리카식으로 M&A를 시도했을 때 이를 저지한 것
도 바로 노조와 북부라인웨스트팔렌 주정부였다(Ziegler, 2000, pp. 208~11).

독일의 기업지배구조

세계화의 물결과 협력적 경영자자본주의의 명암

조영철[*]

1. 머리말

자본주의 경제체제를 구분할 때 흔히 자본시장중심 시스템 대 은행중심 시스템, 외부통제 시스템 대 내부통제 시스템, 거리두기 관계의 이탈(exit)중심 모델 대 네트워크 관계의 발언(voice)중심 모델로 구분한다. 전자가 영국·미국 모델의 특징이라면 후자는 독일·일본 모델의 특징이다(Albert, 1991). 전자의 모델은 시장실패의 한계를 드러내기 때문에 단기주의 시계(時界, time horizon)의 문제, 혁신투자의 취약, 불평등의 심화라는 단점을 안고 있다는 비판을 받는 데 반해서, 후자는 생산과 소유가 사회화됨에 따라 발생하는 경영자지배체제의 문제점 그리고 내부자들의 발언이 혁신창출이 아닌 담합(collusion)으로 빠지는 경우 이를 어떻게 제어하느냐는 단점을 안고 있다고 비판받는다. 독일의 노동자경영참가제도가 기업지배구조 속에 노동자 이익을 보호하는 기제를 어느 정

---

* 국회사무처 예산분석관

도 만들어내고 있고 일본의 계열체제가 외부자본시장의 간섭으로부터 내부자를 보호하는 기제를 만들어냄으로써 종업원 복지를 중시하고 있지만 본질적으로 엘리트중심의 발언체제일 뿐 민주적 발언체제를 확립했다고 볼 수 없다(Pollin, 1998). 더욱이 금융세계화에 의한 금융유동성(financial liquidity) 확산이 라인모델의 기업지배구조가 기반으로 하고 있는 금융헌신(financial commitment, 금융유동성에 대비되는 개념으로 이탈효과를 중시하는 거리두기 관계의 단기적 기업금융이 아닌 장기적 관점에서 투자자금을 지원하는 참여적·구속적 관계의 기업금융)을 파괴하고 대체해 나간다면, 기업지배구조에 착근된(embedded) 노사관계, 직업훈련제도, 복지제도 등 라인모델의 전체 구조까지 훼손시킬 수도 있다.

많은 사람들은 라인모델이 세계화시대에 존속하기 힘들 뿐 아니라 앵글로아메리카모델에 대해서 이미 경쟁력을 상실하고 있기 때문에 한국 경제를 개혁하는 데 참고할 만한 모델이 아니라고 보고 있지만, 이는 매우 성급한 판단이다. 이 글은 한국 재벌경제체제를 개혁하기 위해서 라인모델의 장점을 존중하면서도 그 단점과 한계를 냉정하게 고려하여 대안방안을 찾으려는 실험적 시도의 준비단계이다. 즉 이해관계자들의 보다 민주적 발언체제에 근거한 지배구조 확립을 중심으로 하되, 시장규율이 보완하는 선조합의 가능성을 탐구하려는 것이다. 라인모델의 핵심인 독일 기업지배구조의 장점과 단점이 무엇이고, 세계화 속에서 라인모델이 생존할 수 있는 것인지, 그리고 한국의 기업지배구조 개혁에 대한 시사점을 찾을 것이다. 라인모델을 제대로 검토하기 위해서는 기업지배구조 문제 외에도 노사관계, 거시경제정책, 금융제도, 산업정책, 복지제도, 유럽통합 문제 등 복합적 연구가 필요하지만, 이 글은 필자의 능력 제한으로 기업지배구조 문제에 국한하여 분석하기 때문에 총체성을 결여하는 한계를 지닌다.

2. 독일의 산업발전과 라인모델

독일의 산업발전 역사를 보면 후발자본주의 국가의 비교열위를 극복하기 위해 대규모 투자자금이 동원되었는데, 자본시장의 미발달로 투자자금은 주로 대형은행(Großbanken)들의 장기대출을 통해 조달되었다. 특히 3대 상업은행(도이체방크, 드레스너방크, 코메르츠방크)이 그 주역이었다. 이 은행들은 내부에 기술부서를 두고 기업에 대한 대출심사를 했고, 공식적으로는 단기대출이었지만 만기연장으로 실제로는 장기대출을 해주었다.

19세기 말과 20세기 초 도이체방크 경영이사회(Vorstand) 이사들은 은행과 관계를 맺고 있는 주요 기업들에 대한 심사 책임을 지는 산업전문가들이었다. 이들의 심사를 거쳐 장기대출된 자금은 기업주식으로 변제되었고 기업이 안정적 성장궤도에 올라서면 은행은 보유주식을 매각해 투자자금을 회수하였다. 그러므로 독일 산업발전 역사에서 독일 상업은행은 기업의 창업이윤에 참여하는 대규모 모험자본(venture capital, 아직 수익을 내지 못하고 있는 벤처사업에 고위험·고수익의 장기투자를 하는 자본)의 역할을 했다.[1]

감독이사회(Aufsichtsrat)제도는 독일의 산업발전 역사에서 대규모 모험자본의 역할을 한 대형은행들의 이해를 보호하기 위해 이들이 기업 내부의사결정에 참여하고 기업을 감시하는 제도적 장치로서 1861년부터 도입되기 시작했으며(Clarke and Bostock, 1997, p. 242), 1884년에는 주식회사의 경우 경영이사회와 감독이사회를 두도록 하는 입법화가 이루어졌다. 그러므로 독일의 산업발전 역사에서 대형은행들은 장기대출과 감독이사회를 통해 산업자본, 특히 대규모 자본조달이 필요한 중화학공업 기업에 대해 강력한 영향력을 행사했다(Gerschenkron, 1962, p. 14).

기업공개가 진행됨에 따라 점차 소유와 경영이 분리되었지만, 19세기까지만 해도 소유경영자의 지배가 유지되었다. 그러나 1910년경이 되자, 기업에서도 기술의 발전과 조직의 복잡화를 감당해 낼 수 있는 전문경영자가 급속히 늘어났고 이른바 경영자혁명이 일어났다. 20세기 초 독일 대기업의 성공은 경영자자본주의에 기초한 것이었다. 즉 경영자는 조직적 학습과정에 통합되어 있었고 자원배분에 대한 통제권은 시장이 아니라 내부경영자들이 장악하고 있었다. 기업은 유보이윤으로 부채비율을 낮추면서 재무의 독립성을 높이고 복수의 은행과 거래하기 시작했다. 이후 2차대전에 이르기까지 기업들은 카르텔과 상호출자를 통해 수평적·수직적 결합을 강화했다. 특히 1937년 회사법 제정으로 감독이사회와 경영이사회의 권한이 명시화·강화되어 소유와 경영의 분리를 법적으로 뒷받침했다(송정환·김상로, 1996, 24쪽).

나치시기의 경영자지배가 초래한 경제력집중의 폐해를 시정하기 위해 전후에는 기업지배구조를 개혁하려는 정치적 시도가 있었다. 점령군은 독일 중앙정부의 권한을 주정부로 분산시켜 중앙정부를 약화시키는 한편, 독일 산업과 은행의 경제력집중을 분쇄하고 시장중심 시스템으로 대체하려고 했다. 실제로 점령군은 주정부 권한을 확대해 연방국가체제를 더욱 강화했고 19세기 말부터 독일경제를 지배했던 독점과 카르텔을 해체했으며 3대 상업은행을 30여 개의 독립적 지역은행으로 분할했다. 그러나 냉전과 함께 서독경제가 소련에 대한 방파제 역할을 해야 한다는 필요성 때문에 3대 상업은행 해체계획은 무산되었다. 연합군에 의해 해체되었던 3대은행도 재집결하기 시작했고 1957년의 법개정으로 완전히 원상복귀되었다(Smith, 1994, p. 324; Deeg, 1999, p. 46). 따라서 전전(戰前)의 대기업들이 전후 서독경제를 주도했으며 기업간 출자네트워크와 긴밀한 기업-은행관계에 기초한 전전의 경영자지배체제가 그대로 존속했다 (O'Sullivan, 1998a, pp. 12~13).

독일산업에서는 오래 전부터 카르텔이 발달했는데, 이들 카르텔은 과

당경쟁 방지나 직업훈련제도 같은 산업별 준(準)공적 조정기능을 수행했다. 전후에 카르텔은 해체되었지만 이런 전통 속에서 독일산업은 고도의 위계적 산업협회체제의 형태로 조직화되어 있었다. 정부는 산업협회들이 다양한 업계이해를 조정·수렴할 수 있도록 대표성을 인정하는 코포라티즘 정책을 폈고 산업협회를 각 산업의 외부성과 공공재와 관련된 정책결정과정에 끌어들였다(Zysman, 1983, p. 253). 산업협회는 사용자단체와 노조가 고도로 집중되어 개별기업 차원의 한정적 이해관계를 넘어서는 산업·국가 차원의 포괄적 이해관계의 조직이었기 때문에 직업훈련과 같은 공공재 생산에 적극적일 수 있었다(Mahnkopf, 1999, p. 155). 이렇듯 독일경제는 산업 차원의 기업간 직·간접의 비시장적 조정이 존재했고 노동은 산업별로 조직되어 산업 차원의 기술확산, 기술표준의 설정, 직업훈련의 기준을 발전시킬 수 있었다(Soskice, 1999, pp. 103~106).

독일기업들은 외부금융으로부터 상대적으로 독립적인 내부자금을 확보할 수 있었고 또 긴밀한 은행-기업관계에서 은행의 장기적 금융지원을 받을 수 있었기 때문에, 자본시장의 단기주의 통제와 간섭에서 벗어날 수 있었다. 기업 내부자원에 대한 조직적 통제는 외부자본시장의 단기주의 압력을 피하면서 핵심 역량을 강화하는 투자전략을 가능하게 했으며, 이로써 독일 생산체제의 특징인 고부가가치, 숙련노동과 품질경쟁에 기반을 둔 품질다변화 생산(diversified quality production, DQP)을 구축할 수 있었다.

전후 독일정부는 프랑스처럼 전략적 산업정책을 쓰지 않았다. 독일의 경우 농수산·석탄·철강·철도 산업 등 쇠퇴산업과 항공산업 같은 첨단산업에 상당한 액수의 산업보조금이 지급되었고 국가개입이 지속되었지만 이것은 예외적인 현상이었으며, 독일의 산업정책은 투자 우호적 세제, 직업훈련 및 SOC 지원, 경쟁강화와 같은 일반적 산업정책이었다. 또한 연방정부는 지역균형발전이라는 정책목표 아래 낙후된 지역의 경제발전을 지원하는 지역개발정책을 강력하게 폈는데, 그 내용은 낙후지역의 사회간접자본을 확충하고 산업구조를 고도화하는 사실상의 산업정책이었다. 주정부도 지역별 정부-산업-은행 간 연대를 기반으로 해 중소기업을 지원하는 산업정책을 폈다. 독일의 중소기업정책은 전전의 독점과 카르텔이 다시 출현하는 것을 막는 데 주요한 역할을 했다(Zysman, 1983, p. 258; Hilpert et al., 1997).

전전과 전후의 독일 기업지배구조의 차이는 공동결정제도(Mitbestim-mung)와 직장평의회(Betriebsrat)를 통해 기업과 작업장 차원에서 노동자참가를 제도화함으로써 조직통제의 변화가 있었다는 것이다. 또한 전통적 도제주의(apprenticeship)에 근거한 직업훈련제도는 국가와 기업의 긴밀한 협조 속에서 단순히 기능중심이 아니라 지식에 기초한 숙련노동자를 양성했고 조직적 학습과정에 노동자를 참여시키는 제도적 환경을 조성했다.

독일의 노동자 경영참가와 직업훈련제도는 우선, 노동자의 숙련자산을 보호하고 고용안정성을 높임으로써[2] 숙련노동자들이 생산과정에 적극적으로 통합되는 품질다변화 생산체제를 가능하게 한 중요한 요소였다.[3] 즉 노동자와 사용자는 상호 협력하여 가격경쟁적 생산을 배제하고 숙련·기술·생산공정·제품품질을 향상시킴으로써 고품질 세계시장을 파고드는 품질다변화 생산을 지향했다(Streeck, 1997, p. 244). 그리고 노동자를 배제대상으로 여기는 거리두기 관계의 노사관계가 아니라 상호신뢰의 안정적 장기고용관계에 기반을 두었으며, 이러한 노사관계는 금융헌신, 장기적 기업-은행관계와 장기투자를 특징으로 하는 독일 기업지배구조에 착근된 제도였다.[4]

3. 소유구조와 자본시장

독일에서 기업은 사회적 제도이며, 주주의 재산이라든가 사적 계약의
네트워크로 보는 영·미의 관점과 다른 개념이다. 따라서 독일은 다른
나라에 비해 주주이익보다 기업이익을 훨씬 더 중시하는 경향이 있으며,
기업 내부의 질서는 공적 이해를 대변해야 하며 법과 단체협약에 의해
광범한 사회적 규제를 받는다(같은 글).

독일기업의 주요 형태는 무한책임의 인적 기업(Personengesellschaf-
ten),[5] 유한회사(Gesellschaften mitbeschränkter Haftung)와 주식회사(Aki-
tiengesellschaften)이다. 전체 기업의 85.6%를 차지하고 있는 인적 기업
은 대부분 중소기업인데, 부가가치(조세부가 대상이 되는 매출)의 45.6%
를 생산한다. 유한회사는 공개기업인 경우도 있지만 대부분 지분거래를
제한하는 규정을 두고 있는 비공개기업이기 때문에(Hilpert et al., 1997, p.
273) 소유경영자가 경영하는 것이 일반적이다. 주식회사는 1992년 말 현
재 3,219개이며 그중 상장기업은 1997년 현재 700개이다.[6] 따라서 유한
회사는 개별규모로는 대개 주식회사보다 작지만[7] 전체 매출비중에서는
주식회사보다 클 뿐 아니라 명목자본규모도 1/3 이상 더 크기 때문에,
독일을 대표하는 거대기업들은 상장주식회사이지만 독일의 대표적 기업
유형은 유한회사와 인적 기업이라 할 수 있다. 즉 독일은 영어권 국가들
에 비해서 주식회사, 특히 상장기업의 비중이 훨씬 낮다.[8]

유한회사와 주식회사는 무기명증권(Inhaberaktien)과 기명증권(vinku-
lierte Namensaktien)을 모두 발행할 수 있으나, 대부분 무기명주식이다.
기명주식의 경우 소위 제한적 기명주식이 허용되기 때문에 당사 이사회
의 동의가 있을 때만 기명주식의 양도가 가능하게 할 수도 있는데, 기명
주식의 이런 특징은 특정 주주가 기업지배권을 유지하는 수단이 되기도
한다. 또 주식 1주가 여러 개의 의결권을 갖는 것은 허용되지 않지만 주

주 1인이 행사할 수 있는 의결권의 크기를 제한하는 정관규정을 법적으로 허용하고 있다. 주식회사의 약 1/3이 이런 제한규정을 두고 있지만 최근 경향은 1주1표원리를 지키는 것이다(Beinert, 1997, p. 16).

독일 상장기업 소유구조의 특징 중의 하나는 소유집중이다.[9] 독일기업의 소유구조는 이탈리아를 제외한 미국, 일본, 영국 등 주요 OECD국가들보다 더 집중되어 있다. 독일 200대기업의 약 90%가 25% 이상의 지분을 보유한 대주주가 1인 이상 있다.[10] 대기업의 85%는 의결권의 25% 이상을 보유한 대주주가 있고, 57% 정도는 50% 이상의 지분을 보유한 지배주주가 있으며, 22%의 기업은 75% 이상의 지분을 보유한 지배주주를 갖고 있다(Clarke and Bostock, 1997, p. 239). 1991년 독일 최대 주식시장인 1부거래소(Amtlicher Handel)에 등록된 399개의 상장기업에 대한 조사에 따르면, 각 상장기업 주식의 25% 이상을 보유한 1대주주는 거래관계에 있는 비금융기업이 35.3%로 가장 많았고 그 다음이 가족(17.5%), 외국인(11.3%), 은행(8.0%), 기타 기관투자가(6.3%), 보험회사(4.8%), 공공부문(4.5%)이었고, 1% 이상의 지분을 보유한 대주주가 전혀 없는 소유분산기업은 24개로 6%에 불과했다.[11]

독일기업들의 소유분산 정도가 낮은 것은 여러 가지 이유가 있다. 첫째, 2차대전 이후 재벌해체를 단행한 일본과 달리 독일의 점령군은 기업을 해체시키면서도 소유관계는 기본적으로 건드리지 않았다. 그 결과 전

〈표 1〉 비금융기업의 소유집중(5대주주의 지분율)

(단위: %)

	독일 (1990)	미국 (1980)	일본 (1984)	이탈리아 (1993)	영국 (1970)
평균값	41.5	25.4	33.1	86.9	20.9
중간값	37.0	20.9	29.7	99.9	15.1
표준편차	14.5	16.0	13.8	19.7	16.0

자료: OECD, 1995, p. 89.

후 대규모 가족기업들의 소유관계가 유지될 수 있었다(工藤章, 1999, 577
쪽). 둘째, 기업공개 후에도 소유자가 기업통제에 필요한 상당 지분을 장
기간 유지하는 경우가 많고 설립자가 주식을 시장에 조금씩 내다 팔아
소유자 지분율이 서서히 낮아지는 것보다 새로운 대주주에게 직접 양도
하는 방식으로 설립자 지분이 감소하는 것이 일반적이기 때문에 기업공
개가 반드시 소유자의 통제권 상실로 연결되지는 않았다.[12] 셋째, 경영투
명성을 확보하는 제도적 장치가 미흡해 외부 소액주주의 투자를 끌어들
이기 어려웠던 점도 소유의 분산을 가로막았다.[13] 즉 독일의 회계제도와
관습은 영·미와 상당히 다를 뿐만 아니라 내부거래에 대한 소액주주
보호도 1994년에 비로소 입법화되었고 주주권리에 비해 채권자의 법적
권리가 강력하게 보장되고 있기 때문이다.[14]

독일의 채권시장은 잘 발달되어 상당한 규모이지만[15] 발행자는 주로
국공채를 발행하는 정부와 금융채를 발행하는 은행이며 기업들이 회사
채를 발행하는 것은 매우 드문 일이다. 독일 주식시장의 GDP대비 비율
은 1998년 현재 52.1%로 미국 159.3%, 영국 126%(1995)에 비해 아주 낮
지만 일본(52.9%)과 비슷한 수준이다. 소유가 분산된 대기업이 드문 이유
중의 하나는 자본시장이 영·미처럼 충분히 발전하지 못한 데 있는데,
이는 은행예금 중심의 저축구조와 연금제도의 특성에서 비롯된다.

독일의 전후 경제체제는 연방정부의 이자율 규제로 은행간 그리고 은
행과 타금융기관들 간의 금리경쟁이 제한적이었다. 독일연방은행(Deut-
sche Bundesbank)은 통화가치안정화 정책을 철저하게 추구하여[16] 예금
자에게 안정적인 양(陽)의 실질금리를 보장하고 은행에는 안정적 예대
마진을 보장함으로써 은행시스템을 안정화시켰고, 그 결과 독일의 저축
은 은행부문에 집중될 수 있었다. 1967년 금리가 자유화되었어도 상당
기간 동안 금융협회가 회원은행들의 과도한 금리인상 경쟁을 자제하도
록 유도했기 때문에 급격한 금리인상은 없었으며, 독일연방은행의 물가

안정정책으로 양의 실질금리가 안정적으로 유지되었고 은행저축은 더 증가했다. 70년대에 가계 금융자산의 약 60%가 은행에 저축되었고 은행 예금의 3/4 정도가 저축성예금이었다(O'Sullivan, 1998a). 독일연방은행은 기업경영자들이 장기적 시계 속에서 투자를 결정할 수 있는 금융안정성을 제공했다(Harding, 1999, p. 78).

독일의 연금제도는 공적 연금, 기업연금과 개인적으로 생명보험사에 가입하는 개인연금제도로 구분되는데, 기업연금과 개인연금은 공적 연금을 보충하는 보충연금이다. 공적 연금은 1957년까지는 적립방식이었지만, 초인플레이션과 통화개혁으로 운영이 어려워져 연금개혁을 하면서 부과(pay-as-you-go)방식으로 바뀌었다. 부과방식은 연금소득을 세대간에 직접 이전하는 사회계약으로 연금보험금을 현 취업자와 사용자한테서 갹출하여 바로 연금생활자의 연금 급부비로 지급하는 방식을 말한다. 피고용자와 사용자는 공적 연금 보험료로 97년 현재 임금의 20.3%를 절반씩 부담하며, 총급부비의 17%(1993)는 연방정부 재정보조금으로 충당된다. 공적 연금은 3개월의 급부비에 해당하는 준비금을 적립하도록 되어 있는데(厚生年金基金連合會 編, 1997), 만일 준비금이 3년 연속 이 액수를 채우지 못하는 경우에는 보험료율이 자동적으로 인상되고 재정추계는 해마다 15년 단위로 장기추계를 한다(김진무 외, 1997, 33쪽).

기업연금제도는[17] 기업의 32.4%가 실시하고 전체 피고용자의 46.1%가 가입하고 있으며,[18] 충당금제도(Innerbetliebliche Ruckstellung), 공제기금제도(Unterstützungskasse), 연금기금제도(Pensionskasse), 직접보험제도(Direktversicherung)로 구분된다. 이중 충당금제도는 기업연금제도를 도입한 기업의 54.1%가 채택한 만큼 가장 중요한 제도이다. 충당금제도가 발달한 것은 기업이 연금충당금을 사내에 보유하여 사업자금으로 활용할 수 있는데다 관리비용이 비교적 싸고 연금충당금으로 전입된 금액은 비용으로 인정되어 절세에도 유리하기 때문이다. 기업연금제도의

13%를 차지하는 공제기금제도는 사용자가 노사합의를 바탕으로 독립법인인 공제기금을 설립하고 연금자산을 적립하는 일종의 외부적립제도이다. 그러나 공제기금은 전자산을 무담보로 사업주에게 대출할 수 있는 것이 보통이며, 최저 대출이자율에 대한 제한 이외에는 투자에 대한 규제나 보험감독청의 감독을 받지 않기 때문에 대부분 저금리로 사업주에게 대출되어 기업의 사업자금으로 활용된다.[19]

대기업 경영자들은 내부유보, 순자산 이전, 감가상각비 등의 내부자금 규모를 최대한 늘려 외부금융의 간섭에서 벗어나 자기가 통제하는 자원 규모를 늘리고 경영자 권력을 확대하려고 하기 때문에, 가급적 연금충당금 규모를 증대하려는 유인을 갖는다. 또한 노동자도 자신의 노후생활 안정을 위해 연금충당금 증가를 원한다. 따라서 경영자지배의 대기업에서는 연금충당금 확대에 대한 노사의 이해가 일치하게 된다. 1980~89년 비금융산업 기업들이 조달한 순자금 중 기업연금에 의한 조달 비중은 약 5%에 달해 기업연금은 신주발행보다 기업의 더 중요한 자금조달원이었다.

독일의 경우 공적 연금의 비중이 매우 커서, 공적 연금은 연금생활자 퇴직소득의 거의 70%를 차지한다. 이것은 미국 연방사회보장연금제도의 소득대체율이 평균소득자 기준으로 41%인 데 비해 상당히 큰 것이다. 그러나 독일연금의 기금규모는 미국에 비해 매우 작다. 독일의 공적·사적 연기금 규모는 1995년 현재 1,400억 달러로 영국의 8,790억 달러, 미국의 4조 2,580억 달러보다 크게 떨어진다. 즉 공적 연금이 세대간 소득 이전 계약의 부과방식이고 기업연금제도도 대부분 충당금제도나 공제기금제도이기 때문에 독일 연기금의 적립자산규모는 작다. 연금 금융자산의 GDP대비 비율은 1996년 현재 미국이 57.5%, 영국이 93.2%인 데 반해, 독일은 최근 급증하고 있지만 6%에 불과하다. 따라서 독일 연금제도는 자본시장을 발전시키는 기관투자가의 역할을 하지 못하고 있다. 또한 독일에서는 연기금과 생명보험사가 자산운영을 할 때 국내주식에 30%, 해외주식에 6%를 넘어서 투자할 수 없도록 한계를 두고 있다. 94년 독일 연기금은 기금자산의 72%를 국내 채권에 투자하고 주식에는 9%만 투자하고 있는 실정이다(O'Sullivan, 1998a, pp. 24~25; Jürgens et al., 2000, p. 71).

독일 대기업의 주식소유구조의 또 다른 특징은 은행과 기업들이 타기업 주식을 많이 보유하고 있다는 것이다. 이러한 비금융기업들간 그리고 은행과 비금융기업들 간의 주식보유는 일본과 프랑스에서도 발달해 있다. 최근 들어 비금융기업들의 타기업 주식보유 비중은 감소추세에 있으나, 보험회사와 투자기금들의 주식보유 비중은 급증하고 있다. 그러나 비금융기업들의 타기업 주식보유 비중이 감소했더라도 1998년 현재 30.5%인데, 이 수치는 영국·미국과 비교하면 매우 높다. 따라서 주주가치 지향(shareholder value oriented)의 포트폴리오 투자를 추구하는 가계, 투자기금, 외국인의 주식투자 비중은 98년 현재 40% 정도에 불과하다(같은 글, pp. 57~58).

독일기업들의 타기업 출자는 단기투자 목적의 주식보유라기보다는 임원겸임 등 기업지배구조와 관련된 장기보유의 성격을 띠는 경우가 많다. 기업, 특히 은행들이 다른 기업의 주식을 장기간 보유하는 이유 중의 하나는 비밀준비금으로 활용하기 위해서이다. 즉 기업주식을 시가보다 훨씬 싼 가격으로 장부에 기재하고 있다가 기업이 어려움을 겪을 때 주식을 매각하여 현금흐름을 확보하려는 것이다(Henning, 1994, p. 38; Eglau, 1989). 따라서 독일 대기업들의 출자네트워크는 기업경영자가 자본시장 압력을 회피하는 효과적 도구인 셈이다. 독일에서는 두 개의 기업이 주식을 교차 소유해 25% 이상의 의결권을 행사하는 것을 금지하는 것(주식법 Aktiengesetz 328조) 외에는 비금융기업의 주식보유에 대해 별다른 법적 제한이 없다.[20]

1985년 독일 상장기업들의 타사 출자규모는 시가총액의 52%에 달해

<표 2> 상장기업의 보통주 소유분포

(단위: %)

	미국 (1993)	영국 (1993)	프랑스 (1993)	독일 (1980)	(1988)	(1993)	(1995)	(1998)
금융부문	46	62	6.5	15	14.3	29	14	36.9
은행		1	4.3	9	8.1	14	8	10.3
보험회사	5	17	2.2	6	2.7	7	3	13.7
연기금	26	34	1.9[*]					
뮤추얼펀드[**]	11	7		8	3.5	8	3	12.9
기타 금융기관	4	3						
비금융기업		2	54.5	45	39.1	39	39	30.5
공공부문		1	4.5	10	7.0	4	7	1.9
가계	49	18	20.7	19	19.7	17	20	15.0
외국인	5	16	11.9	11	20.0	12	20	15.6
기타		2	-					
계	100	100	100	100	100	100	100	100

* 연기금, 뮤추얼펀드와 기타 금융기관의 지분율을 합한 것임.
** 독일의 경우 연기금과 뮤추얼펀드의 지분율을 합한 것임.
자료: Schröder and Schrader, 1998, p. 20; Clarke and Bostock, 1997, p. 247; OECD, 1995, p. 88; 임태형, 1998, 16쪽; Holle, 1998, p. 42; Jürgens et al., 2000, p. 57.

타기업 출자에 의한 가공자본을 제외한 후 순자본규모를 다시 계산하면 자본규모는 시가총액의 48%에 불과했다(Prowse, 1994). 또 다른 연구에서는 출자부분을 제외하면 독일 상장기업의 순자본규모는 총자본규모의 73% 정도라 하여 기업들간의 출자규모를 더 작게 평가하고 있다(Wenger and Kaserer, 1998). 그리고 89년 독일 비금융기업의 출자는 전체 주식자본의 약 40%로 프랑스의 17%보다 훨씬 더 크다는 평가도 있다(Smith, 1994, p. 358). 연구자에 따라 이런 차이가 발생하는 이유는 독일주식이 대부분 무기명주식이어서 주식소유 상황에 대한 정확한 정보를 파악하기 어렵기 때문이다. 아무튼 연구자에 따라 정도의 차이가 있지만 독일 대기업은 일본처럼 계열화된 기업집단이 발달하지 않았을 뿐 기업간 출자는 상당히 심화되어 있다. 다임러벤츠, 지멘스, 폴크스바겐 같은 거대기업들은

214

<표 3> 상장기업의 GDP대비 자본규모(1985)

(단위: %)

	미국	영국	일본	독일
총자본규모(A)	51	90	71	29
상호보유를 제외한 순규모(B)	48	81	37	14
순규모 비중 (B)/(A)	94	90	52	48

자료: Prowse, 1994. Wenger and Kaserer, 1998, p. 52에서 재인용.

대개 지주회사인 경우가 많다. 그리고 기업인수는 대개 법적으로는 독립되었으나 경제적으로 종속된 자회사나 자매회사 형태를 띠며, M&A 건수의 증가는 대개 자회사의 증가에 따른 것이며(Hilpert et al., 1997, p. 277), 대부분의 M&A는 우호적 M&A이다.

독일에서 적대적 M&A가 이루어지기 어려운 것은 소유집중과 기업간 출자네트워크 관계, 주주지배권을 제한하는 공동결정제도 때문이기도 하지만, 가장 중요한 요인은 은행이 위탁된 주식의 의결권 대리(proxy)행사를 한다는 점이다.[21] 1991년 소유가 분산된 24개의 상장기업 주총에서 은행들은 위탁주식의 의결권을 통해서 총의결권의 60.95%를 행사했다. 3대 상업은행의 주총에서 행사된 의결권의 80% 이상은 은행들의 위탁주식 의결권이었다. 은행이 위탁주식의 의결권을 행사하는 경우 주주의사를 물어보도록 되어 있으나 실제로 주주가 위탁주식의 의결권행사에 대해 은행에게 자기 의사를 표시하는 경우는 2%에 불과했으며, 은행의 의결권은 대부분 경영자를 지지하는 형태로 행사되는 것이 일반적이다(Wenger and Kaserer, 1998, pp. 61~63). 더욱이 독일 기업법은 75% 이상의 주주의결이 있어야 감독이사회의 주주대표를 5년 임기 전에 해임할 수 있으며, 경영이사를 임기 전에 해임하려면 정당한 사유가 있어야 하고 감독이사회의 의결을 거치도록 되어 있다. 따라서 기업인수자가 과반수 이상의 지분을 보유하더라도 내부자들이 반대하는 경우에는 바로 경영

권을 인수하기 어렵다(Deakin and Slinger, 1997, p. 141)는 점도 적대적 M&A
를 막고 있다.

  그러므로 독일모델은 소유집중, 기업간 네트워크 소유관계, 은행의 의
결권 대리행사, 공동결정제도 등을 통해 적대적 M&A와 외부자본시장의
단기주의 배당압력을 제어할 수 있기 때문에 기업이윤이 대부분 장기투
자를 위해 내부에 유보될 수 있었다. 또한 독일 기업연금의 특성으로 연
금충당금이 대부분 내부자금으로 활용되었기 때문에 독일기업들은 다른
나라보다 외부금융에 대한 의존도가 낮은 편이고 감가상각비를 제외한
순투자자금의 45% 이상을 내부금융으로 조달했다.[22]

4. 내부 지배구조

  1951년 몬탄공동결정법은 석탄·철강 산업의 경우 감독이사회가 노동
자대표와 주주대표로 절반씩 구성되도록 하고 1인의 노동이사를 경영이
사회에 두도록 했으며, 52년에는 경영조직법(Betriebsverfassungsgesetz)
에 의해 모든 주식회사는 감독이사회의 1/3을 노동측 대표에게 할애하
도록 하였다. 하지만 유한회사는 종업원이 501인 이상인 회사에만 적용
되며 종업원 500인 이하 유한회사는 감독이사회를 설치할 법적 의무가
없기 때문에 감독이사회에 노동측 대표를 둘 필요도 없다(吉田修, 1994).
76년 공동결정법(Mitbestimmungsgesetz)에 의해 종업원 2천 명 이상의
모든 기업은 감독이사의 50%를 주주대표로, 나머지 50%를 노동자대표
로 구성하도록 했다.[23] 감독이사회의 절반을 차지하는 노동측 대표 중
2/3는 종업원대표이고 1/3은 노조대표이다. 독일 노조체제는 복수노조
가 아니라 단일노조체계이기 때문에 감독이사회의 노동측 대표가 종업
원대표와 노조대표로 양분되더라도 이들간의 이해상충 문제는 심각하지

않다. 감독이사회는 정보요구권, 이사 선임 및 해임권, 감독이사회의 승인을 요하는 중요 기업전략에 대한 결정권을 보유하며, 일상적 경영기능을 감독이사회에 위임하는 것은 법적으로 허용되지 않는다. 감독이사회의 노동측 대표와 주주측 대표들 간에 의견이 팽팽히 맞서는 경우, 주주측 대표인 감독이사회 의장이 이중투표를 행사한다. 경영이사의 선임이나 해임을 할 때도 의장이 이중투표를 행사할 수 있다. 그러나 노사간의 장기적 협조관계를 유지하기 위해 의장의 이중투표는 실제로 거의 사용되지 않는다. 종업원이 2천 명 미만이어서 경영조직법의 대상인 유한회사의 감독이사회는 주식회사의 감독이사회보다 업무범위가 더 좁을 뿐만 아니라 경영자의 선임 및 해임이 주주측 감독이사의 권리이다(Hopt, 1997, p. 5~7).

감독이사회는 주주대표, 주거래은행(Hausbank)이 파견한 임원, 전국적 산별노조 대표와 작업현장 종업원대표 들이 모두 참여하기 때문에 주주, 관계은행, 산별노조, 직장평의회와 종업원 간에 정보를 교환·연계시키고 이해관계를 조정하는 핵심적 역할을 한다. 그러므로 감독이사회는 앵글로아메리카모델의 이사회처럼 단순히 경영진을 감시하는 역할만 하는 것이 아니라 독일 기업지배구조가 다양한 이해관계자들의 이해를 조정하는 체제가 될 수 있게 하는 네트워크의 역할도 한다(Harding, 1999, p. 77).

1970~88년에 기업공개를 한 109개 독일기업에 관한 표본조사 자료를 이용한 실증분석에 따르면, 소유자가족의 지분율이 높을수록 소유자가족이 경영이사회에서도 더 많은 자리를 차지하고 경영이사회 의장을 차지할 확률도 더 높은 것으로 나타났다. 과반수 이상의 다수 지분율을 보유한 주주는 감독이사회의 주주대표 이사를 모두 선출할 수 있지만 법적으로 가능하더라도 실제로 대주주가족들이 감독이사회 자리를 다 차지하는 경우는 별로 없다. 즉 소유경영자는 고객, 부품공급자, 채권자 들 같은 다른 이해관계자들과 좋은 사업관계를 유지하기 위해서 이들이 지분

을 갖고 있지 않거나 아주 작은 지분만 갖고 있더라도 다른 이해관계자들이 감독이사회에 참여할 수 있게 한다. 그러므로 대주주가족의 지분율이 높을수록 경영이사회에서의 이들의 비중은 통계적으로 유의하게 높은 것으로 나타나지만 대주주가족 지분율과 감독이사회에서 차지하는 비중 간의 인과성은 통계적 유의성이 없는 것으로 나타난다.

기업공개 이후 감독이사회 자리의 80%를 비주주가 차지하며, 특히 변호사·컨설턴트·교수 같은 중립적 전문가들이 감독이사회의 44%나 된다. 79년 종업원 2천 명 이상의 281개 주식회사의 감독이사회 구성에 대한 연구에 따르면, 대주주가족이 감독이사회의 8.2%를 차지하고 있는 데 반해 은행의 비중은 19.2%인 것으로 나타났다(Goergen, 1998, pp. 63~68). 93년 독일 100대기업의 감독이사회 구성을 보면 민간은행 6.3%, 보험사를 포함한 기타 금융기관 3.4%, 비금융기업 임원 27.4%, 정치인 및 공무원 4.3%, 기타 소유자대표 9.9%, 노조대표 13.5%, 종업원대표 35.2%이다(Schröder and Schrader, 1998, p. 21).

은행대표가 감독이사회 의장을 맡는 경우가 많은데, 이때 은행대표의 역할은 상당히 중요하다. 기업공개 전에도 은행이 감독이사회에 참여하는 경우가 있으며, 지분을 전혀 갖고 있지 않더라도 순수한 채권자 입장에서 감독이사회에 참여하기도 한다. 88년 도이체방크 임원들이 38개 감독이사회 의장을 맡았지만 94년에는 13개 감독이사회 의장만을 맡고 있고 더 많이 포기하려는 입장에 있다(Deeg, 1999, p. 101).

소유가 집중된 독일의 경우 지배주주나 소유경영자가 강력한 지배권을 바탕으로 다른 이해관계자들이 투자한 기업 특수자산을 탈취(expropriation)하는 문제가 발생할 가능성이 높다. 따라서 종업원, 채권자, 주주 등 다양한 이해관계자들이 감독이사회에 참여해 기업경영을 감시함으로써 지배주주와 경영자의 전횡을 제어하는 역할을 한다. 특히 기업연금의 2/3인 3천억 마르크 정도는 사업자금으로 사내에 유보되기 때문에

종업원들은 기업에 사업자금을 투자하고 위험을 분담하는 중요한 이해
관계자이다(Clarke and Bostock, 1997, p. 245). 따라서 공동결정제도와 직장
평의회[24]를 통한 노동자들의 경영참가제도는 단체교섭제도와 함께 노사
간 정보 비대칭성을 완화하고 지배주주와 소유경영자의 탈취로부터 노
동자를 보호하는 기능을 함으로써, 노동자들이 적극적으로 기업 특수숙
련에 투자하고 기업발전에 헌신하게 하고 안정적 노사관계를 형성하여
품질다변화 생산시스템을 발전시키는 데 크게 기여했다.

그러나 감독이사회가 내부통제체제에서 어느 정도 중요한 역할을 하
는가에 대한 평가는 엇갈린다. 독일 대기업의 경우 감독이사회는 연평균
4번 정도 열리는데,[25] 미국 대기업 이사회가 연평균 12번 정도 열리는 것
과 비교할 때 감독이사회의 경영이사회에 대한 영향력은 제한적이다(같
은 글, p. 243). 공동결정제도 도입이 감독이사회의 경영감시 효율성을 저
해시켰다는 주장도 있다. 즉 종업원대표들은 회계나 재무에 대한 이해부
족으로 경영전략에 큰 영향을 미치지 못하고 주로 고용관련 분야에 치중
하는 경향이 있으며(Pistor, 1999), 경영자와 은행가들은 노동자의 영향력
증가를 염려하여 감독이사회의 기능 강화를 선호하지 않았다(Roe, 1997,
p. 178).

1976년 공동결정법이 제정된 이후 노조의 영향력과 노조에 이용될 수
있는 경영정보를 제한하기 위해 감독이사회의 동의를 요하는 중요 경영
전략 범위를 법적으로 규정된 최소범위로 축소시키는 움직임이 생겨났
고, 이것은 감독이사회가 해야 할 경영감시활동을 위축시키는 결과를 가
져왔다(Schröder and Schrader, 1998, p. 24). 실제로 감독이사회의 주주측 대
표들은 감독이사회의 회의자리에서 노동측 대표들을 의식해 경영자 오
류를 적극적으로 비판·견제하는 활동을 삼가는 경향이 있으며 주주측
대표가 관할하는 소위원회를 구성해 중요 경영전략을 논하는 경우가 많
다. 또 은행들도 기업경영전략에 대한 영향력을 행사할 때 노조와의 논

의를 피하기 위해 감독이사회 같은 공식적 내부통제장치보다는 채권자-채무자의 비공식적 관계나 노동측 대표가 배제된 융자소위원회를 통해 자기 의사를 전달하는 경향이 있다.

독일 주식법 제100조 2항에 따르면, 독일 최고경영자는 최대한 10개의 타기업 감독이사회와 5개의 계열 자회사 감독이사회에 참여할 수 있다. 또한 주식법 제90조에 따르면, 경영이사회는 감독이사회에 정보를 제공할 의무를 갖는 것으로 되어 있다. 감독이사들은 다수의 기업을 감시해야 하는 경우가 많아 철저한 감시를 하기 힘들 뿐 아니라 경영감시를 제대로 못한 경우에도 경영이사회가 정보를 제대로 제공하지 않았기 때문이라고 변명하면서 자기책임을 회피할 수 있다. 감독이사회와 경영이사회 간에 정보 비대칭성이 존재하는 상황에서 감독이사가 적극적으로 정보제공을 요구하지 않는다면 문제가 발생할 소지가 다분한 것이다. 또한 핵심적 보고서가 회의석상에서 보고되어 감독이사들이 기업의 재무성과를 충분히 검토할 여유를 갖지 못하는 경우가 많다. 주주는 경영이사의 경영실패와 감독이사의 감시소홀에 대해 대표소송을 할 수 있지만 독일법은 주주가 소송을 제기하려면 10% 이상의 주주가 지지할 때만 가능하기 때문에 실제로 주주가 경영실패를 문책하는 소송을 제기하기는 매우 어렵다(Wenger and Kaserer, 1998, pp. 42~65).

5. 라인모델의 문제점

독일모델은 80년대부터 생산·금융 측면에서 강력한 도전에 직면했다. 일본은 고품질 세계시장에서 독일의 시장점유율을 축소시켰다. 독일의 품질다변화 생산은 가격경쟁력이 아니라 품질경쟁력에 기반을 둔 것으로 숙련노동자를 생산과정에 통합하고 이들에게 과감한 교육·훈련

비용을 투자함으로써 고품질 세계시장에서 경쟁우위를 확보하는 것이었다. 그러나 일본의 등장은 독일의 품질다변화 생산기업들에 가격하락의 압박을 가했다. 일본은 대기업 남성노동자를 생산과정에 통합함으로써 종업원 헌신과 적극적 숙련향상을 달성할 수 있었고 린시스템(lean system, 생산시스템에서 필요 없는 모든 낭비요소를 없애고 다품종소량생산을 하는 시스템)을 기반으로 독일이 차지하고 있던 고품질 세계시장에 진출할 수 있었다. 일본은 린시스템을 통해 저비용시장과 틈새(niche)시장의 경계선을 허무는 새로운 경쟁을 추진했고, 더 싼 비용으로 독일이 차지했던 고품질 틈새시장을 점령해 나갔다. 더욱이 일본노동자들은 독일노동자들에 비해 장시간노동을 감수했고[26] 기업규모간 임금격차가 독일보다 훨씬 컸기 때문에 중소기업 노동자의 상대적 저임금은 일본의 가격경쟁력을 높여주었다. 린시스템의 확산은 도제주의적 직업별 숙련형성체제에 기반한 독일 노사관계제도에 심각한 위협이 되고 있다.[27]

통독비용도 독일의 경쟁력을 약화시킨 요인 중의 하나이다. 독일의 통일정책은 동독의 서독화였다. 따라서 동독에 서독과 동일한 품질다변화 생산시스템을 구축하려고 했다. 이것은 서독노동자와 같은 수준의 품질생산을 할 수 있는 숙련노동자를 양성해야 하며, 고품질 세계시장을 대상으로 하는 독일의 산업생산능력이 급팽창한다는 것을 의미했다. 그러나 막대한 교육·훈련 비용을 투자하더라도 단기간에 동독노동자들이 서독노동자와 동일한 숙련수준에 이르고 품질다변화 생산체제에 통합될 수 있는 것은 아니다. 또한 설사 성공하더라도 독일의 생산능력 확대에 따라 고품질 세계시장의 수요가 같은 규모로 확대될 수는 없다. 그리하여 통독 이후 독일은 시장 열패자에 대한 복지비용 증대와 함께 비용감축의 시장압력을 더 심하게 받았다. 더욱 문제가 되는 것은 독일기업들이 동독지역 노동자의 상대적 저임금을 이용하려는 경향이 나타나고 있는 점인데, 이것은 동독지역의 생산성을 서독 수준으로 개선하는 데 역행할 뿐 아니라 고임금·고숙련의 기존 생산체제까지 흔들고 있다.

　중위 기술산업에서는 독일이 여전히 비교우위를 유지하고 있지만 하이테크 산업부문에서는 미국과 비교해 열위에 있다(Clarke and Bostock, 1997, p. 236). 독일은행들은 중소기업 금융을 성공적으로 운영하고 있지만 첨단 하이테크 산업부문의 소기업 창업을 지원하는 모험자본의 역할을 하는 데는 일정한 한계를 지니고 있다. 지식기반의 신산업은 은행들이 기존의 기업금융에서 경험해 보지 못한 새로운 산업분야일 뿐 아니라 투자가 대부분 고위험 사업에 집중되고 R&D 같은 무형자산에 대한 것이어서 담보설정도 어렵다. 묵시적 장기거래관계에 기초한 독일식 기업-은행관계는 거래실적이나 거래관계가 없는 새로운 첨단산업분야의 창업기업에 대한 기업금융에는 적용되기 어려운 것이다.[28] 이런 이유로 1997년 벤처기업의 기업공개와 모험자본의 유동성을 지원하기 위해 장외시장인 신시장(Neuer Markt)이 프랑크푸르트에 만들어졌다. 신시장은 벤처기업의 기업공개를 통해 투자한 위험자본을 회수할 수 있는 가능성을 보장해 줌으로써 모험자본의 유동성을 개선시켜 주고, 기존 주식시장에 비해 폭발적인 성장을 하고 있는데 이런 급성장은 기업공개업무에 대한 금융기관들의 관심과 경쟁을 크게 증가시키고 있다(Jürgens et al., 2000, p. 70).

　독일이 미국처럼 급진적 혁신(radical innovation)이 활발하지 못하고 첨단 하이테크산업에서 경쟁력을 상실할 것이라고 보는 것은 성급한 판단이다. 왜냐하면 신시장이 벤처기업을 지원하는 미국의 나스닥(NAS-DAQ)시장의 역할을 시작한데다 또 독일은 대학·연구소·전문기술대학·기업들 간의 R&D 협력네트워크 체제의 기반이 강하기 때문이다. 발언중심의 독일모델은 네트워크체제의 경직성 때문에 급진적 혁신을 지연시킬 수도 있지만 이탈중심의 앵글로아메리카모델도 단기주의, 무형자산에 대한 과소투자, 기술확산의 외부효과에 대한 조정미비 등 많은 문제점을 안고 있다.

독일의 협력적 네트워크체제는 기존 기술을 바탕으로 추가적 개선을 하는 점진적 혁신(incremental innovation)과 공정혁신(process innovation)을 통해 품질다변화 생산체제를 발전시키는 데 미국에 비해 상대적 우위를 보여주었다. 반면 기존 기술패러다임과 근본적으로 다른 신기술을 개발하는 급진적 혁신이나 제품혁신(product innovation)을 창출하는 데서는 미국, 독일의 어느 모델이 더 우월한지 아직 분명한 증거가 없다(Nooteboom, 1999, p. 858). 독일의 R&D지출은 GDP대비 약 3%이고, 미국은 2.7% 수준인데 그중 약 1/3은 국방관련 R&D투자이다(Albert, 1991). 따라서 독일의 R&D투자 지출은 상대적으로 높은 수준을 유지하고 있다. 더욱이 독일은 기능만이 아니라 지식확충에 근거해 숙련노동자를 양성하는 교육·훈련 체제와 함께 장기적 시계 속에서 혁신투자를 적극적으로 지원하는 금융시스템을 갖추고 있다.

향후 세계시장에서 기술경쟁이 치열해질수록 국가경쟁력이 기존 자원의 효율적 배분보다는 기술능력에 의해서 결정될 가능성이 크기 때문에 혁신의 문제가 중요해진다. 그런데 혁신투자가 일시시장(一時市場, spot market)의 시장경쟁과 유연성만으로는 확보되기 어렵다는 점에서, 자본시장의 단기주의 압력을 차단하면서 장기적 혁신투자를 적극적으로 지원하는 독일모델은 단점이기보다 장점으로 부각될 가능성이 크다. 독일 대기업들은 첨단 신기술을 보유한 해외기업들을 인수·합병함으로써 급진적 혁신과 제품혁신의 취약성을 공격적으로 보완하고 있다.[29] 따라서 90년대 독일자본의 해외유출 증가는 단순히 독일경제의 고비용구조와 경직된 노동시장체제로부터 자본이 탈출하는 것이라기보다 대기업들이 세계적 수준의 M&A와 전략적 제휴를 통해서 첨단기술을 확보하고 경쟁우위를 유지하려는 공격적 투자전략의 결과이기도 하다.[30]

주요 OECD국가들은 모두 노령자의 경제활동참가율 감소현상을 겪어왔지만 독일은 특히 노령자의 경제활동참가율이 낮아 미국의 절반 정도에 불과하다. 70년대부터 실업률이 증가하면서 조기퇴직 현상이 커졌는데, 통독 이후 90년대에 들어서면서 이 현상은 더욱 심해졌다. 퇴직연령의 감소, 출생률의 저하와 기대수명 연장으로 미래의 공적 연금 급여비용이 급증할 것으로 예상되는 터라 퇴직연령의 연장, 관대한 조기퇴직제도의 철폐, 갹출금과 재정보조금 증가가 불가피한 상황이다(Taylor-Gooby, 1999, p. 9). 공적 연금의 노후생활보장의 불확실성이 높아지고 있기 때문에 이를 보충하기 위해 포트폴리오 투자로 기금을 운영하는 개인연금의 비중이 늘고 있다. 더욱이 노령화와 조기퇴직은 공적 연금의 부담만 증대시키는 것이 아니라 독일기업 내부금융의 중요한 원천 중 하나인 기업연금의 충당금을 축소시킬 수도 있다(OECD, 1995, p. 133).

독일 기업지배구조 개혁과 관련하여 1994년 보수연립정권 쪽에서는 한 개인이 감독이사가 될 수 있는 기업 수를 제한하고 감독이사의 역할을 재검토하고 은행의 기업지배구조 참여를 제한할 필요가 있다는 문제제기가 있었다. 당시 야당이었던 사민당 쪽에서도 은행이 기업과 보험회사 주식을 소유하는 것을 5% 이하로 제한하고 은행이 행사하는 위탁주식의결권을 주주들이 선출한 특정 대리인이 행사하도록 바꾸고[31] 한 개인이 5개 이하의 회사에서만 감독이사가 될 수 있도록 제한하자는 논의가 제기되었다(Schröder and Schrader, 1998, p. 28). 1995년 사민당은 주주가 주총 각 의안에 대해서 구체적인 지시를 내린 경우에 한해 의결권 대리 행사를 할 수 있도록 제한함으로써 은행이 포괄적인 대리권을 갖지 못하게 하려는 입법안을 제출하기도 했다(김건식, 1997, 116쪽). 독일노총 DGB도 은행권력을 제한하려는 사민당 안을 지지하는 입장이었다(Ziegler, 2000, p. 204). 그러나 1998년 기업지배와 투명성에 관한 법개정은 기업과 은행의 반대 때문에 감독이사회제도를 크게 바꾸고 기업경영 투명성을 높이는 개혁에까지 이르지 못하고 1주1표제 명시화, 자사주 취득관련 규제완화 등 제한된 개혁에 머물렀다(Jürgens et al., 2000, p. 68). 독일 내의 이런 논쟁은 독일 좌·우파 모두가 독일 기업지배구조의 문제점을 어느 정도 인정하고 있음을 의미한다.

금융세계화가 진행됨에 따라 독일 주식시장에 투자하는 외국인의 비중이 증가하고 독일 대기업들도 국제화되면서 점차 외국 증권시장에 상장하는 경향이 커지고 있다. 이것은 독일기업들도 단기수익성 위주의 경영을 하라는 주주자본주의의 압박에 점점 노출된다는 것을 의미한다. 대기업들은 금융유동성이 지배하는 직접금융에 의존하는 경우, 렌트(rent, 초과이윤)를 공유하는 주거래은행과의 거래와 달리 시장금리만으로 외부자금을 확보할 수 있기 때문에 금융헌신보다는 금융유동성을 선택하는 유혹을 받을 수 있다. 또한 금융시장의 규제완화로 금융부문의 경쟁이 강화되고 있기 때문에, 금융유동성이 주는 단기적 이익 극대화를 무시하기 어려워졌고 묵시적 장기관계와 금융헌신의 기업금융을 가능하게 했던 기존의 금융기반이 침식될 것이란 주장도 제기되고 있다. 따라서 금융세계화가 심화될수록 독일경제도 금융유동성, 경영투명성과 소액주주에 대한 법적 권리를 강조하는 앵글로아메리카모델의 규범을 수용해야 한다는 요구가 높아지고 있다.

대형 상업은행이 대기업에 대해 상당한 영향력을 행사할 수 있었을 때는 대형은행의 주도로 산업조정이 이루어지는 진흥적 네트워크(promotional networks)[32]의 비시장적 조정기제가 존재했다. 예를 들어 1926년 다임러와 벤츠의 합병은 독일 자동차산업이 심각한 위기에 처했을 때 도이체방크의 주도로 이루어진 독일 자동차산업에 대한 구조조정의 결과였고 이를 통해 독일 자동차산업은 강력한 경쟁력을 확보할 수 있었다(Eglau, 1989). 그러나 60년대 후반 은행산업의 경쟁이 격화되고 대기업들의 은행의존도가 낮아지면서 대형은행은 산업에 대한 후견인 지위를 잃기 시작했고 대기업에 대한 산업조정능력도 크게 약화되었다. 즉 60년대까지만 해도 도이체방크는 독일철강산업협회와 함께 독일 철강산업의 투자조정을 선도하는 영향력을 갖고 있었지만(Shonfield, 1965, pp. 255~57), 80년대에 철강산업이 구조적 과잉상태에 빠졌을 때는 대형은행들이 철강산업에 대한 산업조정을 주도할 위치에 있지 못했다(Deeg, 1999). 이제 대기업금융에서는 관계금융(relationship banking)이 유지되고 있지만 배타적 관계를 의미하는 전통적 주거래은행 관계가 약화되고 있기 때문에 대형은행들은 대기업지배구조에서 적극적 투자자의 기능을 수행한다기보다 외부자본시장의 단기주의 간섭으로부터 경영자지배체제를 보호하는 네트워크 관계의 한 부분을 담당하고 있다고 볼 수 있다.

그러나 독일모델이 자본시장의 단기주의 압박에 굴복하지는 않는다고 하더라도 은행이 대기업에 대해 주도적 조정능력을 상실한 상황에서 혁신투자와 경쟁력을 강화하는 조직전환을 추진할 필수적인 능력과 인센티브를 갖고 있는가는 의문의 여지가 있다. 만일 내부자들이 조직전환에 필요한 구조조정을 지연시키고 조직전환에 대한 자기방어에 급급하고 외부시장의 규율기능이 취약하다면 내부자(경영자, 종업원, 관계은행, 부품공급자 및 계열사) 담합의 비효율이 발생할 수 있는 것이다. 종업원과 노조는 내부자 담합의 비효율을 감시할 수 있는 이해관계자가 아니다.

독일 기업지배구조는 강력한 지배권을 가진 소유경영자가 다른 이해관계자, 특히 노동자의 기업 특수자산을 탈취하는 행위를 제어하는 방어체제를 구축함으로써 종업원 헌신과 안정적 노사관계를 끌어내는 데 성공했지만 내부자 담합을 규율하면서 혁신적 조직전환을 지속적으로 추진할 수 있는 내부통제 시스템을 확보하지는 못하고 있는 듯하다. 반면주주자본주의가 지배하는 앵글로아메리카모델의 규범을 수용하는 것은 구조조정을 지연시키는 내부자들의 자기방어를 규율하는 효과를 내겠지만 독일의 경쟁우위를 가능하게 했던 금융헌신을 약화시키고 금융유동성을 심화시키며 안정적 노사관계와 종업원 헌신을 가능하게 한 경영자지배체제의 노사간 계급타협 기반을 위협하는 문제점을 안고 있다.

대기업에 대한 은행의 영향력이 줄면서 은행의 조정기능도 약화되었기 때문에 이를 보충하기 위해 국가와 산업협회의 조정기능 필요성은 더욱 커지고 있다. 공급 측면의 미시적 국가조정은 증가하고 있다. 이런 국가정책은 품질다변화 생산체제를 강화하려는 것이며 대개 은행과의 조정에 의존해 이루어진다. 독일에서 국가와 은행의 관계는 상호 의존적·보완적 관계에 있다. 세계화시대 속에서 국가는 은행과의 협조를 통해서 지식, 숙련, 기업간 네트워크같이 이동성이 작은 자본을 발전시키는 데 초점을 맞추면서 경제적 조정을 수행하고 있는 것이다(같은 책, pp. 22~23).

독일은 여전히 강력한 노동운동세력이 존재하기 때문에 금융유동성 강화와 독일기업들이 고품질 세계시장에서 직면한 가격경쟁의 심화가 미국과 같은 신자유주의적 주주자본주의 확산으로 바로 연결되지는 않을 것이다. 그러나 독일경제가 직면한 난제를 극복하면서 조직전환을 성공적으로 추진할 기업지배구조를 확립하지 못한다면 독일모델의 성공은 유지되기 어려울 것이다.

6. 맺음말

유럽통합 이후 독일정부는 "금융중심지 독일"(Finanzplatz Deutschland)이란 구호를 내걸고 금융시장에 대한 규제완화를 강화하면서 프랑크푸르트를 국제적 금융중심지로 만들려고 하고 있다(같은 책, p. 18; Henning, 1994, p. 56). 또한 노령화사회로 갈수록 공적 연금의 재정부담은 더욱 커질 것이고, 신자유주의는 공적 연금 축소와 사적 연금 확대, 재분배기능 축소와 공헌에 따른 급부지출, 재정지원금의 삭감 혹은 폐지, 확정급부형에서 확정갹출형으로, 부과방식에서 기금적립식으로의 연금개혁을 촉구하고 있다(Blackburn, 1999). 금융의 증권화 경향 속에서 연금체제마저 신자유주의적으로 재편되면 금융유동성을 추구하는 금융자본의 이해를 연금가입자인 국민 차원으로 확산시킬 것이다. 이것은 노동자들이 생산감독자와 규율실업에 의해서만 통제되는 것이 아니라 자본시장 규율에도 종속된다는 것을 의미하며, 이 과정에서 금융헌신체제가 흔들린다면 안정적 노사관계, 직업훈련제도, 경영참가 등 독일 기업지배구조에 착근된 라인모델의 모든 구성요소들이 파괴될 수도 있다.[33]

그러나 금융세계화와 금융증권화 경향에도 불구하고 독일은행의 장기금융 비중은 여전히 다른 나라에 비해 월등히 높은 수준이다. 80~90년대 금융세계화 흐름 속에서도 대형 상업은행의 장기금융 비중은 큰 변화가 없으며 저축은행부문도 장기금융 중심의 기업금융체제를 거의 그대로 유지하고 있고 외국은행의 비중도 매우 낮은 수준에 머물러 별 변화가 없다(조영철, 2001).

독일에서도 금융의 증권화 경향이 나타나고 있고 대기업을 중심으로 직접금융 비중이 증가하고 있기 때문에 독일 대기업들의 경우 과거에 비해 주가 극대화를 중시하는 주주자본주의 경향이 나타나겠지만, 은행의 의결권 대리행사와 네트워크 소유관계에 의해 적대적 M&A가 거의 불가능하기 때문에 기업경영이 자본시장의 단기주의에 매몰되지는 않을 것이며 여전히 장기적 시계 속에서 기업경영이 이루어질 것이다. 따라서 품질다변화 생산에 필요한 장기투자능력이 저하되고 대기업들의 경영이 외부자본시장의 단기주의 압력에 종속될 것이라고 예단할 수는 없다.

세계화가 확산되더라도 독일은 자동차·화학·제약·기계 산업 같은 품질다변화 생산부문에서 여전히 제도적 비교우위를 유지할 것이다. 품질다변화 생산부문은 거리두기 관계의 시장중심 체제보다 직업훈련, R&D투자, 금융헌신 등 장기적 협력관계를 촉진하는 비시장적인 제도적 배치(institutional arrangement)를 갖춘 체제에서 경쟁우위를 가질 것이기 때문이다(Soskice, 1999). 라인모델이 일방적으로 앵글로아메리카모델로 수렴될 것이라고 판단하기는 어렵다. 자본이동이 자유로운 금융세계화에도 불구하고 국가가 자본파업의 위협에 일방적으로 굴복하지는 않을 것이다. 국가자율성은 과거보다 축소되겠지만 여전히 존재할 것이며, 독일처럼 물가안정과 높은 저축률을 유지하는 나라일수록 그럴 것이다.

라인모델은 금융헌신에 의한 장기투자 그리고 노동자들에 대한 적극적 직업훈련투자와 숙련향상, 노동자참가를 통해 품질다변화 생산체제의 생산성을 증진시키고 임금을 상승시키는 축적체제를 형성했다. 이에 반해 신자유주의의 앵글로아메리카모델은 임금압박, 노동시장 유연화, 노동강화 등 노동계급을 배제함으로써 비용경쟁력을 추구하는 축적체제이기 때문에 소득분배를 악화시키고 유효수요 창출을 제한하는 문제점을 안고 있다. 따라서 라인모델이 앵글로아메리카모델보다 더 평등하고 안정적인 바람직한 발전모델이라고 할 수 있다.

그러나 세계화의 심화 속에서 경쟁우위를 확보하기 위한 개도국들의 개혁정책 방향은 라인모델보다는 신자유주의의 앵글로아메리카모델로 나갈 가능성이 더 크다. 왜냐하면 이해관계자들간의 협력을 유도하는 묵시적 장기관계의 라인모델 같은 제도적 틀은 그 나라의 역사 속에서 장기의 진화과정을 거쳐 형성되는 것이기 때문에 단기간의 국가개혁정책으로 만들어지기 힘든 데 반해, 규제완화로 기존 제도를 파괴·해체하고 시장원리로 대체해 나가는 것은 상대적으로 훨씬 용이할 뿐만 아니라 단기투기성 자본이 주도하는 자본시장의 집단행동 압박은 더욱 거세질 것이기 때문이다. 이것은 외환위기 이후 한국의 개혁정책에서도 드러나고 있는 것이다.

IMF의 요구, 현정부의 정책과 시민단체의 소액주주운동에서 나타나듯이 주주자본주의 확립이 전근대적인 재벌체제를 개혁하는 핵심이라는 주장이 확산되고 있다. 그러나 주주자본주의는 총수 전횡이라는 한국재벌의 전근대적 요소에 약간의 상처를 주겠지만 그보다는 한국의 경제발전을 가능하게 한 금융헌신, 안정주주, 대기업 내부노동시장 등 장기관계의 네트워크체제를 파괴하는 양날의 칼로 등장할 것이다.

주

1) Chandler, 1990, pp. 398~419; 高橋俊夫・大西健夫 編, 1997, 94쪽. 은행은 대출여부 결정을 기업의 과거 거래실적이나 담보자산에 대한 평가에 따라 할 수도 있지만 미래의 사업전망, 즉 미래 현금흐름에 대한 평가에 따라 할 수도 있다. 모험자본은 후자의 기준에 따라 투자를 하는 것인데, 이런 측면에서 독일의 대형 상업은행들은 대규모 모험자본의 역할을 했다(Zysman, 1983, p. 64).

2) Streeck, 1997. 단체교섭제도, 직장평의회와 공동결정제 등 노동자 보호장치로 독일의 고용관계는 대단히 안정화되어 있다. 독일노동자의 평균 근속연수는 10.4년(1990)으로 일본 10.9년(1990)에 버금가며 미국 6.7년(1991), 영국 7.9년(1991)에 비해 훨씬 길다(같은 글, p. 242).

3) 독일 생산시스템은 경쟁력에서 중요한 역할을 하는 남성 숙련노동자를 생산과정에 통합하는 생산체제였지만 비숙련노동자인 외국인노동자와 여성노동자는 통합의 대상이 아니라 배제대상이었다. 독일 여성노동자들은 비숙련직종에 집중되어 있었고 60~70년대 경제활동참가율도 40% 정도로 선진국 중에서 매우 낮았다. 독일의 고용시스템은 지속적 교육・훈련을 승진의 기준으로 중시하는 체제였기 때문에 고용기간이 짧고 지속적이지 못한 여성노동자들에게는 매우 불리했다(O'Sullivan, 1998a, p. 17).

4) Deeg, 1999, p. 22. 독일의 정반대 예는 영국이다. 영국기업은 외부자본시장의 단기주의 압력하에 있기 때문에 노사관계도 저숙련의 균형에 함몰되어 있다(Teague, 1997, p. 89).

5) 인적 기업에는 개인기업, 합명회사, 합자회사의 형태가 있다(高橋俊夫・大西健夫 編, 1997).

6) 상장기업은 민간기업 피고용자의 약 15%를 고용하고 있다(Sinn, 1999, p. 10).

7) 1989년 주식회사의 자본금규모는 평균 2,889만 마르크인 데 반해 유한회사의 자본금규모는 45만 마르크에 불과했다(相澤幸悅, 1993, 129쪽).

8) OECD, 1995, p. 87; Jürgens er al., 2000, p. 56. 1986년 자본금 기준으로 독일 100대기업의 형태를 보면 주식회사가 67개, 유한회사 18개, 합자회사(KG) 7개, 주식합자회사(KGaA) 3개, 합명회사(OHG) 2개, 기타 형태의 기업이 3개이다(工藤章, 1999, 569쪽).

9) 독일 상장기업들의 또 다른 특징은 우선주의 비율이 높다는 것인데, 우선주는 총주식의 50%까지 발행할 수 있다. 1989년 12월부터 1990년 11월까지 상장된 주식발행액의 28%

가 우선주였다(相澤幸悅, 1993, 130쪽). 이러한 우선주의 발행으로 현금흐름에 대한 권리인 소유권이 분산되어 있더라도 통제권은 집중되는 소유구조가 가능하며(Goergen, 1998, p. 37), 이러한 독일의 소유구조는 소유분산에 의해 소유와 통제가 분리된 앵글로아메리카모델의 소유구조와 다르다.

10) 독일기업에서 25% 이상의 의결권보유는 특별의결 정족수를 필요로 하는 기업의 중요 의사결정에 대해 거부권(Sperrminorität)을 갖는 것을 의미한다(Deeg, 1999, p. 99).

11) Schmidt et al., 1997, p. 69. 1980년 현재 대주주가 존재하는 249개 대기업에 대한 조사를 보면, 통제권을 행사하는 대주주의 구성은 개인 34.5%, 비금융기업 17.3%, 은행 12.2%, 생명보험사 2.5%, 공공부문 14.2%, 외국인 17.3%, 기타 2%이다(Berglöf, 1997b, p. 157).

12) Goergen, 1998, p. 43. 공동결정제도가 소유분산을 억제하는 영향을 미쳤다는 주장도 있다. 즉 노동자가 기업지배구조에 참여하는 공동결정제도하에서 소유가 분산되면 주주 영향력이 약화되어 기업지배권에 대한 노동측 영향력이 더 강화되기 때문에 주식매각은 또 다른 대주주에게 매각되는 형태를 취하게 되어 소유분산이 진행되기 어렵고 주식시장 발전을 가로막았다는 것이다(Roe, 1999).

13) 그러나 영국과 미국이 투자자의 이탈비용을 감소시키는 제도적 장치를 통해 주식시장을 발전시켰지만, 이것은 투자자의 발언효과를 약화시키고 기업감시에 대한 투자자들의 무임승차 문제를 심화시키는 역효과를 내기도 했다. 즉 외부투자자가 내부자들의 거래로부터 불이익을 당하지 않도록 하기 위한 규제장치들은 적극적 투자자의 발언효과를 감소시키고 소극적 투자자의 이탈효과를 증대시킴으로써 금융유동성을 심화시키는 결과를 낳는다. 따라서 내부거래에 대해 관대한 제도는 포트폴리오 투자 위주의 소극적 투자자보다 기업감시와 발언효과를 담당하고 헌신적 자본을 공급하는 적극적 투자자를 격려하는 효과를 낸다(Wright et al., 1997, pp. 150~51).

14) OECD, 1995, p. 116. 경영자와 주주의 이해상충에 관한 소액주주 권리는 영·미에 비해 취약한 편이지만 대주주와 소액주주의 이해상충에 관한 소액주주 권리 보장은 강력한 편이다. 독일연방최고법원은 1975, 88, 95년 수차례의 판례를 통해서 모든 주주들이 기업과 동료주주들에 대해 충실의무(Treuepflichten)를 진다고 결정했다. 따라서 대주주가 주총 의결을 통해 법이나 회사규정에 어긋나는 결정을 하여 기업과 다른 주주의 이익을 침해하는 경우 보유주식 수와 관계없이 어떤 주주든 소송을 제기할 수 있다. 특히 다른 기업이 대주주인 경우, 법원은 대주주인 타기업이 통제권 행사를 통해 기업과 채권자 이익을 침해하지 못하게 막는 수단으로 주주 충실의무를 사용한다(Beinert, 1997, pp. 20~23). 그러므로 독일법원은 대주주의 의결권 행사를 통한 전횡을 강력하게 통제함으로써 소유집중의 폐해를 완화시키고 있다.

15) 1992년 채권시장규모의 GDP대비 비율을 보면 독일 71.8%, 일본 76.5%, 미국 129.6%이다(Henning, 1994, p. 50).

16) 전후 일본은 국가에 의해 관리된 신용중심 시스템이었던 데 반해 독일은 은행주도의 신용중심 시스템이었다(Zysman, 1983, p. 55). 따라서 양국 모두 신용중심의 기업금융을 통해 경제를 발전시켰지만 중앙은행의 역할은 상당히 달랐다. 즉 일본중앙은행은 최후의 대부자 역할뿐 아니라 적극적 최초대부자(active lender of first resort) 역할도 수행했으나(Ozawa, 1999, p. 353), 독일연방은행은 인플레이션 위험이 높은 최초대부자 역할을 하지 않았으며 통화관리를 더 엄격하게 했다. 독일연방은행이 엄격한 통화관리를 할 수 있었던 것은 1924년과 48년 두 번의 화폐개혁을 겪었던 독일국민들 사이에서 화폐가치 안정의 중요성에 대한 사회적 합의가 있었기 때문이다. 따라서 독일은 G7국가들 중 가장 독립적인 중앙은행체제를 갖고 있는 것으로 평가된다(Henning, 1994, p. 90).

17) 기업연금은 원래 50년대 중반 노동시장이 팽팽할(tight) 때 대기업들이 고용관계를 유지하기 위해 핵심 노동자에게 제공한 보상의 일종으로 도입된 제도였다. 1974년 연금법 개정으로 노동자가 자기 연금을 한 기업에서 다른 기업으로 이전시킬 수 있게 되면서 고용관계를 유지하는 보상장치로서의 기능은 약화되었다(O'Sullivan, 1998a).

18) 종업원 5천 명 이상 대기업의 경우 86%가 기업연금제도를 도입하고 있는 데 반해 10인 미만 기업은 13%만이 기업연금제도를 채택하고 있다(OECD, 1995, 주 130).

19) 厚生年金基金連合會 編, 1997, 245쪽. 1974년 연금개혁법에 의해 기업의 지급불능으로 기업연금이 지급되지 못하는 경우를 대비하여 충당금제도와 공제기금제도를 도입한 경우 사용자의 연금보증보험 가입을 의무화하는 지불보증제도가 도입되었다.

20) 독일의 은행법인 신용제도법(Gesetz über das Kreditwesen)도 다른 나라와 마찬가지로 은행의 건전성을 위해 은행의 주식투자에 대해 제한규정을 두고 있다. 첫째 은행의 비금융기업 주식보유는 은행 자기자본의 15%를 초과하지 못하고, 둘째 은행이 보유한 전체 주식은 은행 자기자본의 60%를 넘지 못하고, 셋째 개별기업에 대한 대출금액과 주식지분 합계가 은행 자기자본의 25%를 넘을 수 없다(이성봉, 1998, 17쪽). 따라서 이러한 건전성 조건만 충족되면 은행은 다른 기업에 대해 100% 출자도 할 수 있다(Zysman, 1983, p. 263).

21) 70년대에는 상당수 기업이 적대적 M&A의 방어수단으로 특정 주주가 행사할 수 있는 의결권 최대한도를 제한하는 규정을 도입하기도 했다. 그러나 이후 대부분의 기업은 이런 제한규정이 주식가치를 떨어뜨린다고 해서 제한을 폐지했다(Schröder and Schrader, 1998, p. 29).

22) OECD, 1995, p. 91. 70년대 석유위기로 내부금융 비율이 감소했지만 80년대 들어 다시 증가하여 총투자자금의 내부금융 비율은 90%를 넘고 있다(工藤章, 1999, 585쪽).

23) 석탄·철강 산업은 몬탄공동결정법이 그대로 적용된다.

24) 5인 이상 사업장에는 직장평의회 조직을 의무화하고 있는데, 직장평의회는 채용·전보 등의 개별 인사문제에 대해 합의권과 거부권을 갖는다. 해고의 경우 기업은 직장평의회와 사전에 협의를 해야 하고, 노사간 합의가 이루어지지 않을 때는 노동법원이 판결한다(Hilpert et al., 1997, p. 275).

25) 과거에는 법적으로 감독이사회가 1년에 최소한 2번 이상 열리도록 되어 있었으나 1998년 기업지배와 투명성에 관한 법 개정으로 최소한 4번 이상 열리도록 되었다(Jürgens et al., 2000, p. 68).

26) 일본 기계공업의 노동생산성은 독일의 두 배였는데, 주로 장시간노동에 기인한 것이었다(O'Sullivan, 1998a, p. 19).

27) 노조와 직장평의회가 린생산의 도입을 반대하는 경우가 많기 때문에 아직 린생산방식은 독일에서 본격적으로 확산되고 있지 않다. 그러나 독일기업들은 해외에 공장을 설립하는 경우 국내의 도제주의적 직업별 숙련시스템이 아니라 린생산기술을 채택하는 것이 일반적이다. 독일의 고임금·고숙련 생산방식의 우월성에 대한 사용자들의 확신은 확실히 예전에 비해 흔들리고 있다(Teague, 1997, p. 88).

28) 독일 기업금융이 은행-기업의 묵시적 장기관계에 기반하고 있다는 특성은 구동독지역의 산업금융에서도 문제를 일으킨다. 구동독지역의 산업들은 민영화되어 사기업체제로 변했고 새로운 사기업들이 창업되고 있는데, 서독기업에 소유권이 넘어간 기업들은 기존 기업-은행관계의 헌신적 금융지원을 받지만 그렇지 못한 기업들은 독일의 은행들과 거래실적과 거래관계를 가질 수 없었기 때문에 독일식 주거래은행의 금융지원 혜택을 서독 기업들처럼 받기 힘들다(OECD, 1995). 즉 독일은행들은 동독지역의 산업발전을 위해

위험을 부담하기를 주저하고 있다(Henning, 1994, p. 56). 독일정부가 장기개발은행 등 동독지역을 위한 새로운 금융프로그램을 도입하고 있지만 앞의 문제는 구동독지역 경제 활성화의 걸림돌로 작용하고 있다.

29) 내부시스템에 의한 기술개발의 문제점은 경로의존성이다. 즉 기존 기술이 진부해지고 완전히 새로운 기술패러다임이 필요한 경우 기존의 기술개발 내부시스템이 보유한 학습누적은 경로의존성을 갖기 때문에 새로운 기술패러다임에 적응하기 힘들다. 기존 연구개발시스템이 경로의존성을 극복하는 방법은 새로운 기술패러다임을 보유한 외부집단과의 공동연구, 통합, M&A, 전략적 제휴나 라이선스 등이다(Teece, 1998, pp. 5~14).

30) Harding, 1999, pp. 67~84. Streeck(1997)는 독일자본이 저임금을 이용하기 위해 동유럽으로 유출되는 문제를 우려하지만, 1995년 현재 독일의 해외 직접투자 중 81%가 선진국에 집중되고 있고 동유럽과 개도국에 투자되는 규모는 미미하기 때문에 큰 문제가 안된다(Hassel and Schulten, 1998, p. 495).

31) 도이체방크는 의결권 대리행사를 한 647개 기업 중 단 7개 회사만 제출안건을 부결하도록 주주에게 권고한 데 반해 독일유가증권투자보호연합회(Die Deutsche Schutzvereinigung für Wertpapierbesitz) 같은 주주클럽은 그들의 대표가 참석한 400개 회사의 주총 중 18개 회사가 반대의사 표시를 해(Eglau, 1989, p. 181) 은행에 비해 더 적극적으로 주주이익을 대변한 것으로 나타났다.

32) 진흥적 네트워크에 대한 설명은 Lindberg et al.(1991) 참조.

33) 부과방식의 경우 기업소득을 현직노동자와 퇴직자 간에 어떻게 분배하느냐를 둘러싼 이해갈등이 발생할 수도 있지만 기업소득이 장기적 관점에서 혁신자산에 투자되고 기업의 경쟁우위를 지속적으로 강화한다면 현직노동자와 퇴직자의 이익을 모두 증진시킬 수도 있다. 많은 경제학자들은 금융자산에 투자하는 기금적립방식이 생산적 투자에 이용될 수 있는 자금규모를 증가시키기 때문에 부과방식보다 우월하다고 주장한다. 그러나 금융유동성이 지배하는 주식시장을 통해 생산적 투자자금이 조달되는 비중은 실제로 별로 크지 않으며, 생산적 투자자금은 내부유보 이윤과 감가상각비 같은 내부자금으로 조달되는 것이 일반적이다. 그러므로 금융자산에 투자하는 기금적립방식은 혁신자산에 장기투자하는 금융헌신을 훼손할 수 있다. 즉 연금이 부과방식인 경우에는 현재와 미래의 고용을 안정적으로 유지하는 기업지배체제가 퇴직자 자신의 이해와도 직접적으로 일치하는 반면, 증권에 투자하는 기금적립방식의 연기금은 금융유동성을 증가시키고 현직노동자와 퇴직자 간의 직접적 이해연계를 차단하여 금융자산 보유자인 퇴직자가 현직노동자를 희생해 금융소득을 증대시키는 정책을 지지하도록 유인하는 문제점을 안고 있다(O'Sullivan, 1998a, p. 28).

라인형 자본주의의 노사관계

교섭체계의 발전과정과 신자유주의의 도전

강신준[*]

1. 머리말

산업별 교섭체계를 골자로 하는 독일의 노사관계는 전후(戰後) 독일의 특수한 사정을 반영하는 자본과 임노동의 '역사적 타협'의 산물로서 성립하였으며 이후 독일의 경제적 번영과정에서 주요한 조절기능을 수행해 왔다. 이른바 '독일모델'로 불리는 이 교섭체계는 그 동안 비교적 안정적인 발전을 이룩해 왔으며 특히 국가경쟁력의 강화와 비소모적인 노사관계 그리고 높은 노동복지 수준을 동시에 달성한 비교적 성공적인 노사관계모델로 평가되어 왔다. 이 모델은 독일 자본주의의 기초제도로서 인식되었고(Streeck, 1995) 노동자들에게는 소득분배의 균형과 사회참여를 보장하는 제도로, 사용자에게는 안정적인 산업평화와 경쟁력 강화를 동시에 이룩해 준 모델로 평가되면서 사회적 조절기능을 훌륭하게 수행해 왔다(Traxler, 1997; Flecker und Schulten, 1997).

---

* 동아대학교 경제학과 교수

그러나 80년대 중반 이후 전후 자본주의의 경제적 번영을 받쳐오던 포드주의 생산체계가 위기를 맞으면서 독일모델은 심각한 도전에 직면했다. 신자유주의 이데올로기를 앞세운 학자들과 사용자들이 독일모델의 유효성에 의문을 제기하고 새로운 글로벌화의 조건에 맞추어 독일모델이 근본적으로 재편되어야 한다는 주장을 하고 있는 것이다. 이런 주장과 도전은 아직 기존의 독일모델을 전면적으로 위협할 수준은 아니지만 부분적으로 이미 현실화되고 있으며 그런 경향은 점차로 무시하기 어려운 수준으로 발전할 가능성이 높아 보인다.

독일의 사용자들은 90년대 중반 생산입지논쟁을 제기하면서 독일모델의 유효성에 의문을 제기한 바 있으며 독일의 금속사용자연합(Gesamt-metall)은 1997년 '프랑크푸르트선언'(Frankfurt Erklärung)으로 기존의 교섭체계에 대한 개혁을 요구하고 98년 재차 프랑크푸르트선언을 통해서 '새로운 동반자관계'(neuen Partnerschaft)의 정립을 요구하는 등 독일모델의 개편에 적극적인 공세를 취하고 있다. 이런 도전에 대하여 독일 노동조합은 이미 90년대 초반부터 대응을 준비해 왔으며 그 일환으로 독일노총은 96년 강령을 개혁하고 독일 금속노조는 2000년 협약개정을 목표로 한 '협약개혁 2000' 프로젝트를 진행시키기도 하였다. 독일모델은 바야흐로 새로운 전환기적 국면을 맞이하고 있는 것이다.

한편 한국의 노사관계에서도 독일모델이 직면하고 있는 것과 마찬가지로 신자유주의적 도전이 중요한 전환기적 국면을 이루고 있다. 한국에서는 1997년 노동법개정과 IMF 경제위기를 계기로 신자유주의적 도전이 본격화되었으며 이런 도전은 기존의 기업별교섭구조를 근본적으로 위협하는 것이었다. 이에 대해 한국 노동운동은 이미 내부에서 오래 전부터 논의를 진행시켜 오던 산별교섭구조로의 전환을 주요한 대안적 방향으로 모색해 왔다. 89년 전국노동조합협의회의 창립강령, 96년 민주노총의 창립강령 등에서 이런 대안적 방향은 이미 제시된 바 있으며 실천

적으로도 98년 2월 병원연맹이 산별노조로 조직전환을 이룩하였으며 민
주노총 산하의 최대 산별연맹인 금속산업연맹이 2001년 2월에 산별조직
으로의 전환을 결의해 놓고 있는 상태이다.

이 글은 우리나라의 산별조직 전환문제를 실천적인 문제의식으로 하
면서 독일모델을 두 가지 측면에서 살펴보고자 한다. 하나는 산별교섭
체계로서의 독일모델의 성립과정이다. 이는 주로 산별교섭체계의 구축
을 위해서 필요한 조건과 장애요인을 파악함으로써 한국 노동운동이 당
면한 당장의 산별조직 전환에 따른 실천적 문제점들을 점검해 보기 위함
이다. 또 하나는 신자유주의의 도전에 대한 독일 노동운동의 대응전술이
다. 이는 우리나라 노동운동도 신자유주의적 도전에 직면해 있는 현실에
서 그 전술적 교훈을 찾아보고자 하는 의도이다.

이런 두 가지 관점을 견지하면서 이 글은 다음과 같은 순서로 이루어
진다. 먼저 독일모델의 성립과정을 검토함으로써 산별교섭체계의 성립
조건을 살펴본다. 그런 다음 산별교섭구조의 성격으로서 독일모델의 교
섭구조적 특징들을 살펴보고 그 의미를 정리한다. 이어서 독일모델의 역
사적 발전과정을 검토함으로써 독일모델의 성과와 한계를 정리하고 마
지막으로 신자유주의의 도전을 둘러싼 논쟁들과 이들 논쟁을 매개로 한
독일 노동조합의 전술적 대응을 살펴보고자 한다.

2. 독일 교섭체계의 성립과정

전후 독일의 단체교섭체계는 1949년 4월 9일의 단체협약법(Tarifvert-
ragsgesetz)에 기초하여 형성되었다. 단체협약법의 제정은 처음 행정당국
에 의해 주도되었다. 단체교섭 없이 정부가 직접 임금을 결정하던 전쟁
직후의 과도기를 지나 화폐개혁이 이루어지면서 영국과 미국 점령당국

은 독일경제를 영미식의 시장경제로 전환하기 위하여 단체행동의 자유와 교섭의 자율성을 보장하는 정책을 취하기 시작하였다(Fichter, 1982). 이런 정책기조는 당시 기민당정부의 사회적 시장경제(Soziale Marktwirt-schaft) 정책과도 일치하여 교섭제도를 법제화하려는 정부 내의 합의가 마련되었다.

정부측의 단체협약법 초안은 처음 영국 점령지역의 노동부에서 주도하였다. 빌헬름 헤르셸(W. Herschel)에 의해 만들어진 이 안은 노동조합이 사업장 문제를 포함한 모든 노사관계에 직접 체결권을 행사하도록 함으로써 노동조합에 획기적으로 유리한 조항을 포함하고 있었다. 반면 이 안은 단체협약의 등록제(Tarifregister, 단체협약이 정부에 등록되어야만 비로소 유효성을 갖게 되는 제도로서 정부가 단체협약에 통제권을 갖는다는 의미)와 이 협약에 대한 행정부의 검사권을 인정하고 또한 행정부가 제안권을 갖는 일반중재의무 조항을 채택함으로써 정부가 노사관계의 조정에서 최고지위를 갖도록 하고 있었다(Nautz, 1985, S. 69ff).

영국 점령지에서의 이런 논의와 별개로 미국 점령지에서도 단체교섭의 입법화 논의가 진행되었는데 여기에서도 주(州)정부가 주도하여 초안이 만들어졌다. 이 초안은 헤르셸안과 마찬가지로 협약등록제를 채택하고 있었지만 행정부의 검사권은 배제하였고 또 일반중재의무 조항에서도 노사 양측의 어느 한쪽에서만 요청해도 곧바로 발효되도록 하고 있었다(같은 책, S. 98ff). 이런 초안을 바탕으로 양 점령지의 행정당국에서는 공동초안을 위한 논의를 진행시켜 일반중재의무 조항을 남겨둔 채 공동안을 작성하였다. 전체적으로 관료코포라티즘적 성격을 띠고 있던 이 공동안은 단체교섭에 정부가 개입할 수 있는 여지와 단체교섭의 조정에서 정부가 최고지위를 유지하는 것을 골자로 하는 것이었다.

사용자측의 입장

단체협약법에 대한 사용자측의 입장은 1945년 11월 라인-베스트팔렌 지역 철강금속 사용자들이 노르트라인 주의회 노동분과장과 영국 점령지구 노동부장관(당시 Scheuble)에게 미래의 노동법에 대한 자신들의 견해를 전달하면서 처음으로 제기되었다(Schreiben, 1945). 여기에서 사용자들은 민주주의의 복원을 기본 개념으로 하면서 '자주관리와 자기책임'을 강조함으로써 교섭자율성의 원칙을 주장하였다. 이들은 과도기적으로는 노동시장의 관리를 인정하지만 장기적으로 노동조건의 규제는 결국 노사 당사자들의 손에 들어가야 하고 이를 위해 책임 있는 노사 양측의 통합조직이 필요하며 또 노동조합과의 협력이 필요하다는 생각을 강하게 피력하였다.

그리하여 이 견해에서는 기존의 나치하에서 단체교섭조례(Tarifor-dnung)로 단체교섭이 정부에 의해 법으로 강제되던 것을 자유로운 노사간의 단체협약 및 사업장협정으로 대체해야 한다고 보았다. 또한 교섭단위에서는 단체협약이 광역지구에 적용되어야 한다고 주장하였는데 이는 협약지구가 세분되면 분산적인 개별이해가 부각되고 이것은 계급투쟁을 격화시킬 위험이 높기 때문이라는 것이었다. 결국 사용자들은 산업평화를 위해서 광면협약을 선택하였던 것이다. 정부가 특히 집착을 보였던 일반중재 조항에 대해서는 "협약체결의 책임은 노사당사자가 지고 중재는 노사당사자들의 합의를 목표로 해야 한다"는 입장을 표명함으로써 교섭자율성 원칙을 견지하였다. 이런 교섭자율성 원칙은 1949년에 완성되는 노동조합의 독자적인 단체협약법 초안의 기조와 일치하는 것이었다.

그러나 세부조항에서 노동조합의 안과 충돌하는 견해도 없지 않았다. 예를 들어 노동조합안이 반영하고 있는 협약기준목록(Normkatalog)의 사업장 영역으로의 확대에 사용자들은 반대하였다. 같은 맥락에서 이들은

"사업장협정법이 단체협약법의 하위법으로 예속되는 것"(*Deutsche Sozialpolitik im Aufbruch*, S. 69)에도 반대하였는데 이는 직장평의회가 파업권이 없어서 노조와의 협약보다 유리한 협정을 체결할 가능성이 있다는 전술적 생각 때문이었다. 그래서 사용자들은 엄격한 협약기준(Tarifnorm) 개념 대신 보다 유연한 개념인 협약규정(Tarifbestimmung)을 적용하려고 노력하였다. 그러나 사용자들의 이런 의도는 관철되지 않았다:

협약기준의 지속성 문제에서는 사용자들 내부에서도 이견이 많아 사용자들의 공동입장이 정리되지 않았으며 협약법의 유보에 대해서는 단체협약을 통해서만 유보가 가능하고 개별노동자들과의 협정에 의해서는 불가능하도록 한 노동조합의 안이 지나치게 집단주의적이라고 반대입장을 개진하였으나 이 때문에 단체협약법의 입법화 자체를 반대하지는 않았다. 사용자들은 새로운 경제질서의 건설을 위해 노동조합과의 합의가 매우 중요하다는 점을 인식하고 있었고 대체로 노동조합의 안에 동의하는 입장을 보였던 것이다. 말하자면 독일에서의 단체협약법은 처음부터 교섭자율성이라는 원칙에 대한 사용자와 노동조합 간의 합의를 토대로 형성되는 특징을 가지고 있었다.

노동조합의 대응

행정당국이 단체교섭의 입법화 움직임을 보이고 있을 당시 독일 노동조합들은 아직 이 부분에 대한 관심이 비교적 적었다. 전쟁 직후의 노동조합들은 여전히 제도정치적 문제에 관심이 낮았고 단체교섭과 관련해서는 주로 사업장 교섭문제에 관심을 쏟고 있었다. 그리하여 행정당국이 주도하던 단체교섭의 입법화 문제는 노동조합들의 상급단체인 독일노총이 중심이 되어 대응해 나가는 형태를 취하였다.

노동조합에서 만들어진 최초의 안은 1946년 8월 21일 영국 점령지에

서 개최된 전국대의원대회에서 제안되었다. 이 대회에서는 먼저 교섭정
책과 관련하여 사회주의적 원칙과 경제민주주의 개념이 정리되었다. 즉
소유는 국유화 및 중앙집중화, 행정은 분권화라는 원칙을 사회주의적 원
칙으로 확인하고 노동조합의 경제정책 참여와 공동결정을 사회주의화의
전제로 하는 입장이 정리되었다. 따라서 단체협약법의 제정에 노동조합
이 적극적으로 참여하는 원칙이 확인되었다.

이런 경제민주주의 개념에 따라 포트호프가 기초한 안은, 교섭조직에
서는 산별단위의 조직화를 주장하고 단체교섭에 대한 정부의 개입에 대
해서는 교섭 자체는 노사가 자율적으로 수행하되 교섭의 범위는 거시경
제적인 관점에서 정부가 규제할 수 있도록 하는 내용으로 되어 있었다
(Potthoff, 1946). 그러나 토론과정에서 거시적인 정부개입을 승인하는 이
안을 둘러싸고 교섭자율성이 쟁점이 되었고 요제프 브리슈(J. Brisch)는
완전한 교섭자율성을 주장하였다(Nautz, 1999, S. 439).

단체협약법에 대한 노동조합의 최종안은 1948년 3월 10~11일에 열린
독일노총 노동법, 임금, 사회, 경제정책 위원회에서 확정되었다. 이 대회
에서는 두 가지가 쟁점이 되었는데 하나는 교섭자율성 문제였고 다른 하
나는 교섭단위의 문제였다. 교섭자율성 문제는 독일노총 노동법위원회
에서 쾰른노동법연구소장 니페르다이(H. C. Nipperdey)에게 위임해 놓
았던 초안을 중심으로 논의가 진행되었다. 이 토론에서는 포트호프와 금
속노조 소속인 뷔리크(E. Bührig) 간의 의견이 대립되었는데 포트호프는
46년의 자신의 안을 그대로 주장한 반면 뷔리크는 국가의 경제개입에 반
대하는 경제민주주의 개념을 제기함으로써 완전한 교섭자율성을 주장하
였다. 논의를 거쳐서 뷔리크의 주장이 다수의견으로 정리되었고 니페르
다이도 이 안에 동조하였다.

이와 함께 교섭단위 문제가 수공업부문에 의해 제기되었는데 제기된
안은 최상급조직에 의한 중앙집중적 교섭방식이었다. 그러나 토론과정

에서 각 산별노조들은 교섭권을 포기하지 않으려 하였고 따라서 교섭단위는 산별노조별로 분권화된 형태를 취하게 되었다.

이런 토론내용을 담아서 최종적으로 확정된 니페르다이안의 골자는 다음과 같다. 먼저 단체협약은 단체교섭권의 기초로서 '교섭자율성' 원칙에 입각하며 협약에 대한 정부의 승인은 배제한다(협약등록제의 거부). 협약체결권자는 노동조합, 사용자단체, 개별사용자이며 최상급조직(노총, 경총)은 교섭권을 갖지 않는다(분권적 교섭단위). 또한 협약의 기준부분에는 노동협약 및 사업장협정이 포함될 수 있으며 단체협약은 사업장협정에 우선하는 구속력을 갖는다(단체협약의 우위).

사용자단체의 교섭체결권을 인정함으로써 사용자들의 단결의 자유를 인정하는 의미를 갖는 이 니페르다이안은 철저하게 교섭자율성에 중점을 둔 안이었다. 또 이념적으로 단체교섭에 대한 정부의 개입을 반대하고 이를 노동조합 자신의 책임하에 형성하고자 하는 것을 의미하는 것으로서 정부보다는 사용자를 교섭상대로 선택함으로써 이른바 자유주의적 코포라티즘(liberale Korporatismus)을 지향하는 것이었다(같은 글, 1999).

실제로 이 안은 사용자측과의 논의를 먼저 거쳐서 노사합의하에 사민당에 전달되었고 사민당은 거의 수정 없이 이 안을 그대로 의회에 상정하였는데 이것은 행정부의 자체안이 발의되기 전에 이루어짐으로써 단체교섭의 입법화에서 사실상 행정부의 발의권을 선점해 버린 결과를 가져왔다. 노동조합의 주도로 만들어진 이 법은 1949년 4월 9일 발효되어 현재까지도 기본 골격을 그대로 유지하면서 사실상 독일모델의 기초를 이루고 있다.

3. 독일 교섭체계의 구조: 이른바 독일모델

교섭단위

1949년 단체협약법에 기초하여 형성된 독일의 교섭체계는 크게 교섭
의 형식을 이루는 교섭단위와 교섭의 내용을 이루는 협약체계 두 부분으
로 나누어 살펴볼 수 있다. 먼저 교섭단위는 단체협약법의 입법화 과정
에서 가장 뜨거운 쟁점이 되었던 교섭자율성과 직접 관련이 있다. 교섭
자율성이란 독일의 기본법 제9조 3항에 명시된 단결권에 기초하여 노사
쌍방이 자율적으로 체결한 협약이야말로 노동조건 및 경제조건의 규정
에서 최우선적인 효력을 갖는 것을 의미하는데 바로 이 자율적 협약의
단위를 단체협약법에서는 산업별 노동조합과 사용자단체를 그 기본단위
로 하고 있다. 즉 산별교섭단위가 독일에서는 교섭의 기본단위를 이루고
있다. 이것은 "파업권 없는 단체교섭은 '집단구걸'에 다름 아니다"라는
연방대법원의 판결이 보여주듯이(Lang et. al., 1990, S. 28) 산별단위의 교섭
조직이 파업권을 갖는다는 것을 의미한다.

이처럼 산별단위를 기본으로 하는 교섭조직은 그 밑에 사업장단위에
서 다시 산별교섭을 보완하는 협의구조를 가지고 있는데 이 사업장단위
의 협의를 규정하는 것이 1952년의 경영조직법(Betriebsverfassungsge-
setz)이다. 이 법에 따르면 사업장단위에서는 비조합원이 포함되는 종업
원 전체를 대표하여 직장평의회(Betriebsrat)가 구성되고 이 평의회가 개
별 사용자와 직장협정(Betriebsvereinbarung)을 체결한다. 그러나 사업장
단위의 협의는 교섭이 아니며 따라서 직장평의회는 파업권을 갖지 못한
다. 또한 산별노조가 체결하는 단체교섭이 노동조건 및 경제조건의 규정
에서 최우선적인 효력을 갖기 때문에 직장협정은 단체협약의 기준을 위
반할 수 없으며(산별협약기준은 사회적 최저기준이므로 이보다 나쁜 조

건으로의 직장협정은 원칙적으로 금지되어 있다) 그에 부수적인 지위만을 갖는다. 한편 교섭체계에서 이처럼 비교적 하위조직으로서의 지위만을 갖는 직장평의회가 사업장단위에서 보다 강력한 노동자들의 이해를 대변하기 위한 장치로 독일에는 51년 철강 및 광산 산업분야에서 체결된 몬탄공동결정법(Montan Mitbestimmungsgesetz)이 있다. 이 공동결정법은 노사 동수로 구성되는 경영감독회의를 통해서 노동자들의 사업장에서의 참여권을 대폭 강화하는 것인데 76년부터는 타업종의 대기업(주식회사의 경우 종업원 2천 명 이상)에까지 확대되었다.

그런데 직장평의회는 공식적인 노동조합조직이 아니므로 노동조합의 교섭정책과 반드시 보조를 같이하기는 어렵고 때로는 교섭정책에서 노동조합과 갈등을 빚기도 하는 역사적 경험을 보이고 있다. 바로 이런 점 때문에 1952년 경영조직법이 입법화될 때 독일 노동조합은 사업장단위의 노동자조직이 노동조합의 조직체계 밑으로 들어오도록 노력했으나 노동조합의 의도는 실패로 끝났다. 그렇지만 입법화에서 자신들의 의도가 좌절된 이후 노동조합은 형식적으로 노동조합조직이 아닌 직장평의회를 내용적으로 노동조합조직으로 만들기 위해서 조합원들을 직장평의회에 출마시켜 전체 직장평의회 평의원의 약 3/4, 의장의 4/5 이상을 차지했다(박장현, 1999, 105쪽). 따라서 직장평의회는 형식상 노동조합과는 별개의 조직이지만 내용적으로는 노동조합 교섭정책의 한 부분을 담당하는 하위조직으로 기능하고 있다.

이처럼 독일의 교섭체계는 단체협약법에 기초한 산별노조의 교섭단위와 경영조직법에 기초한 직장평의회의 협정단위로 이원화되어 있다. 이런 교섭단위에 맞추어 독일의 노사는 각기 교섭조직으로서 산별단위에서 산별노조와 사용자단체를 구성하고 있다. 산별조직 원칙에 따라 노동조합과 사용자는 '1산업, 1노조 및 1사용자단체 연합'의 원칙으로 조직되어 있다. 현재 교섭을 담당하는 독일의 사용자단체는 독일사용자총연합

(Bundesvereinigung der Deutschen Arbeitgeberverband, BDA) 산하에 46개의 산별 사용자단체연합들로 구성되어 있고 이들 각각의 산별 사용자단체연합은 다시 20개 혹은 그 이상의 개별 사용자단체들을 대변한다. 예를 들어 금속산업의 경우 13개 지역별 금속산업 사용자단체가 전국단위에서 하나의 금속산별사용자단체연합(Gesamtmetall)을 구성하고 있다. 사용자단체의 가입률은 1995년 현재 약 80%에 달한다(*Facts about Germany*, 1996, p. 388).

한편 노동조합의 경우에는 독일노동조합총연맹(Deutsche Gewerk-schaftsbund, DGB) 산하에 13개 산별노조(1997년 말 기준)가 교섭단위를 구성하고 있는데 이들 산별노조는 실제 교섭에서는 다시 광역지구단위로 나누어 교섭을 수행하고 있다. 예를 들어 가장 조직이 큰 금속노조(IG Metall)의 경우 8개 지구로 나누어 교섭을 한다. 그러나 사용자의 경우와 달리 노동조합들은 단일한 산별조직들을 구성하고 있지 못하다. DGB 이외에도 산별원칙을 거부하고 별도의 전국연맹체를 구성한 독일사무노동자조합(DAG), 독일기독노동조합연맹(CGB), 독일공무원연맹(DBB) 등이 있는데 이들은 DGB에 비해 조직이 매우 작아서 사실상 단체교섭은 DGB가 주도적으로 수행하고 있는 실정이다. 97년 말 현재 DGB의 조합원 수는 860여만 명에 달하며 가장 조직이 큰 금속노조의 경우 260여만 명에 이른다. 97년 말 현재 독일 노동조합의 조직률은 25.4%이다(IG Metall Vorstand, 1998).

협약체계

독일 협약체계의 가장 주요한 특징은 산별교섭의 성격을 그대로 보여주는 광면협약(Flächentarifvertrag)에서 가장 먼저 찾아볼 수 있다. 광면협약이란 산별단위에서 체결된 협약기준이 해당 산업부문 전체에 대해

<표 1> 독일노총의 노동조합별 조합원 수

(1997년 말 기준, 단위: 명)

노동조합	조합원 수	노동조합	조합원 수
금속노조	2,660,951	식품, 유흥, 숙박 노조	294,546
공공서비스 및 운수 노조	1,643,692	교육 및 과학 노조	289,014
광산, 화학, 에너지 노조	1,010,555	경찰노조	196,536
건설, 농업, 환경 노조	655,356	언론노조	191,610
상업, 은행, 보험 노조	488,271	섬유 및 의류 노조	183,349
체신노조	487,814	목재 및 플라스틱 노조	154,043
철도노조	367,734		
독일노총 전체(합계)			8,623,471

자료: 같은 책.

서 최저기준으로서의 효력을 갖는 것을 말하는데 협약적용률에 직접적인 영향을 미친다. 즉 독일의 경우 30%밖에 안 되는 노동조합 조직률에도 불구하고 그 적용률은 80%가 넘는 것이 바로 그런 내용을 잘 말해주고 있다(Traxler, 1998, S. 251). 이는 산별협약이 조직원들만이 아니라 미조직노동자들을 포함하여 임노동계급 전체를 보호하는 기능을 갖는다는 것을 의미한다. 산별단위의 광면협약 외에 기업협약(Firmentarifvertrag, Haustarifvertrag)도 있는데 이는 사용자단체에 가입하지 않은 개별기업에 대해서 노동조합이 체결하는 협약이다. 독일 금속노조가 폴크스바겐사와 체결한 협약이 바로 그런 예에 해당한다. 그러나 이런 기업협약은 독일의 전체 교섭체계에서 별로 중요한 의미를 갖지 않으며 오히려 예외에 해당한다.

협약의 종류는 우선 기본적인 것으로 크게 세 가지를 들 수 있다. 첫째는 외투협약(Manteltarifvertrag)으로 불리는 기본협약이다. 이는 노동조건에 대한 각종 규정을 포함하고 있으며 그 이름(Mantel은 마지막 겉옷에 해당하는 외투를 가리키는 말임)에서도 엿볼 수 있듯이 교섭체계 전반에 걸쳐 교섭대상과 그 일반적 보호기준들을 제시하고 있다. 대개 여기에 포함되는 내용은 정규 및 단축 노동시간, 시간외·야간·휴일 노동, 임금의 계산과 종류, 질병 및 재해보상, 휴가, 해고통지, 교육훈련 등이다.

둘째는 임금체계협약(Lohn-bzw. Gehaltrahmentarifvertrag)인데 이는 임금결정의 세부기준을 포함하고 있다. 대개 임금등급, 등급지표의 정의, 각종 부가급에 대한 규정 등이 이 협약에 포함되며 그 내용은 산업별, 지역별로 매우 다양하다. 그러나 이런 다양성은 독일의 경우 노사가 함께 참여하여 운영하고 있는 REFA협회(REFA-Verband für Arbeitsgestaltung, Betriebsorganisagtion und Unternehmensentwicklung e.V.)에서 제시하는 몇 가지 기본모형의 범위 내에서 이루어진다. 사회적 단위에서 임금체계에 대한 조절이 이루어지고 있는 셈이다.[1]

셋째, 임금협약(Lohn- und Gehalttarifvertrag)인데 이는 협약 유효기간 중에 지급되는 임금표를 나타내고 있다. 대개 임금협약은 유효기간이 1년이기 때문에 임금협약은 매년 새롭게 갱신된다. 반면 임금체계협약과 외투협약은 유효기간이 대개 수년에 이르고 있다.

이런 세 가지 기본협약 외에 특정 사안을 대상으로 하는 많은 협약들이 또 있다. 예를 들면 합리화피해보호, 파트타임노동, 노동시간, 노후단축노동, 조기정년, 고용안정, 향상훈련 및 재훈련, 재산형성급여 등을 들 수 있다. 1997년 말 현재 금속산업에서만 외투협약을 비롯한 산별협약이 총 1,135개, 기업협약이 1,246개 등록되어 있으며(IG Metall Vorstand, 1998) 독일 전체로는 약 4만 개 가량의 협약이 등록되어 있는 것으로 알려지고 있다.

교섭의 진행과정

독일의 단체교섭체계에서는 협약이 만료되기 수개월 전부터 노동조합과 사용자 사이에서 차기협약을 위한 협상이 시작된다. 각 산별노조에서는 대개 협약위원회가 구성되어 차기협약을 위한 제반 사항들을 정리한다. 임금인상의 경우 전통적으로 세 가지 요인을 종합적으로 고려하여 정치적으로 요구안을 결정한다. 첫째는 물가상승률로서 이는 마인홀트 안에서 이미 논쟁을 거쳐 자리를 잡은 요인이다. 둘째는 노동생산성으로 이는 초기 적극적 교섭정책 테제가 정립된 이후 지속적으로 이어지는 전통적 요인이다. 셋째는 노동소득분배율로서 이는 교섭정책이 분배정책의 한 요소로 자리를 잡은 이후 전통적 요인으로 내려오고 있다.

협약종료의 통지는 대개 협약만료 4주 전에 이루어지고 협약만료와 동시에 수주일 혹은 수개월 동안 교섭이 진행된다. 독일의 경우 대부분은 쟁의 없이 교섭이 타결된다. 그러나 교섭기간중에 교섭을 유리하게 진행시킬 목적으로 시위나 경고파업, 일시적인 작업중단은 자주 단행되기도 한다. 금속산업처럼 교섭이 지구별로 이루어지는 경우에는 한 지구가 선도적으로 교섭을 진행시켜 교섭이 타결되면 이것이 다른 지구에도 기준으로 적용된다. 교섭이 잘 진행되지 않을 경우에는 중재제도가 있지만 이것은 교섭자율성의 원칙에 따라 교섭당사자 가운데 한쪽의 요청이 있어야만 비로소 가능하다. 교섭이 결렬될 경우 파업은 최후의 수단으로 사용되지만 이것은 단체교섭에 의해서 해결될 수 있는 사안만을 대상으로 해야 하며(따라서 정치적 파업은 금지된다) 평화기간(협약유효기간)에는 금지된다.

파업은 조합원 75%의 찬성을 얻어야 가능하다. 사용자는 노동조합의 파업에 대응하여 직장폐쇄를 단행할 수 있으나 연방노동재판소의 판례에 따라 엄격하게 제한된 경우에만 가능하다. 전체적으로 보아 산별 광면협약체계로 이루어진 독일의 교섭체계는 교섭단위가 크기 때문에 노동쟁의의 파급효과가 매우 크고 따라서 노사 당사자에게 사회적 책임을 부과하는 성격이 뚜렷하다. 그럼에도 불구하고 독일의 노동조합들은 중요한 교섭쟁점에서 파업을 단행하였는데 예를 들면 1973년의 임금체계

	교섭 당사자		교섭 결과	법적 토대
사회적 단위	독일노총(DGB)	독일경총(BDA)		
산별단위	산별노조(13개)	산별사용자연합	단체협약	단체협약법
사업장단위	직장평의회	개별사용자	직장협정	경영조직법

협약 개정을 요구하는 금속노조의 파업, 78년 합리화보호협약을 위한 금속노조의 파업, 84년 노동시간 단축을 목표로 한 금속산업 및 인쇄산업의 장기간 파업 등이 그것이다.

4. 독일 교섭체계의 발전과정

초기 교섭정책의 형성과정

단체협약법이 제정될 당시 독일 노동조합들은 아직 정리된 교섭정책을 수립해 놓고 있지 않았다. 노동조합들은 사회주의적 원칙을 견지하면서 제도정치적 움직임에는 소극적이었다. 1948년의 통화개혁과 49년까지 정부의 임금인상 억제정책에 노동조합은 별다른 개입 없이 이를 방관하는 태도를 보였다. 그러나 50년대 중반이 되면서 국지적인 임금투쟁들의 연이은 패배와 특히 52년의 경영조직법의 패배가 누적되면서 독일에서 자본주의적 부흥이 완료되고 노동조합이 지향하던 '새로운 사회 건설'은 좌절되었다는 것이 명백해졌다. 그리하여 좌파노조주의자들에 의해 제도정치적 흐름으로의 정책전환이 주도되었다. 이런 정책전환은 '패배'로 이해되기도 했지만 좌파노조주의자들은 이것이 반자본주의적 입장의 포기가 아니며 기존의 자본주의적 조건에서 교섭력을 높이기 위한 현실적 방편이라고 생각하였다(Schauer, 1999, S. 427).

이런 정책전환은 1954년 아가르츠가 제기한 '확대임금정책'(expansive Lohnpolitik) 테제논쟁을 통해서 이루어졌다. 이 테제는 교섭정책을 단지 수동적인 분배정책으로만 간주하지 않고 보다 적극적인 생산정책으로 간주하였다. 즉 임금인상이 생산성 향상의 유인으로도 작용해야 하며 따라서 임금에는 생산성 향상분이 포함되어야 한다는 것이었다(Agartz, 1953, S. 245ff). 이는 생산자로서의 노동자들의 이해를 대변하는 새로운 개념의 교섭정책이었다. 이 테제는 편협한 경제주의로 비판을 받기도 했지만 전후의 어려운 경제여건에서 노동하고자 하는 노동자들의 적극적인 의지와 사용자들의 전후 경제복구 의지와 일치하는 것으로서 초기 독일 교섭체계를 특징짓는 교섭정책으로 자리를 잡았다.

아가르츠의 테제는 다시 금속노조의 브렌너(O. Brenner)에 의해서 '적극적 교섭정책'(aktive Tarifpolitik) 개념으로 발전해 갔다. 이 개념은 교섭정책이 공정한 소득분배정책으로 기능해야 하며 노동자들의 임금요구는 노동성과의 사회적 인정을 요구하는 의미를 가지며 그것은 사회적 통합요구이기도 하다는 것이었다(Bergmann et al., 1975). 이 개념에 대해서도 많은 비판이 따랐지만 확대임금정책과 함께 오늘날까지 독일 노동조합 교섭정책의 기조로 이어져 내려오고 있다.

'경제기적' 시기의 교섭정책

확대임금정책 테제와 적극적 교섭정책 개념에 따라 독일노총은 1955년 5월 1일 실천강령으로서 소득증대, 노동시간 단축, 휴가증대, 질병 및 노후 보험, 산업안전 강화 등을 결의하였다(Brenner, 1954). 이들 요구는 70년대 중반까지 비교적 순조롭게 이어지는 경제번영에 힘입어 상당히 성공적으로 달성되어 갔다. 1950년~70년에 노동자의 평균실질임금은 약

2.5배 상승하였으며 노동시간도 크게 단축되었고 생활수준은 급상승하였다(Bosch, 1998, S. 348 Tab. 3 참조). 그리하여 루츠의 표현대로 "이 4반세기 동안 대부분의 유럽 산업국가들에서 양차대전 기간 동안 미국에서 형성된 '중간계급'(middle class)의 주요 생활방식의 특징들이 모두 달성되었다"(Lutz, 1989, S. 219). 물론 이런 성과는 모두 적극적 교섭정책이 가져온 결과였다.

그러나 적극적 교섭정책이 처음부터 순조롭게 진행된 것은 아니었다. 무엇보다도 초기에는 노동조합과 사용자 및 정부가 모두 바이마르시기 이후의 교섭체계의 유산으로부터 자유롭지 못하였다. 비체계적이고 비정치적인 교섭체계의 유산이 곳곳에 많이 남아 있어서 사용자는 생산성 향상에 노동자를 참여시킬 준비가 되어 있지 않았으며 정부도 교섭자율성을 지키지 못하고 교섭갈등에 자주 개입하는 모습을 보였다. 그러나 노동조합의 잦은 파업과 투쟁으로 이런 유산은 조금씩 청산되어 50년대를 경과하면서 적극적인 교섭정책은 교섭체계 내에 점차 자리를 잡아갔다. 또한 같은 시기에 선도적인 노동조합인 금속노조가 지구별 교섭을 연방단위에서 조정하는 연방교섭체계를 완성함으로써 산별단위의 광면 교섭체계도 점차 안정되어 갔다.

적극적 교섭정책이 안정적으로 교섭체계 속에 정착되어가면서 노동조합의 교섭정책은 소득정책의 한 요소로서 자리를 잡아갔다. 이것은 소득 분배를 시장기능에 맡기는 것이 아니라 정치적인 문제로 간주하는 이른바 사회국가(Sozialstaat) 개념이 정립되어 가는 것을 의미하였다. 이처럼 교섭정책이 경제정책의 한 요소로서 자리를 잡아가던중 노동조합의 임금정책을 둘러싸고 논쟁이 발생하였다. 논쟁의 발단은 1962년 경기하강이 임금인상 때문이라는 정부의 경제보고서에서 비롯되었다. 정부와 경제기관들 그리고 사용자들은 임금과 물가 간의 악순환의 고리를 끊기 위해 임금인상이 자제되어야 한다는 주장을 하였고 이것은 63년 금속산업

바덴뷔르템베르크(Baden-Würtemberg)지구 교섭에서 갈등을 유발하여 60년대 최대의 쟁의를 가져왔다. 논쟁은 결국 65년 전문가위원회에서 임금인상에 생산성 향상분과 물가상승분이 함께 반영되어야 한다는 이른바 이중조정(Doppelanpassung) 개념에 입각한 마인홀트안(Meinhold-Formel)을 권고함으로써 결말이 났다. 그리하여 이후 노동조합의 임금요구에서는 생산성 향상분과 물가상승률이 소득분배율과 함께 3대지표로 자리잡게 되었다.

  1966~67년 경기침체로 인플레이션 억제와 실업감축은 이제 새로 들어선 사민당정부의 1차적 과제가 되었다. 그리하여 정부는 경제위기를 극복하기 위한 초집단적 정치모델로서 제1차 노사정위원회(Konzertierte Aktion)를 구성하는데 이것은 독일 교섭체계에서 또 하나의 코포라티즘적 특징을 이루게 된다. 제1차 노사정위원회는 교섭자율성을 존중하면서 케인스주의적 성장정책에 입각하여 인플레 억제와 실업감소를 목표로 하였다(Schroeder und Esser, 1999, S. 4). 노동조합 내부에서는 노사정위원회에의 참여를 둘러싸고 격렬한 논쟁이 벌어졌으며, 이 위원회가 사회적 균형을 지향하기보다는 '사실을 은폐하고자 하는' 기능을 가지며 궁극적으로는 노동조합의 단결권을 제약하려는 것이라는 비판적 견해가 주를 이루었다. 그러나 적극적 교섭정책을 주장한 바 있던 브렌너의 거의 개인적인 노력에 의해 이런 비판을 넘어서서 노동조합의 참여가 결정되었다(IG Metall Vorstand, 1968).

  제1차 노사정위원회는 초기에는 비교적 성공적으로 운영되다가 1969년 경기가 회복되고 케인스주의 경제정책에 대한 신뢰가 떨어지면서 서서히 약화되다가 77년에 해체되었다. 제1차 노사정위원회는 그 미약한 성과에도 불구하고, 노동조합이 사회적 교섭의 일원으로서 지위를 확보했다는 점에서 독일 교섭체계의 코포라티즘적 성격에 중요한 기여를 하였다.

경제위기와 교섭정책의 변화

순조로운 경제번영에 힘입어 50년대 초에 설정했던 목표를 상당 부분 달성한 독일 노동조합들은 70년대 초 기존의 기본적인 물적 조건들에 집중되어 있던 양적 교섭정책에서 삶의 질을 개선하고자 하는 질적 교섭정책으로 정책목표를 전환하였다. 새로운 교섭정책은 1972년 금속노조의 '자동화대회'(Automationskongress)라는 명칭으로 개최되는 일련의 집회들에서 나타나기 시작하였다.

새로운 교섭정책에서는 이제 '노동의 인간화'가 중요한 비중을 차지했는데 이는 각국에서 점차 확산되고 있던 흐름생산 노동자들의 저항을 그 배경으로 하고 있었다(Strauss-Fehlberg, 1978). 이 정책은 73년 금속산업 바덴뷔르템베르크의 '임금체계협약 II'로 한때 가시적인 성과를 거두기도 하지만 74~75년 석유위기 때 밀어닥친 경기침체로 제대로 실현되지도 못한 채 좌초해 버리고 말았다.

1974~75년의 경기침체는 국민총생산이 감소하고 실업자가 처음으로 100만 명을 돌파하는 심각한 것으로서 전후 호경기의 종언을 의미했다. 80년대 말까지 성장률이 3%를 넘지 못하는 장기침체가 이어지고 80년대 초에는 이미 실업자가 200만 명을 넘어섰다. 그리하여 독일의 교섭체계는 이제 위기국면을 조건으로 하는 새로운 내용으로 전환해야 하는 상황에 놓였다.

장기침체와 대량실업 문제에 대응하는 독일 노동조합의 교섭정책은 80년대 들어서 점차 노동시간 단축정책으로 정리되어 갔다. 80년대 초 노동조합 내부에서는 고용위기에 대응하기 위한 교섭정책으로 '조기정년'제도와 '주35시간노동'정책을 놓고 논쟁이 벌어지기도 했으나 전자는 단순한 노동시장적 정책인 반면 후자는 사회개혁적 내용을 가진 정책으로 평가되면서 교섭정책의 초점은 후자로 모아졌다(Mayer und Janßen, 1984).

그 결과 84년 금속산업과 인쇄제지산업에서 35시간노동협약이 체결되는 성과가 나타났으며 80년대 동안 독일 노동조합들의 교섭정책은 노동시간 단축정책으로 그 중심이 모아졌다.

그러나 당면한 대량실업 문제에 대응하기 위해 노동조합 교섭정책의 중심이 노동시간 단축정책으로 옮겨감에 따라(이 경향은 80년대 말까지 지속된다) 70년대 후반부터 노동자들의 실질소득 증가율이 둔화되는 양상이 나타났다. 1971~80년에 노동자들의 실질임금은 연평균 2.9% 상승한 데 반해 81~90년에는 연평균 0.8%의 상승에 그쳤다. 이것은 국민총생산의 증가율을 밑도는 것이었다. 국민총생산 증가율은 1971~80년 연평균 2.7%, 81~90년에는 연평균 2.2%에 이르렀다. 이에 따라 피고용자 보수율은 70년대 평균 73.7%에서 80년대에는 평균 70.9%로 하락하였다. 이것은 노동시간 단축정책의 성공이 분배정책의 희생을 대가로 하고 있다는 것을 의미했다.

게다가 70년대 중반 이후부터 분배구조에서는 낮은 생산성 증가율하에서 자본수익이 높은 수준(고성장시기의 수준)으로 증가하는 이상한 현상이 나타나고 이는 낮은 투자율과 맞물려 자본의 과잉축적을 가져왔으며 자본의 과잉축적은 다시 금융자본의 지배구조 확립과 주주자본주의의 형성을 가져왔다. 이른바 신자유주의적 조건이 형성되고 있었던 것이다(Schauer, 1998).

그러나 이런 변화된 조건에 대한 노동조합의 대응은 80년대 말까지도 아직 제대로 갖추어지지 않고 있었다. 노동조합은 아직 케인스주의적 시각을 견지하고 있었고 이런 노동조합의 견해는 80년대 말 신자유주의로 대변되는 일련의 학자들과 사용자들로부터 집중적인 공격을 받으면서 독일의 교섭체계는 전면적인 위기를 맞게 된다.

5. 독일 교섭체계의 위기

교섭체계의 위기와 그 배경

전후 독일 자본주의의 조절기제로서(Flecker und Schulten, 1997; Traxler, 1997) 안정적인 발전을 지속해 오던 독일의 교섭체계는 80년대 중반 이후 협약체계에 대한 훼손이 증가하면서 점차 위기를 맞게 된다. 기존의 협약체계에 대한 훼손은 외부적으로는 사용자연합의 약화가 두드러졌다. 즉 사용자연합으로부터 탈퇴와 미가입이 늘어나면서 협약의 구속력이 떨어지는 경향이 나타나고 특히 금속산업에서는 이런 경향이 점차 만성적인 사태로 굳어져 갔다. 이는 사회 전체적으로 경제구조가 변화하여 노동조합이 취약한 서비스산업이 증가하는 경향과 아웃소싱을 통해서 협약구속력을 회피하는 경향에 의해서 더욱 가속화되었다.

여기에 협약체계 내부로부터의 훼손도 가중되었는데, 즉 협약조항을 위반하는 사례가 다양하게 증가하였다. 위반내용으로는 노동시간에 대한 위반이 가장 많았고 그 다음으로는 임금규정 위반이 많았다. 위반방식은 산별협약 조항이 사회적 최저기준임에도 불구하고 사용자들이 이를 '최대조항'으로 이용하거나 협약적용에 예외를 인정하는 소위 협약조항의 개방화를 통해서 개별기업에서 협약기준보다 나쁜 조건을 도입하는 방식이었다. 말하자면 협약체계의 훼손과 분권화 및 분산화가 증가하면서 교섭체계는 전반적인 위기를 맞게 된 것이다(Bispinck, 1995).

이런 교섭체계의 위기를 가져온 배경을 둘러싸고 다양한 논의들이 제기되었는데 대체로 다음 세 가지가 가장 주된 요인으로 손꼽힌다(Bispinck und WSI-Tarifarchi, 1998, S. 242).

첫째는 교섭체계의 조건이 되었던 전후 자본주의의 케인스적 포드주의의 위기이다. 전후 장기간의 경제적 번영이 막을 내림으로써 번영의 물적 토대 위에서 형성되었던 정치, 경제, 사회, 문화 등 사회여건 전반에서 총체적인 변화가 발생하였으며 70년대 이후부터 노동조합이 의존하고 있던 마인홀트안의 교섭정책 개념, 즉 생산, 대중소득, 대중구매력 간의 균형발전이라는 케인스주의적 교섭정책 개념은 효력을 상실하게 되었다.

둘째는 독일통일이 가져온 역효과이다. 1990년 통일과 함께 서독지역의 협약체계는 동독지역에 포괄적으로 적용되었으나 동독지역의 탈산업화 현상은 이런 협약체계의 완전한 이전을 구조적으로 방해하였다. 그리하여 취약한 경제구조 속에서 동독지역에서는 협약조항이 무력화되거나 아예 적용되지 않는 현상이 발생하였다. 여기에다 93~94년의 경기침체는 이런 경향을 더욱 심화시켜 동독지역에서는 사실상 사회국가적 기본질서를 동요시킬 정도로 교섭체계 전체에 대한 도전이 공개적으로 나타났다. 이와 같은 동독지역에서의 교섭체계에 대한 훼손은 다시 서독지역에도 역작용을 미치는 결과를 가져왔다.

셋째 세계경제의 글로벌화 경향이다. 즉 국민적 체계로서의 독일의 광면협약체계는 글로벌화의 조건에서는 더 이상 유효하지 않게 되었다. 특히 협약기준의 구속력과 관련하여 국민적 단위에서의 이런 구속력은 이제 무의미해졌다. 따라서 생산 및 교환의 국제화 경향에 따라 기업간 경쟁이 격화되고 기업단위의 미시적 코포라티즘이 발호하면서 기업단위에서 양보교섭이 성행하고 이로 인해 광면협약체계의 유효성이 해체되는 양상이 구체적으로 나타나고 있다.

교섭체계 위기의 배경으로 지적된 이들 요인은 모두 기존의 독일 교섭체계가 이제 더 이상 유효하지 않으며 따라서 근본적으로 변화해야 한다는 것을 말해주고 있다. 그렇다면 독일의 교섭체계는 이 위기국면에서 어떻게 변화해야 하는가?

위기를 둘러싼 논쟁

독일의 교섭체계가 변화해야 한다는 주장을 둘러싸고 독일에서는 90년대 중반 대규모의 사회적 논쟁이 발생하였다. 입지논쟁(Standortde-batte)으로 널리 알려진 이 논쟁은 이론적으로 '세계화의 덫'(Globali-sierungsfalle, Martin und Schumann, 1996) 테제를 중심으로 진행된 글로벌화(Glabalisierung)논쟁과 맞물려 있었다. 글로벌화논쟁은 크게 두 가지 흐름의 극단적인 견해가 서로 대립하는 형태로 진행되었다. 하나는 글로벌화를 세계자본주의의 새로운 국면으로 파악하는 견해로 이 견해에 따르면 이제 국민적 경제의 조절체계는 해체되고 그런 새로운 조건 위에서 자율적 운동법칙이 정립되어 세계시장에서 강제법칙으로 작용하게 되었다는 것이다. 말하자면 글로벌화는 자본주의의 새로운 경향이라는 것이다(Altvater und Mahnkopf, 1996). 이 견해에 대립하는 또 하나의 견해는 글로벌화 현상이 자본주의의 질적으로 새로운 조건이 아니며 글로벌화란 단지 정치적으로 연출되는 '신화'에 불과하다는 주장이다(Hirst und Grahame, 1996). 즉 전자는 글로벌화의 경향을 불가피한 자연법칙으로 간주하는 반면, 후자는 단순한 이데올로기로서 파악해 버리는 경향을 보였다.

이들 극단적인 두 주장에서 미루어볼 수 있듯이 글로벌화는 새로운 사회변화를 주도하고 있는 하나의 현실적 경향이며 동시에 이것이 어떤 정치적 의도로 이용되고 있다는 것도 함께 알 수 있다. 울리히 벡은 이런 두 가지 함의를 '글로벌적 성격'(Globalität)과 '글로벌주의'(Globalismus)로 구분해서 개념화하고 있다(Beck, 1997). 글로벌화논쟁은 바로 이런 두 가지 경향을 반영하여 독일의 교섭체계에서 이른바 입지논쟁을 불러일으켰다. 입지논쟁에서는 세계경제의 글로벌화 경향에 맞추어 독일 교섭체계가 어떻게 변화해야 하는가에 대해서 크게 세 가지 방향의 주장이 대두되었다(Bispinck und Schultan, 1998).

첫째는 정치적 차원에서 국민국가의 기능을 케인스적 복지국가에서 신자유주의적 경쟁국가로 전환해야 한다는 논의이다(Hirsch, 1998, S. 28 ff.). 이 주장은 국가가 시장에 통제기능을 발휘하기보다는 시장에 조응하도록 요구하고 같은 맥락에서 노동조합의 교섭정책도 자율적인 분배기능에서 세계경쟁조건에 적응하여 '입지경쟁'의 우위를 확보하는 방향으로 전환되어야 한다는 것이었다. 둘째는 자본금융시장 차원에서 제기되었는데(Altvater und Mahnkopf, 1996, S. 145ff), 70년대 이후 탈규제화된 주식 및 자본 이동이 단기적인 고수익을 목표로 한다는 점에서 이런 자본의 요구가 기업의 단기적인 비용인하전략을 강요하고 기존의 생산성 및 인플레와 연계된 교섭정책의 구조변화를 요구하고 있다는 주장이다. 마지막으로 직접적인 단체교섭 차원에서 초국적 기업들의 자본이동이 입지경쟁을 유발하고 있다는 주장이다(Dörre et al., 1997). 이런 입지경쟁은 개별기업 내의 노사간 권력관계에 결정적인 영향을 미치고 기업단위에서의 '일자리를 위한 연대'가 이루어지면서 직장평의회가 산별협약조건을 양보하는 사례가 자주 발생하게 만든다.[2] 따라서 광면협약은 이제 그 유효성을 상실하게 되었다는 것이다.

독일의 교섭체계는 이제 이런 글로벌화논쟁의 소용돌이 속에서 새로운 변화를 요구하는 신자유주의적 공세의 도전을 받게 되었다. 이런 조건에서 교섭체계의 당사자들인 독일의 노사는 어떻게 대응하고 있는가?

사용자와 노동조합의 대응

교섭체계의 변화를 요구하는 글로벌화담론에 힘입어 독일의 사용자단체들은 기존의 코포라티즘적 교섭정책을 공격적인 형태로 전환하였다. 협약해지를 미리 앞서서 통고하고 요구사항의 목록을 대량화함으로써 노동조합의 교섭정책을 수세적인 형태로 변화시키는 전략이 성행하였다. 특히 이데올로기적 공세로서 협약기준을 시장기능에 역기능적인 카르텔로 몰아가면서 협약의 적용을 자신에게 유리한 방향으로 끌어가고자 노력하였다. 그러나 이런 사용자들의 교섭정책은 일사불란하게 이루어지고 있지 못하다.

독일의 사용자단체는 실질적인 산별 단체교섭의 주체들이 모여 결성된 BDA 외에 경제단체로서 독일경제단체연합(Bundesverband der deutschen Industrie, BDI)이 별도로 존재하는데 이 두 단체의 견해가 일치되지 않고 있다. 기존 교섭체계가 변화해야 한다는 필요성에는 두 조직의 의견이 같지만 그 변화의 방향에서는 서로 다른 견해를 보이고 있는 것이다. 즉 BDI는 광면협약을 전면적으로 폐기하고 기업별 협약으로 아예 협약체계 전체를 바꾸자고 주장하고 있다. 반면 BDA 산하의 산별 사용자단체 연합들은 다소의 편차는 있지만 기존의 광면협약체계를 근본적으로 유지하되 부분적인 개정을 주장하는데 예를 들면 화학사용자연합은 비교적 점진적인 개정을 요구하고 금속사용자연합은 다소 급진적인 개정을 주장하고 있는 실정이다. 이런 시각에 따라 금속사용자연합은 1997년 '프랑크푸르트선언'을 통해서 금속노조에 '새로운 동반자관계'를 제안하면서 광면협약의 구조개혁을 금속노조와의 관계 재정립으로 결합시키는 시도를 하고 있다(Bispinck und Schulten, 1998).

이런 사용자측의 공세에 대하여 독일의 노동조합은 90년대 초까지만 해도 비교적 효과적인 대응방안을 찾지 못한 채 수세적인 입장을 취하였다. 90년대 중반이 되면서 이런 수세적인 입장은 보다 적극적인 입장으로 전환한다. 하지만 이런 입장전환은 기존 교섭체계의 전통에 기초하고 있었다. 즉 독일 노동조합은 기존의 교섭체계를 바탕으로 새로운 글로벌화 조건에 대응하는 교섭정책을 모색하고자 하였던 것이다. 기존 교섭체계의 전통은 교섭자율성을 기본 개념으로 하면서 정치적으로는 사회적 코포라티즘의 전통 그리고 노동조합의 교섭정책으로는 '적극적 교섭정책' 등이다.

이런 전통에 입각하여 독일 노동조합은 먼저 글로벌화 경향을 자신의 교섭력으로 포섭되는 개념으로, 글로벌화를 '유럽화'로 정리하였다(Traxler, 1997; Flassbeck, 1997; Marchlewitz, 1997). 이런 인식하에서 이제 글로벌화에 대응하는 교섭정책은 유럽적 차원에서의 노동조합간 노동비용 경쟁을 억제하고 유럽단위의 초국가적 광면협약체계를 지향하는 정책으로 정리되었다. 그리하여 이미 결성되어 있는 유럽금속노련(Europäische Metall-gewerkschaftsbund, EMB)을 중심으로 초국가적 교섭망을 구축하는 작업이 시작되어 조금씩 성과를 거두고 있다.[3]

이런 초국가적 대응과 함께 독일 노동조합들은 '적극적 교섭정책'에 따라 사용자단체들과의 코포라티즘적 전통을 활용하는 전술을 채택하고 있다. 즉 사용자단체들에게 그들이 기존 교섭체계의 위기와 함께 해체의 위기에 처했다는 점을 강조하고 광면협약체계의 유지와 개정에 협력해 나갈 것을 얘기하고 있다.

금속노조가 금속사용자단체의 '프랑크푸르트선언' 이후 협상위원회를 구성하여 이에 적극 대응하고 있는 것이 바로 그 예에 속한다. 특히 금속노조는 금속사용자연합과 공동으로 2000년에 협약개정을 목표로 긴밀한 대화채널을 이미 수년간 가동해 오고 있다. 또 하나의 비슷한 예로는 1995년 10월 30일 금속노조가 제안한 '노동을 위한 연대'(Bündnis für Arbeit)를 들 수 있다. 이 제안은 처음 사민당정부에 의해 무력화되기도 했지만 선거에서 막상 쟁점으로 떠오르면서 새로운 사민당정부에서 정년연령을 단축하는 성과를 가져왔다. 이는 실업문제를 신자유주의적 방식이 아닌 사회적 합의방식으로 해결하는 중요한 전술적 성공을 가져왔고 기존 교섭체계의 유지와 유효성을 확인하는 사례로 남게 되었다(Schroeder und Esser, 1999).

이처럼 80년대 이후 글로벌화에 따른 독일 교섭체계에 대한 전반적인 위기는 사용자측의 통일되지 못한 견해와 90년대 중반 이후 점차 자리를 잡아가고 있는 노동조합의 대응에 의해 아직은 전면적인 위기로 이어지지 않고 있다. 그러나 이런 노사간의 대응이 앞으로도 계속 이런 기조를 이어갈 수 있을지는 아직 미지수이다. 사민당정부의 신자유주의적 정책으로의 편향이 점점 우려되고 있고 노동조합의 국제적 연대는 아직 초기적인 성과에 머물고 있는 데 반해 유럽통화통합을 계기로 자본의 유럽화는 본격화되고 있기 때문이다.

6. 맺음말

전후 교섭자율성과 코포라티즘적 개념에 입각하여 형성된 독일의 교섭체계는 그 동안 안팎의 도전에 대응하면서 비교적 안정적인 발전을 지속해 왔다. 90년대 들어서 본격화된 신자유주의 공세에 대해서도 지금까지 독일의 교섭체계는 기존의 전통을 잘 유지하고 있는 것으로 보인다. 그것은 신자유주의적 공세가 자본에 대한 국가의 규제는 해체하되 노동에 대한 국가적 규제는 강화하는 경향을 가진 점에 대해, 노동조합의 대응이 새로운 국가기능을 강조하고('노동을 위한 연대') 자신의 자율적 교섭력을 확대하고자 함으로써(유럽적 교섭정책의 추진) 가능했던 것으로 보인다.

그러나 갈수록 교섭체계 내부에서는 집요한 훼손들이 늘어가고 따라서 교섭체계의 위기에 대한 전망도 날로 증가하고 있다. 이런 어려운 조건 속에서 독일 노동조합이 앞으로 어떻게 대응해 나갈지 그리고 이런 대응이 성공할 수 있을지는 독일 내에서조차 의문의 여지가 많은 형편이다. 그러나 지금까지의 대응만으로 볼 때 산별교섭구조로의 전환과 신자유주의에의 대응이라는 과제를 동시에 안고 있는 우리나라 노동운동에 독일 노동조합은 몇 가지 시사점을 남기고 있다고 보인다.

첫째, 독일에서 산별교섭구조의 정착은 노동조합의 비교적 일관된 교섭정책에 의해 이루어졌다는 점이다. 산별교섭구조의 일차적 전제를 이루는 단체협약법의 입법과정에 노동조합이 주도적으로 참여하였고 특히 입법과정에서 정부안이 있었음에도 불구하고 노동조합의 안이 관철되도록 만든 선제공격적 교섭정책은 이후 산별교섭구조의 성격에 중요한 영향을 미쳤다. 그리고 이런 노동조합의 교섭정책은 이후 적극적 교섭정책 테제로 이어지면서 제도정치 내에서 노동조합의 공간을 충실하게 확보하여 산별교섭구조를 안정시켰다. 이는 이제 막 제도권으로 진입한 우리나라 노동운동이 제도정치적 교섭정책을 갖추어야 할 필요성을 간접적으로 보여주는 경험으로 이해된다.

둘째, 신자유주의의 도전에 대하여 독일 노동조합들은 기존 교섭체계의 토대와 전통을 최대한 활용하는 대응전술을 보여주고 있다. 새로운 조건의 변화를 자신의 현실적 교섭력과 결부시켜 고려한 점(글로벌화에 대한 전술적 대응으로 자신의 교섭력이 미치는 유럽화로 정리한 점)이나 합의주의적 전통을 이용하여 국가와 사용자단체를 적극적으로 자신의 전술적 대응에 결합시키려 한 점('노동을 위한 연대'의 공세적 제안이나 사용자단체와 교섭체계에 대한 개혁을 위한 공동위원회를 구성한 점) 등이 바로 그것이다. 이는 우리나라의 경우 기업별교섭력이란 제약조건과 새롭게 획득된 노동조합의 시민권(민주노총의 합법화)이라는 조건을 신자유주의 공세에 어떻게 활용할 것인지에 대해 하나의 교훈을 보여준다.

셋째, 교섭정책의 전술적 기조로서 '적극적 교섭정책' 테제를 들 수 있다. 교섭조건이 변화할 때마다 독일 노동조합들은 공세적이고 적극적인 정책으로 이에 대응해 왔으며 신자유주의적 조건에서도 이런 교섭기조는 별로 변화하지 않은 것으로 보인다. 이런 기조는 조건에 따라 비록 한계가 드러나기도 했지만 적어도 변화된 조건에서 교섭체계 자체가 와해되는 상황은 피할 수 있게 해주었다. 바로 그런 점 때문에 노동조합은 단체협약법 제정 초기부터 제1차 노사정위원회의 구성을 거쳐서 오늘날까지 부인할 수 없는 사회적 담론의 주체로서 자리를 굳혀왔다. 그 결과 처음 수세적인 상황에서 시작되었던 제2차 노사정위원회('노동을 위한 연대')가 정권교체 이후 정년단축의 중요한 성과를 거두기도 하였던 것이다. 이것은 어려운 조건 속에서 정면돌파의 단조로운 전술만을 고집해 온 우리나라 노동조합들에게 또 하나의 교훈을 던져주는 사례라고 할 수 있겠다.

그러나 독일 노동조합들의 이런 경험 뒤에는 오랜 노동운동의 역사와 잘 갖추어진 노동자정당 그리고 비교적 합리성을 갖춘 사용자라는 조건이 함께 자리하고 있다. 그리고 이런 조건은 다시 19세기부터 오래도록 이어져 온 독일 노동운동의 희생과 노력에 의해 형성된 것이라는 점을 잊어서는 안 된다. 따라서 우리나라 노동조합들이 독일 노동조합의 이런 역사적 경험으로부터 직접적인 교훈을 얻기에는 다소 거리가 있다고 생각된다. 그러나 그렇다고 해서 이런 독일의 역사적 경험으로부터 아무것도 배우려 하지 않는다면 그것은 더욱 우려할 만한 일일 것이다.

주

1) Lang et al., 1990, S. 57ff. 독일의 임금체계에 대한 더 자세한 내용은 강신준(2000) 참조.
2) 실제로 독일에서는 Viessmann사에서 체코로 공장을 옮기겠다는 사용자의 압력에 직장평의회가 굴복하여 산별협약을 위반하면서 임금조정 없는 노동시간 연장에 합의한 사례가 발생하였다(Zachert, 1997).
3) 하나의 사례로는 1999년 2월 독일 금속노조의 '유럽정책요구안'을 들 수 있는데 여기에서는 유럽단위의 공동교섭체계 구축을 위한 구체적인 제안들이 포함되어 금속노조 산하 총 7개 지구에서 인근 12개 국가와 교섭을 연계하는 교섭망이 구축된 바 있다(Gollbach und Schulten, 1999).

독일연방은행과 라인형 자본주의

화폐가치의 안정과 제도적 보완성을 중심으로

박종현[*]

1. 머리말

독일은 미국과 달리 주요 사안들을 사회적 합의에 의해 결정하는 시스템을 갖고 있다. 이러한 사회적 합의의 한가운데에는 중앙은행, 곧 독일연방은행(Deutche Bundesbank)이 자리잡고 있다. 이 은행에 대해서는 두 가지 상반되는 통념이 존재한다. 하나는 독일연방은행을 가장 성공한 중앙은행으로 평가하면서, 그 성공비결을 통화주의 이론의 충실한 이행에서 찾는 견해이다.[1] 또 하나는 대부분의 중앙은행이 인플레이션 퇴치라는 명분 아래 고금리를 유지함으로써 국민대중의 고용과 복지보다는 소수 금융자본가의 이익에만 기여한다는 문제의식에 근거하여, 이러한 중앙은행의 본류가 독일연방은행이라고 비판하는 입장이다.[2]

이 글은 독일연방은행의 순기능에 주목한다는 점에서 후자와 입장을 달리한다. 하지만 순기능의 원천을 중앙은행의 독립성 또는 탈(脫)정치

* 경제학 박사, 연세대학교 경제학과 강사

화 대신 여타 사회부문들과의 유기적 연관, 곧 그 제도적 조건들에서 찾으려 한다는 점에서 전자와도 대립한다.[3] 이와 관련하여 이 글은 분데스방크의 경험이 다른 나라 중앙은행들과 어떠한 차별성을 갖고 있었으며, 독일사회의 여러 부문들과 맺었던 상호 연관관계의 내용이 구체적으로 무엇인가를 검토하려고 한다.

이 작업은 물가안정의 노력이, 일부 케인스주의자들의 우려와 달리, 깊은 불황을 통해 생산과 고용의 기반을 파괴하기보다 고(高)고용-안정적 성장-사회적 형평으로 연결될 수 있었던 사회적·제도적 조건들을 확인하는 시도이기도 하다. 물론 이 과정에서 분데스방크 및 여타 사회부문들의 작동방식 그 자체가 지난 50여 년 동안 계속 변화해 왔으며, 양자의 연관관계 역시 부단히 변경되었다는 점에도 주목할 필요가 있다.

2. 기본 구조

독일은 전쟁의 폐허 위에서 높은 수준의 고용, 물가안정, 안정적인 경제성장, 사회적 형평과 같은 여러 경제적 목표들을 동시에 달성한 대표적인 나라이다. 이러한 성공의 이면에는 다른 나라에서는 찾아볼 수 없는 독일만의 고유한 특징들이 자리잡고 있다. 사회적 시장경제(Social Market Economy), 라인형의 관리된 자본주의(Rhenish managed capital-ism), 네트워크 지향적 자본주의(network oriented capitalism)라는 독일경제에 대한 그간의 호칭들은 바로 이러한 특징들을 포착하려는 문제의식을 담고 있는 것으로 보인다.

이 글은 독일경제를 자유롭게 방임된 시장의 힘이 사회의 전영역을 일방적으로 지배하는 대신 사회가 제도적 형태들을 통해 시장의 폭력적 힘들을 제어한 자본주의였다는 의미에서, 제도화된 자본주의(institutional-

ized capitalism)라고 이해한다.[4] 독일의 고유한 경제시스템, 곧 제도화된
자본주의가 어떻게 구성되어 있으며 이들이 어떠한 상호작용을 통해 경
제적 성과를 달성하였는지 그리고 사회적 합의에 의해 사회의 주요한 사
안들을 결정하는 과정에서 분데스방크의 역할이 무엇이었는가를 이해하
기 위해서는, 이 사회의 이념적 기초를 먼저 검토할 필요가 있다.

질서자유주의와 화폐가치의 안정

독일의 사회와 경제를 규정짓는 공식이념은 오이켄(W. Eucken)에 의
해 형성된 '질서자유주의'(order liberalism) 그리고 뮐러-아르막(A.
Müller-Armack)에 의해 정립된 '사회적 시장경제'라고 할 수 있다. 오이
켄은 개별 경제주체들이 자신의 운명을 스스로 결정하면서 경제활동을
행하는 사회가 가장 바람직하다는 전제 위에, 이러한 사회가 가능하기
위해서는 모종의 '질서'가 반드시 확립되어 있어야 한다는 견해를 갖고
있었다. 그는 '중앙관리경제형 경제질서'에 비해 완전경쟁 시장형태에 기
초하는 '경쟁적 경제질서'가 개인과 전체의 이익을 실현하는 데 더 우월
하다고 보면서, 이러한 경쟁적 경제질서의 창출을 위해서는 구성적 원
칙[5]이 반드시 필요하며, 이렇게 창출된 경쟁질서의 지속적인 재생산을
위해서는 규제적 원칙[6]이 세워져 있어야 한다고 주장하였다. 우리의 주
요한 관심사인 독일연방은행은 바로 구성적 원칙과 직결된다. 오이켄은
경쟁질서에 의해 작동되는 사회의 근간 또는 전략적 거점이 가격기구의
원활한 작동에 있다고 강조하면서, 이를 위해서는 화폐가치의 안정이 반
드시 필요하다는 입장을 개진한다. 화폐가치의 안정성이 지켜지지 않는
한, 경쟁질서를 실현하기 위한 모든 노력이 수포로 돌아갈 수밖에 없다
는 것이다.

오이켄이 말하는 화폐가치의 안정성이란 화폐의 구매력이 오랜 기간

동안 일정 수준으로 유지되는 상황을 지칭한다. 이는 경제 내에 존재하는 수많은 재화들의 평균적인 가격수준이 안정적으로 유지되는 것을 의미하며, 결국 물가수준의 안정성으로 표현된다.[7] 화폐가치가 안정적으로 유지되는 상황에서는 오랜 기간이 경과하더라도 일정한 화폐액을 가지고 구매할 수 있는 재화의 수량에 큰 차이가 없다. 이때 물가수준은 여러 재화 및 용역 들의 가격을 경제적 중요도에 따라 가중치를 달리하여 합산하는 과정을 통해 측정되며, 이렇게 결정된 물가상승률이 연평균 1~2% 정도일 경우 화폐가치가 안정적이라고 할 수 있다.

화폐가치의 안정이 경쟁질서의 핵심 영역으로 존재해야 한다는 오이켄의 주장의 근거는 다음과 같다.

첫째, 오이켄은 물가안정이야말로 상대가격기구의 원활한 작동 및 효율적인 자원배분의 일차적인 전제조건이라고 보았다. 즉 물가가 안정되어 있는 상황에서 발생하는 개별 재화가격의 변동은 사회적 선호나 기술조건의 변화를 반영하는 것이며, 가계와 기업이 이러한 상대가격의 변동에 능동적으로 대응할 때 보다 효율적인 자원배분이 가능하다는 것이다. 그는 특히 물가가 안정되어야만 가격기구가 경쟁과정을 제대로 통제할 수 있으며, 시장경제의 핵심 동력이라 할 수 있는 성과경쟁(performance competition)도 이러한 기초 위에서 가능하다고 강조한다.

둘째, 화폐가치의 안정을 통해 경제에 대한 불필요한 교란요인을 제거함으로써 결국 경기변동을 제거하거나 완화할 수 있다고 보았다. 화폐가치의 안정장치를 갖추어주는 일이 성공하면 경쟁질서에 내재하는 균형의 경향이 효력을 발휘할 것이므로, 과거처럼 기존 화폐제도의 구조적 결함으로 경기가 끊임없이 변동하는 일, 곧 인플레이션과 디플레이션이 교대로 일어나는 일은 없으리라는 것이다.[8]

셋째, 화폐가치의 안정을 개인들이 스스로의 결정에 대해 기꺼이 책임을 질 수 있는 자유사회의 핵심 전제조건으로 간주한다. 이에 따라 질서

자유주의의 틀 속에서 화폐가치 안정이라는 개념은 경제적 효율을 뛰어넘어 사회정의의 차원까지 포섭하게 된다.

한편 오이켄은 화폐가치의 안정이라는 책무를 화폐의 독점적 공급자인 중앙은행에 일임한다. 일반재화의 독점이라면 경쟁질서에 어긋나지만, 중앙은행의 발권독점은 질서정책의 원칙에 부합할 뿐 아니라 시장경제에 기반한 경쟁질서의 확립을 위해서도 반드시 필요하다는 것이다. 이 점에서 질서자유주의는 화폐의 공급마저 자유경쟁에 의해 이루어져야 한다는 하이에크와 의견을 달리한다.[9] 이제 화폐가치의 안정은 '헌정적 질서'(constitutional order)를 세우는 것과 동등한 차원에서 한 사회를 유지·발전시키는 핵심적인 원리의 수준으로 격상되고, 이를 전담하는 분데스방크는 일종의 헌법재판소와 같은 지위를 갖게 된다.

그런데 오이켄은 이와 관련하여 경제에 결정적인 영향을 미칠 수 있는 통화당국의 자의적인 정책수행 가능성을 경계한다. 중앙은행 지도자들이 재량(discretion)에 의거하여 정책을 펼칠 경우, 제대로 된 올바른 지식을 결여한 채 이익집단이나 세상여론 그리고 잘못된 이론 등의 영향을 받게 됨으로써 부여받은 임무를 크게 훼손시킬 수 있다는 것이다.[10] 이러한 문제를 미연에 방지하기 위해서는 통화정책의 집행기관이 화폐가치의 안정이라는 목표에만 배타적으로 주력하도록 하되, 미리 정해진 준칙의 규정을 받으면서 행동하게 함으로써 재량의 여지를 원천적으로 없애야 한다.[11] 즉 오이켄은 경쟁질서 그 자체와 마찬가지로 미리 정해진 규칙에 의해 스스로 작동하는 화폐질서를 제안하였던 것이다.

사회화된 자본-임노동관계와 장기적 산업-금융관계

독일경제의 고유한 특징은 무엇보다도 '산별 차원에서 사회화된 협조적 자본-임노동관계'와 '장기적이고 밀착된 산업-금융관계'로 표현할 수 있다. 이들 두 사회관계의 특징을 검토함으로써, 이들이 독일경제의 높은 성과 및 분데스방크에 의한 통화정책의 제도적 조건으로서 어떻게 기능하였는지를 확인할 필요가 있다. 자본-노동관계의 특징으로는 무엇보다도 노사관계의 사회화를 들 수 있다. 개별 노동자와 경영자가 각각 노동의 공급자와 수요자로서 노동조건과 임금을 결정하는 파편화된 노사관계와 달리, 독일에서는 개별노동자들을 망라하여 대표하는 산업 차원의 산별노조와 개별자본가를 대표하는 사용자단체가 이러한 문제들을 단체교섭에 의해 해결한다. 이에 따라 개별기업 수준의 문제도 산업 또는 국민경제라는 보다 넓은 시야 속에서 자리매김되고 처리될 수 있게 된다.

이와 관련하여 산별노조가 여러 형태로 존재하는 모든 노동자들을 대표한다는 점에 특히 주목할 필요가 있다. 산별노조는 기업별노조와 달리 산업 차원에서 대기업노동자는 물론 중소영세사업장 노동자, 비정규직 노동자, 실업자, 직업훈련생 등도 조합원으로 포괄한다. 임금, 근로시간, 최저임금, 직업훈련, 실업급부, 상여금, 휴일 등 기본적인 근로조건에 대한 교섭은 전국규모의 산별노조에 의해 수행되며, 노동자가 사용자와 직접 체결하는 개별 근로계약이나 사업장단위의 근로계약이 차지하는 비중은 매우 낮다. 산별노조는 보다 많은 숫자의 노동자를 대표함으로써 단체교섭과정에서 기업별노조에 비해 훨씬 강력한 힘을 행사할 수 있으며, 특정 분파의 제한된 이해관계를 뛰어넘어 전체 노동자의 이해를 반영하고 대표할 수 있다. 생산성 향상의 성과가 노사간에 공유되고 또 상대적으로 작은 임금격차[12]를 통해 노동자 내부에서 재분배될 수 있는 것도 산별노조의 기여 중 하나이다.

한편 성과의 공정한 배분 및 사회화는 협조적인 노사관계와 적극적인 노동헌신의 객관적 토대가 된다. 지난 50여 년 동안 독일은 강력한 산별노조를 갖고 있었음에도 불구하고——또는 바로 이 점 때문에——대단히 협조적인 노사관계를 유지할 수 있었다.[13] 또 독일경제의 높은 수출경쟁력은 특히 노동자의 헌신 및 높은 생산성에 의존하였다는 평가를 받고 있는데, 이는 뒤에서 살펴볼 기업과 은행의 밀착된 관계와 더불어 노사관계의 사회화, 특히 노동과 자본 사이의 제도화된 타협에 의해 가능했다고 할 수 있다.

이러한 노동과 자본의 협조적 관계는 산업적·전국적 차원을 뛰어넘어 관철된다. 개별 기업 및 작업장 차원에서 노동자들은 직장평의회의 이름으로 감독이사회를 통해 주주 및 주거래은행 대표와 함께 주요한 경영관련 사항들을 공동 결정한다. 감독이사회는 주주대표, 주거래은행(Hausbank)이 파견한 임원, 전국적 산별노조 대표와 작업현장 종업원대표들로 구성된다. 이 감독이사회는 정보요구권, 이사 선임 및 해임권을 보유한 가운데 기업의 주요 현안에 대해 결정권을 행사한다는 점에서 주주, 관계은행, 산별노조, 직장평의회와 종업원 간에 정보를 모으고 공유하는 한편, 상충되는 이해관계를 조정하는 핵심적 역할을 수행한다. 이처럼 기업의 의사결정과정에 다수의 주체가 참여하기 때문에 의사결정이 더디게 이루어지지만, 대신 일단 결정이 되면 이해당사자들의 결집된 의사를 반영하여 효과적으로 집행될 수 있다.

이와 더불어 독일경제의 고유한 특징과 관련해 앵글로아메리카형 자본주의에서는 찾아보기 어려운 산업과 금융의 대단히 밀착된 장기적 관계를 주목하는 사람들도 많이 있다.[14] 독일에서 산업화는 나중에 시작되었으며, 선진국의 기업을 따라잡기 위해서 독일의 기업들은 대형은행을 통해 대규모 자금을 한꺼번에 조달하는 전략을 채택하게 된다. 해당 기업의 주식을 보유하기도 했던 이들 대형은행은 장기자금과 더불어 경영지침까지 제공하고 해당 기업의 투자계획까지 조정한다. 이러한 발전경로 속에서 독립적인 자본시장의 형성기회는 다른 나라들에 비해 제한될 수밖에 없으며, 대출자 및 주주로서의 은행이 기업에 대해 장기적 영향

력을 행사하게 된다.[15] 독일의 기업들은 이처럼 한편에서는 은행의 장기
적 금융지원과 다른 한편에서는 지속적인 경영규율을 받으면서, 장기적
인 시계(long-term time horizon) 속에서 핵심 역량을 강화하는 대규모
투자를 행할 수 있게 된다. 이러한 제도적 조건 위에서 독일 생산시스템
의 특징인 고부가가치, 숙련노동과 품질경쟁에 기반을 둔 품질다변화 생
산도 가능해진다.[16]

이처럼 '자본-임노동관계의 사회화' 및 '기업-금융관계의 장기화'를
통해 독일의 노동시장과 자본시장은 제도화된 상태로 작동하게 된다. 이
때 독일에서 시장이 제도화되었다는 것은 다음의 의미를 담는다.

첫째, 시장을 사회와 공동체의 이름으로 규율하였다는 것을 의미한다.
즉 노동자와 자본가, 기업과 금융, 지역사회와 정부 등 각종 이해당사자
들이 힘을 합쳐 경제적 열매를 만들고 나누는 과정에서 공동의 이익이
존재하는 동시에 이해가 충돌하기도 한다는 것을 사회적으로 인식하고
있었으며, 그리하여 한편에서는 공동의 몫을 키우고 다른 한편에서는 특
정 집단의 몫을 늘리는 과정에서 발생하는 갈등을 개인들의 파편화된 거
래 대신 사회적·집단적인 방식으로 해결하려 하였다는 것을 의미한다.
둘째, 이러한 사회적·집단적 개입이 임의적·즉흥적으로 이루어지지
않았다는 것을 의미한다. 한편에서는 문화와 도덕 그리고 관습 등 사회
적 규범을 통해, 다른 한편에서는 법제화를 통해 사회적 개입이 규칙적
으로 이루어졌다. 셋째, 제도와 규칙들이 노사관계와 산업-금융관계 속
에 깊이 뿌리내린 상태에서 노동시장과 금융시장 참가자들의 의사결정
때 항상 고려해야 하는 객관적인 제약조건으로서 작용하였다는 것을 의
미한다. 물론 이처럼 노동-자본 및 산업-금융이 제도화된 틀 속에서 안
정적이고 장기적인 관계를 유지할 수 있게 된 배후에는 필요한 법률과
제도를 제공하고 이익단체들에게 공적 연합체의 성격을 부여하는 정부
의 역할도 큰 몫을 차지하고 있었다.

중앙은행의 독립성과 분데스방크

전세계의 중앙은행들은 대부분 물가안정을 최우선 과제로 상정하면서도 경기안정화와 고용증대, 국제수지 안정 등 그 밖의 정책목표를 병행 추구하고 있다. 이 경우 여러 정책목표들간의 상충 가능성이 항상 존재하며, 물가안정이 우선순위에서 밀려나는 경우도 많다. 주기적인 선거를 통해 정책의 타당성을 평가받고 재신임을 물어야 하는 행정부의 경우, 단기적인 경기부양이나 고용증대를 선호할 수밖에 없으며 화폐가치의 안정 목표를 등한히 할 내재적 유인을 갖고 있다.

이와 달리 전후(戰後) 독일에서는 연방정부를 포함한 여러 이해당사자들의 단기적·정략적 이해관계로부터 해방되어 장기적 안목에서 통화정책을 담당하는 별도의 정책당국이 필요하다고 역설한 오이켄의 주장을 적극적으로 수용하여, 연방정부와 연방은행이 정책목표들을 분담하고 책임과 권한의 상호견제 속에서 각자의 고유한 목표들에만 전념토록 하는 시스템이 발전하였다. 물론 통화정책의 현실적 운용과정에서는 법적 조항의 해석 및 적용을 둘러싸고 두 기관의 입장이 대립하는 경우가 종종 발생한다. 이때 역할분담이 실효성을 가질 수 있게 하는 사회적 기초가 바로 '중앙은행의 독립성'이라고 할 수 있다.

독일 중앙은행의 법적 독립성은 '연방은행법' 12조로 보장되고 있다. 이 조항에 따르면, 독일연방은행은 중앙은행으로서의 기능을 수행하는 데 지장이 없는 범위 내에서만 연방정부의 일반 경제정책을 지원할 의무를 지며, 임무수행에 있어 연방정부의 어떠한 지시에도 구속되지 않는다. 그러나 독립성을 위한 여러 가지 제도적 장치들에도 불구하고, 독일연방은행이 현실적으로 연방정부의 영향권에서 완전히 벗어났다고 볼 수는 없다. 연방정부는 통화정책의 결정기구인 중앙은행위원회에 내각 구성원을 대표로 파견하고, 의결권은 없지만 대신 의결을 2주간 지연시킬 권한을 행사할 수 있다. 그리고 분데스방크의 총재나 부총재를 포함한 전체 임원은 연방정부의 추천에 따라 연방대통령이 임명한다. 이때 위원과 임원을 누가 임명하며 이들이 누구를 대표하는가는 책임성과 민주주의 측면에서 대단히 중요한 문제가 된다. 중앙은행 위원회와 이사회가 사회 각계의 의사를 모두 대변할 수 있도록 구성되었다고 볼 수는 없다는 점에 주목할 필요가 있다.

한편 이렇게 결정된 정책기조의 실제 집행은 '이사회'(Direktorium)의 몫이라고 할 수 있다. 독일연방은행은 국채와 기타 유가증권에 대한 단기 매입 및 매각을 통해 은행들의 유동성을 조절하기도 하는데, 그 거래량을 조절하는 권한을 행사하는 주체가 바로 이사회이다.[17]

화폐가치의 안정과 제도화된 자본주의

전후의 독일경제는 사회화된 협조적 노사관계와 장기적으로 밀착된 기업-금융관계 그리고 화폐가치에 전념하는 독립적인 중앙은행이 유기적으로 결합된 가운데, 이들의 제도적 보완성을 극대화함으로써 '고고용과 안정적 성장 그리고 사회적 형평'을 동시에 추구하는 기본 구조를 확립할 수 있었다. 여러 제도적 장치들을 통해 독립성을 확보한 분데스방크는 행정부나 정치가들의 이자율 하락 및 통화량 증발 압력으로부터 독립성을 유지하면서, 먼 미래를 시계에 두고 독자적인 판단과 의사결정에 의해 화폐가치의 안정화를 추구함으로써 다음과 같은 연결고리들을 통해 독일경제의 번영과 안정에 기여할 수 있었다.

첫째, 분데스방크는 물가를 안정시킴으로써 국민경제의 저축을 늘린다. 물가가 불안정한 경우, 특히 인플레가 만연하는 경우에는 높은 수준의 명목금리가 음의 실질금리로 연결되는 불합리한 상황이 발생할 수도 있다. 이때 사람들은 은행저축을 포기하게 된다. 이와는 반대로 물가가

안정되면, 예금자는 양의 실질금리를 안정적으로 보장받게 되므로 은행 예금을 저축의 주요한 수단으로 삼게 된다. 따라서 독일연방은행은 화폐 가치의 안정을 달성하여 저축을 늘리고 이를 통해 성장의 잠재능력을 확대한다는 점에서 독일경제의 공급 측면에 결정적인 영향력을 발휘할 뿐 아니라,[18] 개별 경제주체들이 강력한 은행시스템에 기초한 제도화된 자본주의를 창출할 수 있는 유인을 제공하게 된다.

둘째, 물가가 장기적으로 안정될 경우에는 먼 미래 시계에서 자신이 생산할 재화의 사회적 수요 및 상대가격에 대한 기업가의 예상이 훨씬 용이해진다. 이는 장기적으로 밀착관계에 있던 은행이 장기투자자금을 기업에 안정적으로 제공하는 외부적 조건에 더해, 독일연방은행이 기업의 경영자들에게 장기투자를 실제로 행하도록 현실적 유인을 제공하게 된다는 것을 의미한다.[19] 뿐만 아니라 분데스방크는 단기금융을 제도적·정책적으로 억제함으로써 은행과 기업의 관계를 장기적인 것으로 유도한다. 한편 장기투자가 늘어날수록 자본은 보다 장기적인 시계에서 노동을 포섭하게 된다. 이는 분데스방크에 의한 물가안정이 노동과 자본의 장기적 타협을 가능케 하는 간접적인 환경으로 기능한다는 것을 의미한다. 물론 저축 및 투자 증대를 통해 독일경제는 장기적 생산능력과 고용능력을 늘릴 수 있었다. 독일의 기업들이 이처럼 장기적 전망 아래 노동에 대한 수요를 늘리는 데 독일연방은행은 결정적인 영향력을 미쳤다고 할 수 있다.

셋째, 분데스방크에 의한 물가안정은 노사간의 교섭과정에서 실질임금이 생산성과 연동될 수 있게 함으로써 임금상승에도 불구하고 노동에 대한 수요를 줄이지 않도록 하는 유인을 제공한다. 투자가 지속적으로 늘어나는 한, 노동에 대한 수요와 고용도 함께 증가하게 된다. 이 점에서 분데스방크는 고고용의 핵심 고리 역할을 담당한다. 분데스방크가 매년 말 다음해의 통화증가율 목표를 공표하면, 각 경제주체들은 이러한 선언에 기초하여 경제활동을 계획한다. 이처럼 경제주체들이 독일연방은행의 공표를 신뢰할 수 있게 된 저변에는 오랜 기간 동안 축적되어 온 높은 수준의 독립성과 신뢰성에 대한 평판이 놓여 있다.

각 경제주체들이 이러한 예상 물가상승률에 근거하여 생산성상승률을 초과하지 않는 범위 내에서 명목임금을 결정하면, 실질임금은 하락하거나 안정적으로 유지되고 이에 따라 긴축정책이 실시되는 상황에서도 노동에 대한 수요 및 고용은 줄어들지 않게 된다. 물론 실질임금의 하락이 생산물에 대한 수요의 추가적인 감소로 연결될 수도 있다. 실질임금의 하락으로 인해 생산물에 대한 수요가 크게 감소할 경우에는 노동에 대한 수요와 고용이 크게 줄어들어 분데스방크의 의도와 달리 깊은 불황으로 연결될 가능성을 배제할 수 없기 때문이다. 그러나 생산물에 대한 수요의 구성에서 수출이 차지하는 부분이 크면, 이러한 반작용으로부터 자유로울 수 있다. 즉 통화가치를 안정시키기 위한 긴축정책은 직간접적으로 생산물에 대한 수요를 줄이게 되지만 이것은 어디까지나 내국인들의 수요에 국한되기 때문이다.[20]

이와 같이 모든 사업장에서 통화증가율 목표 및 이에 따른 예상 물가상승률에 근거하여 향후의 임금수준이 결정될 수 있는 배후에는 독립적인 중앙은행의 물가결정능력에 대한 신뢰 이외에, 충분한 정보와 높은 실행능력을 가진 산별노조 중심의 사회화된 노사관계의 중요한 역할도 있다. 분권화된 채 노사교섭이 이루어질 경우에는, 완전고용에 가까운 노동시장조건 속에서 부족한 정보와 집단이기주의에 매몰되어 있는 개별주체들로 하여금 상대적으로 낮은 임금을 받도록 유도하는 것이 사실상 불가능하기 때문이다. 하지만 노동자들이 안정적인 임금을 기꺼이 감수하는 데는, 산별노조 이외에 인플레이션 및 통화가치의 하락을 극단적으로 두려워하는 독일국민 고유의 문화적 특징도 일정한 역할을 담당한다.

넷째, 독일연방은행은 물가안정을 달성함으로써 사회적 형평의 증대에도 기여한다. 물가가 불안정하면 경제의 성장잠재력이 감소하여 사회적 약자들의 물질적 생활조건을 향상시킬 여지가 줄어들게 된다. 인플레이션은 여기에 더해 부와 권력을 가진 사람들에게 유리한 방향으로 소득과 부를 재분배한다. 인플레이션에 대해 더 효과적으로 대처함으로써 소득과 부를 늘릴 수 있는 사람은 더 많은 정보를 갖고 있는 부자들이기 때문이다. 사회적 형평은 전사회가 하나의 공동체라는 관념을 현실화함으로써, 독일경제에서 노동과 금융의 '헌신'을 가능케 한 객관적 메커니즘으로도 작동한다. 사회적 평등이 강화될수록 개인과 집단 그리고 사회의 이해가 밀착되는데, 이는 개인들을 제도화된 경제를 강화하는 방향으로 행동하게 하는 유인으로 작용한다. 이와 함께 사회적 형평의 증대는 물가안정 및 전체 경제의 안정화에도 기여한다. 한 사회의 보다 많은 자원이 저소득층에게 배분될수록 투기적·비생산적 용도의 자원이용이 그만큼 줄어들고 이와 함께 수요의 변동성도 감소하기 때문이다. 그 결과 실물부문의 도산위험이 줄어들고, 따라서 수많은 형태의 금융자산거래를 통해 실물부문과 밀착되어 있는 금융시스템의 안정성도 더불어 강화된다.[21]

다섯째, 물가안정은 개별주체들이 스스로의 결정에 대해 책임을 지고 결과에 승복할 수 있게 하는 조건으로 작용한다. 독일연방은행은 경제적 결과가 개별주체들의 노력과 능력을 반영하면서 행위자들에게 투명하게 드러나고 평가될 수 있는 최소한의 조건을 형성함으로써, 사회 각 부문 및 주체들간의 자발적이고 능동적인 역할분담을 가능케 하는 제도적 기초를 조성한다. 물가안정은 화폐에 대한 신뢰를 구축함으로써 국가권력의 바탕인 질서가 유지되게 한다. 안정된 통화는 민주주의와 법에 바탕을 둔 새로운 제도의 중추적 존재로서 존재하게 된다. "통화방어는 시장경제뿐 아니라 궁극적으로는 사회와 국가의 자유헌법을 유지할 수 있는 최상의 조건이 된다"(아데나워). 이것은 결국 화폐가치의 안정성이 단순한 경제적 문제가 아니라 정치적 문제라는 것을 의미한다. 화폐가치의 안정을 통해 정권의 정당성이 확보되고, 또 정부정책에 대한 신뢰도 형성될 수 있기 때문이다.

그런데 화폐가치의 안정이 이처럼 사회에 긍정적인 영향만 미치는 것은 아니라는 점에 주목할 필요가 있다. 중앙은행이 '화폐가치의 안정' 목표를 '고금리 및 통화긴축'이라는 수단을 통해 달성하려는 과정에서, 깊은 불황과 광범위한 실업이 발생하는 경우가 더 많이 관찰되었던 것이 사실이다. 독일경제에서 분데스방크의 반(反)인플레정책이 깊은 불황으로 연결되지 않고 소기의 성과를 거둘 수 있었던 것은 제도화된 자본주의를 구성하는 각 영역, 특히 사회화된 협조적 노사관계와 장기적으로 밀착된 기업-은행관계가 필요한 조건을 적절하게 제공하기 때문이다. 즉 사회적 합의에 의해 국민경제의 주요 사안이 결정되는 시스템 속에서 통화정책을 수행할 수 있었다는 점을 간과하고는 분데스방크의 성공을 설명할 수 없다. 이 점은 특히 분데스방크와 임금결정의 유기적 상호관계에서 두드러진다.

독일연방은행의 통화정책은 임금교섭과정에 큰 영향을 미치는 동시에 역으로 임금결정과정에 크게 의존하기도 한다. 독일연방은행이 물가안정을 선언하면, 노사는 산별노조를 중심으로 추가적 물가상승이 없다는 믿음 아래 향후의 임금을 현재 수준으로 동결하거나 생산성 상승분만큼만 인상하는 데 합의하게 된다. 이처럼 분데스방크와 사회화된 노사관계는 실질임금을 낮춤으로써 기업의 노동수요 및 고용을 늘릴 뿐 아니라, 기업의 생산비를 줄임으로써 기업의 대외경쟁력을 높이는 한편 물가안정에도 기여하게 된다. 따라서 이러한 연방정부-연방은행-기업-노조의 유기적 협조 속에서 고고용-저실업-저인플레-고경쟁력의 선순환이 확보되는 것이다. 반대로 분데스방크가 긴축정책을 실시하는 상황에서 노사간에 임금동결이 합의되지 못할 경우에는 총수요의 감소에 더해 총공

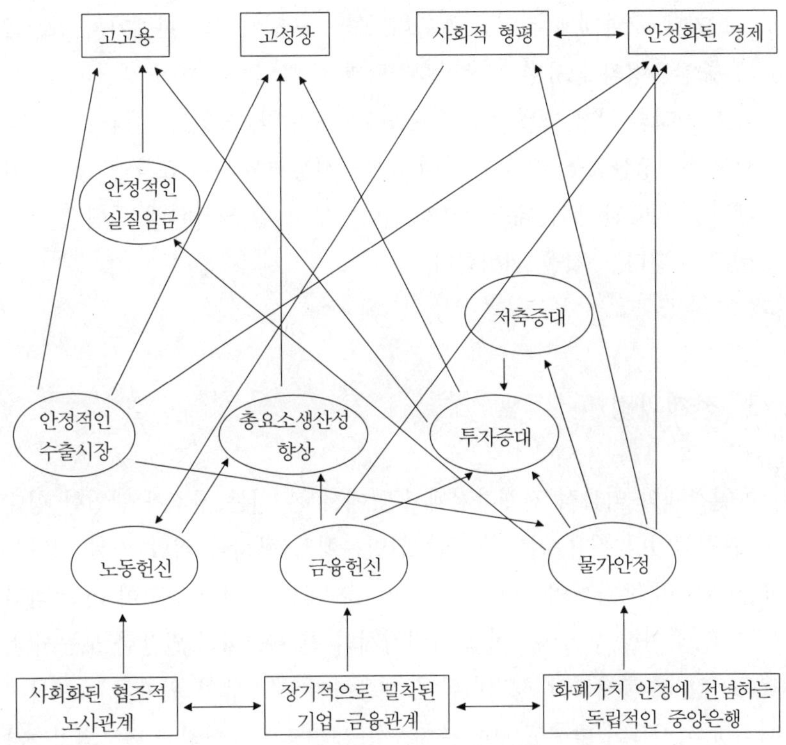

〈그림 1〉 제도화된 자본주의의 기본 구조

급조건도 같이 악화되기 때문에 인플레이션을 억제하지 못하고 나아가 고용과 경기까지 크게 위축될 가능성이 높다.

또 독일에서 긴축통화정책이 불황으로 연결되지 않을 수 있었던 데는 독일 고유의 장기화된 금융관계의 몫도 컸던 것으로 보인다. 재할인율이나 롬바르트금리와 같은 단기금리가 인상되더라도 장기금융계약을 통해 이미 자금을 조달한 기업들의 경우 타격을 받지 않기 때문이다.

한편 분데스방크가 화폐가치 안정을 추진하더라도 연방정부가 통화안정을 저해하는 재정정책을 밀고 나간다면, 독일연방은행의 물가안정 능

력 그 자체도 한계에 직면하게 된다. 이는 중앙은행의 화폐가치 안정목
표가 중앙은행의 고유한 정책집행능력과 함께 중앙은행이 생산물 및 생
산요소 시장의 각종 개별 경제주체들에게 부여할 수 있는 신뢰성의 정도,
생산물 및 생산요소 시장의 형태, 이들 시장에서의 수요자와 공급자의
구체적인 상호관계, 분데스방크와 연방정부의 협조적 관계 등에 결정적
으로 좌우된다는 것을 의미한다.

3. 전개과정

독일경제의 역사적 전개과정에서 앞에서 본 기본 구조가 단일한 형태
로 관철되었던 것은 아니다. 독일연방은행의 사회적 역할 역시 시간이
흐름에 따라 초창기의 순기능이 약화되고 대신 부정적 측면이 더 부각되
는 것을 확인할 수 있다. 이제 독일경제의 전개에 따라 발생한 노동시장,
금융시장, 수출시장의 성격변화에 대응하여 시스템의 원활한 재생산에
어떠한 어려움이 발생했으며, 분데스방크의 정책은 어떻게 변모되었는가
를 검토해 보겠다.[22]

형성: 1948~73

이 시기를 관통하는 테마는 새로운 독일을 이끌어갈 새로운 질서를 형
성하고, 경제주체들이 이 질서의 기초 위에서 사회의 각 영역에 튼튼히
뿌리내리도록 함으로써 제도화된 자본주의의 기본 구조를 세우는 것이
었다. 분데스방크와 관련하여 관찰할 수 있는 이 시기의 가장 중요한 특
징으로는 법제화와 제도를 통해 분데스방크의 통화정책 수행메커니즘이
확립되었다는 점을 들 수 있다.

1957년 분데스방크가 출범하면서 '연방은행법'을 통해 '정책결정기구'와 '정책집행기구'의 이원화된 체제 속에서 통화정책을 수행하는 그간의 오랜 관행도 본격적으로 확립되었다. 총재와 부총재 그리고 독일연방은행의 임원과 주(州)중앙은행 총재들로 구성된 '중앙은행위원회'가 독일연방은행의 정책결정기구가 되었다. 격주로 열리는 이 위원회에서는 통화정책의 방향이 논의되고 이 기조 위에서 재할인율과 롬바르트금리가 결정되었다.[23] 주중앙은행 총재들은 주정부에 의해 임명되는데 이들의 출신배경은 다양하다. 분데스방크의 역사를 살펴보면 연방은행의 임원들과 주중앙은행 총재들이 긴장관계에 있었음을 발견하게 된다. 이사회 임원들에 비해 정치논리로부터 자유로울 수 있었던 주중앙은행 총재들은 연방정부에 맞서 독일연방은행이 화폐가치의 안정에 주력하는 데 큰 역할을 담당하였다.

연방정부와 분데스방크의 마찰 속에서 각 기구의 역할분담 및 조정규칙이 소위 '중앙은행의 독립성'이란 표제어로 확립된 것도 이 시기였다. 분데스방크의 독립성은 1948년 연합국 군정당국이 서독은행을 창설하면서, 연합국은행위원회의 감독을 받되 독일의 정부기구로부터는 지시를 받지 않도록 했던 것으로 소급된다. 이후 50년에 연방정부의 금융부에서는 '중앙은행위원회'를 '경제 및 통화정책 위원회'에 종속되게 하는 방식으로 중앙은행을 정치적으로 통제하려 하였고, 아데나워 수상도 당시의 중앙은행이었던 도이치 랜더방크에 저금리정책을 펴도록 압력을 행사했다. 독일의 중앙은행은 57년 독일의회에 의해 부여된 법률적 독립성을 획득하기 이전에도 정치권력으로부터의 압력에 대항해야 했던 것이다 (Tietmeyer, 1999; Neumann, 1999; Marsh, 1992).

이렇듯 독일통일 이전까지 연방은행이 금리나 환율 정책을 둘러싸고 연방정부와 크게 대립했던 것은 10여 차례에 달한다. 하지만 이 싸움은 대부분 분데스방크의 승리로 종결되었으며,[24] '독일연방은행법'에 명시된 정부의 거부권이 실제로 행사된 적은 없었다.

화폐가치의 안정은 대내적 차원과 대외적 차원을 가지는데, 대내적 차원에서의 화폐가치가 물가수준으로 표현된다면 대외적 차원의 화폐가치는 환율로 표현된다. 이때 물가안정과 환율안정이 심각한 상충관계에 놓일 수 있다. 독일연방은행 초창기의 가장 큰 정책적 이슈는 바로 이러한 상충관계 속에서 통화당국이 정책적 우선순위를 무엇에 두어야 하는가였는데, 시간이 흐름에 따라 대내적 화폐가치의 안정이 대외적 화폐가치의 안정을 압도하였다. 포케와 블레싱 등 역대 독일연방은행 총재들은 고정된 평가를 통해 마르크화의 대외적 가치를 일정하게 유지시켜야 한다는 강한 신념을 갖고 있었다. 독일이 수출주도형 경제였음에도 불구하고 평가절하 추세에 휩쓸리지 않을 수 있었던 것은 독일연방은행이 강한 마르크화를 고수하려 했기 때문에 가능했다.[25]

독일연방은행 총재들은 평가절상 움직임에도 반대하였다. 50년대 수출호조에 따라 대규모 경상수지 흑자가 발생하자 주변국가들이 마르크화의 평가절상을 요구하였고, 분데스방크는 화폐가치의 안정이라는 명분으로 이에 반대하였다. 그러나 마르크화가 절상되리라는 풍문을 타고 외화가 계속 유입되고 있었기 때문에 서독정부는 평가절상에 대한 시장의 기대를 잠재울 필요가 있다는 명분 아래 독일연방은행의 의견을 무시하고 1961년 3월 평가절상을 단행하였다.

신뢰성에 큰 상처를 입은 독일연방은행은 이 사건을 계기로 대내적 통화안정과 대외적 통화안정 사이에 가로놓인 딜레마를 현실로 받아들이게 되었다. 이후 분데스방크는 금리인하를 통해 평가절상 압력을 물리치는 방법은 임금 및 물가 상승의 악순환을 야기한다고 자기비판하면서, 평가절상을 통해 무역흑자 심화에 대처하는 방향으로 정책을 선회하였다. 서독경제는 이러한 평가절상에 의해 경상수지와 국내물가를 몇 년 동안 안정적인 기조로 유지할 수 있었다.

　　그러나 1965년 경상수지 적자가 다시 크게 늘자, 분데스방크는 66년 여름까지 세 차례에 걸쳐 할인율을 5%로 대폭 인상하였으며, 이로 인해 실업률이 무려 세 배 이상 늘어나는 등 전후 처음으로 불황을 겪게 되었다. 독일연방은행은 경기를 회복시키기 위해 67년 상반기 할인율을 5%에서 3%로 인하하는데, 이 과정에서 거액의 경상수지 흑자가 발생하였다. 여기에 더해 해외로부터 막대한 양의 투기성자금이 마르크화로 유입되었다.

　　이러한 상황에 대응하여 독일연방은행이 1961년과 달리 마르크화의 평가절상을 주장한 반면, 독일연방정부는 수출품에 부과하는 특별세를 인상하고 수입품에 대한 세금을 인하하는 방향으로 문제를 해결하자고 제안하였다. 이처럼 연방정부가 평가절상에 반대했던 것은 수출에 의존하고 있던 서독산업계 때문이었다. 결국 평가절하를 주장했던 사민당이 다시 집권하면서, 새 정부는 69년 10월 마르크화를 9.3% 평가절상하는 데 동의한다.[26]

　　1948~73년은 제도화된 자본주의가 가장 잘 작동되었던 시기로 보인다. 자본-노동관계와 기업-금융관계가 각각의 영역 속에 뿌리를 확고하게 내림으로써 높은 수준의 노동헌신과 금융헌신이 기업의 생산성 상승과 고투자를 가능케 했다. 분데스방크도 적절한 통화정책을 통해 물가안정→임금상승 억제→가격경쟁력 확보→수출증대→수요증대→고용 및 소득 증대의 선순환고리가 작동하는 데 크게 기여했다. 2~3% 내외의 낮은 인플레이션율과 0%대의 실업률을 동시에 달성하던[27] 독일경제는 오늘날의 기준으로 보더라도 대단한 성과를 거두었다고 할 수 있다. 당시 서독의 금리수준이 낮았음에도 불구하고 전세계의 유휴자금이 유입되었던 것은 바로 서독경제의 높은 성과 및 안정적인 금융시장에 대한 신뢰를 반영한 결과라고 할 수 있다.

　경제 각 부문 사이의 유기적 연계를 통해 유례 없는 성과를 기록했던 독일경제의 전성기가 70년대 초반까지였다면, 브레턴우즈체제의 붕괴로부터 독일통일에 이르기까지의 기간은 분데스방크의 전성기라고 할 수 있다. 70년대를 전후로 브레턴우즈체제의 기축통화인 달러화가 인기를 상실하는 가운데, 달러화의 평가절하를 막기 위한 국제적 공조가 진행되었다. 이러한 공조에도 불구하고 자본의 국제적 이동이 계속되자, 1971년 12월 세계환율을 재조정하기 위한 워싱턴협정의 일환으로 마르크화가 달러화에 대해 13.6% 절상되었다. 경제침체를 우려한 연방정부의 요구에 대응하여 독일연방은행은 재할인율을 3%까지 인하하였다. 달러화 방어를 위해[28] 73년 들어서만 27억 달러를 매입해야 했던 분데스방크가 외환시장 개입중단을 선언한 직후 개최된 긴급회담에서 유럽의 재무장관들은 달러화에 대한 각국 통화의 자유로운 변동에 합의하였고, 이에 따라 브레턴우즈체제는 마침내 붕괴하였다.

　변동환율제의 도래는 독일연방은행의 정책수행능력을 한 단계 높이는 계기로 작용하였다. 달러화와 마르크화 간 환율을 유지하기 위해 의무적으로 달러화를 매입하는 과정에서 통화증발을 하지 않을 수 없었던 기존의 부담으로부터 해방됨에 따라 대내적 화폐가치 수호에만 전력을 기울일 수 있었기 때문이다.[29] 1974년 대부분의 선진국들이 두자리 숫자의 인플레이션을 기록한 가운데, 독일연방은행은 인플레이션 억제의 세계적인 선도자로 부각되었다.

　그러나 이 과정에서 경제불황이라는 대가를 치러야만 했다. 분데스방크는 1973년 6월 할인율을 7%로 올리고 화폐시장에서의 일상적인 대출에 적용하는 일반 롬바르트금리의 기능을 정지시켰으며, 그 결과 콜금리의 경우 무려 38%까지 상승하였다. 중동전쟁으로 73년 가을 유가가 4

배나 폭등하자 분데스방크는 전세계 중앙은행들 중 처음으로 금리를 인상시킴으로써 긴축정책을 본격적으로 실시하였다. 독일연방은행이 인플레이션을 미연에 방지하기 위해 단호한 조치를 불사하는 은행이라는 평판을 얻게 된 것도 바로 이 시기였다. 그러나 이 와중에 서독의 공공부문 근로자들이 15%의 임금인상을 요구하면서, 물가안정-임금안정-고고용-물가안정의 선순환고리가 깨지는 상황이 발생하였다. 고금리와 수출감소로 산업생산량이 감소한 73년, 브란트정부는 결국 퇴진하였다.

독일연방은행은 통화정책을 수립하고 관리할 새로운 척도가 필요하다는 사실을 인식한 가운데, '준칙에 기초한 통화량 중간목표'[30]라는 통화주의의 정책적 제안을 받아들여 1974년 말 '연간통화량 중간목표설정방식'(money stock target)을 도입하였다. 이 제도의 핵심적인 특징으로는 독일연방은행이 향후 12개월 동안의 예상 경제실적에 근거하여 매년 12월 통화량[31] 목표를 설정 발표하면, 이에 근거하여 재할인율과 롬바르트 금리, 일반적인 은행대출금리가 결정되고 노사는 단체교섭과정에서 이를 염두에 두고 임금협상을 벌이는 일련의 연쇄고리를 들 수 있다. 이러한 제도를 통해 분데스방크는 국민경제의 중심에 서서 가장 중요한 가격변수라고 할 수 있는 이자율과 명목임금 결정에 확고한 영향력을 공식적·제도적으로 행사하게 되었다.

그런데 독일연방은행의 경우에는, 1979년 통화량 중간목표를 채택한 후 이를 융통성 없이 달성하려다가 실패만 맛보았던 대처정부 시절의 잉글랜드은행과 달리, 통화량 중간목표를 무모하게 고집하지 않았다는 점에 주목할 필요가 있다. 분데스방크의 중앙은행위원회는 인플레이션이 빠른 속도로 완화되거나 환율이 강세를 보이고 있을 때는 전년도 12월에 설정했던 통화량 중간목표를 쉽게 무시하고는 하였다. 그 결과 75년부터 91년까지 17년 동안 여덟 차례나 연간통화량 중간목표가 달성되지 못했다. 이는 분데스방크가 통화주의의 '준칙'을 맹목적으로 추종하지 않았다

는 것을 의미한다.[32]

이와 관련하여 독일연방은행은 인플레이션이 특수한 기술(technique)이나 기계적인 규칙 대신 고도의 판단력과 경험을 필요로 하는 일종의 예술(art)에 의해서만 제어될 수 있다는 견해를 피력하고는 하였다(Furstenberg & Ulan, 1998). 화폐가치의 안정을 위한 시도가 과도한 긴축 및 깊은 불황으로 연결되지 않을 수 있었던 것은 일차적으로 독일연방은행의 이러한 유연하고 실용적인 정책수행에 의해 설명될 수 있다. 물론 이 시기에 긴축정책에 따른 불황이 없었던 것은 아니다. 특히 분데스방크는 1979년 이후 긴축기조를 강화하였다. 80년 5월에는 재할인율이 전후의 최고기록인 7.5%였으며, 81년 2월에는 일반 롬바르트금리의 효력을 정지시키고 고율의 특별 롬바르트금리를 부과하는 등 인플레이션 억제정책이 강화되었다. 이 과정에서 화폐시장의 콜금리가 30%로 치솟고 실업자가 2배 이상 증가했으며 결국 슈미트정권이 퇴진하게 되었다.

이후 독일경제는 80년대 초반의 경기침체를 벗어날 수 있었다. 1986~90년 연평균 3.1%의 경제성장률과 1.4%라는 낮은 인플레이션율 그리고 GNP의 40%에 달하는 엄청난 경상수지 흑자를 기록하였다. 60년대 이후의 새로운 전성기를 구가하는 가운데, 일본에 이어 세계 2위의 채권국가로 부상하였으며 독립적인 중앙은행의 정책기조로 국제금융시장에서 높은 신뢰를 확보할 수 있었다. 마르크화를 자산으로 보유하려는 외국 중앙은행들의 결정에 독일연방은행이 동의한 결과 마르크화는 달러 다음의 기축통화가 되었다. 이것은 독일경제에 새로운 기회이자 부담으로 작용하였다. 서독의 기업들은 보다 저렴한 비용으로 자금을 이용할 수 있게 되었으며, 마르크화로 무역이 이루어지는 비율이 늘어남에 따라 환율변동의 위험도 제거될 수 있었다. 그러나 유럽 각국이 그들의 통화를 마르크화에 연동시킴에 따라 독일연방은행은 마르크화의 국내적 안정성을 유지해야 하는 국제적 의무를 새롭게 부담하게 되었다.

쇠퇴: 1991~현재

90년대에 들어서면서 통일과 세계화 그리고 자본-노동관계 및 기업-금융관계가 시장의 압력에 압도되면서, 기존의 제도화된 자본주의 시스템은 결정적으로 쇠퇴의 길을 걸었다. 그리고 동서독의 화폐통합을 통해 통일독일의 새로운 통화질서를 확립하는 과정에서 연방정부는 마르크화의 도입이 동독경제에 미칠 부정적 영향을 과소평가하였다.

1990년 2월과 3월 분데스방크는 동서독 마르크화의 교환비율을 2 대 1로 하자고 제안했으나 결국 1.8 대 1로 결정되었다.[33] 이 과정에서 연방정부의 콜 총리와 각료들은 동독지역의 경제적 자립을 낙관한 가운데 미래의 새로운 세원을 기대하면서 세금인상을 수반하지 않는 재정정책을 수립하였다. 그러나 결국 동독경제는 91년 GDP의 30%가 감소하는 등 엄청난 경기침체에 직면하였다. 반면 통일로 인해 옛 서독경제는 강력한 추진력을 얻었으며, 1989~91년 고도의 경제성장을 이룰 수 있었다.

이 과정에서 동서독의 경제력 격차는 보다 심화되고 사회적 형평을 존중하는 전통도 크게 훼손되기 시작하였다. 옛 동독지역의 경기침체는 옛 서독지역에 대한 정부의 재정계획에 직접적인 영향을 미쳤다. 연방정부는 정부차입금의 급증을 막기 위해 91년 세금인상을 뒤늦게 단행하였으나 90년대 내내 막대한 규모의 예산적자에 시달려야 했다. 또 건실했던 경상수지도 동반 악화되었다. 이러한 상황에 대응하여 독일연방은행은 91년 12월 마스트리히트 정상회담 직후 재할인율과 롬바르트금리를 30년대 이래 최고 수준으로 인상함으로써, 유럽 전역에 큰 충격을 던졌다. 그리고 이러한 와중에 독일경제의 활력은 결국 90년대 중반 이후 크게 둔화되었다.

그러나 독일경제의 쇠퇴를 통일 및 이 과정에서의 정책실패로 설명하는 것은 지나치게 근시안적 견해라고 할 수 있다. 독일경제의 번영을 가능하게 했던 제도화된 자본주의 시스템이 과거처럼 작동하지 못하는 과정에서 새로운 수익원을 갈구하던 독일자본들의 이해가 정치·경제적으로 결집된 결과물로서 독일의 통일을 이해할 수 있다면, 독일경제의 쇠퇴 및 통독은 보다 근본적인 동일한 요인에 의해 설명되어야 할 동전의 양면이라고 할 수 있기 때문이다. 기존 시스템의 손상은 무엇보다도 세계화로 인한 대내외적 환경의 급변과 밀접한 관계가 있었던 것이다.

세계화는 우선 자본의 이동성을 크게 높임으로써 전후 독일경제의 근간이었던 노동과 자본의 제도화된 타협을 가능하게 한 지리적·공간적 조건들을 와해시키고, 대신 노동에 대한 자본의 권력을 크게 강화시켰다. 이 과정에서 '산별 차원에서 사회화된 협조적 자본-임노동관계'가 형해화되고, 개별기업 차원의 공동결정제도나 산별 차원의 임금교섭 등이 크게 위축되었다. 또 영국이나 미국처럼 노동시장이 유연해짐에 따라 기존 시스템에서 관철되었던 '낮은 명목임금상승률-고고용'의 선순환도 더 이상 찾아볼 수 없게 되었다. 60년대 0%대를 유지하였던 실업률이 90년대 중반 이후에는 10%를 상회한 가운데, 명목임금상승률도 급속하게 상승하였다. 또 개별자본이 조세부과 및 기업활동에 대한 각종 제약에 대응하여 해당 국민국가를 보다 쉽게 이탈할 수 있게 됨에 따라, 연방정부의 기업관련 조세 및 사회보장지출은 크게 축소되었고 사회적 형평의 물질적 토대도 함께 훼손되었다. 결국 세계화는 국민국가 수준에서 사적 자본에 대해 다양하게 펼쳐지던 사회적 개입을 크게 약화시키고 대신 자본이 노동을 압도적으로 지배하는 글로벌 위계가 강화되는 결과를 초래하였다.

세계화는 금융부문의 자유화(deregulation)와 증권화(securitization)를 확산시킴으로써, 제도화된 자본주의의 '장기적으로 밀착된 산업-금융관계' 또한 근저에서부터 뒤흔들어놓았다. 80년대 이후 금융의 증권화 및 국제화 추세에 따라 독일의 대기업은 기존의 은행 대신 국제금융시장에서 채권이나 주식 발행을 통해 자금을 조달하게 되었다. 자금조달비용이 훨씬 저렴할 뿐 아니라 기업경영에 대한 간섭도 적었기 때문이다. 이에 따라 주거래은행의 지위를 상실하게 된 은행들은 변화된 시장조건[34)]에 대응하여 대출보다는 유가증권 관련업무에 전념하였다. 이는 과거 기업과의 장기적 관계 속에서 금융헌신을 통해 산업의 발전에 기여하고 나아가 노자간의 제도화된 타협이나 사회적 형평에도 일정한 역할을 담당하였던 은행부문이 단기수익성에 매몰된 채 사회적 가치와의 연계를 스스로 단절하였음을 의미한다.

한편 이처럼 단기자금의 국제적 이동성이 격화되는 상황에서 금융중심지로서의 지위를 계속 유지하기 위해 독일연방은행은 경기과열시에만 긴축정책을 실시하던 과거와 달리 금리를 항상적으로 높게 유지할 유인을 갖게 되었다. 이는 은행과 기업의 장기적 연계를 더욱 약화시키는 결과를 낳았다. 그리고 세계화에 따라 생산물시장의 세계적 경쟁 또한 격화됨으로써 독일경제가 그 동안 확보하고 있었던 수출시장도 크게 축소되었다. 그 결과 국민경제의 어려움을 총공급 측면의 변화를 통해 해결하던 기존의 방식이 더 이상 통용되기 어렵게 되었다. 수출시장이 크게 축소되면 저임금과 저성장의 상황에서도 물가상승-실업증가의 악순환이 발생하기 때문이다.[35)] 이처럼 변화된 상황에서 기존의 제도적 틀은 경제주체들에게 과거와 같이 행동할 수 있는 유인과 제약을 더 이상 제공하지 못하게 된다.

이것은 결국 분데스방크의 정책환경이 근본적으로 바뀌었다는 것을 의미한다. 과거와 달리 단기자본의 급격한 유출입이 일상화되고, 유연해진 노동시장에서의 개별교섭에 의해 화폐임금이 결정되는 상황에서는 물가가 안정되더라도 임금인상이 억제되지 못하며 금리도 높게 형성될 수밖에 없다. 이처럼 제도적 조건이 변화했음에도 불구하고 통화당국이 정책목표를 계속해서 물가안정으로 고집한다면 불황과 실업의 악순환은 불가피해진다. 90년대 이후의 독일경제는 바로 이러한 상황에 놓여 있는 것으로 보인다. 이는 분데스방크가 과거와 같은 실용주의를 더 이상 유지하지 못하고 있음을 의미한다.[36]

분데스방크의 정책적 실효성이 크게 약화되고 유연한 실용주의가 퇴색해 가는 와중에, 유럽통화제도(EMS) 내 환율조정 메커니즘(ERM, 유럽환율조정체계) 그리고 유로(EURO)와 유럽중앙은행 등을 통해 독일연방은행 특유의 시스템이 한층 경직된 형태로 전유럽에 확산되고 있는 오늘날의 양상은 대단히 역설적이라고 할 수 있다. 퇴조해 가는 경제의 중앙은행이 새로운 유럽사회의 표준이 되고 있는 점도 그렇지만, 더욱 문제가 되는 것은 사적 이익과 사회적 이익을 일치시키는 제도적 장치, 시장에 대한 각종 제도들의 사회적 개입과 제어, 개별주체의 자발적 헌신을 유발하는 메커니즘과 같은 독일경제의 합리적 핵심보다는 독립적인 중앙은행에 의한 반(反)인플레정책이라는 특정 이념만이 제도적 보완성은 무시된 채 강조되는 전도된 양태라고 할 수 있다. 마스트리히트조약 이래 금융견실주의로 표현되는 분데스방크의 반인플레정책과 재정긴축을 더 극단적인 형태로 추진하고 있는 유럽통화동맹의 움직임은 미국의 주도 아래 진행되는 세계화에 대한 유럽의 대응 또는 세계화의 유럽적 변용으로 해석될 수 있다.[37]

마스트리히트 조건이 상정해 놓은 '수렴조건'과 '유럽통합'의 상황에 직면하여 노동 및 삶의 조건을 스스로 악화시키고 있는 유럽국가들간의 '바닥을 향한 경쟁'(race to the bottom)은 앞으로도 더욱 심화될 것으로 보인다. 유럽통합의 시대에서는 자본이 유럽 전역의 노동조건이 동일하지 않을 경우 기업 하기 좋은 곳, 곧 노동자의 권리가 취약한 지역으로 생산기지를 옮기려 할 것이기 때문이다. 이는 그나마 잔존해 있는 독일의 협조적인 노사관계 및 공동결정제도, 사회적 형평의 기초에 또 다른 위협으로 작용하게 될 것이다.

4. 맺음말

유럽통화동맹의 출범과 함께 독일연방은행은 통화주권 및 정책결정 권한을 유럽중앙은행에 이양하였다. 또 유럽중앙은행의 정책결정과정에서 분데스방크가 행사하는 영향력이 앞으로도 계속되리라는 보장은 없다. 이는 독일 은행과 기업들이 적용받는 금리가 독일연방은행이 아닌 유럽중앙은행에 의해 결정된다는 것을 의미한다.

우리는 전후 독일의 경험으로부터, 시장에 대한 사회적 개입 속에서 임금과 금리, 환율——이것은 자본주의 경제의 가장 중요한 가격변수들이다——이 결정되는 시스템에서는 '물가안정'이라는 가치가 고고용과 안정적 성장 그리고 사회적 형평을 동시에 달성하는 핵심적인 기제였음을 확인하였다. 그러나 이러한 가치를, 국민국가의 한계를 뛰어넘어 유럽 전역에 확장하려는 시도까지 성공할 것으로 보이지는 않는다. 국민국가 내 노동-산업-금융-정부-중앙은행의 공동이익 향상을 위해 이들을 하나로 결집시켰던 제도적 그물망이 세계정부 속의 개별국가간에는 형성되기 어려울 뿐 아니라, 더 근본적으로 국민국가 속의 노동-산업-금융-정부-중앙은행 사이에 존재하는 만큼의 공동이익이 세계정부 속의 개별국가간에는 존재하지 않기 때문이다. 이 점은 마스트리히트조약과 유럽중앙은행에 의해 추진되고 있는 '수렴조건'의 자기파괴적·상호파괴적 성격에서도 드러난다.

공동의 이해가 크지 않은 집단들을 하나로 묶을 수 있는 제도적 장치가 부재한 상태에서 국민국가를 뛰어넘어 유럽중앙은행에 의해 추진되는 물가안정목표는 항상적인 고금리정책 속에서 깊은 불황과 실업의 악순환으로 연결될 수밖에 없다. 앞으로 고용과 안정적 성장, 사회적 형평을 동시에 성취하겠다는 목표를 포기하지 않기 위해서는, 세계화와 화폐통합이라는 새로운 조건 아래 과거 독일이라는 개별국가에서 노동-기업

-은행-(연방)정부와 연방중앙은행 사이에 확보되었던 역할분담 및 상호보완성을 어떻게 새롭게 복원할 수 있는가의 문제에 정면으로 맞서야만 한다.

이는 일차적으로 '유럽중앙은행의 독립성'을 '유럽중앙은행의 책임성과 민주성'이라는 의제로 전환함으로써, 개별 국민국가와 그 성원들에게는 어떠한 책임도 지지 않은 채 시장의 규율에만 집착하면서 거대 금융자본의 이익을 실현하고 있는 유럽중앙은행의 정치과정을 바꾸는 것으로부터 시작할 수 있을 것이다. 이처럼 의제가 전환될 경우 유럽중앙은행의 정책목표도 자연스럽게 '배타적인 물가안정'으로부터 '고용과 안정, 사회적 연대'와 같이 보다 바람직한 가치로 확대될 것이다. 그러나 궁극적으로는 국적을 달리하는 각 경제주체들이 세계정부의 틀 내에서 공유할 공동이익의 객관적 조건들이 확보되지 않는 한, 과거 독일의 제도화된 자본주의 시스템에서 확보했던 것과 같은 수준의 성과를 누리기는 쉽지 않을 전망이다.

주

1) 이 견해가 분데스방크에 대한 다수설이라고 할 수 있다. 대표적인 논의로는 Furstenberg & Ulan(1998); *The Economist*(1999b) 참조.
2) 여기에는 주로 급진적인 경제학자들이 포함된다. 대표적인 논의로는 Epstein(1992) 참조. 한편 경제학자는 아니지만 최근 노엄 촘스키의 경우 전세계적으로 신자유주의를 전파하는 데 유럽중앙은행이 앞장서고 있다는 점을 비판하고 있다(Chomsky & McChesney, 1998). 또 이와 유사한 입장에서 사회적 시장경제론 전반을 비판하는 대표적인 국내 논의로는 김성구(1995)를 들 수 있다.
3) 유럽통화통합 및 분데스방크의 유럽적 확장이라고 할 수 있는 유럽중앙은행의 문제점을 지적함으로써 분데스방크도 함께 비판하는 방식은 많은 문제를 안고 있는 것 같다. 지난

50여 년간 분데스방크는 현재의 유럽중앙은행에 비해 훨씬 유연한 방식으로 물가안정 목표를 추구했을 뿐 아니라 전적으로 다른 제도적 환경 속에서 정책을 수행하였기 때문이다.

4) 이 용어는 착근된 자본주의(embedded capitalism)라는 개념과 큰 차별 없이 사용된다. 이에 대한 자세한 논의는 Streeck(1997); Hollingsworth(1997) 참조. 한편 독일식 자본주의와 영미식 자본주의의 차이에 대한 체계적인 검토는 홍훈(1999) 참조.

5) 경제헌법의 원리들로 지칭되기도 하는 구성적 원칙에는 화폐가치의 안정을 추구하는 통화정책 이외에도 개방적 시장, 사유재산권의 확립과 보호, 계약의 자유, 응익(應益)과 책임부담의 원칙, 경제정책을 일관성 있게 유지하는 원칙 등이 포함된다(Eucken, 1952).

6) 규제적 원칙이란 경쟁질서가 독점으로 변질되는 것을 막기 위한 것으로서 여기에는 소득정책, 개인의 경제행위에 대한 일정한 제한, 비정상적 공급행위에 대한 제한 등이 포함된다(같은 책).

7) 따라서 화폐가치의 안정은 개별 재화가격이 불변으로 유지되는 상황과는 구분되어야 한다. 개별재화들의 절대가격 및 상대가격이 시장여건의 변화에 따라 신속하게 변화해야 한다는 것은 오히려 자본주의 시장경제가 원활하게 잘 작동하기 위한 필수조건이라고 할 수 있다.

8) 오이켄은 중앙은행에 의한 통화가치의 안정을 통해 경기변동을 완화할 수 있다고 주장하면서, 지불준비율을 100% 유지하는 방향으로 은행을 개조함으로써 실물의 신용수요에 대응한 은행대출의 남발을 막을 수 있다는 시카고학파의 주장에 대해 회의적인 입장을 표명한다.

9) 하이에크가 중앙은행을 어떻게 바라보는지에 대한 자세한 논의는 Goodhart(1988) 참조.

10) 미리 정해진 규칙에 따라 행동하도록 제약하지 않을 경우에는 생산과정에서 나타난 불균형을 일시적인 인플레수단, 즉 신용확대, 평가절하, 저금리정책 등으로 무마하려는 유혹을 이겨내기 어렵다는 것이다. 오이켄은 이를 건축사가 건물에 튼튼한 기초를 제공하는 대신 겉으로 드러나는 지붕에만 집중하는 상황에 비유한다(Eucken, 1952, S. 424).

11) 이는 Friedman(1968)이 제안한 준칙에 의한 통화량관리 주장과 매우 유사하다.

12) 독일은 선진국 중에서도 임금격차가 특히 작은 나라로 알려져 있다. 직종간 및 직종 내 임금격차가 작을 뿐 아니라 평균임금에 대한 최저임금의 상대적 수준도 다른 나라들에 비해 높으며, 노동소득과 경영자소득의 격차도 작은 편이다. 이는 독일이 사회적 형평이라는 목표를 성공적으로 달성하였음을 의미한다(Streeck, 1997).

13) 1960~94년 근로자 1천 명당 연평균 파업일수를 비교해 보면, 독일은 36일로 901일을 기록한 이탈리아, 368일의 영국, 260일의 미국과 달리 파업이 가장 적은 나라임을 알 수 있다(김적교·김상호, 1999).

14) 이에 대한 자세한 논의는 Albert(1991); Lütz(2000); Deeg & Lütz(2000); Pollin(1995) 참조.

15) 일반적으로 자본시장에 기초한 나라들에서는 정부의 역할이 상대적으로 제한적인 반면, 은행에 기초한 나라들의 경우에는 정부가 사적 기업에 대한 신용배분에 가격통제 및 수량통제 등의 수단을 통해 적극적으로 개입한다. 독일은 은행에 기초한 제도를 갖기는 하나, 정부가 가격이나 수량을 통해 기업과 은행의 관계에 직접 개입하지 않는다는 점에서 일반적인 양상과는 차별성을 갖는다. 이러한 차별성은 독일의 고유한 문화적·제도적 특징을 반영하는 것인데, 이념적으로 보자면 경제활동에 대한 정부의 직접적 개입을 비판하고 경제주체들의 자기책임에 의한 의사결정을 강조하는 질서자유주의의 입장을 반영한다고 할 수 있다.

16) 보다 자세한 논의는 조영철(2000) 참조.

17) 독일연방은행의 이사회는 중앙은행위원회에 비해 조직 면에서는 작지만 응집력은 더 강한 기구이다. 1970년 이래 다수의 사민당원들이 분데스방크의 임원으로 임명됨으로써 과거 기독교민주동맹 일색이던 이사회조직이 다원화되었다.

18) 이는 초인플레이션의 아픈 기억을 갖고 있는 분데스방크 스스로가 특히 강조하는 논점이다. 자세한 논의는 Tietmeyer(1999) 참조. 한편 이 점은 최근 신성장이론에 의해 강조되는 논점이기도 하다. 특히 Barro et al.(1995)은 독립적인 중앙은행-물가안정-장기적 성장의 인과관계가 존재하는지에 대한 경험연구를 통해 이 점을 긍정적으로 부각시킨다.

19) 분데스방크의 개입은 말하자면 케인스의 '자본의 한계효율'(marginal efficiency of capital)을 높이는 방향으로 작동한다.

20) 이는 물가안정→고고용이라는 연결고리의 작동 여부가 독일경제의 수출의존도 및 해외경제 상태에 크게 의존할 수밖에 없다는 것을 시사한다.

21) 독일연방은행은 상업은행들과 직접적인 거래관계를 맺지 않은 채 통화가치의 안정에만 주력하며, 은행의 활동에 대한 감독권은 베를린의 연방은행감독원이 갖고 있다. 중앙은행이 직접 은행감독에 주력하지 않더라도, 기업과 밀착관계를 유지하면서 보수적으로 은행경영이 이루어지기 때문에 금융안정성을 저해하는 큰 사고는 발생하지 않는다. 분데스방크는 물가안정을 통해 은행의 장기적·보수적 경영을 강화함으로써, 금융시스템의 안정성에 간접적으로 기여한다.

22) 이하에서 구체적인 역사적 사실은 주로 Marsh(1991); Tietmeyer(1999)에 의존하였다. 더 자세한 언급과 해설은 Holtfrerich(1999); Hagen(1999); Baltensperger(1999) 참조.

23) 재할인율은 분데스방크가 일반은행에 평소에 대출할 때 적용하는 금리이며, 롬바르트금리는 긴급대출시 적용하는 금리이다. 이들 금리는 독일 국내는 물론 유럽 전역의 신용대출에 영향을 미친다.

24) 실제로 1966년 에르하르트, 1969년 키싱거, 1974년 브란트, 1982년 슈미트가 분데스방크의 고금리 통화긴축으로 인해 실각하였다. 이처럼 연방정부의 총리 여러 명이 정치적 희생자가 되었던 것에 반해 분데스방크 총재들은 오랫동안 그 직책을 유지했다.

25) 물론 독일의 수출산업이 가격경쟁력보다는 품질경쟁력에 기초하고 있던 것도 한 가지 이유가 될 수 있을 것이다.

26) 물가안정과 환율안정, 고정환율제와 변동환율제의 대립을 둘러싼 자세한 논의는 Holtfrerich(1999); Richter(1999) 참조.

27) 유일한 예외가 1966~67년의 불황기이다.

28) 이는 동시에 마르크화의 평가절상을 막는 것이기도 하다.

29) 물론 분데스방크가 아무런 제약도 받지 않고 국내 인플레이션율을 줄이는 과제에만 전념할 수 있는 것은 아니다. GNP대비 수출액의 비중이 60년대에는 20% 내외, 80년대 말에는 1/3을 상회한 서독경제의 대외개방 실태를 감안하면, 어떠한 환율제도를 채택했건 대외적 경제여건을 감안해야만 하기 때문이다.

30) 중간목표는 중앙은행이 인플레이션을 직접 통제하지 못하는 상황에서 출현하였다. 중간목표는 최종목표인 인플레이션과 예측 가능한 관계를 갖고 있는 동시에 정책당국이 통제할 수 있는 변수여야 한다.

31) 이때 통화량이란 1988년 이전까지는 본원통화(M0), 그 이후에는 M3를 지칭한다.

32) 이 점은 분데스방크가 통화량 중간목표를 채택하고 있다는 표면적 선언과 달리 실제로는 인플레이션율 목표관리제(inflation targeting)를 채택하였다고 주장하게 된 근거가 되기도 하였다(Bernanke & Mihov, 1998). 이 제도에 대한 자세한 논의는 김양우·김치호

(1998); 오정근(1999) 참조.

33) 이 비율이 높을수록 동독인들의 소득이 줄어들고 서독으로의 이주가 늘어나게 된다. 반대의 경우에는 동독의 기업도산이 늘고 실업률도 증가하게 된다.

34) 금융의 증권화와 국제화는 독일의 은행들에게 결국 경쟁압력의 격화로 나타난다.

35) 독일 같은 제도화된 경제에서는 유가인상과 같은 외부적 충격이 발생했을 때, 사회적 합의에 의해 명목임금의 인상을 억제하거나 노동헌신을 높임으로써 생산물의 가격상승 요인을 억제하고 이를 통해 좌상향 이동하는 총공급곡선을 다시 원래의 수준으로 복원시켜서 위기를 탈출하는 것이 가능하다. 그런데 이때 공급 측면에서의 긴축이 요소소득 감소를 통해 생산물에 대한 총수요 감소와 연결될 경우에는 이 기제가 작동되지 못할 가능성이 높다. 그러나 생산물에 대한 수요에서 수출부문의 비중이 높을 경우에는 공급 측면의 긴축이 생산물에 대한 수요 감소 없이 고용과 소득을 늘릴 수 있다.

36) 분데스방크의 이러한 경직화는 마르크화가 유럽의 사실상의 기축통화가 되었던 1979년 3월부터 시작되었던 것으로 보인다. 마르크화의 국내적 안정성 자체가 외부세계에 대한 국제적 의무가 됨에 따라 사실상의 유럽중앙은행이었던 분데스방크는 국내 물가안정에 더욱 집착할 수밖에 없었다. 이 점에 대해서는 Tietmeyer(1999) 참조.

37) 이에 대한 보다 자세한 논의로는 Streeck(1998b); 이 책 제3부 전창환의 글 참조. 한편 보다 비판적 관점에서 유럽통화동맹을 검토하는 논의로는 Woods(1997) 참조.

제3부 사회민주적 자본주의의 가능성

세계화와 사회민주적 대안의 조건

조 영 철[*]

1. 머리말

신자유주의의 득세 이후 시장 대 국가라는 학문적 전선이 형성되었고
이에 관한 많은 논쟁이 제기되었지만 이는 바람직한 논쟁구도라고 할 수
없다. 신자유주의자들에 의해 만들어진 듯한 시장 대 국가의 논쟁구도가
애당초 잘못 설정되었다는 것은 시장, 국가 모두 시장실패와 정부실패의
한계를 갖고 있을 뿐만 아니라 어느 하나가 다른 하나를 대체할 수 있는
것이 아니라 서로를 전제로 해서만 존재할 수 있는 보완적 관계에 있기
때문이다. 어느 한쪽의 입장에 서서 시장실패 혹은 정부실패를 일방적으
로 강조하는 것은 생산적 성과를 낼 수 없다. 생산적 논쟁이 되려면 우선
시장도 여러 사회제도 중의 하나임을 인정하고 시장제도와 국가제도를
시민사회, 사회규범 등 다른 사회제도와 어떤 조합형태로 결합시켜 시장
실패와 정부실패를 최소화하는 민주적 경제구조를 창출할 것인가라는 문

* 국회사무처 예산분석관

제에 초점을 맞추어야 한다.

신자유주의는 시장의 확대와 국가후퇴 혹은 약한 국가, 작은 국가를 주장한다. 신자유주의 확산이 초국적 자본, 세계은행, IMF 같은 초국가적 헤게모니 세력에 의해서 추진되고 있는 것도 사실이지만 이런 관점은 문제의 일면만을 보는 것이다. 세계경제질서가 신자유주의로 재편되는데 있어서 간과해서는 안 될 것은 미국이란 패권국가가 결정적 역할을 하고 있다(이병천, 1999d)는 사실이다.

영국의 대처주의가 등장한 실례에서 알 수 있듯이 신자유주의는 국가경쟁력 강화라는 경쟁국가의 명분 속에서 전개되었다. 대처가 집권한 후 추진한 정책은 복지국가 혹은 포드주의 축적체제에서 시장폭력으로부터 노동자를 보호하는 제도적 장치들을 해체하고, 노동계급이 누리고 있던 사회적 자산을 박탈하고, 기존 경제질서를 초국적 자본과 금융자본에 유리하게 더욱 시장화된(marketised) 방식으로 재편하는 것이었기 때문에 노동조합의 저항에 직면할 수밖에 없었다. 따라서 영국의 신자유주의적 재분배와 구조재편은 노조의 반발을 억누르는 강력한 국가권력의 정책적 의지와 선도 없이는 불가능한 것이었다.

신자유주의의 확산은 단순히 시장의 자연선택에 의해 자생적으로 진화한 것이 아니다. 오히려 보수적 정파와 금융자본의 이해를 대변한 보수당정부가 노동조합의 저항을 분쇄하면서 정책적 선도를 통해 추진한 것이다. 더욱이 신자유주의 정책은 근로대중을 집중적으로 희생시키고 있는데도 불구하고 영국의 민영화정책이나 소액주주운동에서 나타나듯이 주주자본주의와 결합되어 일반시민들의 이해를 금리생활자의 이해와 일치시키는 허구적인 '자산소유민주주의'(propertyowning democracy)의 외양을 띰으로써 정치적 지지를 얻어냈다.[1]

신자유주의는 자생적으로 확산된 것이 아니라 초국적 자본과 금융자본의 이해를 대변하는 글로벌 헤게모니 세력의 지원 속에서 보수적 정파에 의해 정치적으로 선택된 것이다. 신자유주의자들의 정치적 선택의 핵심은 금융유동성이다. 금융유동성은 이전의 케인스주의적 포드주의와 최근의 금융주도적 축적체제의 차이의 핵심을 이룬다.

미국경제는 80년대 구조재편을 통해 금융유동성을 중심으로 새로운 금융주도적 축적체제를 확립했고, 90년대 들어 장기호황을 누렸다. 따라서 세계화 경쟁에서 생존하기 위해서는 경쟁우위를 나타내고 있는 앵글로아메리카모델의 수용이 불가피하다는 인식이 확산되고 신자유주의적 개편이 전세계적으로 확산되고 있다. 그러나 미국의 호황을 단순히 정보통신을 중심으로 한 기술혁신과 네트워크산업에 대한 선점효과 등 신경제의 관점에서 장밋빛으로만 설명하는 것은 곤란하다.

80년대까지만 해도 대부분의 경제학자들은 라인모델이 앵글로아메리카모델에 대해 경쟁우위에 있다고 평가했을 뿐만 아니라 금융유동성을 골간으로 하는 앵글로아메리카모델은 앞의 글들에서 보았듯이 근본적 한계를 갖고 있다. 즉 금융유동성은 이해당사자들간의 장기적 협력관계를 파괴하고 기회주의 전략을 확산시킴으로써 장기적으로 안정적 축적체제를 확립시키지 못한다. 혁신을 창출하는 모험자본은 본질적으로 금융유동성이 아니라 금융헌신을 특성으로 하는 것이다. 따라서 미국경제가 과연 신경제를 기반으로 해서 장기호황을 지속할 것인지 아니면 거품으로 장기호황이 조만간 끝날 것인지 논란의 여지가 많다.

그러므로 앵글로아메리카모델이 라인모델에 대해서 장기적 경쟁우위를 갖고 있고 안정적 축적체제로서 기능할 것인가에 대해 면밀한 검토를 할 필요가 있다. 그런 다음 지금까지의 논의들을 바탕으로 앵글로아메리카모델과 라인모델의 장단점을 비교, 검토하고 세계화시대 속에서 안정적 축적체제로 기능할 수 있는 민주적 대안모델의 조건이 무엇인지를 살펴보겠다.

2. 미국 포드주의의 쇠퇴와 신자유주의적 경쟁국가정책의 한계

미국과 독일의 경제발전은 경영자지배체제에 의한 것이었다. 미국과 독일 자본주의는 형식적으로 주주자본주의였지만 그 본질적 내용은 경영자자본주의였다. 챈들러는 미국을 경쟁적 경영자자본주의, 독일을 협력적 경영자자본주의로 구분하는데, 미국의 포드주의는 경쟁적 경영자자본주의를 기반으로 한 것이고 독일의 품질다변화 생산체제는 협력적 경영자자본주의에 근거한 것이었다(Chandler, 1990). 경영자지배체제는 기본적으로 금융유동성을 차단하고 금융헌신을 확보함으로써 혁신투자를 가능하게 했지만 다른 한편 유휴현금흐름 대리인비용에서 보듯이 내부자 담합에 빠질 수도 있는 한계를 갖고 있었다. 다만 미국의 경쟁적 경영자자본주의가 주로 생산물시장의 경쟁에 의해 내부자 담합을 규율한 데 반해 독일의 협력적 경영자자본주의는 기업금융이 은행중심의 관계금융이고 소유가 집중되고 네트워크 소유관계가 형성되어 있어 경영자대리인 문제가 미국에 비해 덜 심각했다.

미국의 경쟁적 경영자자본주의는 생산물시장의 경쟁규율에 의존했기 때문에 기본적으로 거리두기 관계의 테일러주의 노사관계를 형성했다. 따라서 미국의 경쟁적 경영자자본주의는 생산과정에서 생산직노동자를 배제하는 사용자와 실리주의 노사관계를 추구한 산별노조 간의 계급타협을 기반으로 하여 대량생산, 대량소비의 포드주의 축적체제를 형성했다. 이에 반해서 독일의 협력적 경영자자본주의는 기업금융, 기업지배구조에서 나타나는 장기적 협력관계를 노사관계의 영역으로 확장하여 보다 참여적이고 장기협력적 노사관계를 형성함으로써 고임금, 고숙련, 자발적 참여를 연계시키는 품질다변화 생산체제를 이룩했다. 그러므로 독일의 협력적 경영자자본주의는 미국의 경쟁적 경영자자본주의에 비해서

테일러주의의 한계에서 좀더 자유로울 수 있었고 시장이탈효과에만 의
존하지 않고 발언효과를 보다 적극적으로 활용할 수 있는 유리한 입장에
있었다. 미국과 독일 모두 기본적으로 경영자자본주의였음에도 불구하
고 이러한 차이점 때문에 60~80년대 라인모델이 앵글로아메리카모델보
다 경쟁우위에 있었던 것이다.

　60년대 후반부터 미국의 경쟁적 경영자지배체제가 경쟁우위를 상실하
면서 미국경제는 장기침체에 빠졌다. 그런데 미국 경영자자본주의의 한
축을 이루고 있던 케인스주의 거시경제정책은 스태그플레이션 문제만을
심화시켰을 뿐 미국경제의 불황을 해결하는 데 무력했다. 당시 케인스주
의가 정책적으로 무력할 수밖에 없었던 것은 미국불황의 원인이 유효수
요 부족에 있었던 것이 아니었기 때문이다. 미국경제 쇠퇴의 근본적 원
인은 경쟁적 경영자자본주의에 근거한 미국 포드주의 축적체제가 라인
모델과 일본모델에 대해 경쟁열위에 있었기 때문이다. 따라서 케인스주
의의 총수요확대정책은 경쟁력을 상실한 미국기업의 잔존을 돕고 구조
조정을 지연시킴으로써 장기불황을 연장시킬 뿐이었다.

　이런 상황에서 개입주의적 케인스주의에 대한 신자유주의의 반격이
시작되었고 아울러 경영자자본주의에 대해서는 주주자본주의의 반격이
시작되었다. 80년대 구조재편과정은 바로 경영자자본주의와 케인스주의
의 통제를 받고 있던 주주자본주의와 글로벌 금융자본이 자기이해를 대
변하는 새로운 형태의 앵글로아메리카모델을 확립하는 것이었고 그 핵
심은 금융유동성의 확립이었다. 주주자본주의는 구조재편을 통해 유휴
현금흐름 대리인비용이나 내부자 담합 문제를 단순히 생산물시장의 경
쟁에 의해서만 규율하는 것이 아니라 자본시장의 외부통제를 통해 보다
강력하게 통제하기 시작했다.

　그러나 앞에서도 보았듯이 주주자본주의 확립 이후 90년대 미국경제
의 장기호황은 이해관계자들에 대한 탈취와 재분배에 의한 자본수익성

증가에 기초한 것이기 때문에 미국경제의 장기적 경쟁력을 낙관하기는 어렵다. 왜냐하면 80년대의 구조재편과 90년대의 금융주도적 축적체제는 테일러주의의 극복, 작업현장 혁신증대, 숙련향상과 생산성향상을 통해서 경쟁우위를 회복하려는 것이 아니라 임금압박, 사회복지 축소 등 근로대중에 대한 비용삭감을 통해 비교열위를 만회하려는 것이기 때문이다.

신자유주의의 세계적 확산이 단순히 케인스주의의 쇠퇴와 시장근본주의나 자유방임주의의 득세 때문이라고 해석하는 것은 문제의 일면만을 보는 것이다. 신자유주의가 정부실패를 주장하면서 비개입주의를 내세웠지만 실제 내용은 공급 측면의 국가개입을 통해 비용을 삭감하고 경쟁력을 강화하는 것이었다. 즉 세계시장에서 국가간 경쟁이 격화되고 보호주의의 한계가 드러나면서 각국은 경쟁우위를 유지하기 위해 비용삭감, 자본시장 개방 등 신자유주의 정책을 추진했다. 비용삭감을 통해 경쟁력을 회복하려는 국가간 경쟁은 현상유지를 위한 방어적 목적에서 출발한 것이더라도 기본적으로 공격적 성격을 띠는 것으로, 세계적 수준에서 유효수요를 상호 창출함으로써 공생을 추구하는 브레턴우즈체제의 자유무역주의와는 성격이 다르다.

오히려 전후(戰後) 유럽 사민주의 경제의 성장은 북미와 유럽의 성장이 창출한 수출수요의 급속한 증가의 결과이다(Huber and Stephens, 1998, p. 364). 경쟁국가와 신자유주의 정책의 공격적 결합은 근본적으로 근린궁핍화정책(pooring neighbor's policy, 다른 나라의 경제를 희생시키면서 자기 나라의 경제적 이익을 추구하는 정책)이나 사회적 덤핑(social dumping, 국제수준보다 현저히 낮은 임금 및 복지 수준을 유지함으로써 절감된 원가의 제품을 해외시장에서 염매하는 행위)과 다를 바 없다. 다만 과거처럼 환율경쟁이 아니라 임금비용 억제, 사회복지 축소, 재산소득세 및 법인세 감면, 노동시장 유연화, 금융자유화, 자본시장 개방, 물가안정을 위한 긴축정책을 통해 자본유치경쟁이 이루어지고 있는 것이다. 따라서 과거의 근린궁핍화 정책이 그랬듯이 신자유주의적 경쟁국가정책은 다른 나라가 차지했던 세계시장 점유율을 급속하게 잠식해 들어감으로써 자국경제를 활성화시키기 때문에 다른 나라들에게도 사회적 덤핑과 비용삭감의 신자유주의적 경쟁국가정책을 수용하는 것이 불가피하다는 인식을 확산시킨다.

독일 산업계의 사용자들 사이에서도 독일 노사관계의 합의적 전통이 독일자본에 자산이 되기보다는 부담이 된다는 주장이 확산되고 있으며 이윤위기가 지속되면서 조직노동의 권력을 더욱 직접적으로 제한시켜야 한다는 여론이 강화되고 있다(Upchurch, 1999). 그러나 라인모델이 수세적 국면에 처해 있다고 해서 라인모델이 앵글로아메리카모델로 수렴될 것이라고 보기는 힘들다. 왜냐하면 신자유주의적 경쟁국가정책은 라인모델의 장점마저도 전면적으로 파괴할 것이고 여전히 강력한 조직률을 보여주고 있는 노동조합의 저항에 직면하게 될 것이기 때문이다. 즉 라인모델의 구성요소들이 협력적 경영자자본주의에 근거하고 있기 때문에 기업금융에서 금융유동성이 지배하게 되면 기업금융과 동전의 양면 관계에 있는 기업지배구조도 거리두기 관계로 전환될 것이고 기업지배구조에 착근된 안정적 노사관계, 직업훈련제도, 경영참가 등 라인모델의 전 구성요소들을 파괴할 가능성이 높다. 따라서 신자유주의적 경쟁국가정책은 라인모델에 적용될 경우 선조합이 되기보다는 심각한 부작용이 발생할 가능성이 크기 때문에 독일에서는 신자유주의적 경쟁국가정책이 영·미의 경우처럼 쉽게 확산되기 어려운 측면이 있다.

더욱이 앵글로아메리카모델이 세계적으로 확산되고 있다고 해서 라인모델보다 효율적임을 의미하지도 않는다. 실업률, 물가상승률, 경상수지 등 거시경제성과는 물론 노동생산성 증가율의 지표로 평가해 볼 때 앵글로아메리카모델이 라인모델이나 노르딕모델보다 효율적이라는 증거는 없을 뿐만 아니라(Huber and Stephens, 1998, p. 361) 소득불평등도의 관점에서 보면 앵글로아메리카모델이 훨씬 열등하다. 라인모델의 구성요소들인 사회적 코포라티즘, 노동자 경영참가, 관계금융, 네트워크 소유관계들은 외부자본시장의 단기주의 압력을 차단함으로써 이해당사자들간의 장기적 신뢰관계와 장기투자를 촉진하고 자발적 헌신을 높여 생산성과 동태적 효율을 증진시키는 긍정적 효과를 낸다.

그럼에도 불구하고 라인모델이 수세에 처해 있는 가장 중요한 요인은 생산성협약을 맺고 있는 이해당사자들간에 공평한 재분배가 이루어지고 있어서 라인모델의 자본수익성이 앵글로아메리카모델보다 떨어지기 때문이다. 이것은 노조가 발언효과를 통해 생산성을 증가시킴에도 불구하고 생산성 상승보다 임금을 더 상승시킴으로써 자본수익성을 떨어뜨리기 때문에 사용자는 노조의 존재를 기피하는 것과 같다.[2] 즉 국민경제 측면에서 혹은 사회적 측면에서 효율적인 것과 자본의 입장에서 효율적인 것은 전혀 다른 것이다. 한 경제모델이 다른 경제모델보다 우월한지는 각 나라가 주어진 요소자원을 최대한 효율적으로 활용하여 산출을 생산하고 사회후생을 증진시키는 데 얼마나 효과적인가에 따라 결정되며, 그 평가는 여러 가지 지표를 통해 종합적으로 이루어져야 한다. 따라서 자본수익성은 효율성을 평가하는 여러 가지 지표 중 하나의 지표일 뿐 유일한 기준이 될 수 없다.[3]

그러나 금융세계화 과정에서 자본에 대한 국가의 사회적 통제력이 약화되면서 자본수익률, 그것도 사적 수익률이 투자를 결정하고 효율을 평가하는 유일한 잣대가 되고 있다. 노사간 신뢰저하로 저숙련의 함정에 빠지고 노동자의 자발적 헌신이 약화되고 작업현장 혁신이 저해되고 기업간 협력관계가 약화되고 금융유동성이 지배하고 금융헌신이 파괴되어 장기투자가 저해되더라도, 재분배의 구조재편을 통해 자본수익률이 올라간다면 자본투자자는 그런 체제를 선호하는 것이다.

포드주의가 여러 한계를 갖고 있었음에도 불구하고 한 시대의 안정적

〈표〉 앵글로아메리카모델과 라인모델 비교

	앵글로아메리카모델	라인모델
기업금융	내부유보, 직접금융	내부유보, 간접금융(회사채시장이 미발달, 은행차입 비중 높음)
부채비율	낮음	높음(경성예산 제약→유휴현금흐름 대리인비용 억제)
재무위험	작음	큼
기업-은행 관계	은행-기업의 거리두기 관계→ 단기금융 중심	장기 특수관계(관계금융)→재무위험 완화, 경성예산 제약에 신축성 부여
기업파산	거리두기 관계로 이해상충에 따른 청산비용 작음→청산 용이	청산시 기업특수자산 손실이 큼, 반면 은행주도로 워크아웃 용이
저축구조	낮은 가계저축 높은 해외저축(경상수지 적자)	높은 가계저축(은행예금) 낮은 해외저축(경상수지 흑자)
소유구조	소유분산	소유집중, 네트워크 소유관계
자본시장 기능	자본시장 규율 강함(경영자 감시를 위한 M&A, LBO, 소액주주 권리, 주식유통시장 발달) 80년대 구조재편 이후 경영자자본주의→주주자본주의로 전환	자본시장 규율 취약→내부자 담합 야기
시계(time horizon)	단기	장기
기업경영목표	수익률(주가극대화)	성장(주주이익보다 이해당사자들로 구성된 기업이익 중시)
고용관계	단기적 거리두기 관계(임금압박, 노동시장 유연화)→저숙련의 함정 노동계층의 양극화 및 임금분산 심화	장기 고용관계(노사간 위험분담, 종업원복지 중시, 적극적 훈련투자, 노동자참가)→품질다변화 생산
노사관계	노조조직률 및 단체교섭 약화	노조, 사용자단체 산별조직으로 포괄적 이해 대변, 임금자제, 직업훈련 등 공공재를 적극적으로 생산→사회적 코포라티즘
소득분배	불평등	평등
모험자본	발달	미발달
국가의 역할	소극적 국가	적극적 국가(복지국가, 산업정책, 적극적 노동시장정책)

축적체제로서 기능할 수 있었던 것은 대량생산의 생산성 향상과 함께 대량소비라는 안정적 유효수요 증대의 기제를 갖추고 있었기 때문이다. 즉 포드주의는 노사간 계급타협이라는 정치적 안정은 물론 그 이전의 자본주의 축적체제가 갖추지 못했던 유효수요 문제를 어느 정도 해결하고 있었으며 케인스주의 통화신용정책이 시장 무정부성을 완화했던 것이다. 이에 반해 경쟁국가의 금융주도적 축적체제는 자본수익성 증대에만 초점을 맞출 뿐 안정적 유효수요 창출의 기제를 결여하고 있다.

미국의 장기호황은 포드주의 축적체제처럼 생산성 향상→근로소득 증대→유효수요 창출이라는 축적기제에 기반한 것이 아니며, 노동분배율이 급속히 악화되었음에도 불구하고 주식투자의 예상수익률 증대로 인한 주식자산가치의 급속한 증대 그리고 이에 따른 부(富)의 효과로 소비수요가 급증했기 때문이다. 그러나 이것은 아직 실현되지 않은 미래의 자산소득 증가를 예상하고 소비를 앞당기는 것일 뿐만 아니라 주식자산에 대한 지극히 불안정한 시장평가에 의존한 것으로 안정적 유효수요 창출과는 거리가 멀다. 따라서 언제 거품붕괴에 따른 긴축의 악순환으로 급전될지 모르는 불안정성을 안고 있다. 더욱이 경쟁국가들간의 비용삭감 경쟁을 가속화하는 금융주도적 축적체제는 국민국가의 통화신용정책의 자율성을 극도로 제한하기 때문에 근본적으로 시장 무정부성을 보완하지 못하는 한계를 안고 있다. 금융세계화가 심화되고 금융자본에 대한 국가적 통제를 포기하는 경쟁국가체제로 전환되면서 화폐주권이 약화되고 거시경제정책은 화폐가치 안정화 목표에 종속되기 때문에 통화신용정책에 대한 국제적 협력이 없는 경우 거품이 붕괴한 나라는 IMF 구조조정정책에서 나타나듯이 긴축에 의한 비용삭감으로 수출을 증대시키고 수입을 줄이는 근린궁핍화정책을 강요받게 된다.

그러나 다수의 국가들이 이런 정책을 동시에 쓸 때는 해결책이 될 수 없다는 것은 역사적으로 명약관화하다. 따라서 미국 같은 대국경제에서

거품이 꺼지는 경우 주요 선진국들간에 세계경제 차원의 총수요관리를
위한 통화신용정책의 공조가 가동하지 못한다면 세계 대공황으로 확산
될 가능성이 그 어느 때보다 높은 상황이 형성되고 있다.

3. 사회민주적 대안의 기본 조건

신자유주의적 경쟁국가의 불안정한 투기적 축적구조에서 벗어나고 경
쟁국가들간의 경쟁의 내용이 비용삭감과 사회적 덤핑경쟁이 아니라 투
자를 통한 생산성 향상 경쟁으로 바꾸기 위한 첫걸음은 자본에 대한 사
회적 통제를 통해서 자본의 해외유출이 자본파업의 형태를 띠지 못하도
록 하는 것이다. 자본에 대한 적절한 사회적 통제가 있을 때 임금비용과
복지비용의 상승은 기업으로 하여금 신기술 및 직업훈련 투자 증가를 통
해 생산성을 개선하도록 강요하고 고부가가치의 품질차별화 생산부문에
생산을 집중하도록 유도할 수 있다. 자본에 대한 사회적 통제가 없다면
기업이 기술혁신과 산업구조를 고도화하기보다는 저비용구조를 활용하
려는 기회주의 전략을 추구하는 것을 막을 수 없다.[4] 고임금→기술혁신
과 산업구조 고도화→생산성 향상→고임금과 고복지→유효수요 창출
의 고진로(高進路, high road) 축적구조가 확립될 때 사회후생을 증진하
는 안정적 축적체제가 가능한 것이다.

금융세계화로 국민국가의 통화신용정책 재량권이 약화된 데 반해 국
가간 경쟁은 더 치열해졌기 때문에 공급 측면의 적극적인 국가개입이 더
욱 필요해졌다. 공급 측면의 국가개입은 경쟁국가간 경쟁이 비용삭감 경
쟁의 함정에 빠지지 않고 지속적인 투자와 기술혁신을 통한 생산성 향상
경쟁으로 전개되도록 유도하는 데 주목적이 있다. 따라서 외부성과 공공
재, 불확실성 때문에 과소투자가 이루어지는 부문에 대해 투자인센티브

를 제공하고 국가가 직접투자자의 역할을 해야 한다.

정보통신산업이 급속하게 발전하면서 산업구조가 급변함에 따라 인력 수요구조도 급변하고 있기 때문에 직업불일치(job mismatching) 현상과 물가안정실업률(non-accelerating inflation rate of unemployment, NAIRU)이 증가하고 있다. 지식기반사회로 신속하게 이행하고 고숙련에 기반한 산업구조를 형성하기 위해 국가는 노동시장에 대한 적극적 투자자 역할을 수행해야 한다. 더욱이 화폐가치 안정 제약으로 재량적 통화신용정책이 제한되는 상황에서 물가안정실업률 자체를 줄여 노동시장의 인플레이션 압력을 줄이는 적극적 노동시장정책은 총수요관리정책의 효과를 증진시키는 중요한 의미를 갖는다.

적극적 노동시장정책을 비판하는 핵심적 논거 중의 하나는 적극적 노동시장정책이 총수요를 확대시키는 것이 아니기 때문에 A의 취업을 돕는 것은 결국 다른 B의 취업을 방해하는 결과를 낳는 것이고 노동시장의 자원배분기능을 왜곡시킨다는 것이다. 하지만 이런 관점은 일자리의 수는 총수요에 의해서 결정된다는 정태적 시각에서 나온 것이다. 적극적 노동시장정책은 주어진 공석률에 대해서 고용 가능한 노동공급을 확대시킴으로써 노동시장의 임금상승 인플레이션 압력을 완화시키는 것이다. 정부는 허용할 인플레이션에 대한 거시경제적 목표를 세우고 총수요관리정책을 펴게 된다. 따라서 적극적 노동시장정책이 고용 가능한 노동공급을 확대시킴으로써 노동시장의 비용상승 인플레이션 압력을 효과적으로 완화시킨다면 정부는 이전보다 좀더 확장적인 총수요확대정책을 쓸 수 있다(Adnett, 1996).

적극적 노동시장정책은 총수요관리정책과 보완적 관계에 있는 것이다. 총수요확대정책만이 고용을 증가시키는 것이 아니라 주어진 인력자원의 고용 가능성을 높이는 적극적 노동시장정책도 고용을 증가시키는 효과를 지니고 있다. 그러므로 거시경제정책상 인플레이션 목표치가 정해져

있는 제약조건 상태에서는 인플레이션 압력을 완화시키는 적극적 노동
시장정책이 실시되어야 고용을 증가시킬 수 있다.[5]

여러 산업들이 분산되어 있는 내수 위주의 대국경제에서는 외생적 충
격이 발생하더라도 대규모 내수산업이 어느 정도 그 충격을 흡수할 수 있
으며 사양산업의 고용감소가 다른 성장산업의 고용증대로 상쇄될 수 있
기 때문에 시장이 특정 산업부문의 충격을 흡수해 구조조정을 비교적 용
이하게 할 수 있다. 따라서 대국경제의 경우 시장의 자동조정기구가 외생
적 충격을 잘 흡수·조정하기 때문에 국가개입의 조정 필요성은 그만큼
작다. 그러나 소국 개방경제는 제한된 요소부존을 이용해 세계시장에서
경쟁하기 위해서 규모의 경제를 확보해야 하기 때문에 대기업중심으로
소수의 산업부문에 특화되는 산업구조 특성을 지니는 경우가 많다. 이런
특성은 스웨덴 같은 소국 개방경제에서 전형적으로 나타나는 현상이다.
소수 산업부문에 전문화된 소국경제에서는 특정 산업의 충격을 소규모
시장이 흡수하기 힘들다. 따라서 외생적 충격과 구조조정이 심각할수록
그리고 소수산업에 전문화된 소국경제일수록 시장조정에만 의존하기 힘
들며 국가가 개입된 질서 있는 조정이나 사회적 코포라티즘의 거시적 조
정이 필요하다(Landesmann and Vartiainen, 1992, pp. 212~13).

한국은 스웨덴과 같은 소국 개방경제라고 말할 수는 없지만 미국과 비
교해 볼 때 수출의존적 소국 개방경제의 특성을 지니고 있기 때문에 미
국처럼 주로 시장의 자동조정기구에만 의존해 외생적 충격을 흡수·조
정할 수 없다. 소국 개방경제의 특성을 지니고 있었을 뿐만 아니라 그것
을 발전전략으로 활용했던 노르딕국가들과 동아시아 신흥공업국가들은
모두 금융유동성에 대한 국가적 통제를 통해 금융헌신을 확보하고 산업
을 발전시킨 점에서 유사성을 갖는다. 노르딕모델이 사민주의 계급타협
을 기반으로 한 데 반해 동아시아 발전국가모델이 권위주의적 국가에 의
한 노동배제적 코포라티즘에 기반했다는 점에서는 분명한 차이점이 있

다. 하지만 양자 모두 금융유동성을 배제하고 금융헌신을 확보함으로써
전자는 이해당사자들간의 장기적 협력을 유도하고 후자는 자원동원체제
를 강제화해 임금안정→이윤증가→생산적 투자 증가→경제성장의 축
적체제를 확립했다.

　인플레이션에 의존하는 축적체제는 장기적으로 유지될 수 없으며 중
앙은행의 화폐가치 안정정책과 임금안정을 유도하는 노사관계체제가 결
합될 때 안정적 축적체제가 확립될 수 있다. 임금안정→이윤증가→생산
적 투자 증가라는 공급 측면의 호순환을 확보하려면 노사간에 생산적 투
자와 임금자제를 교환하는 성장동맹이 형성되어야 한다.[6] 소국 개방경
제는 임금이 수출산업의 경쟁력을 유지하고 거시적 경제안정을 해치지
않는 수준에서 결정될 필요가 절실하다. 따라서 노조가 임금상승을 자제
하는 대신 사용자는 생산적 부문에 적극적으로 투자하는 노사간 정합게
임을 유도하는 데서 국가의 역할은 매우 중요하다. 임금과 가격 안정은
모든 경제주체가 필요로 하는 공공재인 데 반해 이 공공재의 생산은 주
로 노동자와 노조의 행동에 의존한다. 그러므로 단순히 노사교섭에만 의
존하는 경우 임금안정이라는 공공재를 충분히 생산하기 힘들기 때문에
국가와의 정치적 교환이 필요하다(Tarantelli, 1983, p. 43).

　국가는 노사 양자의 양보를 끌어내는 대신 노동자와 사용자의 이익을
실질적으로 대변하는 중앙조직의 대표성을 인정하고 이들을 국가정책 결
정과정에 참여시킴으로써 노사의 이해를 노동시장정책, 복지제도, 경제정
책 등 국가정책에 반영시키는 노사정 간의 정치적 교환을 하는 것이다.
국가는 노사가 직면한 죄인의 딜레마 게임(prisoner's dilemma game, 상호
협력하는 경우 최선을 달성할 수 있는데도 불구하고 상대의 기회주의 행동을 우려하
여 양자 모두 기회주의 전략을 취하는 것을 말함)에서 벗어날 수 있도록 노사
의 기회주의적 행동을 통제·조정하는 조정자의 기능을 수행한다. 노조
와 사용자단체는 죄인의 딜레마 게임에서 기회주의적 전략을 선택한다

면 국가정책에 대한 정치적 영향력이 약화되기 때문에 전투적 임금교섭보다는 노사정의 정치적 교환을 중시하여 국가정책 결정에 대한 정치사회적 영향력을 증대시키는 전략을 선택한다(Henley and Tsakalotos, 1993). 따라서 코포라티즘은 조직집중도가 높고 조직범위가 넓을수록 노사 당사자들의 장기적 관점을 위해 단기적 손실을 감내할 가능성이 높아진다.[7]

그러나 임금자제에 따른 기업이윤 증대는 노동자의 물적 조건 개선을 위한 필요조건이지 충분조건은 아니다. 왜냐하면 현재의 이윤은 자본가의 소비로 사용될 수도 있고 해외에 투자될 수도 그리고 노동자들의 미래소득 증대에 별다른 기여를 하지 못하는 비생산적 부문에 투자될 수도 있기 때문이다. 그러므로 노동자가 현재노동소득을 양보하고 자본의 이윤증대에 협조했을 때 그것이 노동자의 미래소득 증대로 연결될 것이라는 합리적 확실성이 노동자에게 보장되고, 사용자의 투자에 대해서 노동자가 미래에도 지속적으로 과도한 임금상승을 자제함으로써 투자수익성의 전망을 보장해야만 임금안정과 생산적 투자를 교환하는 노사간 계급타협이 가능하다(Przeworski, 1985). 따라서 임금자제와 생산적 투자를 교환하는 성장동맹은 자본유출에 대한 국가통제를 전제로 한다.

유럽에서 사회적 코포라티즘이 쇠퇴하고 있지만 신자유주의적 세계화 물결 속에서 비용삭감의 저진로(低進路, low road) 축적체제를 벗어나 생산성 향상의 고진로 축적체제를 형성하기 위해서 사회적 코포라티즘의 필요성은 더욱 커지고 있다. 사회적 코포라티즘이 쇠퇴하고 있는 것은 그 필요성이 줄어들었기 때문이 아니라 금융 세계화 및 자유화가 사회민주주의의 경제적 기반을 약화시키고 있기 때문이다. 자유무역체제와 무역의존도 증대가 총수요확대정책을 어렵게 하는 것은 사실이지만 무역개방은 유럽 사민주의 경제모델에 별다른 영향을 미치지 않았다. 오히려 유럽 사민주의 모델은 전후 자유무역주의에 기반한 것이며 수출의존적 개방경제인 노르딕국가들에서 70년대 초까지 황금기를 구가했다.

유럽 사민주의의 쇠퇴는 금융 세계화와 자유화가 산업발전에 유리하도록 금리규제와 신용정책을 폈던 사민주의 모델의 공급 측면 특징들을 훼손시키면서 시작되었다.[8]

사민주의적 대안의 출발은 금융유동성과 투기적 자본이동에 대한 민주적 통제이다. 국내 경제주체들간에 단기적 희생을 감내하고 장기적 보상이 신뢰성 있게 보장되는 시스템에 대한 사회적 합의가 이루어져야 하는데, 이러한 사회적 합의가 투기적 단기자본과는 원천적으로 불가능하기 때문이다. 그런데 금융세계화 시대에는 화폐가치 안정성이 거시경제 정책의 기본 제약조건으로 부과되기 때문에 사회적 합의를 유지하기 위해서는 케인스주의적 포드주의 시대보다 합의당사자들의 인내가 더 많이 필요하다. 즉 투기적 자본이동의 영향력을 최소화하기 위해 국내저축률이 높은 수준을 유지해 해외저축에 크게 의존하지 않고 국내저축만으로 투자수요 대부분을 감당할 수 있어야 하며 지속적인 경상수지 균형을 유지하려는 노력이 필요하다.[9] 자본에 대한 사회적 통제는 외국자본을 배척하거나 관치금융을 부활시키는 것을 말하는 것이 아니며 외국자본이든 국내자본이든, 은행대출이든 증권시장 직접투자이든 관계없이 금융유동성을 제한하고 금융헌신을 유도하는 정책을 의미한다.[10]

임금 및 물가 안정과 같은 사회적 공공재를 생산하고 거시적 차원의 성장동맹이 추진되려면 포괄적 이해당사자간의 사회적 코포라티즘이 필요하다. 즉 포괄적 이해(encompassing interests)를 대변하는 사용자단체와 노동조직은 단체교섭을 통한 임금결정 문제만이 아니라 산업정책, 통화신용정책, 복지정책, 노동시장정책에 대해 적극적 발언과 참여로써 고진로 전략이 추진될 수 있도록 해야 한다. 그러나 사회적 코포라티즘에만 기초한 복지국가체제는 시장폭력으로부터 인간을 어느 정도 보호했지만 아무리 민주적 복지국가제도라고 해도 기본적으로 인간을 대상화하고 객체화하는 관료주의의 한계를 갖는다. 인간에 의한 시장통제는 시장에 대한 국가통제를 필요조건으로 하지만 그 이상의 민주적 지배구조를 필요로 한다. 시민사회의 활성화에 의한 국가, 시장, 시민사회의 새로운 3자구도 실현도 생태문제를 중시하지 않는 성장동맹의 한계를 완화하는 데 크게 기여하겠지만 시민사회는 무임승차 문제를 해결하고 권리와 책임을 치밀하게 조직화하기 어렵기 때문에 느슨한 형태의 이해당사자 자본주의(stakeholder capitalism)를 구현할 따름이다.

자본주의 사회에서 생산과 투자, 혁신, 분배의 기본 단위는 기업이기 때문에 민주적 자본주의의 대안모델을 추구하려면 기업 수준의 미시적 코포라티즘이 반드시 필요하다. 더욱이 유연전문화 기술이 확산되고 기업혁신이 중요해질수록 기업혁신을 주도하는 기업 내부자들간의 미시적 코포라티즘이 중요해진다. 독일이 다른 사민주의 모델과 달리 지금까지 생존할 수 있었던 것은 단체교섭제도가 노동자의 포괄적 이해를 대변하면서 임금안정을 유도하고, 동시에 기업 혹은 사업장 수준의 공동결정제나 직장평의회를 중심으로 한 미시적 코포라티즘을 통해서 품질다변화 생산체제가 필요로 하는 기능적 유연성을 효과적으로 확보할 수 있었기 때문이다. 자원배분과 소득분배를 결정하는 기본 단위인 기업의 의사결정이 시장 혹은 위계에 의해서만 이루어지는 현재의 시스템을 넘어서 기업 구성원 및 이해당사자들이 기업지배구조에 참여하고 책임을 질 때 진정으로 인간에 의한 경제관리가 시작되는 것이다.

노동자참가와 금융헌신을 결합하는 미시적 코포라티즘을 실현하는 방식으로 종업원지주제는 매우 효과적인 제도이다. 종업원은 기업의 생산·투자·분배와 긴밀하게 관련된 중요한 이해당사자인데 종업원지주제는 이들의 저축자산을 기업지배구조에 직접적으로 연결시킴으로써 사회적 코포라티즘이 결여하고 있는 미시적 코포라티즘의 참가와 조정을 가능하게 하는 중요한 기제이다. 더욱이 종업원지주제는 기업에 헌신적 자본을 공급하고 금융유동성을 억제하여 장기적 시계를 확립하는 데도 기여할 수 있다. 그러나 종업원지주제의 한계는 노동자들이 사회 전체적으로는 상당한 저축자산을 보유하고 있음에도 불구하고 종업원의 위험부담 문제 때문에 기업지배구조에 영향력을 행사할 정도로 자사주에 대규모 투자를 하기 어렵다는 것이다(조영철 1997b).

저축과 투자가 분리되면 저축자산은 저축자의 계급적 이해와는 무관하게 순수한 자본운동을 하게 되고 저축자의 계급적 이해와는 상반된 운영이 이루어지게 된다. 금융유동성이 지배하게 되면 이런 문제는 더욱 심화된다. 드러커(Drucker)가 연기금의 급속한 확대를 보면서 연기금과 같은 기관투자가들이 어떻게 행동하느냐에 따라 현대자본주의 성격이 크게 달라질 수 있다는 연기금사회주의, 신탁자본주의(fiduciary capital-ism) 논의를 제시했다. 그러나 현재의 금융주도적 축적체제의 상황은 낙관적 전망을 하기 힘들게 한다. 이 논의의 현실성 여부는 기관투자가에게 투자한 일반저축자들이 포괄적 이해를 대변하는 조직화에 성공하고 기관투자가의 자산운영목표에 이들의 포괄적 이해를 반영하는 새로운 정치모델을 실현할 수 있는가에 달려 있다. 그러나 연기금 등 사회기금이 포트폴리오 투자가 아니라 저축자들의 장기적인 포괄적 이해를 대변하는 운영체제를 만드는 것은 결코 쉬운 일이 아니다. 사회기금운영에 대한 국가통제는 관치금융과 유사한 한계를 갖기 때문에 대안이 될 수 없다. 기금사회주의가 진보적 대안이 되려면 사회기금운영과 관련된 구체적 지배구조(governance)의 문제가 해결되어야 한다.

저축과 투자가 분리된 사회기금의 경우 포트폴리오 투자 추구가 불가피하기 때문에 사회기금운영 자체만으로는 다른 진보적 이해를 대변하기 어렵다. 반면 종업원지주제는 종업원이 위험을 부담하는 중요한 이해당사자로서 기업의사결정에 참여하기 때문에 사회기금과는 달리 지배구조 문제가 어느 정도 해결되는 방식인 데 반해 위험부담 문제 때문에 자산규모의 한계라는 단점을 갖는다. 따라서 양 제도의 단점을 보완하고 장점을 극대화하는 방식으로 연기금, 고용보험기금 등 노동자들의 저축자산으로 구성되는 사회기금제도를 종업원지주제와 연계시키는 방안을 고려해 볼 수 있다. 즉 사회기금에 노동조합이 적극적으로 참여할 수 있는 제도적 장치를 마련하여 기금운영은 포트폴리오 투자 중심으로 하되 보유주식에 대한 의결권 행사는 각 기업의 민주적으로 구성된 우리사주조합의 의결권 행사를 지원하는 형태를 취하는 방식이다. 우리사주조합의 경영참여 기능을 강화시키면서 사회기금의 의결권 지원을 받는다면 우리사주조합은 지배주주의 역할을 하거나 최소한 기업지배구조에 상당한 영향력을 행사할 수 있게 되어 경제민주주의를 크게 발전시킬 수 있을 것이다.

4. 맺음말: 한국경제 개혁에 대한 시사점

라인모델은 후발자본주의 국가의 후진성 문제인 자본시장 미발달과 기업가의 취약성 문제를 극복하면서 형성되었지만 노동자를 생산과정에서 배제하는 앵글로아메리카모델과는 달리 불완전하나마 생산과정에서 노동자의 협력을 전제로 한다는 점에서 일정한 역사적 진보성을 보유하고 있다. 기업을 구성하는 이해당사자들 중 혁신의 주체는 경영자와 종업원 같은 내부자들이지만 노사간 계급협력은 혁신을 촉진하는 생산적 협력이 아니라 비효율적인 내부자 담합으로 빠질 수도 있기 때문에 이를 감시할 수 있는 시장과 외부자의 규율을 필요로 한다. 따라서 내부자 담합을 저지하기 위해 시장경쟁의 규율과 기업의 투명성을 높여야 한다는 자유주의적 개혁은 정당한 면이 있다.

그러나 금융세계화 과정에서 전개되는 신자유주의적 경쟁국가정책은 경영자자본주의와 사민주의 모델의 문제점인 내부자 담합을 저지하는 수준을 넘어서 금융유동성을 전면화시킴으로써 혁신을 촉진하는 생산적 내부자 협력체제 자체를 파괴하는 근본적 한계를 지니고 있다. 과거 포드주의적 경영자자본주의에서는 케인스주의적 복지국가가 금융유동성을 제한했기 때문에, 자본에 대해 혁신투자에 필요한 금융헌신을 요구하면서도 상대적으로 낮은 자본수익성을 감수하도록 강요할 수 있었지만 이제는 금융세계화로 이것이 점점 어려워지고 있다. 금융유동성에 대한 사회적 통제의 붕괴는 자본수익성에 대한 사회적 통제가 무너지는 것을 말하며 일국 차원만이 아니라 세계적 수준에서 계급역관계가 해체되고 자본수익성 위주로 소득분배구조가 재편된다는 것을 의미한다. 이 과정에서 뉴욕과 런던과 같은 국제적 금융중심지를 확보하고 있는 신자유주의 헤게모니 블록은 세계적 수준의 소득분배구조 재편을 통해 막대한 이익을 얻고 있다.

한국의 재벌체제는 내부지배주주인 재벌총수 전횡이라는 내부자 문제를 안고 있다. 그리고 공기업부문과 소유지분 제한을 받는 은행부문은 관료와 경영자, 종업원 간의 내부자 담합의 문제를 안고 있다. 따라서 내부지배주주인 재벌총수의 전횡을 막고 공기업과 은행 부문의 내부자 담합을 제어하기 위해서는 시장경쟁의 규율과 기업투명성을 강화시키는 개혁이 필요하다.

이런 점에서 벤처기업과 주식시장을 활성화하는 데 주저할 필요는 없다. 주식시장은 발행시장의 기능을 수행하는 한 가장 헌신적 자본을 공급하는 역할을 하기 때문에 주식자본에 투자한 외부투자자들이 내부지배주주의 전횡에 의해 손해를 보지 않도록 투명한 제도적 장치를 마련해 주식시장을 발전시켜야 한다. 그러나 가장 단기적이고 투기적인 자본이 주식유통시장을 지배하고 있다는 사실도 잊어서는 안 된다. 주식시장의 이러한 이중성 때문에 한편으로는 재벌총수의 전횡을 막고 경영투명성을 강화하는 등 시장중심 개혁을 통해 주식시장을 발전시키면서도, 다른 한편 단기투기적 외부투자자가 기업지배구조를 지배하지 못하도록 함으로써 금융헌신체제를 유지해야 한다.

즉 자본시장의 외부통제 강화는 재벌총수의 전횡을 견제하는 수준에서 멈추어야 하며 기업지배구조가 금융유동성에 의해 장악되는 수준으로 확대되는 것은 바람직하지 않다. 경제개혁을 할 때 다양한 이해당사자들의 이해를 고려해야 하지만 기업지배구조 개혁의 핵심은 역시 혁신의 지원자인 적극적 투자자들과 혁신의 주체인 내부자들의 발언권과 책임을 어떻게 재편하여 기업지배구조 속에 효과적으로 체현해 내는가이다. 라인모델이 한국에 그대로 적용될 수는 없겠지만 그럼에도 불구하고 금융헌신과 노사간 생산적 협력이란 라인모델의 장점은 우리에게 시사하는 바가 크다.

개발독재의 부작용을 시정하기 위해서 한국경제는 시장경쟁의 규율과 기업투명성을 강화하는 개혁을 추진해야 한다. 관치금융은 철폐되어야 하며 은행부문 내부자들의 도덕적 해이를 막는 건전성 감독과 구조조정이 철저히 이루어져야 하고 공공부문의 구조개혁도 필요하다. 중앙은행 총재의 국민대표성 문제가 있지만 화폐가치 안정이 정부의 단기적인 정치적 목적 때문에 훼손되지 않도록 중앙은행의 독립성도 보장될 필요가 있다. 그러나 금융유동성을 전면화하고 기업경영목표가 단기주가 극대화에 매몰되고 생산적 내부자 협력체제를 파괴하며 무분별한 민영화를 추진하는 등의 신자유주의 함정에 빠지지 않도록 사려 깊은 개혁을 추진해야 한다.

IMF 경제위기 이후 자본시장이 대폭 개방되면서 2000년 8월 현재 외국인 투자자가 상장주식 시가총액의 30.1%에 투자하고 있어 한국 주식시장은 사실상 외국자본에 의해서 좌지우지되고 있는 실정이다. 이들 외국인 증권투자는 대부분 단기투기성 자본이기 때문에 한국경제도 초국적 금융자본의 금융유동성에 전면적으로 노출되어 있는 것이다. 그러나

한국 주식시장은 호황국면에서 유상증자가 활발히 이루어져 발행시장
기능을 수행하고 있기 때문에 미국의 금융주도적 축적체제처럼 거래소
시장이 발행시장 기능을 사실상 거의 상실하고 있는 단계에는 아직 진입
하지 않았다. 즉 아직까지는 금융유동성이 기업지배구조를 지배하고 기
업의 경영목표가 단기주가 극대화에 함몰된 상태가 아니다.

이 시점에서 가장 중요한 문제는 신자유주의 경쟁국가정책의 함정으
로 달려가고 있는 한국경제의 개혁방향을 민주적 사회국가(social states)
정책의 방향으로 바로잡는 것이다. 대기업, 은행, 공기업, 노동조합 등 거
의 모든 국내 경제주체들이 개혁의 대상으로 전락하고 외국인 투자자가
지배하는 자본시장만이 개혁의 지표가 되어 개혁주체로 행세하는 현재
와 같은 방식으로는 민주주의와 시장경제의 조화로운 발전을 기대하기
어렵다. 포괄적 이해를 대변하는 시민사회와 노동조합조직 등을 개혁주
체로 삼는 한편 IMF 경제위기 이후 자본시장개방으로 거의 해체되고 있
는 금융유동성에 대한 사회적 통제를 복원시키는 정책전환이 필요하다.

한국경제는 자본시장 미발달로 높은 국내저축률을 은행시스템에 의존
해 투자로 연계한 발전모델이기 때문에 대기업들이 설비투자자금을 자
본시장에서 조달하고 단기운영자금 조달만 은행에 의존해 온 앵글로아
메리칸모델과는 역사적 경로의존성이 다를 수밖에 없다. 한국의 은행들
이 아무리 관치금융의 폐해에 찌들어 있다고 해도 기업감시에 필요한 정
보는 은행이 가장 많이 갖고 있기 때문에 은행의 주도로 기업구조조정이
진행되어야 한다. 은행은 당분간 저축과 투자를 중개하는 중심적 역할을
수행해야 하며 단기운영자금만이 아니라 기술개발과 설비투자의 산업금
융을 안정적으로 제공하는 '인내하는 자본'(patient capital)의 역할을 계
속 수행해야 한다. 현재 은행은 구조조정의 대상으로 내몰려 단기생존을
위해 BIS기준 충족에만 급급한 상태이기 때문에 은행은 장기적 내재가
치를 극대화하는 관점에서 기업구조조정을 처리할 능력과 인센티브를

가질 수 없는 상태이다. 따라서 은행이 개혁의 적극적 주체로 등장할 수 있도록 제도적 배치(institutional arrangement)를 재구성해야 한다.

주

1) Gill, 1998, pp. 12~13. 미국, 영국의 경우에도 가장 부유한 40%의 가계만이 의미 있는 저축을 증권시장에서 하고 있다. 영국과 미국이 증권시장 중심의 금융시스템이라고 해도 많은 경제활동들은 상장기업부문 밖에서 이루어지고 있다. 즉 자영부문과 공공부문이 영국 GDP의 절반을 차지하고 있다(Williams, 2000, p. 2).
2) 노조의 생산성효과에 대한 자세한 설명은 Freeman and Medoff(1984) 참조.
3) 금융 세계화 및 자유화가 되면 자본수익률에 의해 투자율이 결정되지만 자본이동이 제한되고 국가에 의해 금융자본이 적절히 통제받는 경우 자본수익률이 낮더라도 산업발전에 유리한 금리규제와 투자정책으로 높은 투자율을 유지할 수 있다.
4) 영국병은 강성노조와 노동시장의 경직성 때문에 생긴 것이 아니라 영국 금융자본이 일찍부터 세계화됨으로써 영국의 산업에 헌신적 자본을 제공하기보다는 세계시장을 상대로 금융유동성을 추구했기 때문이다(Crouch and Streeck eds., 1997). 대처정부가 노조 기득권을 철저히 파괴하고 해외자본 직접투자에 유리한 입지조건을 마련함으로써 영국으로의 해외 직접투자가 증가하고 경제가 활성화되었다고 한다. 그러나 1990~96년 해외자본이 영국에 직접투자하기 위해 유입된 액수는 1,399억 달러인 데 반해 영국자본이 해외 직접투자를 위해 유출된 액수는 1,864억 달러에 달해 직접투자 관련 자본수지는 -465억 달러였다. 따라서 금융세계화에 철저히 적응할 때 직접투자 순유입이 증가하고 경제가 활성화된다는 것은 허구에 불과하다. 더욱이 초국적 기업들은 대개 핵심 사업을 본국에 두고 해외 자회사를 조립부문이나 하청기지로 이용하고 있는데다 세계시장의 입지조건 변화에 따라 언제든지 철수할 수 있기 때문에 숙련과 생산성 향상을 위해 투자하기보다는 노동자에게 비용삭감 압박만을 가하는 기회주의 전략을 지속적으로 쓸 수 있다. 이런 이유로 영국경제는 비슷한 규모의 다른 나라들보다 세계화가 훨씬 더 진전되었음에도 불구하고 제조업은 계속해서 쇠퇴하고 있다. 1988~95년 영국의 GDP대비 R&D지출 비중은 2.1%로 미국(2.7%), 일본(2.8%), 독일(2.6%)에 비해 떨어지며 영국의 전체 R&D지출 중 해외에서 이루어진 R&D지출 비중이 95년 14.3%에 달해 미국(0%), 일본(0.1%), 독일(1.8%)보다 훨씬 높다(Hirst and Thompson, 2000). 즉 영국에서는 세계화가 심화되면서 R&D투자마저도 해외로 유출되고 있다.
5) 실증연구에 따르면 실업급여와 같은 소극적 수단의 지출확대는 실업률의 증대를 초래하지만 적극적 수단의 지출확대는 실업률의 감소를 가져오는 것으로 나타났다(조영철·최영섭, 1998).

6) 분배요구에 대한 노동자의 임금자제가 투자와 고용의 증대를 가져오고 노동자에게도 장
기적으로 이익이 된다면 계급타협이 가능하다. 합리적 경제주체로서 노동자는 단순히 교
섭시점의 현재소득 극대화만이 아니라 미래의 소득까지 고려된 생애소득의 극대화를 추
구한다. 기업이윤이 투자로 연결되고 미래의 고용과 부가가치를 증가시킨다면 미래의 노
동소득도 증가할 수 있다. 또한 사용자측에서도 현재 투자계획은 미래의 기대수익률에
의존하며 기대수익률은 노동자가 미래에 어느 정도 임금을 자제해 줄 것인가에 대한 전
망에 의존한다. 따라서 현재 기업성과의 분배라는 차원에서는 노사관계가 단순히 대립적
측면만 존재하는 영합게임이지만 현재만이 아니라 미래의 기업성과에 대한 분배까지 고
려하는 경우 노자간의 협조가 필요한 정합게임이 될 수도 있다.

7) Landesmann and Vartiainen, 1992, p. 213. 코포라티즘은 개인들의 다양한 선호와 이해관
계를 이익집단별로 정리, 집계해서 하나의 사회적 선택으로 모으는 과정이다. 따라서 노
사간의 분배-투자에 관한 합의도 기업, 지역이나 산업 차원보다는 국민경제적 차원에서
이루어져야 성공할 가능성이 높다. 그러므로 사회적 코포라티즘이 성공하기 위해서는 강
력한 사용자중앙조직 그리고 노동조합중앙조직과 국가가 각 구성원들의 선호를 대표하
고 이해관계를 정리할 수 있고, 산별노조와 기업노조, 개별사용자들의 기회주의적 행동
을 억제하고 시장의 불확실성을 합리적으로 조정하는 사회적 합의를 국가의 장기 프로그
램으로 밀고 나갈 수 있어야 한다(조영철, 1997a).

8) 자본시장 개방과 유연전문화 기술의 확산은 교섭체제를 분권화시키고 결국 임금자제를
부과하는 노조와 정부의 능력을 약화시켰다(Huber and Stephens, 1998, p. 355). 그러나
리피에츠(Lipietz)는 탈포드주의 생산력이 복지국가의 발전적인 민주적 재구성을 본질적
으로 가로막는 요소가 아니라고 본다(Ryner, 1999a, p. 88). 왜냐하면 고품질의 적시생산
(JIT production)과 같은 유연전문화 기술은 현장노동자의 적극적 협력과 숙련을 필요로
하기 때문이다.

9) 라인모델이 생존하고 있는 데 반해 스웨덴모델이 몰락한 이유도 전자가 성장동맹의 전제
조건인 물가안정, 높은 저축률, 경상수지 흑자를 유지했지만 후자는 그렇지 못했기 때문
이기도 하다(같은 글).

10) 사민주의의 공급 측면의 특징이 쇠퇴하게 된 이유 중의 하나는 유럽통합과 관련이 있다.
유럽통합을 위해서는 EU회원국들간의 자본시장통합과 화폐통합을 확립해야 하는데, 이
것은 유럽 차원에서 자본의 국경간 자유로운 이동을 보장하는 것이며 국민국가의 거시경
제정책이 완전고용보다 물가안정을 우선하는 제약조건 속에 있게 되는 것을 의미한다.
즉 완전한 유럽통합으로 나가는 과도기 상황에서 자본이동에 대한 국민국가의 통제는 크
게 약화된 데 반해 자본에 대한 유럽 차원의 통제는 아직 형성되지 못하고 있을 뿐만
아니라 EMU가입국들은 유로의 신인도 확보를 위해 GDP대비 재정적자 3% 한계를 지
켜야 한다. 유럽 사민주의자들은 유럽통합 추구가 과도기적으로 신자유주의 정책을 강요
하는 딜레마에 처해 있는 것이다. 따라서 유럽통합의 과도기적 국면을 빨리 극복하고 자
본에 대한 유럽 차원의 민주적 통제장치를 마련하는 것이 중요하다.

사회민주주의의 위기와 복지국가 제도개혁

윤 도 현[*]

1. 머리말

정치적으로 사회민주주의는 공산주의와 달리 사회주의와 법치국가적
민주주의의 종합을 인정하는 정치적 이데올로기 또는 집단들을 지칭하
는 말이다. 이것은 1차 세계대전 이후 사회주의 운동의 분열 그리고 특
히 2차 세계대전 이후 사회주의에 대한 '전체주의적' 해석과 '자유주의적'
해석 간의 갈등 속에서 형성·발전해 왔다. 사회민주주의 개념은 원래
19세기에 급진민주주의적·개혁주의적 정당, 집단은 물론 사회주의적·
혁명적 집단을 지칭하는 등 다양하게 쓰였다. 하지만 지금은 좁은 의미
에서, 법치국가적 민주주의를 인정하면서 '부르주아정당'들과의 평화적
협력과 연정을 하기도 하고, 수단으로서의 폭력을 거부하며 법률 등의
개혁을 통해 점진적인 사회개혁을 추구하는 정당 또는 집단을 의미한다
(Görres-Gesellschaft, 1962, S. 202ff).

---

* 꽃동네 현도사회복지대 교수

또 사회정책적으로 볼 때 사회민주주의는 자본주의적 경제제도를 인
정은 하되, 특히 노동하는 사람들의 재생산조건에 국가가 개입하여 일정
정도의 생활수준을 보장하여 계급간 격차의 심화를 막는 한편, 자본주의
사회의 사회적 통합과 안정에 기여하기도 한다. 따라서 사회민주주의는
계급타협의 성격을 지닌다고 보기도 한다(Sandkühler, 1990, S. 359).

그런데 이러한 사회민주주의에 대한 평가는 다양하다. 우선 사회민주
주의를 옹호하는 사람들은 사회민주주의가 이룩한 성과들, 즉 계급간 격
차의 완화, 빈곤의 추방, 사회적 연대, 생활의 불안정성의 제거 등에 대해
높은 평가를 내린다. 그러나 우파로부터는 평등의 확대와 국가의 개입
등이 결국 시장메커니즘에 근거한 자본주의 사회의 효율성을 저하시켰
고 또 국가의 지나친 개입으로 사회의 자율성과 창의성이 상실되기에 이
르렀다는 비난을 받고 있다. 또 다른 쪽(혁명적 좌파)으로부터는 자본주
의 사회의 근본적 모순인 노자관계를 타파하기보다는 양자의 타협을 유
도하고 따라서 더 근본적인 사회적 변혁을 방해하거나 오도하는 수정주
의적 노선이라는 비판을 받았다.

그러나 지난 20세기 말에 소련, 동유럽의 현실사회주의가 더 이상 유
지하기 힘든 것으로 드러나면서 혁명적 좌파의 사회민주주의에 대한 공
격은 많이 줄어들었다. 오히려 소련, 동유럽 사회주의가 몰락했다면 자
본주의 사회의 대안으로는 사회민주주의밖에 없지 않느냐는 입장이 강
화되고 있다. 즉 현실사회주의는 겉으로 표방했던 것과는 달리 실제 내
부적으로 정치·경제·사회 등 여러 차원에서 심각한 문제를 겪고 있었
고, 또 이는 상당 부분 계획경제 자체의 모순에서 기인한다는 분석들이
나왔다. 이에 비하면 오히려 사회민주주의가 자본주의 시장경제에 대한
국가개입을 통해 실질적인 삶의 질 개선, 불평등의 완화, 성숙된 시민사
회, 민주주의를 이룩했고 그리고 현시대에는 '일격의 혁명'이 아니라 '점
진적인 개혁'만이 가능하기 때문에 자본주의에 대한 유일한 대안이라는

것이다.

또 한편으로 소련, 동유럽의 사회주의가 몰락하면서 대안적 사회로서의 사회주의에 대한 포기와 더불어 이와 가장 가까운 사회민주주의는 더욱 공격을 받고 있다. 즉 현실로서의 사회주의가 몰락하면서 그 사회가 표방하고 지향했던 평등, 사회적 연대 등의 제반 가치들이 강한 불신을 받고 있는 상황에서 사회민주주의가 강조하는 유사한 가치들까지 "더 이상 유지하기 힘들거나, 현실성이 없는 것"으로 간주되고 있다. 사회민주주의는 90년대를 거치면서 그 정당성의 핵심인 '복지국가'와 함께 더욱 강한 시련과 도전에 직면해 있는 듯이 보인다. 사회민주주의의 종말이니, 복지국가의 종말이니 하는 담론은 바로 이런 현실상황을 반영한다. 사회민주주의, 복지국가의 정당성 여부에 대한 질문에서 사회민주주의, 복지국가가 과연 살아남을 수 있느냐 하는 질문으로 뉘앙스가 바뀌고 있는 것이다.[1)

2. 사회민주주의 위기의 담론과 실상

2차 대전 이후 서유럽에서 사회민주주의는 이른바 '황금시대'(Golden Age)와 더불어 확대되어 왔다. 특히 사회민주주의는 한편으로는 노자간의 대립과 투쟁, 다른 한편으로는 합의·타협에 기초하여 복지국가적 제도들을 만들어냈고 이는 이른바 마셜이 이야기하는 '사회적 권리'들의 실현을 가능하게 하는 듯이 보였다. 그러나 현재 세계화라는 담론으로 특징지어지는 자본간 경쟁의 심화 등 여러 요인들은 기존의 사회민주주의, 복지국가모델을 점점 위협하고 있다. 일반적으로 현재의 위기를 설명하는 데 주로 거론되는 것들은 다음과 같다.

우선 경제적 문제이다. 즉 사회민주주의는 지나친 복지국가적 조치들의 확대로 국가의 재정위기를 가져왔고 또 세계화의 압력하에서 높은 임금비용으로 이어졌으며, 결국 자본의 해외유출 등이 이루어져 경제성장과 국가경쟁력이 저하된다는 것이다. 또 자본시장과 재화시장의 급속한 국제화는 자본과 화폐의 흐름을 통제할 수 있는 일국정부의 경제적 결정권을 점점 축소시켜 '일국적 차원에서의 케인스주의'를 의심스럽게 만들고 있다는 것이다(Scharf, 1987, S. 301; Altvater und Mahnkopf, 1996).

사회민주주의의 위기를 가중시키는 원인으로 또 지적되고 있는 것은 탈산업사회의 변화들이다. 특히 사회구조적 변화 중 취업구조상의 변화, 즉 전통적 노동자층의 감소, 임노동자층 내부분화의 심화와 노조세력의 약화로 사람들은 계급적 정체성을 더 이상 가지지 않게 되어(Beck, 1986), 사회민주주의의 지지기반이 약화되고 있다는 것이다. 이와 더불어 점점 더 다수의 사람들이 탈물질적 가치에 더 관심을 가지고 탈산업사회적 생활양식을 추구하는 데 반해, 기존의 복지국가는 이에 맞지 않는 구태의연한 복지제도적 틀을 가지고 있기 때문에 복지국가에 대해 국민들의 거부감이 증가한다는 것이다(Esping-Andersen, 1996a, p. 8ff). 즉 오늘날의 시대는 더 이상 동질적인 노동대중의 시대가 아니라 개인주의의 새로운 시대이므로 복지국가적 규제, 개입은 상당 부분 오히려 불필요한 장애가 된다는 것이다.

따라서 복지국가의 문제는 비단 경제적·사회적 문제에만 국한되는 것이 아니다. 즉 지나친 복지국가의 확대로 개인의 노동의욕은 감퇴하는 대신, 복지제도에 바라는 기대·의존 심리만 늘어났고 더구나 탈산업사회시대의 사회발전에 필요한 자기책임성, 창의성 등이 사라졌다는 것이다. 한마디로 경제적 측면뿐만 아니라 도덕적 차원에서도 위기가 왔다는 것이다(Cox, 1998, p. 1).

한편 탈포드주의적 입장에서 사회민주주의의 종말이 거론되기도 한다. 앞의 논의와 일부 중복되는 것인데 특히 히르슈와 로트는 포드주의적 사회적·계급적 관계, 중앙집중적·관료주의적 조합주의, 사회민주주의적 개혁정책의 정치적 조절형태는 이제 한계에 부딪혔다는 주장을 한다. 그들이 보기에 포드주의적 축적체제의 붕괴는 다음의 두 측면에서 사회민주주의적 재분배정책의 물질적 토대를 흔들고 있다. 하나는 긴축정책과 생산비용을 낮추려는 국가간 경쟁의 심화로 사회민주주의적 경제·사회정책의 여지가 좁아진다는 것이고, 다른 하나는 특히 3차산업화로 인한 노동자 내부구성의 이질화로 사회민주주의의 아성이 무너진다는 것이다. 따라서 그들이 보기에 포드주의 시대의 종말은 곧 사회민주주의적 정책의 종말을 의미한다(Hirsch und Roth, 1986; Merkel, 1993, S. 45ff).

실제로 앞에서 언급한 사회민주주의 현상들의 대부분은 현실에서 확인 가능한 것들이다. 그리고 그 대부분의 원인은 자본주의적 발전동력이다. 우선 세계화는 끊임없이 팽창하려는 자본 자체의 속성, 자본간 경쟁의 심화로 인해 나타나는 필연적 결과이다. 또 생활양식의 다양화와 개인화도 기본적으로 자본의 생산력 발전이 가져다준 자본주의의 문명적 계기이며 전통적 노동자층의 감소, 취업자 내부구성의 변화 등 취업구조의 변화 역시 자본의 생산력 발전에 따른 결과이다.[2]

그러면 이러한 자본주의의 구조와 동력이 강제하는 힘으로 인해 사회민주주의는 과연 사라지게 될 것인가? 앞에 소개한 논의들을 단순화해 말하자면, 사회민주주의의 몰락을 거의 주변의 객관적 '구조'들로 인한 불가피한 '운명'으로 진단하는 것이다. 그러나 이러한 구조적 힘이 과연 무차별적으로 적용될 수 있는지 우리는 면밀히 살펴볼 필요가 있다.

세계화

세계화의 경향을 역전시키는 것은 불가능하며 세계화가 진전되는 만큼 일국적 차원의 복지국가적 틀을 유지하는 것은 더욱 어렵게 된다. 따라서 강력한 복지국가적 제도들에서 정당성을 구하는 사회민주주의는 사라지거나 아니면 적어도 복지가 약화된 사회민주주의만이 존재하게 될 것이라는 견해들에 대해서는 많은 반론들이 있다.

우선 세계경제라는 선차성이 국민국가의 정치적 조정능력을 사라지게 한다는 주장에 대해, 실제로 금융시장의 세계적 통합은 이자율, 각국의 경기순환주기 또는 환율을 동일하게 만들지 않았으며 오히려 통화경쟁에서의 국민국가의 위치가 경제정책적 조정능력을 결정한다는 비판이 있다(I. Schmidt, 1999, S. 15ff). 한편 세계화에도 불구하고 국가의 정치적·경제적 매개자로서의 역할과 최종책임은 여전히 남아 있으며 따라서 국가의 기능은 줄어드는 것이 아니라 '재편'되고 있다는 지적도 있다(Deppe, 1992, p. 216ff). 또 고세훈은 오늘날에도 자본주의적 세계화는 국가의 후견을 통해 진행되며, 문제는 국가기능의 쇠락이 아니라 국가의 재창출 혹은 적응능력이라고 진단하고 있다. 특히 그는 복지비용의 지출로 인한 국제경쟁력의 악화라는 주장은 강력한 이익집단의 선호를 경제논리로 환치한 것이라고 비판하고 있다(고세훈, 1999, 34쪽).

세계화가 복지국가 각국에 미치는 영향을 과대평가해서는 안 되는 이유 중의 하나로 정치적·제도적 메커니즘 그리고 정치적 합의형성의 중요성을 드는 입장이 있다. 에스핑-앤더슨에 따르면 세계화라는 외부적 요인이 각국의 복지국가를 압박하더라도, 이의 대응양식은 반드시 각국의 정치메커니즘, 합의형성 등을 통해서 다르게 나타난다는 것이다. 예를 들어 스칸디나비아같이 노조와 사용자조직이 합의와 상호신뢰의 관계를 구축했을 경우, 양자는 복지국가의 일부 부작용을 감내하기 때문에 '무임승차자'(free-rider)나 외부적 비용은 크게 문제가 되지 않으며 따라서 완전고용과 복지가 양립 가능하게 된다. 이에 반해 노동세력이 배제된 코포라티즘의 형태를 띠고 있는 일본의 경우에는 경제의 두 주체간의 갈등을 조절할 능력이 매우 약하기 때문에 세계화의 압력에 더욱 취약하

다는 것이다. 그는 90년대의 스웨덴 복지국가 위기의 원인을 세계화보다
는 합의를 도출하는 사회적 파트너십의 퇴조에서 찾고 있다(Esping-
Andersen, 1996a, p. 257).

또 마틴 역시 복지국가의 쇠퇴는 물론 세계화와 관련이 있긴 하지만
매우 제한적으로 보아야 한다는 입장이다.[3] 오히려 서로 다른 정치적 역
학이 미국과 유럽의 사회정책의 차이를 낳는다는 것이다. 즉 노동시장정
책과 거시경제정책의 차이로 미국은 높은 불평등과 저실업으로 특징지
어지고, 유럽은 낮은 불평등과 고실업의 특징을 띠기 때문에 미국에서는
상대적으로 공공부조에 대한 요구가 그리고 유럽에서는 실업급여에 대
한 요구가 크다는 것이다. 이것은 다시 정부의 재정지출과도 연관이 되
는데 미국은 범죄예방, 감옥제도의 유지에 그리고 유럽은 조기퇴직 등에
상대적으로 많은 지출이 이루어진다는 것이다(Martin, 1997, pp. 36~46).

재정적자

지나친 복지비용의 지출로 국가의 재정위기가 닥쳐왔고 이것이 필연
적으로 사회민주주의, 복지국가의 종말로 이어진다는 견해들이 있다. 실
제로 서구 대부분의 복지국가들에서는 GNP 중 복지지출의 비율이 1975
년까지 큰 폭으로 증가했다가 경제상황이 나빠진 75년 이후 복지국가 프
로그램의 운영은 커다란 재정적 적자상태에서 운영되고 있다(김태성·성
경륭, 1993, 252쪽). 70년대 중반 이후 실업이 증가하면서 복지재정은 더욱
어려움에 직면했다. 우선 대량실업은 사회보험료를 낼 수 있는 취업자
수를 감소시켰다. 이 대량실업은 사회보험의 적용을 받지 않는 고용관계
를 확대시키고 이러한 고용관계의 확대는 다시 복지의 재정적 기반을 더
욱 잠식하는 한편, 더욱더 증가된 복지수요는 기존의 취업자들에게 더
많은 부담을 지우게 된다. 이러한 상황에서 사회 전체의 부에서 노동소

득과 복지급여가 차지하는 비율의 감소는 자본의 과잉축적 현상을 더욱 강화하고 결국 경제성장의 둔화, 경쟁의 격화로 이어진다.

그러나 이러한 재정적자로 복지국가가 더 이상 유지되기 힘들다는 운명론적 시각은 우리가 사회적 부의 실제적 증가를 살펴보면 매우 단편적임이 드러난다. 비쇼프에 의하면 모든 선진자본주의 사회에서 국민총생산은 증가하였다. 서독의 경우 1980~96년에 1인당 국내총생산은 28% 증가하였으며 구동독지역을 포함해도 14.3%나 증가했다.

이렇게 볼 때 물론 경제성장은 둔화되고 국제적 경쟁은 치열해졌지만, 정말로 핵심적인 문제는 부의 공정한 분배이다. "자연적 또는 사회적 사건들로 인해 사회적 부가 파괴되거나 줄어들지도 않았고, 어떤 갑작스런 부족으로 인해 복지국가가 파괴되지도 않았다. 사회보장체계의 재정을 흔들고 있는 것은 부의 분배 문제이다."(Bischoff, 1998, S. 24) 모든 선진자본주의의 사회보장체계가 위협받고 있는 진짜 이유는 사회보장이 임금수준의 발전과 밀접하게 연결되어 있다는 사실이다. 그런데 노동소득이 70년대 말 이래 하강곡선을 그리면서 복지재정에 대한 수요가 더욱 증가하고 따라서 재정기반의 붕괴가 가속화한 것이다. 사회 전체의 부에서 노동소득이 차지하는 비율의 감소는 독일에만 국한된 것이 아니었다. 그리스를 제외하고 EU의 모든 회원국이 이러한 경향을 겪었으며 일본과 미국도 유럽보다 약하긴 하지만 비슷한 경로를 보였다. 이 과정에서 이윤과 재산소득은 노동소득보다 상대적으로 크게 증가하였다(같은 글, S. 24ff).

모든 선진자본주의 국가에서는 상대적으로 적은 노동으로 높은 국내총생산을 이룩할 수 있기에 노동소득이 사회적 부의 분배에서 차지하는 비율은 점점 더 작아진다. 게다가 대량실업과 노동의 유연화 경향으로 전일제 취업노동에 근거하고 있는 복지재정은 더욱 흔들릴 수밖에 없다. 따라서 비쇼프는 재정을 둘러싼 사회적 대립이 중요한데도 신보수주의자들은 복지재정의 위기를 오로지 '거역할 수 없는' 세계화 때문이라고 주장하면서 분배문제를 둘러싼 쟁점을 피해 가려 한다고 비판하고 있다 (같은 글, S. 25).

이와 마찬가지로 크로이츠 역시 소득분배상의 문제를 복지국가가 한계에 부딪힌 주요한 원인 중의 하나로 지적하고 있다. 그는 복지국가가 어려움에 빠지게 된 원인을 분석하면서 다음과 같은 질문을 던진다. "어떻게 40년 전 국민들의 대다수가 가난했을 때도 사회보장이 허용될 수 있었는데, 오늘날 그 당시보다 여러 배 늘어난 사회적 부가 있음에도 불구하고 더 이상 복지비용을 충당할 수 없는가?" 그가 보기에 오늘날 위기의 원인은 국가의 재정적자 그 자체보다는 부당한 소득재분배, 화폐자본의 지나친 증가에 있다.

그는 특히 독일의 주요 소득세(즉 임금생활자들의 근로소득세, 주로 자영업자들의 추정소득세 및 기업의 법인세)간의 상대적 비율의 변화에 주목한다. 우선 근로소득세는 1950년에 34%이던 것이 75년에는 65%, 95년에는 90%나 된다. 추정소득세는 50년의 39%에서 95년에는 4%, 그리고 법인세는 50년의 27%에서 95년 6%로 감소하였다. 이러한 급격한 변화는 물론 어느 정도 고용구조의 변화, 즉 자영업자의 감소와 임금생활자의 증가에 기인한다. 이 기간 동안 독일에서는 자영업자(함께 일하는 가족원 포함)는 640만 명에서 370만 명으로 줄어든 반면, 임금생활자는 1,400만 명에서 3,100만 명으로 늘어났다. 하지만 1인당 세금부담으로 환산해 보면 결과는 달라진다. 1950년에 임금생활자는 1인당 약 130마르크의 소득세를 낸 반면, 자영업자는 약 350마르크를 냈다. 그러나 95년에는 임금생활자는 1인당 9,100마르크를, 자영업자는 3,600마르크를 낸 꼴이다. 즉 임금생활자와 자영업자의 1인당 세부담은 50년의 약 1 : 3에서 90년의 약 3 : 1로 완전히 역전된 것이다.

또 국가의 수입은 1950~95년에 경제성장에 비해 1/2 정도 늘어나고 사회예산은 두 배로 늘어났으나, 화폐재산과 부채는 무려 4배나 늘어났다. 즉 80년대에 화폐재산은 경제성장률의 2.5배, 90년대에는 3.3배로 늘어난 반면 임금생활자들의 순소득은 80년대부터 경제성장률 이하로 줄어들었다. 이러한 논의들을 종합하면서 그는 현재 복지국가가 점점 더 유지되기 어려운 원인으로 조세 면에서 가난한 자들에게 불리한 재분배가 이루어져 왔으며 또 화폐자본의 지나친 증가를 지적하고 있다(Creutz, 1998, S. 50).

양자의 견해를 정리해 보면, 재정적자가 현재 복지국가의 위기를 가중시키고 있는 것은 사실이지만 이것이 반드시 불가역적인 상황만은 아니라는 것이다. 사회의 실제적 부는 증가하였으며 따라서 진정 중요한 것은 보다 형평성 있는 분배라는 것이다.

사회구조적 변화

사회민주주의의 위기의 징후로 사회구조적 변화와 관련 전통적 노동자층의 감소, 내부구성의 변화, 계급적 정체성의 소멸, 탈물질적 가치 등이 거론되는데 이에 대한 반론 역시 만만치 않다.

우선 전통적 노동자계급이 사라지고 노동자 내부구성이 이질화된다고 해서 이것을 계급으로서의 노동자가 사라지는 것으로 보기는 힘들다는 반론이 있다. 왜냐하면 이해관심의 다양화가 곧바로 물질적, 자본주의적으로 규정된 (임노동자적) 상황들의 소멸을 의미하지는 않기 때문이다(Ritsert, 1988, S. 241). 또 임금, 노동시간 단축, 실업 등을 둘러싼 계급간 갈등 등이 여전히 핵심적 문제를 이루고 있기 때문에 섣불리 계급의 종말을 언급하는 것은 지나친 단견일 수 있다(Bischoff und Herkommer, 1990, S. 74ff).

한편 사회민주주의의 지지층과 관련해서는 지역에 따라 상이한 의미를 지닌다는 분석이 있다. 메르켈에 의하면, 남유럽의 중간층은 적어도 북유럽의 중간층과 복지국가에 대한 태도에서 다르다. 그리스나 스페인의 중간층은 복지국가적 혜택을 아주 적게 받기 때문에 재분배정책이나 복지제도의 확대에 상대적으로 무관심한 반면, 북유럽의 중간층은 그들의 생활이 제반 복지국가적 제도들에 크게 좌우되기 때문에 사회민주주의를 자신들의 이익을 위해서도 보호하려고 한다(Merkel, 1993, S. 375ff). 이렇게 볼 때 전통적 지지계층의 감소에서 사회민주주의의 딜레마를 찾는 것은 단편적인 분석이라고 생각된다.

이상을 종합해 볼 때 사회민주주의가 시련을 맞고 있긴 하지만 불가피한 종말을 선언할 근거는 없다고 판단된다. 세계화 등 구조적 힘이 강제하는 측면이 분명히 있지만 그것은 각국의 정치세력과 계급세력이 이를 어떻게 대처해 나가느냐에 따라 매우 다른 결과를 낳을 수 있다. 또 소득 재분배정책에 따라 복지재정이 안정될 수도 있으며, 정치적 지지층도 사회민주주의 정당의 전략에 따라 확대될 수 있는 여지가 충분하다. 현재 유럽연합의 회원국 대부분에서 사민계열의 정당이 집권하고 있는 상황을 볼 때도 사회민주주의적 기획은 아직도 유효하다.

3. 복지국가 제도개혁의 최근 경향

기존의 복지국가에 대한 비판이 증가하면서 서구의 복지국가들은 많은 제도적 개혁들을 단행했다. 일반적으로 나타나는 경향은 긴축재정조치, 연금개혁, 복지행정의 탈집중화 등이다. 특히 일부 프로그램의 재정에 대한 일괄삭감, 선택적 급여의 실시 등으로 종래의 적정급부 개념이 최소급부 개념으로 바뀌고 있다(고세훈, 1998). 따라서 급여기간, 급여액이 줄어들고 기본적으로 권리에 기초한 급여(right-based benefit)에서 자산조사에 근거한 급여(means-tested benefit)의 경향을 보이고 있다.

최근의 경향을 잠깐 살펴보면, 먼저 영국의 경우 현재 복지개혁의 원칙은 "일할 수 있는 자는 일을 해야만 한다"는 것이다. 즉 이른바 '복지' (welfare)에서 '일하는 복지'(workfare)로의 이행이 강조되고 있는데, 이 것은 결국 임금수준을 낮추어 저임금고용을 늘리려는 것이 주목적이다 (Grover und Stewart, 1999, S. 73). 예를 들어 2000년 2월 10일 의회에 제출된 법안에는 공공부조를 받는 자들——특히 편부, 편모, 장애인——의 의무 가 명시되어 있다. 이들은 정기적으로 '일자리 알선 상담자'에게 일자리 에 관한 상담을 받아야 하며, 이 상담에 응하지 않는 경우 공공부조를 받을 수 없다. 또 새로운 법은 연금에서도 새로운 사적 연금보험의 도입 을 명시하고 있는데, 이를 통해 블레어정부는 국가연금과 사적 연금의 비율을 장차 4 : 6으로까지 만들려고 한다. 이러한 제반 개혁으로 블레어 정부는 국가지출의 약 1/3이 넘는 사회복지비용을 감축할 계획이다(*Der Standard*, 1999. 2. 2, S. 4).

독일의 경우 1997년 12월 11일에 연방의회에서 '연금개혁법안 1999'를 통과시켰다. 이 법안은 연금재정의 안정화를 위하여 연금급여 수준을 낮 추고(70%에서 64%로), 60세 이전에 연금을 받을 경우 급여액의 10.8%를 삭감하고 연금수급 개시연령을 65세로 상향조정하는 등의 내용을 담고 있다. 또 의료보험과 실업보험도 기본보험과 사적 보험의 이원화체제를 도입해야 한다는 주장이 점점 목소리를 높이고 있는 상황이다(Bischoff, 1998, S. 29ff).

그리고 지난 몇 년 동안 북유럽의 모든 나라들도 극적인 연금개혁을 단행했는데 그 방향은 비스마르크식 사회보험모델에 근접하는 것으로, 일하는 자를 위한 갹출형연금제도를 추가하거나 그 액수를 올리는 것이 다. 갹출과 급부의 관계를 이렇게 강화하는 것은 앞으로 일하지 않는 자 보다 일하는 자에게 상대적으로 더 많은 급부가 이루어지는 것을 의미한다(Cox, 1998, p. 9).

그러나 개혁의 방향이나 깊이는 나라마다 차이를 보인다는 지적이 있다. 이러한 측면에 주목하는 사람들은 복지제도적 개혁에서 정치적 합의, 사회문화적 전통 등의 역할을 특히 중시한다. 에스핑-앤더슨은 70년대 이후 경제적·사회적 변화에 따른 선진국들의 복지제도의 개혁방향을 크게 세 가지로 분류하고 있다. 우선 스칸디나비아국가들은 최근까지 복지국가 고용확대정책(적극적 노동시장징책, 복지서비스부문의 확대 등)을 취하고 있으며 미국, 영국, 뉴질랜드 등 앵글로색슨 계열의 국가들은 임금과 노동시장의 탈규제화로 일정 정도 복지국가적 틀이 허물어지고 있다. 그리고 마지막으로 독일, 프랑스, 이탈리아 같은 유럽대륙의 국가들은 노동감축정책(조기퇴직, 맞벌이부부에 대한 중과세 등)을 통하여 기존의 사회보장 수준을 유지하려고 노력하는 경향을 보인다. 그리고 이러한 차이는 바로 그 국가의 복지국가 성격의 차이에서 연유한다고 본다.[4]

한편 영미권 국가와 유럽대륙 국가들이 복지제도개혁에서 차이를 보이는 이유로 국가와 제도에 대한 국민들의 태도 차이, 국가개입과 사회복지에 대한 국민들의 시각 차이를 드는 입장도 있다. 즉 미국의 경우 일반적으로 국가는 부정적인 이미지가 강조되고 있는데, 여기서 시장질서의 확립과 국가개입의 최소화에 기초한 사회발전의 논리를 펴는 주장이 당연히 설득력을 얻는다. 이에 반해 항상 국가제도의 테두리 안에서 생활하는 데 익숙한 유럽국가들의 경우에는 경제적·사회적 위기시 국가의 개입 또는 중재의 방법을 선호한다는 것이다(나병균, 1997).

그러나 문제는 현 개혁의 전반적 경향에 대해 어떤 평가를 내릴 것인가이다. 나라마다 상이한 대응양식에도 불구하고 개혁조치들은 더 근본적인 전환의 징후로 보아야 한다는 입장이 있는 반면, 80년대 이후 일련의 개혁조치들은 적어도 영미권을 제외한 나라들에서는 "구조적이고 근

본적이라기보다는 지엽적이고 기술적"이라는 입장이 있다(같은 책). 즉
'작은 차이가 나중에 큰 차이를 불러온다' 또는 이미 '작은 차이가 큰 차
이를 낳는 방향으로 가고 있다'는 주장과 '아직은 대세에 지장 없다'는
주장이 대립하고 있다.

콕스는 "복지국가는 이미 나비가 되어버렸는데 수많은 사람들은 아직
도 복지국가를 유충이라고 부르고 있다"(Cox, 1998, p. 2)면서 기존의 복지
국가는 실질적·이념적으로 완전히 바뀌었다고 주장한다. 그는 재정감
축, 연금 등의 개혁, 복지행정의 분산화 등을 예로 들면서 복지프로그램
들이 보편주의적인 것에서 범주적인 것으로 그리고 연대에서 선택으로
변화하였으며, 이로써 과거 복지국가의 주요 원칙들이었던 마셜식의 사
회적 권리, 핵심적 정책으로서의 소득보장정책, 중앙집중적 계획과 조정
등은 오늘날 현실성을 상실했다고 본다.[5]

또 좌파의 전망 역시 경제성장률에 근거하고 있고, 좌파정부 역시 복
지정책의 축소를 지향하고 있으며, 현재와 미래의 복지국가의 감축은 세
계화의 효과라는 측면에서 보아야 하고, 국내적 변수는 바로 이러한 세
계화를 전제로 하여 이해해야 한다는 시각도 있다. 따라서 여기서는 이
러한 위기경향을 역전시키기는 불가능하며, 좌파정부라 해도 복지국가를
수정할 수는 있어도 복지국가의 해체 경향을 되돌릴 수 없다고 주장한다
(George, 1998, p. 35).

그러나 최근의 개혁경향에서 '이미 복지국가는 끝났다'는 결론을 도출
하기에는 무리가 있다. 앞에서도 보았듯이 세계화에 대한 압력 정도와
대응양식이 나라마다 다르며, 또 복지국가 내의 계급관계, 노동운동과 정
당의 관계, 정치적 역학 등이 결정적으로 변해 전반적으로 수렴하는 현
상은 없기 때문이다.

하지만 역으로 '대세에 지장 없다'는 낙관론으로만 바라보기에도 무리
가 있다. 왜냐하면 최근 실제로 여러 개혁의 적지 않은 부분은 방치할

334

경우 사회에 심각한 부정적 결과를 초래하기 때문이다. 예를 들어 연금액의 하향조정과 연금수급 개시연령의 연장, 자격요건의 강화 등은 현재의 노동관계의 유연화, 대량실업 등을 감안할 때 결국 미래의 노인들에게 커다란 빈곤을 예정하는 것이나 다름없다. 또 의료보험의 경우 의료비 낭비를 이유로 사적 보험을 늘리면, 미국의 예에서 이미 나타났듯이 만족할 만한 최소한의 의료보장도, 사회 전체적 합리성도 사라지게 될 것이다. 실업보험 역시 공적 보험과 사적 추가보험으로의 이원화 논의는 기존의 실업급여 수준을 계속 내리고 공공 노동시장정책을 없애겠다는 것으로, 결국 보험갹출금의 인하와 이에 따른 기업의 인건비 인하를 목표로 하고 있다. 따라서 신보수주의식의 해결은 경제적 과정에서 심화되는 노동력 가치의 하락을 임금생활자에게 불리한 재분배정책을 통해 더욱 악화시키는 것이라고 할 수 있다.[6]

4. 대안적 논의

자본주의적 생산력의 발전은 그 자체로는 사회적 부를 증대하고 개인의 여가시간을 늘린다. 그러나 자본주의적 발전은 적대적 관계에 기초해 있다.[7] 최근 자본주의 생산력의 급속한 발전은 더욱더 적은 수의 사회적 노동을 필요로 하는데, 이러한 사실은 현상황에서는 자본축적방식의 변화를 가져오고 또 분배관계의 악화를 초래하고 있다. 즉 노동을 통한 자신의 책임에 의한 생활보장은 점점 더 어려워지고 있다. 따라서 이러한 어려움을 가중시키는 신보수주의적 복지정책은 결코 미래의 대안이 될 수 없다. '시장'은 결코 노동과 여가 시간을 전사회성원에게 평등하게 배분하지 않기 때문이다.

그러나 실제로 영국과 독일 등에서 진행되는 사회민주주의적 개혁의 방향이 과연 신보수주의의 대안이 될 수 있을 것인가는 논란의 여지가 많다. 최근 영국의 블레어와 독일 슈뢰더 정부가 지향하는 복지개혁의 방향은 이른바 '일하는 복지' 또는 '공공부조 대신에 노동'(Arbeit statt Sozialhilfe)이다. 그런데 이것이 기존 복지국가의 문제점들을 극복하고 평등과 사회보장을 증진시킬 것인지는 매우 회의적이다.

우선 사회보장의 재정은 특히 고용상황에 좌우되기 때문에 노동시장 정책은 각별한 의미를 지닐 수밖에 없다. 이들 정부의 노동시장정책은 인적 자본에 대한 투자의 강조와 더불어 평생교육(보편적 교양교육은 물론 직업교육, 실업자 재교육 등)에 역점을 두고 있다. 또 장기실업자 등에 대한 별도의 대책이 강조되고 있지만 이들의 노동시장정책에서 핵심적인 것은 저임금부문의 일자리 창출이다(Offermann, 1999, S. 276). 이를 통해 미숙련노동자들이 다시 일자리를 가지게 되기를 희망하는 것이다.

그러나 이러한 저임금정책은 특히 영국의 경우 '일하는 복지' 프로그램과 연계됨으로써 기존 취약계층에 생계지원금 감소와 저임임시직 일자리의 강요라는 부정적 결과(노대명, 1999, 11쪽)를 가져왔을 뿐만 아니라, 노동시장 활성화와 관련해서도 그리 효과적이지 못한 것 같다. 임금수준을 낮춘다고 해서 그에 비례해서 일자리가 늘어나는 것은 아니며 또 저임금부문의 추가 일자리 창출을 위한 지원금액이 그 일자리에 고용된 노동자의 임금보다 훨씬 높게 예상된다는 분석들이 나오고 있는 점을 감안할 때, 이 방법 역시 노동시장 문제를 해결하는 적절한 수단이 되지 못한다고 여겨진다. 그리고 노동자들의 자질 향상, 일부 집단에 대한 별도의 대책 등도 물론 중요하지만 이것은 과거부터 있었던 기본적 정책이지 현재의 실업문제를 해결하는 강력한 수단은 아니다. 오히려 노동시간의 단축을 통한 일자리 창출이 더 효과적일 수 있다고 판단되는데, 현재 블레어와 슈뢰더는 이 부분과 공공부문의 고용확대정책에 대한 고려를 거의 하지 않고 있다(Offermann, 1999, S. 277).

한편 복지국가 내의 평등의 문제와 관련해서도 '새로운' 사회민주주의의 정책방향은 그리 바람직하지 못하다. 그들은 기존의 사회민주주의가 창조성, 다양성을 무시하고 획일성만 강조했다고 비판하는데 이는 실제로 기존 복지국가의 재분배기능을 문제삼는 것이나 다름없다. 그들이 주장하는 기업세의 인하는 바로 이러한 맥락에서 나온다. 그러나 평등이 사회적 통합에 기여하는 측면은 차치하더라도 투자증대와 고용확대를 위해서 기업세의 단순화와 인하가 불가피하다는 견해가 과연 맞는지는 곰곰 생각해 보아야 한다. 여기에는 새로운 자본축적양식에 대한 인식이 결여되어 있다. 즉 많은 기업들에서 실물투자보다는 투기성 금융투자 경향이 발견되는데다, 실물투자인 경우에도 고용감소로 이어지는 기업합리화에의 투자가 주종을 이룬다. 게다가 새로운 테크놀로지, 기업합리화에 대해 강조하면서도 합리화로 인한 이득을 어떻게 분배할 것인가의 문제는 전혀 고려하지 않고 있다. 따라서 이 경우 분배의 불평등은 더 첨예해질 것이고 빈곤의 문제는 더욱 증가할 것이다(같은 글, S. 278).

이 점과 관련하여 '제3의 길'은 개인의 책임성을 강조하지만 기업의 책임성 문제는 교묘하게 회피하고 있으며 또 날로 심각해지고 있는 사회적 불평등을 보면서도 이러한 결과를 낳는 구조적인 이해관계들에의 개입은 회피하고 있다는 스튜어트 홀(S. Hall)의 지적은 매우 타당하다고 여겨진다(에릭 홉스봄 외, 1999, 58쪽). 따라서 오히려 사회민주주의가 수세에서 벗어나 보다 자기혁신적인 길을 가고자 한다면 다음 몇 가지 점을 진지하게 검토할 필요가 있다고 생각한다.

우선 세계화를 바라보는 시각의 문제이다. 특히 영국의 신노동당은 세계화를 마치 통제할 수 없는 자연적 힘으로 간주하고 그 변화들에 적응할 수밖에 없다는 식인데(노대명, 1999, 11쪽) 이는 필연적으로 복지국가의 퇴보로 이어질 수밖에 없다. 그러나 사회 내에서 산출하고 축적되어 온 거대한 부를 사회성원들에게 적절히 배분하는 과제를 시장이 수행할 수 없다는 것은 분명하다. 이것을 해결할 수 있는 것은 각 국민국가의 역량에 달려 있다. EU 같은 조직이 낮은 비율 정도는 통제할 수 있다고 하더라도, GNP를 수익성의 관점이 아닌 다른 기준에 따라 분배할 수 있는 유일한 장치는 민족국가라는 사실을 보다 깊이 인식하여야 한다(에릭 홉스봄 외, 1999, 39쪽).

둘째, 복지정책·사회정책에 대한 신보수주의적 시각을 버리고 이 정책들 역시 그 자체가 경제적 가치를 가지고 있다는 점이 부각될 필요가 있다. 복지국가 개념은 경제의 사회적 조정과 조절(소득정책, 재정정책, 구조정책)뿐만 아니라 사회구조와 생활양식의 변화를 포함한다. 또 복지국가는 역으로 자본축적, 생산성의 발전, 분배관계에도 영향을 준다. 사회 전체의 부에서 사회정책비용의 비율을 고려할 때도 이 영역이 자본주의 시장경제에서 가지는 중요성이 간과되어서는 안 된다. 실제로 복지국가는 가난한 계층에게 어느 정도의 생활수준을 보장하고 생활기회를 확대시켜 줌으로써 포드주의적 축적·소비 방식을 더욱 가능하게 했고, 교육 또는 노동력의 조기마모 방지 등을 통해 노동생산성을 유지시키거나 향상시킴으로써 경제적 효율성을 보장했다는 측면이 적극 부각되어야 한다(Bischoff, 1998, S. 24).

셋째, 복지국가가 위기라고 해서 사회의 실제적 부가 감소한 것은 아니며 전사회적 차원에서의 부의 재분배가 더욱 중요하다는 점을 명심할 필요가 있다. 연금, 실업보험 등의 기금을 확충하여 이들 사회보장기제들이 다시 효과적으로 기능할 수 있도록 해야 한다. 여기서 중요한 것은 적극적인 소득재분배정책을 취해야 한다는 점이다. 즉 자본소득과 재산소득에 상대적으로 더 많은 부담을 지워 복지국가의 재정적 토대를 유지·확충해야 한다.

앞에서도 살펴보았듯이 지난 몇십 년간 소득의 불균형은 심화된 반면 복지국가의 유지비용 부담은 상대적으로 가난한 사람들이 더 많이 떠맡

아왔다. 특히 조세정책을 혁신적으로 개혁하고 이자율을 낮추어 화폐자
본의 증가율을 사회적 생산물의 증가율에 맞추는 것이 필요하다. 왜냐하
면 오늘날의 열악한 상황은 국가에 대한 시민들의 과도한 복지요구 때문
이라기보다 사회적 생산물에 대한 자본의 요구가 더욱 증가했기 때문이
다. 이러한 교정이 없이는 사회적 양극화는 진전될 것이며 따라서 복지
국가의 재정적 여지는 더욱 좁아질 것이다(Creutz, 1998, S. 52).

넷째, 분배적 정의의 실현과 동시에 공공부문의 고용을 확대해야 한다.
분배적 정의의 실현으로 국가의 재정이 다시 튼튼해지면 이를 토대로 공
공부문의 고용을 확대할 수 있다. 이것은 한편으로 실업문제를 줄이고
유효수요를 창출하는 데 기여하며, 또 한편으로 확대된 공공부문을 통해
훨씬 늘어난 사회서비스를 사회성원들에게 제공하게 될 것이다.

다섯째, 노동시간의 단축을 통한 노동자들간의 연대와 고용창출을 추
구하여야 한다. 노동자들간의 연대 문제와 관련해서는 임금자제를 통한
고용창출전략과 노동시간 단축을 통한 고용창출전략이 논의되고 있다.
최근 유럽의 일부 노조들에서 지지를 받고 있는 임금자제를 통한 고용창
출전략은 분배상의 불이익에도 불구하고 '고용창출' '노동자와 실업자의
연대 강화' 차원에서 주목을 받고 있다. 이 전략을 주장하는 사람들의 논
거는 두 가지이다. 하나는 저임금은 높은 이윤을 낳고 따라서 투자의 증
대와 일자리의 추가창출로 이어진다는 것이다. 또 하나는 저임금으로 기
업합리화의 속도가 늦춰지고 따라서 자본에 의한 노동의 대체가 적게 일
어난다는 것이다. 그러나 전자는 저임금이 구매력을 저하시키고 결국 낮
은 투자를 야기한다는 수요의 측면을 간과하고 있으며, 후자는 일정 시
간이 지나면서 결국 합리화의 속도만 늦어져 기업의 혁신능력이 떨어지
고 결국 경쟁력을 잃어 기존의 일자리마저 사라질 수 있다는 점을 잊고
있다는 비판을 받고 있다. 또 임금자제가 더 많은 고용을 창출했다는 경
험적 증거도 아직은 확인된 바 없다. 오히려 역으로 국가간 임금인하 경

쟁으로 나아갈 가능성이 높다. 이와 달리 80년대 중반 독일과 네덜란드에서 추구되었던 노동시간 단축을 통한 고용창출전략은 의미가 있는 것으로 보인다. 왜냐하면 주당 노동시간을 줄여 어느 정도 새로운 고용창출에 성공했기 때문이다(Schulten, 1999, S. 41).

여섯째, 산업구조 변화에 대응하는 사회적 조정정책이 필요하다. 보험의 강제적 가입을 정규직 이외에도 부업, 임시직, 파트타임직으로 확대 적용하고 적극적 노동시장정책을 추구하는 것 등도 중요하지만 이것만으로는 미흡하다. 따라서 저성장, 만성적 대량실업을 전통적인 경제정책·사회정책으로 극복하기 힘들다면, 고도의 생산적 사회에 부응하는 미래적 대안을 강구하는 방향으로 나아가야 한다. 산업의 환경친화적 재편은 물론, 교통·운송 체계의 재정비, 기존 주택공간의 재정비 등 많은 고용창출 효과가 있는 분야에 주목해야 할 것이다. 또 기존의 노동시장에서 흡수되지 못한 인력들에게 정식취업은 아니지만 일종의 지역사회의 명예직 비슷한 활동을 하게 하고 급여를 제공하는 일자리 등을 생각해 볼 필요가 있다(Bischoff, 1998, S. 31).

일곱째, 국제적 차원에서 노동세력의 연대 그리고 수준이 비슷한 나라끼리의 사회정책의 조정·협력이 필요하다. 우선 당장은 EU 차원 그리고 나아가서는 동유럽, 제3세계에 대한 지원 및 연대가 이루어져야 한다. 왜냐하면 EU를 통해 시장형성(market-making)은 더욱 쉬워진 반면 시장교정(market-correcting, 계급간·지역간 분배왜곡의 교정)은 더욱 어려워졌고,[8] 또 장기적으로 서구 복지국가의 유지 및 발전은 세계적 차원에서의 불평등의 교정과 후진국의 복지발전에 달려 있기 때문이다.

5. 맺음말

앞의 논의들을 종합할 때 우리는 복지국가가 과거의 순조로운 발전시기를 거쳐 현재 어느 정도 진통을 겪고 있는 것은 인정할 수 있으나, 이것을 복지국가의 종말이라고 간주할 결정적 근거는 아직 찾을 수 없다고 본다. 실제로 선진자본주의에서 시장경제에 대한 규제를 통하여 사회의 효율성과 형평성을 결합시키려 했던 사회민주주의적 기획은 여러 한계들에도 불구하고 분명히 일정한 성공을 거두어왔으며 또 현재도 진행중이다. 그리고 이것은 역사적 성과물로서 인정되어야 한다.

자본주의의 급격한 구조변화에 경제가 효율적으로 기능하기 위해서는 시장기제의 확대가 상책이라는 것은 확실히 잘못된 생각이다. 오히려 시장경제가 효율적으로 기능하기 위해서라도 사회적 조정과 개혁은 더욱 필요하다. 다시 말해 소득재분배정책과 조세정책 등의 효과적 병행이 필수적이다. 그리고 사회성원 개개인의 자유와 창의성의 신장은 보다 효과적인 사회보장에서 나온다고 볼 때, 사회와 유리된 개인의 지나친 강조는 결국 사회통합은 물론이고 전사회적 효율성을 위해서도 바람직하지 못하다.

세계화 등 자본주의 사회의 구조변화가 분명 기존의 복지국가모델을 제약하는 측면이 있지만, 한편으로 복지국가의 유지 및 새로운 발전 가능성은 개혁을 어떻게 하느냐에 따라 크게 달라질 수 있다. 그리고 그것은 기본적으로 계급간 세력관계와 각 계급을 대변하는 여러 힘, 이데올로기들이 국내적·국제적 정치투쟁의 장에서 실제로 어떻게 전개되는가에 좌우될 것이다. 현재의 세력관계는 물론 쉽지만은 않은 상황이지만 '불가역적인' 상황은 결코 아니다. 왜냐하면 인간은 비록 주어진 환경의 제약을 받지만 분명히 역사를 만들어나가는 '주체'이고, 사회는 '인간들 상호간의 행위의 산물'이기 때문이다.

주

1) Koslowski, 1997, p. 1. 사회민주주의적 프로그램은 "이미 어제의 주제이다."(Dahrendorf, 1989, S. 23. Merkel, 1993, S. 37에서 재인용)
2) 이에 대한 자세한 논의는 윤도현(1993, 254쪽 이하) 참조.
3) 그는 세계화와 복지국가의 쇠퇴관계를 분석하면서 세 가지 입장을 분류하고 세번째 입장을 취한다. 첫째, 세계화와 복지국가는 밀접한 관련이 있다. 생산, 금융 영역의 세계화는 복지국가를 유지하기 힘들게 만든다. 둘째, 세계화와 복지국가는 아무 관계가 없다. 생산기술의 변화, 노자간의 분배갈등 등 선진자본주의의 내적인 발전이 복지국가를 침식한다. 셋째, 세계화와 복지국가는 어느 정도 관련이 있다. 복지국가의 변화는 세계화의 압력에 의한 것이기도 하지만 분명히 정치적 선택의 결과이다(Martin, 1997).
4) Esping-Andersen, 1996a, pp. 10~20. 한편 복지국가의 성격 차이에 대해서는 Esping-Andersen(1990) 참조.
5) 콕스는 에스핑-앤더슨의 '세 가지 복지국가모델'을 비판하면서 이미 돌이킬 수 없는 '대세'를 주장하고 있다. "에스핑-앤더슨처럼 복지국가의 기본 원칙으로 연대, 보편주의 그리고 사회적 권리 등의 용어를 쓸 수 있겠는가? 90년대의 복지국가는 70년대의 복지국가와 매우 다르다."(Cox, 1998, p. 2)
6) Bischoff, 1998, S. 30. "만일 경제이익의 합리적ㆍ자기이해적 추구가 시장교정적 사회정책을 가져오는 충분조건이라는 논리가 맞다면, 신자유주의적 해법이 가장 노골적으로 행사되는 미국은 지금쯤 아마 세계에서 가장 선진적인 복지국가가 되었을 것이다. 미국은 완벽하게 통합된 시장경제를 가지고 있지만 연방 내의 통합된 사회정책은 완벽하게 부재한 나라이다."(Streeck, 1995. 고세훈, 1998, 29쪽에서 재인용) 최근 미국에서 이른바 부의 '디지털 양극화'(digital divide)가 심화되고 있다고 한다. 벤처기업에 다니는 부자 월급쟁이와 그렇지 못한 사람 간의 생활이 양분되고 있다는 것이다. 미국은 상위 1%가 차지하는 부가 1976년 19%였으나 99년에는 40%로 늘었다(『조선일보』, 2000. 2. 22, 9면 참조).
7) "예전에는 인구의 2/3가 직접적 생산에 종사했지만 이제는 산업생산성이 증가하여 인구의 1/3이 그 일을 대신한다고 가정해 보자. 예전에는 2/3가 3/3의 생활수단들을 제공했는데 지금은 1/3이 3/3의 생활수단을 제공한다. 예전에는 1/3이 (노동자의 수입과 구분되는) 순수입이었다면 지금은 2/3가 순수입이다. 만약에 (계급)적대가 없다면, 예전에 그들 시간의 2/3를 직접적 생산에 사용했던 국민들은 이제 직접적 생산에 1/3만 사용해도 될 것이다. 공평하게 나누었다면 모든 국민들은 그들 시간의 2/3를 비생산적 노동과 여가시간에 쓸 수 있을 것이다. 그러나 자본주의적 생산에서는 모든 것이 적대적으로 나타나며 또 모든 것이 적대적이다."(*MEW* 26. 1, S. 189)
8) 고세훈, 1998, 9쪽. 최근 EU 차원에서의 노동세력의 연대와 관련하여 이른바 '1998년 9월의 Doorn 선언'은 주목할 만하다. 벨기에, 독일, 네덜란드, 룩셈부르크의 노조들이 한자리에 모여 임금단체협상에서 광범위한 공동협력을 하기로 선언했는데, 이는 유럽 노동조합운동사에서 처음으로 각 노조들이 국가적 경계를 넘어 공동지침에 합의한 것이다. 여기서의 주요 목표는 기업가의 저임금경쟁에 대해 해당 국가간의 공동전선을 구축하는 것이다. 그러나 수많은 경제적ㆍ정치적 장애물들 때문에 유럽 차원의 임금단체협약은 당분간 실현되기 힘들 것으로 보인다. 다만 이 선언으로 전유럽 차원의 연대적 임금정책이 시작되고 기본 방향이 설정되었다는 데 의미를 가질 수 있을 것이다(Schulten, 1999, S. 38ff).

일자리 나누기와 생태친화적 복지제도

고르와 리피에츠의 견해를 중심으로

이상호[*]

1. 머리말

'포드주의의 위기'에서 '신자유주의'로 이어지는 상황은 우리에게 복지와 성장의 관계에 대해 새롭게 접근하기를 요구한다. 전자가 복지제도를 뒤흔드는 상황에서 후자가 이를 더욱 강화시키는 것처럼 보이기 때문이다. '복지선진국'인 서유럽에서조차 90년대 초반에 이미 인구의 12%[1]가 빈곤선 이하의 소득으로 생활할 정도로 절대적인 빈곤이 새로운 사회문제로 등장했으며(Coates, 1998, pp. 132~33), 프랑스만 해도 97년 말 현재 실업률이 12.5%이고 이 가운데 20%가 2년 이상 실업자(Bonoli & Palier, 1999, pp. 46~49)일 정도로 장기 고실업 문제가 심각하다. 유럽에서 70년대 초반부터 '일자리 나누기'[2]가 논쟁거리로 등장하고(Owen, 1989, pp. 38~39), 프랑스에서 98년에 주당노동시간을 35시간으로 단축한 '오브리'(Aubry) 법이 제정된 것도 이런 위기상황에서 비롯된 것인지 모른다.[3]

---

* 고려대학교 경제학과 BK 박사후 연구과정

물론 이 상황을 포드주의의 위기나 신자유주의의 등장만으로 설명하기는 힘들다. 적어도 유럽의 경우 장기적인 경기침체에도 상당한 책임이 있기 때문이다. '일자리 나누기'가 구조조정과 노동시장 유연화를 통한 경기회복을 방해해서 고용창출에 역효과를 보일 수 있다거나, 취업노동자와 기업의 일방적인 희생에 기대어 실업률을 낮춤으로써 장기 분배구조를 악화시킬 것이라고 비판받는(Cahuc et Granier, 1997, pp. 16~17; 김성희, 1999, 39~43쪽) 이유도 이와 무관하지 않다. 그러나 분배문제가 시장경쟁에서 비롯된 사익과 공익의 갈등과 무관하지 않으며 복지제도의 목적이 이 갈등을 완화하거나 조정해서 사회질서를 안정적으로 재생산하는 데 있다면, 일자리 나누기는 단순한 경제논리가 아니라 규범과 공익 측면에서 이해되어야 할 것이다(Gorz & Bosquet, 1989, pp. 190~212).

그런데 자본주의 사회에서 사익과 공익의 갈등은 분배문제에만 국한되지 않는다. 경제성장과 관련된 환경파괴가 인간의 생존과 사회의 안정적인 재생산을 위협해서 삶의 질과 복지수준을 떨어뜨릴 수도 있기 때문이다. 그렇다면 바람직한 복지제도는 분배문제만이 아니라 생태친화적인 경제까지 포함하는 것이어야 한다. 하지만 양자를 조화시키기는 쉽지 않다. 분배문제가 주로 사회관계나 사회제도와 관련된다면, 생태계문제는 무엇보다도 인간과 자연의 관계, 즉 자연개발방식과 관련되기 때문이다. 더구나 소득분배의 불평등 완화를 지향했던 포드주의식 복지제도 아래서 생태계문제가 심화되었다면 양자는 분명 이질적이다.

그러므로 오늘날의 위기상황은 기존 복지제도의 부활이 아니라 그에 대한 반성과 변화를 동시에 요구하는 것이다. 이 글은 이런 관점에서 오늘날 분배(또는 실업)문제의 대안으로 언급되는 '일자리 나누기'와 생태친화적 경제의 상관성을 분석할 것이다. 이를 위해 필자는 분배문제와 생태계문제를 동시에 해결하려는 복지모델을 생태친화적 복지제도로 정의하고, 여기에 비추어 고르와 리피에츠가 제시하는 새로운 복지관의 가능성과 한계를 살펴보고자 한다.[4] 따라서 이 글은 구체적인 정책이나 제도에 대한 분석이라기보다 그에 대한 논리적 분석이다. 이는 무엇보다도 위기상황에 대해 좀더 체계적이고 엄밀한 논리틀이 전제될 때 비로소 바람직한 대안이 모색될 수 있다고 믿기 때문이다.

2. 자본주의, 시장 그리고 복지제도

전근대적 개인이 공동체의 규제에서 자유롭지 못했다면, 근대적 개인은 여기서 자유롭다. 전자가 공동체의 정치적·윤리적 목적(공익)을 위해 경제활동에 참가했고 그래서 사익이 공익에 의해 제약당하거나 공익 기준을 통과한 사익만이 정당화되었다면, 후자는 사익을 위해 경제활동에 참가할 수 있다(Polanyi, 1977, pp. 243~50). 경제행위가 공동체의 정치적·윤리적 목적에 얽매어 있는 한 경제성장은 현실적으로 거의 불가능하다. 이런 점에서 경제의 자율성은 경제합리화의 조건이며 후자는 경제성장의 조건이다. 자본주의는 이런 근대적 개인관과 경제관을 수용함으로써 사익추구행위를 정당화하고 자율적인 경제논리를 확보했으며, 경제합리성 논리를 매개로 해서 사익극대화와 경제발전을 통합시킬 수 있는 근거를 마련하고 여기에 기대어 경제성장에 현실성을 제공할 수 있었다.

개인의 사익추구행위가 정당화되는 한 개인과 공동체, 사익과 공익의 갈등은 피하기 어렵다. 사익추구 경쟁이 '만인에 대한 만인의 투쟁상태'를 빚어냄으로써 공동체성원들 사이에 협동보다 갈등을, 연대보다 대립을 빚어낼 가능성이 크기 때문이다. 이 가능성이 현실화된다면 사익추구 행위의 정당성에 대해 의문이 제기될 것이며, 이는 곧 사회질서의 재생산을 불안정하게 만들 것이다. 따라서 자본주의는 사익극대화 행위가 공동체의 이익, 즉 공익으로 이어진다는 점을 입증해야 하는 과제를 안고 있는바, 근대 사회사상가들이 사익과 공익을 조화시킬 수 있는 사회제도를 확보하는 데 몰두했던 이유도 여기에 있다.

스미스 이래 대부분의 경제학자들, 좀더 정확히 말해서 자율적인 시장메커니즘을 신봉하는 자유주의 경제학자들에게 시장은 사익과 공익을 조화시킬 수 있는 최적의 공간이다. 이들은 시장경쟁이 합리화, 분업화, 전문화를 유도함으로써 과학기술과 경제를 발전시키고 개인과 공동체에 최적의 결과를 산출할 수 있다고 믿는다. 이 점에서 이들에게 시장은 단순한 경제적 교환공간이 아니라, 오히려 이미 사회를 조직하고 사회질서를 구성함으로써 공익을 보장하는 공간이다(Rosanvallon, 1979).

그러나 시장경쟁을 통해 경제가 합리화되고 사익극대화가 GNP극대화로 이어진다 하더라도, 이것이 사회구성원 모두에게 최대의 경제적 이익을 제공할 수 있을지는 의문이다. 시장경쟁이 빈부격차를 만들어냄으로써 일부 사회구성원들을 좀더 불행하게 만들 수도 있기 때문이다. 물론 빈곤을 비합리적인 경제행위 탓으로 돌릴 수도 있다. 그렇다고 해도 시장경쟁에서 모두가 승리할 수 없는 한 물질적 풍요는 그 반대편에 끊임없이 빈곤과 불행을 양산하기 쉽다. 아니 어쩌면 물질적 풍요는 경쟁을 통해 약자를 걸러냄으로써 빈곤과 불행을 생산해야만 가능한 것(Gorz & Bosquet, 1978, pp. 36~42)인지도 모른다.

시장경쟁이 공동체성원 모두에게 최대의 경제적 이익을 제공한다고 해도 이것만으로 사익과 공익의 조화가 확보되는 것도 아니다. 사회가 정치와 윤리·문화 영역까지 포함하는 것이라면, 공익에는 경제적 이익만이 아니라 민주주의나 사회정의까지 포함된다. 또한 경제를 사회의 토대로 볼 수 없는 한 사익추구행위가 필연적으로 공익을 보장해서 사회 전체를 발전시킬 수 있는 것도 아니다. 경제발전으로 민주주의와 사회정의를 실현할 수 있는 물질적 수단이 풍부해졌다고 해도 이런 가능성이 현실적 필연성을 보장하는 것은 아니며 실제로 정반대 사례도 존재하기 때문이다. 그렇다면 시장경쟁을 통해 사익과 공익을 조화시킬 수 있다는 견해는 경제발전이 필연적으로 사회 전체의 발전이나 진보로 이어질 수 있다는 믿음이나 가치관을 전제할 때 비로소 성립될 수 있다.

이 가치관을 '경제주의적 진보관'으로 정의할 수 있고 또 자본주의 사회가 여기서 결코 자유롭지 못하다면, 이 사회에서 경제성장은 객관적인 사실 문제가 아니라 규범적 정당성을 지닌 목표 자체, 그것도 그 어떤 목표보다 중요한 최고의 가치기준이다(Gorz & Bosquet, 1989, pp. 113~24). 이런 상황에서는 개인이나 사회가 정치적 목적이나 윤리적 판단에 따라 다양한 사회질서나 문화 또는 경제구조를 유지할 수 있는 가능성이 보존되기는커녕 약화되거나 제한되기 쉽다. 아니 경제합리성 논리나 과학기술이 지배-권력관계와 무관한 것도 아니라면, 자본주의 성장논리는 민주주의나 사회정의와 양립하기보다 이를 파괴하는 것일 수 있다(Castoriadis, 1991, pp. 191~98). 선진국이 후진국을, 전문가가 비전문가를 종종 지배하고 통제했을 뿐만 아니라 흔히 이것이 근대화나 합리화 또는 경제성장이나 진보라는 명목으로 정당화되었던 이유도 여기에 있다. 이런 점에서 자본주의 사회는 경제성장과 민주주의, 경제성장과 사회정의 사이에 항상적인 긴장과 갈등을 안고 있는 셈이다.

경제성장이 최고의 가치기준으로 취급되는 한 자본주의 사회의 불안정성은 여기서 그치지 않는다. 경제행위는 자연변형과 자연파괴를 동반하는데, 경제성장이 현실화될 뿐만 아니라 최고의 가치기준으로서 규범적 정당성까지 확보하게 되면 이에 따른 환경파괴도 합리화나 성장이란 명목으로 정당화되기 쉽다. 따라서 자본주의적 "대공업은 생태계 차원의 긴장으로부터 생겨났다"(Deléage, 1991, p. 260)고 해도 과히 지나치지 않다. 그러나 자연환경이 파괴되면 어떠한 생명체도 존속하기 힘들다는 점에서 생태계문제는 단순히 자연환경에 국한된 문제가 아니라 인간의 삶의 질과 생존 그리고 사회의 재생산을 위협할 수 있는 요인이다. 이 문제가 자본주의적 산업화의 정당성까지 흔들 수 있는 이유도 여기에 있다.

사익추구행위가 빈부격차를 심화시키고 민주주의나 사회정의 그리고 생태계까지 파괴할 가능성이 크다면, 그래서 이 행위가 공익과 조화를 이루기보다 갈등을 빚어낼 가능성이 크다면, 시장경쟁을 통한 사익추구행위나 경제발전만으로 자본주의 사회질서를 정당화하거나 안정적으로 재생산하기 힘들다. 공익을 보장할 수 없는 사익추구행위가 산업화의 목적과 방향, 불평등한 사회관계나 사회제도에 대한 정당성을 약화시킴으로써 자본주의 사회질서의 재생산에 위기를 불러일으킬 수 있기 때문이다. 그렇지만 이 위기는 사익과 공익의 조화와 관련된 것이라는 점에서 단순히 경제 합리성이나 효율성의 위기에 국한된 문제가 아니라 정치적·윤리적 반성을 요구하는 문제이다.

결국 자본주의 사회는 스스로를 안정적으로 재생산하기 위해서라도 사익추구행위나 시장경쟁을 공익기준에 맞추어 제한하거나 공익을 확보해 줄 만한 제도나 규범이 필요하다. 아니 사익추구행위나 경제의 자율성을 정당화하기 위해서라도 이런 제도나 규범이 반드시 필요한 것인지 모른다. 20세기에 복지제도가 일반화된 이유도 여기에 있을 것이다. 이런 점에서 이 제도는 인위적으로 공익을 확보함으로써 사익과 공익을 조화시키거나 양자의 갈등을 최소화하기 위한 것이다. 따라서 이 제도는 민주주의와 사회정의의 토대를 적극적으로 보장하거나, 적어도 이런 토대와 양립 가능한 상태를 유지하면서 빈부격차를 완화하고 생태친화적 경제를 확보하는 데 일차적인 목적이 있다 하겠다.

복지제도는 사회적 약자만을 위한 것도 반경제적인 것도 아니다. 자본주의 사회에서 사익추구행위와 시장경쟁에 따른 사회적 갈등이 완화되어야만 사회관계와 사회제도가 정당화되고 이런 경우에만 사회질서도 안정적으로 재생산될 수 있다면, 이 제도는 사회적 강자들에게도 불리한 것만은 아니다. 아울러 이 제도는 사회적 약자들의 구매력을 상승시킴으로써 경제성장을 촉진할 수도 있다. 그렇다고 해서 이 제도가 경제논리와 동질적인 것은 아니다. 무엇보다도 이 제도는 사익과 공익의 조화라는 규범적·윤리적 목적에 따라 판단되어야 하기 때문이다. 그렇다면 복지제도의 규범적 정당성이나 윤리적 필요성을 부인할 수 없는 한 경제위기로 이것의 물질적 토대가 약화되더라도 이 제도를 해체시켜서는 안 된다. 설령 이 제도가 경제위기를 초래하는 경우에도 이 조건에는 변함이 없을 것이다.

다양한 복지영역 사이에 이질성이 존재한다면 바람직한 복지제도를 확보하는 일은 쉽지 않다. 20세기 역사가 보여주듯이 소득재분배가 자동적으로 민주주의나 사회정의 또는 환경친화적 경제구조를 보장하는 것은 아니다. 아니 복지제도가 소득분배영역으로 제한될 경우 다른 복지영역이 약화되거나 파괴됨으로써 궁극적으로 분배제도 자체가 붕괴될 수도 있다. 그런데 이런 한계는 경제주의적 진보관과 무관하지 않다. 경제성장이 사회발전을 결정짓는 최고의 가치기준으로 전제되는 한 사회문제에서도 소득분배가 최우선 과제로 평가될 수 있기 때문이다. 그렇다면 바람직한 복지제도는 경제주의적 진보관에 대해 반성하는 데서, 그래서 다양한 복지영역들의 이질성을 인정하는 데서 출발해야 할 것이다.

3. 포드주의적 복지제도의 한계와 새로운 복지제도의 가능성

자본주의는 20세기에 적어도 소득분배 차원에서 사익과 공익의 갈등을 완화시킬 수 있는 틀을 만든바, 복지국가모델이 그것이다. 이것은 포드주의에 기대어 분배와 성장을 결합시킨 것으로, 여기서 포드주의가 대량생산과 대량소비의 호순환 가능성을 제공했다면 복지국가는 이 가능성을 현실화시킬 수 있는 제도적 틀을 제공했다. 이에 따라 완전고용이나 고용의 안정성이 보장되고 고생산성과 고임금을 연결시키는 재분배 메커니즘이 확보되었다(Lipietz, 1992, pp. 11~13). 복지국가는 복지제도를 통해 성장의 결과물을 사회적 약자들에게 분배함으로써 시장경쟁의 부산물인 소득불평등을 완화시켰으며, 고임금으로 높은 구매력을 유인함으로써 분배와 성장을 결합시켰다. 이를 통해 사익과 공익의 충돌을 완화시켜 자본주의 사회질서를 안정적으로 재생산할 수 있는 제도적·규범적 토대를 제공했다. 이런 점에서 포드주의적 복지제도는 사회적 약자를 보호하는 것이자 사회적 강자를 위한 것이기도 했다.

그러나 이 복지제도는 처음부터 근본적인 한계를 안고 있었다. 즉 복지문제를 지나치게 소득분배영역으로 제한하고 이를 다시 경제성장과 결합시켰다. 여기서 소득분배, 즉 사회복지는 성장을, 성장은 분배를 각각 전제한다. 따라서 이 제도는 생산성이 떨어질 경우 경제위기와 복지위기가 동시에 나타날 가능성을 안고 있는바, 60년대 말부터 생산성이 떨어지면서 이 가능성이 현실화되었다는 사실이 이를 입증해 준다(같은 책, pp. 15~19). 물론 복지제도를 소득분배영역으로 제한했다고 해서 이 제도가 필연적으로 성장을 전제한다고 보기는 힘들다. 허나 성장위기와 함께 복지위기가 나타났다면 이 위기는 제한된 복지제도의 산물이라기보다 성장을 전제한 복지제도의 산물로 보는 것이 타당하다.

이런 해석이 틀리지 않다면, 포드주의적 복지제도는 경제문제, 즉 소득분배 문제만 해결되면 사익과 공익이 조화를 이루는 경제성장도 가능하다는 믿음을 암묵적으로나마 전제한 것처럼 보인다. 이 제도 역시 경제영역을 다른 사회영역의 토대나 상위의 가치기준으로 여기고 있다는 점에서 경제주의적 진보관에서 자유롭지 못했던 셈이다. 아니 이 제도는 포드주의와 함께 이 진보관을 완성시켰다고 보는 것이 좀더 정확한 평가일지도 모른다. 이 제도를 통해 분배와 성장이 결합되어 대량생산과 대량소비의 호순환이 안정적으로 확보되면, 이에 따른 경제성장도 합리화나 성장만이 아니라 복지와 공익이라는 이유로도 정당화될 것이기 때문이다.

그러나 분배문제가 해결되었다고 해서 민주주의나 사회정의가 자동적으로 보장되지는 않는다. 복지제도를 분배문제로 국한하고 이를 다시 경제주의적 진보관에 기대어 복지와 성장을 결합시키는 한, 이 제도가 민주주의나 사회정의를 제공하기는커녕 파괴하기 쉽다. 이런 점에서 신자유주의자들처럼 포드주의적 복지국가에서 개인의 자유나 권리가 무시되었던 이유를 국가개입에서만 찾는 것은 너무도 일면적이다. 사실상 포드주의나 여기에 기초한 복지제도에서 대량생산과 대량소비의 호순환은 전문가의 비전문가 지배, 선진국의 후진국 지배와 맞물려, 그것도 합리화나 진보, 복지와 공익이라는 이유로 정당화된 채 작동되었다. 이런 상황에서 민주주의나 사회정의는 파괴되기 쉽다(Gorz & Bosquet, 1989, pp. 185~89). 더구나 소득분배에 국한된 복지제도가 비민주적·비윤리적 사회상황을 초래하는 데 그치지 않고 자신의 존립근거까지 파괴할 수 있다면 성장과 분배의 호순환도 지속되기 힘들다.

분배문제가 해결되었다고 생태친화적 경제구조가 확보되는 것도 아니다. 20세기 자본주의는 포드주의나 포드주의적 복지제도에 기대어 자본주의의 이상인 시장의 무한한 팽창과 가속화 원리를 완벽하게 실현했는데(Altvater, 1993, pp. 69~84), 이는 결국 규모나 속도 면에서 이전과 비교가 안 될 정도로 환경이 파괴되었음을 의미한다. 흔히 세계적인 생태계문제가 20세기 산업화의 산물로 평가되는(Deléage, 1991, p. 268; Moscovici, 1982, pp. 13~21; Georgescu-Roegen, 1976, pp. 25~28) 이유도 여기에 있다. 그렇다면 포드주의적 복지제도는 현대 생태계문제에 대한 책임에서 결코 자유롭지 못하다. 아니 어쩌면 이 제도는 환경파괴에 기대어 성장과 복지, 대량생산과 대량소비의 호순환을 확보한 것일 수 있다. 그렇다면 이 호순환은 타지역이나 미래세대의 희생 위에서만 존립할 수 있다는 알트

바터의 지적(Altvater, 1992, pp. 20~25)을 거부하기 힘들다.

이렇게 볼 때 포드주의의 위기는 단순히 생산성이나 효율성의 위기에 국한되지 않는다. 그것은 복지제도의 위기이자 이 제도에 깔려 있는 경제주의적 진보관의 위기를 동반하는 것이다. 따라서 이 위기는 결코 경제의 합리화나 효율화로 극복될 수 있는 것이 아니다. 경제의 합리화로 생산성이 향상되더라도 비민주적·비윤리적 사회관계나 사회제도 또는 생태계문제 때문에 사회적 갈등이 심화되거나 산업화 자체에 대해 의문이 제기된다면, 경제구조나 사회질서를 안정적으로 재생산하기 힘들다. 그러므로 포드주의 위기의 대안은 무엇보다도 기존 복지제도에 대한 반성과 함께 새로운 복지제도를 확보하는 데서 찾아야 한다. 물론 새로운 복지제도는 다양한 복지영역들의 이질성을 전제해야 한다.

그러나 신자유주의자들은 인위적인 복지제도가 가능하지도 필요하지도 않다고 주장한다. 사회복지나 공익을 위한 국가개입이 개인의 자유와 시장경쟁을 제약해서 생산성 위기와 비민주적·비윤리적 상황을 초래할 뿐만 아니라 비합리적·비효율적 자원이용을 부추겨 심각한 환경문제를 일으킬 수 있다고 믿기 때문이다. 이들에게 복지나 공익을 확보할 수 있는 길은 자유로운 사익추구행위와 시장경쟁을 보장하는 것이며, 이를 위해서는 복지나 공익이라는 명목으로 개인의 자유와 시장경쟁을 제한했던 각종 제도들을 해체하거나 완화해야 한다. 그래서 이들은 자유로운 시장경쟁이 보장되어야만 경제의 효율화로 소득불평등이 완화되고 동시에 쾌적한 환경과 성장도 확보되며, 개인의 자유가 보장되어야만 민주주의나 사회정의와 조화를 이루는 경제구조가 확보될 수 있다고 주장한다 (Shand, 1990). 인위적인 복지제도는 사회복지나 공익을 위해서라도 필요 없다는 것이다.[5]

자율적인 시장경쟁으로 경제의 효율화뿐 아니라 소득불평등 완화까지 달성되고 그래서 경제적 복지와 성장을 동시에 확보할 수 있다면, 복지제도와 경제논리의 이질성은 사라진다. 이 경우에도 성장의 위기는 즉시 복지위기로 이어질 것이다. 그러나 복지제도와 경제논리가 이질적이라면, 국가개입이 시장의 효율성 조건을 파괴함으로써 복지제도에 필요한 경제적 수단을 확보하기 힘들 정도로 경제상황을 악화시키더라도 복지제도 자체를 부정해야 할 필연성은 없다. 나아가 자율적인 시장경쟁을 통한 경제의 효율화가 소득분배의 불평등을 완화시킨다는 필연성도 없다. 실제로 신자유주의가 등장한 이후 인위적인 분배제도가 축소되고 자율적인 시장메커니즘이 확장되었지만, 그 결과는 신자유주의의 예상과 달리 고용불안정성이 심화되거나 분배구조가 악화되고 있을 뿐이다(Lipietz, 1996b, pp. 24~58). 이에 대해 신자유주의자들은 비합리적인 경제행위를 탓하면서 경제행위가 좀더 합리화되면 성장과 분배가 동시에 달성될 수 있다고 주장한다. 그러나 분배나 고용 문제를 신자유주의의 탓으로만 돌리기는 힘들며, 특히 유럽의 경우 이 문제가 경기침체에도 상당한 책임이 있다는 점에서 이런 주장은 어느 정도 타당하다. 그렇지만 현재 미국에서도 고성장과 저실업률이 고용불안전성과 빈부격차 확대를 동반하고 있듯이(Brenner, 1998b, pp. 245~51), 분배나 고용 문제를 경기침체 탓으로만 볼 수는 없다.

신자유주의적 처방이 민주주의와 사회정의를 확보할 수 있을지도 의문이다. 물론 포드주의적 복지제도가 인위적인 국가개입으로 개인의 자유를 침해했음을 부인하기 힘들다. 그렇지만 개인의 자유만으로 민주주의와 사회정의가 확보되지는 않는다. 민주주의와 사회정의가 사익만이 아니라 공익 영역까지 포함한다면, 이를 확보하기 위해서는 개인의 자유 말고도 정치적·윤리적 공익기준에 합당한 또 다른 제도나 규범이 요구된다. 또한 신자유주의가 사회를 시장으로 환원시킨다는 뒤피의 비판(Dupuy, 1987, pp. 95~100)에 비추어볼 때 신자유주의는 경제주의적 진보관에서도 자유롭지 못하다. 즉 개인의 자유는 경제활동의 자유로 환원되거나 후자를 위해 다른 자유영역이 제약되기 쉽다. 그래서 공정한 시장 경쟁이 민주주의나 사회정의로, 시장경쟁력에 따른 사회질서가 민주적이고 정의로운 사회질서로 오해될 수 있다. 이런 상황에서는 개인이나 사회가 정치적 목적이나 윤리적 판단에 따라 다양한 사회질서나 문화 또는 경제구조를 유지할 수 있는 가능성이 보존되기보다 약화되거나 제한된다. 다시 말해서 민주주의나 사회정의가 약화되거나 파괴되기 쉽다.

신자유주의에서 개인의 자유가 경제활동의 자유로 환원되고 시장경쟁이나 경제합리성 논리가 사회적인 지배-권력관계에서 자유롭지 못한 한, 자유로운 개인의 경제행위는 합리화나 성장이라는 이유로 정당화된 채 비민주적·비윤리적 관계를 조장할 수도 있다. 고용불안정성과 실업 문제가 이 점을 입증한다. 더구나 이 문제는 오늘날 노-노갈등이라는 새로운 현상을 빚어냄으로써 노동자들의 교섭력과 노동운동의 정당성을 약화시키고 노동자들 스스로 자신들의 권리를 지킬 수 있는 가능성마저 제약한다. 이는 역으로 노동자와 자본가 사이에서 불평등성, 즉 지배-권력관계가 점점 더 심화되고 있음을 의미한다. 게다가 자본주의 사회에서 일자리가 단순히 소득기회에 그치지 않고 정상적인 사회적 위치를 확보하기 위한 조건일 때(Lipietz, 1996b, pp. 115~19), 실업이나 고용불안정성은 빈부격차를 심화시키는 데 그치지 않고 정상적인 사회적 존재로서 살아갈 수 있는 기회나 심지어 인권까지 박탈할 수 있는 문제이다. 이는 결국 신자유주의가 사회적 약자의 경제적 권리를 파괴하고 사회정의 기준마저 해체할 수도 있음을 의미한다.

신자유주의자들에게 생태계문제는 시장논리에 포섭되지 않아서 생기는 문제이다. 이들은 자연환경을 시장논리에 포섭해서 좀더 효율적·합리적으로 이용하면, 이 문제를 해결할 수 있다고 믿는다. 이들에게 시장은 성장과 복지, 성장과 환경을 조화시켜 사익극대화와 공익극대화를 동시에 충족시킬 수 있는 최적 수단이다. 그러나 이런 처방은 생태계문제를 완화하기보다 더 확대시킬 수도 있다. 무엇보다도 시장경쟁의 합리성 논리는 가역적인 시간성을 전제한다는 점에서 생태계의 비가역적 시간성과 충돌한다(Georgescu-Roegen, 1976). 자본주의 사회에서 시장경쟁 논리가 확장되고 경제가 합리화될수록 생태계문제가 점점 더 심해진 이유도 이와 무관하지 않다. 나아가 신자유주의자들이 경제주의적 진보관에서 벗어나지 못하는 한, 이들에게 생태계는 성장을 위한 도구일 뿐 독자적인 영역이 아니다.[6] 이런 점에서 신자유주의는 생태계문제와 관련해서 발생원인을 대안으로 혼동하는 것 같다.

물론 생태계문제는 자본주의 시장경제에 국한된 현상이 아니다. 사회주의 사회도 경제주의적 진보관에서 자유롭지 못하다는 점에서 생태계문제를 안고 있다. 또한 이 문제는 자원이용이나 오염배출과 관련된 지역적·국제적 자원배분과 관련된다는 점에서 분배문제와 밀접한 상관관계가 있다. 그렇다고 해도 사회주의 사회나 포드주의적 복지국가에서 드러났듯이 평등분배만으로 생태친화적 경제가 보장되지는 않는다. 아니 경제주의적 진보관에서 자유롭지 못한 한, 평등분배가 생태계를 파괴한 대가일 수도 있다. 종종 노동운동진영이나 사민당이 반생태주의를 보이는 것(Heine & Mautz, 1990)도 이와 무관하지 않다.[7]

분배문제가 사회관계와 관련된 것이라면 생태계문제는 무엇보다도 근대산업화 자체, 즉 인간의 자연개발방식에 대한 반성을 요구한다. 분배문제의 해결이 생태친화적 경제에 기여할 수 있다고 해도 전자는 후자의 전제조건이 아니다. 이런 점에서 생태친화적 복지제도는 기존 복지제도에 대한 반성과 변화를 동시에 포함해야 한다. 그래서 이 제도는 경제주의적 진보관에 대한 반성과 함께 성장과 분배의 이질성, 분배구조와 생태계의 이질성을 인정하는 데서 출발해야 한다. 이제 더 이상 성장이라는 이유로 분배구조가 악화되거나 성장이나 분배 때문에 생태계 파괴가 용인되어서는 안 된다. 아울러 공익영역에 민주주의나 사회정의 영역까

지 포함된다면, 생태친화적 복지제도는 이 양자를 확보한 것이거나 적어
도 이것들과 양립 가능한 것이어야 한다.

4. 고르와 리피에츠의 생태친화적 복지관

고르: 자율성과 생태친화적 복지모델

고르는 경제성장을 최고의 가치기준으로 취급하는 가치관에 대한 비
판에서 출발한다. 이런 가치관이 지배하는 사회에서 성장은 경제적 이해
관계나 노동에서 해방되어 정치와 문화를 발전시킬 수 있는 필수조건이
다. 이는 자본주의 사회에만 국한되지 않는다. 사회주의 사회에서도 성
장은 노동에서 해방된 평등사회, 즉 사회주의를 이루기 위한 필수조건이
다. 그가 볼 때 이런 경제주의적 진보관은 근본적으로 불가능하다. 즉 성
장하는 자본주의나 사회주의는 모두 성장한다는 사실 때문에 자기한계
를 갖는다(Gorz & Bosquet, 1978, p. 17).

고도로 분업화된 자본주의 경제체계, 즉 성장하는 경제체계에서 기술
은 중립적인 것이 아니라 사회적인 권력관계를 내포하며, 경제합리성 논
리와 성장지상주의는 이 관계에 따라 작동되는 타율성(heteronomy) 영
역이라는 것이다. 여기서 다수의 비전문가집단은 소수의 전문가집단이
부여하는 목적을 수행할 뿐 결코 자율적인 주체가 아니다(Gorz & Bosquet,
1989, pp. 31~36). 그래서 이런 타율적인 경제체계를 지배-권력관계에 국
한된 것으로 보지 않으며, 그는 여기서 실업문제나 고용문제 또는 분배
문제까지 도출해 낸다. 이 체계는 전문가에게 고임금, 고용안정성, 기술
습득 기회를 제공하지만 비전문가집단에는 저임금, 고용불안정성, 단순
업무만을 제공한다. 그는 최근에 과학기술혁명이 이런 경향을 더욱더 가

속화시키고 있다고 본다. 이 혁명으로 생산성이 상승해서 노동수요가 줄 어들고 그래서 노동에서 해방될 수 있는 가능성이 높아졌지만, 경제주의 적 진보관 때문에 생산성 상승효과가 비전문가집단에 불리하게 분배된 다는 것이다.[8]

고르는 자본주의 사회가 생태계위기와 경제위기의 악순환에서 벗어날 수 없다고 본다. 경제주의적 진보관에 따라 생산과 소비의 극대화를 추 구하기 때문이다. 이런 극대화 행위는 자본간 경쟁을 유도함으로써 과잉 축적과 환경파괴를 동반하며 이는 다시 이윤율의 저하경향에 따른 경제 위기와 자원고갈에 따른 자원가격 상승으로 이어지고 자원가격 상승은 경제위기를 더욱 심화시킨다. 이런 상황은 기술혁신 경쟁을 부추겨 자원 낭비에 따른 자원가격의 상승으로 나타나고, 이는 다시 생태계위기를 동 반하는 경제위기로 이어진다(Gorz & Bosquet, 1978, pp. 32~36).

한편 생태계문제는 단순히 인간의 자연지배에서 파생된 것이 아니다. 모든 문명이 자연지배에 기초한다는 점에서 인간이 자연을 지배·변형 시켜야 하는 필연성을 부정하지 않지만, 인간은 기술을 통해 자연환경에 끊임없이 개입하며 이 과정에서 자연환경과 생태계가 변형된다는 것이 다. 그렇지만 기술이 이미 지배-권력관계를 내포하고 있다는 점에서 생 태계의 변화는 곧 이 관계의 산물이다. 이는 결국 경제합리성 논리나 경 제주의적 진보관에 입각한 인간의 자연지배가 사회적 생산관계나 위계 적인 분업관계를 통해 인간의 인간지배로 전환되었음을 의미한다. 그리 하여 생태계문제나 위기를 불평등한 사회관계의 산물로 이해하고, 생태 주의 운동의 출발점을 "권력관계, 즉 사회적 생산관계와 위계적 분업관 계"에 대한 비판에서 찾는다(같은 책, p. 26).

이런 불평등관계를 통해 작동되는 타율성 체계에서 벗어날 때 비로소 개인과 사회의 자율성, 생태친화적인 복지제도가 확보될 수 있다고 보는 데, 이런 타율성 체계에서는 어느 누구도 완전한 자율성을 누리지 못하기 때문이다. 전문가집단은 경제영역에서 어느 정도 자율성을 누리지만 이것은 외부에서 부여된 프로그램, 즉 경제주의적 진보관과 경제합리성 논리에 따라 작동되는데다 작업장 내부에서만 가능한 것에 불과하다. 이 집단은 결코 경제주의적 진보관이나 경제합리성 논리 또는 여기에서 비롯된 타율성 체계에 대해 의문을 제기할 수 없다. 오히려 이 체계를 받아들여야만 지배자로 기능할 수 있다(Gorz & Bosquet, 1989, pp. 73~84). 아울러 이 집단은 생태계문제에 대해서도 합리적인 접근과 처방이라는 이유로 독점권을 갖지만, 여기서도 경제주의적 진보관이나 경제합리성 논리가 부여하는 목적에서 자유롭지 못하다. 그렇다면 이 집단의 처방은 생태계문제를 해소하기는커녕 훨씬 더 심화시킬 가능성이 크다(Gorz & Bosquet, 1993, pp. 56~57).

그리고 근대적 노동의 특징은 유급행위라는 점에 있지 않고 경제합리성 논리에 따라 계량화된 행위라는 점에 있다고 본다. 그래서 경제합리성 논리에서 결코 자유롭지 못하다(Gorz & Bosquet, 1989, pp. 13~18). 하지만 경제합리성은 계량화를 전제하므로, 후자는 경제가 정치와 윤리에서 자율성을 확보하고 노동행위가 노동자의 인격적 단일성(personal singularity)에서 분리되어 계산 가능하고 측정 가능한 양으로 표현될 수 있을 때 비로소 가능하다. 이런 논리가 사회를 지배하게 되면 비인격적인 계산절차에 따른 경제성장만이 최고의 가치기준으로 인정될 뿐, 경제행위에 대해 정치적·윤리적 책임을 묻고 반성할 수 있는 가능성은 봉쇄된다(같은 책, pp. 109~24). 전문가의 비전문가 지배도 이런 계량화 논리를 통해 작동된다. 그렇다면 경제합리성 논리는 이미 지배-권력관계를 내포한 것이자, 개인과 사회가 정치적·윤리적 판단에 따라 자율적으로 행동할 수 있는 가능성을 봉쇄하거나 해체하는 것이다.

경제합리성과 타율성의 관계를 이렇게 이해한다면 정당한 임금이나 분배는 더 이상 노동운동의 목적이 아니다. 적어도 개인과 사회의 자율

성이 인격체로서의 자율성을 전제하는 한 경제합리성의 계량화 논리는
이런 자율성을 보존하기보다 파괴할 것이다. 정당한 임금을 확보해서
'정당한 노동'의 의미에 좀더 가까워졌다고 해도 계량화 논리에서 벗어난
것이 아닌 한, 경제주의적 진보관을 맹신해서 양적 성장 논리에 매몰된
주체만을 양산할 가능성이 높다. 그렇다면 여기서 타율성은 단순히 불평
등한 집단들 사이에 존재하는 지배-권력관계가 아니다. 오히려 그것은
비인격적인 계산절차를 통해 인격체로서의 주체의 자율성을 파괴하는
타율성이다. 전문가집단조차 결코 여기서 자유로울 수 없다.

그러면서도 과학기술혁명의 긍정적 효과를 믿고 있는 것 같다. 고르에
따르면, 현대사회는 이미 이 혁명 덕택으로 필요노동을 최소화시킬 수
있는 기술적 토대를 갖고 있다. 다시 말해서 노동에서 해방되어 정치
적·윤리적 목적에 따라 자율적으로 행동하고 생활할 수 있는 가능성을
갖고 있다. 그렇지만 현실은 이런 기대와 정반대 방향으로 움직이고 있
다는 것이다. 앞서 지적했던 분배(또는 실업)문제를 제외하더라도 생산
성 상승이 정치적·윤리적 목적에 따라 자율적으로 행동하고 생활할 수
있는 자유시간을 제공하지도 않을 뿐더러, 설령 이런 시간을 제공하더라
도 그 시간은 오직 더 많은 생산과 소비를 위한 시간으로만 이용될 뿐이
다(같은 책, pp. 84~93). 이는 모두 과학기술혁명이 경제합리성의 계산절
차에 따른 경제주의적 진보관에서 자유롭지 못하기 때문이다.

분배문제와 생태계문제가 모두 불평등한 사회관계에서 비롯된 것이고
또 이 관계가 경제합리성의 계량화 논리의 산물이라면, 불평등관계를 평
등한 관계로 전환한다고 해서 생태친화적 복지제도가 확보되지는 않는
다. 비인격적인 계산절차에 따라 타율적이고 비인격적인 관계를 강요하
는 경제합리성 논리와 이 논리를 지배하는 경제주의적 진보관에 대해 반
성하고, 이런 반성에 기대어 자율적인 주체들 사이에 민주적이고 윤리적
인 사회관계가 확보될 수 있을 때 비로소 생태친화적인 복지제도가 가능

해진다. 그렇다고 경제합리성 논리 자체를 거부하는 것은 아니다. 고르는 이 논리가 경제주의적 진보관에 따라 작동되는 상황을 막을 수 있고 그리하여 정치적·윤리적 목적에 따라 경제행위를 반성하고 이 행위에 대해 책임을 물을 수 있는 가능성이 확보된다면, 경제합리성의 계량화 논리가 사회 전체를 지배하는 상황은 나타나지 않을 것이라고 믿기 때문이다. 결국 정치, 경제, 윤리의 상대적 자율성을 보존하면서 경제합리성 논리를 사회적·생태계적 기준에 맞추어 새롭게 재편하길 원하는 것이다(Gorz & Bosquet, 1994, pp. 8~12).

이런 점에서 고르는 칸트에서 베버로 이어지는 독일철학 전통에 서 있는 것 같다. 이 전통에 따르면, 근대화는 합리화이자 진보이며 합리화는 분리를 전제한다. 분리는 개인과 공동체의 분리만이 아니라 경제, 정치, 윤리의 분리까지 포함한다. 여기서는 경제가 정치와 윤리에서, 정치와 윤리도 경제에서 자율성을 확보할 때, 그래서 개인이 자유롭게 경제적 사익을 추구하는 것만큼이나 정치와 윤리 문제에 대해서도 자율적으로 판단하고 행동할 수 있을 때 비로소 근대적인 합리화, 즉 사회진보가 가능하다. 그렇지만 경제주의적 진보관은 이런 분리에 따라 경제의 자율성을 전제하면서도 경제발전을 사회진보로 취급함으로써 정치와 윤리의 자율성을 약화시키거나 파괴한다. 이런 문제에서 벗어나려면 경제주의적 진보관에 대해 반성하면서 경제의 자율성만큼이나 정치와 윤리의 자율성을 확보해야 한다.

고르는 개인과 사회가 정치적·윤리적 목적에 따라 자율적으로 다양한 문화를 건설할 수 있는 사회를 지향하며 이것을 '자유시간의 사회'라 부른다. 이 사회는 정치, 경제, 윤리의 자율성을 확보하는 데서 그치지 않고 정치적·윤리적 목적을 경제적 목적보다 우위에 놓는다. 그래서 노동시간보다 자유시간을, 경제성장보다 사회구성원들의 유대와 협동을, 타율적인 지배-권력관계보다 인격적 주체들의 민주적이고 자율적인 관계를 존중하는 곳이다(Gorz & Bosquet, 1978, pp. 27~28). 또한 과학기술혁명이 제공한 가능성, 즉 노동시간을 최소화할 수 있는 가능성을 현실화시킨 곳이기도 하다. 그러나 여기서도 자동적으로 생태친화적인 복지제도가 확보되지는 않는다. 정치와 윤리의 자율성이 생태친화적 기준까지 충족시킬 때만이 사회복지와 생태계가 조화를 이룰 수 있기 때문이다. 이와 관련해서는 경제적 욕구를 생태계에 적합한 수준으로 억제하는 생활방식을 제안하고, 이를 '자족성'(sufficiency) 규범이라 부르며 이 규범을 제도화시켜야 한다고 본다(Gorz & Bosquet, 1993, pp. 61~66). 이는 모두 생태친화적인 복지를 안정적인 제도로서 확보하려는 것이다.

이렇듯 고르는 과학기술혁명에 따른 노동시간 단축 가능성에다 자율적인 개인들이 자족성 규범에 따라 민주적이고 평등한 방식으로 경제영역에 참가할 수 있는 가능성을 결합시키면, 생태친화적인 복지제도가 존립할 수 있다고 믿는다. 이 제도를 통해 누구나 최소한의 노동시간으로 경제적 욕구를 충족하고 자유시간 동안 사회적·생태계적으로 유용한 활동에 참가할 수 있는 사회를 지향한다. 노동시간을 단축해서 자유시간을 늘릴 수 있다면 실업문제도 해결될 것이다. 그렇다고 해서 경제성장의 중요성을 완전히 부정하는 것은 아니다. 경제성장이 생산과 소비의 극대화 논리에 따라 작동되는 경우를 부정할 뿐 경제적 욕구를 충족하거나 실업문제를 해결하기 위해서라도 경제성장이 필요하다고 믿기 때문이다. 그가 임금을 줄이지 않고 노동시간을 단축시키며 그리하여 실업률까지 낮추는 방안을 주창하는 이유도 여기에 있다.

리피에츠: 새로운 타협과 생태친화적 복지

리피에츠에 따르면 포드주의(또는 포드주의적 복지제도)는 불평등관계를 맺고 있는 다양한 사회집단들 사이에서 이루어진, 그것도 다양한 갈등을 내포한 사회적 타협의 산물이다. 그래서 이것은 다양한 집단들을 동일한 행위목적으로 통합시켜 사회적 갈등을 완화하거나 조정하고 경제구조와 사회질서를 정당화하는 가치관이나 규범을 요구하는바, '생산주의'(productivisme)가 바로 그것이다.[9] 포드주의가 사회적 약자들에게 완전고용과 높은 물질적 혜택을 제공할 수 있었던 것도 이 생산주의에 바탕을 둔 사회적 타협 덕택이다.

여기서 생산주의는 생산증대를 인류의 행복과 복지로, 경제성장을 사회발전으로 각각 취급함으로써 생산과 소비의 극대화를 추구하는 행위에 정당성을 부여하는 것으로서 20세기 사회를 지배하는 세계관이다. 오늘날 분배문제와 생태계 위기도 모두 여기서 비롯된다. 물론 생산주의는 20세기 자본주의 사회에만 국한된 것이 아니다. 자본주의 전체가 여기서 자유롭지 못할 뿐만 아니라 사회주의도 예외가 아니기 때문이다(Lipietz, 1993, p. 39). 그러나 포드주의가 독특한 복지제도를 통해 대량생산과 대량소비의 호순환을 확보하고 노동자들까지 대량소비의 주역으로 전환시킴으로써 경제성장에 대한 과거의 제약조건을 제거했다는 점에서 생산주의를 완성시켰다고 본다. 이렇게 본다면 리피에츠의 생산주의는 경제주의적 진보관과 동일한 의미를 갖는다.

그렇지만 포드주의에서 드러나듯이, 생산주의는 다양한 불평등관계를 매개로 해서 작동된다는 점에서 비민주적·비윤리적 문제를 안고 있으며, 생산과 소비의 극대화를 최고의 가치기준으로 정당화한다는 점에서 자연파괴를 동반한다. 그렇다면 이것은 미래세대로부터 빌려온 자연환경의 중요성을 무시할 뿐만 아니라 사회적 약자까지 억압하는 논리이다. 이런 상황에서 포드주의의 위기는 필연이다. 결국 생산주의는 "이중의 의미에서 지속 불가능하다. 즉 그것은 지구로서는 결코 지탱할 수 없는 것이며 피지배자로서는 참을 수 없는 것이다"(리피에츠, 1994, 118쪽). 불평등관계가 생산성을 떨어뜨리고 환경파괴가 생산비용을 상승시킴으로써 생산과 소비의 극대화에 기반을 둔 경제구조의 위기와 생태계 위기가 동시에 나타날 수 있기 때문이다. 그렇다면 포드주의의 위기는 불평등한 사회관계에서 파생된 생산성 위기에 생태계문제가 결합되면서 나타난 것이다.

한편 신자유주의——그의 표현에 따르면 자유주의적 생산주의(libéral-productivisme)——역시 생산주의를 전제하므로 미래세대의 권리나 인류의 생존 가능성에 별다른 관심을 보이지 않는다. 그렇지만 이것은 사회적 약자를 조금도 배려하지 않는다는 점에서 포드주의보다도 못하다 (Lipietz, 1992, pp. 52~56). 오늘날 생태계문제에다 실업문제나 분배문제가 겹쳐진 것도 이런 신자유주의와 무관하지 않다. 무엇보다도 이것은 포드주의의 위기를 복지제도의 위기로, 그래서 새로운 복지제도를 확보해야만 해결될 수 있는 위기로 인정하지 않기 때문이다. 그렇다면 신자유주의는 결코 포드주의적 복지제도의 대안이 될 수 없다.

따라서 새로운 타협만이 복지위기와 생태계 위기를 해소할 수 있으며 동시에 경제위기도 해소할 수 있다고 주장한다. 이 타협은 무엇보다도 포드주의의 위기에서 비롯된 사회적 불안정성과 생태계문제를 동시에 해결할 수 있어야 한다. 그러나 복지위기가 포드주의의 위기에서 비롯된 것이고 생태계문제가 포드주의로부터 파생된 것이자 이것의 위기를 초래한 것이라면, 양자를 동시에 해결하는 것이 가능할까? 리피에츠는 이 가능성을 ‘정당한 노동’의 의미를 재전유하는 데서 찾는다(Lipietz, 1996b, pp. 137~40). 그에 따르면 자본주의 사회에서 생활능력, 존엄성(dignité), 인정(reconnaissance)은 모든 고용형식을 결정하고 사회적으로 정당한 노동의 위치를 판별하는 최소한의 기준이다. 이런 점에서 실업은 생활능력의 상실에 그치지 않고 존엄성을 유지하면서 인정받는 삶을 살아갈 수 있는 일자리의 부재이다. 이것은 단순히 소득기회의 상실에 그치지 않고 정상적인 사회적 위치의 상실까지 동반하는 문제이다. 불안정한 고용 역시 사회적으로 인정받는 것이 아니라는 점에서 바람직한 모습이 아니다. 여기에다 생태계의 지속 가능성 조건을 정당한 노동의 네번째 조건으로 추가한다(같은 책, pp. 127~28). 그렇다면 생태친화적인 복지는 생활능력, 존엄성, 인정, 지속 가능성 조건을 모두 충족시키는 노동의 의미를 재전유하는 데서 출발해야 한다.

이렇게 본다면, 고르와 리피에츠는 모두 불평등한 사회관계를 비판하고 새로운 복지관을 주창하면서도 경제합리성 논리와 타율성의 관계를 서로 다르게 이해하는 듯하다. 리피에츠에게 불평등한 사회관계는 다양한 사회집단들 사이에 존재하는 지배-권력관계이다. 그러나 고르에게 이 관계는 여기서 그치지 않고 비인격적인 계산절차를 통해 인격적 주체의 자율성을 파괴하는 타율성이기도 하며, 이는 다시 경제합리성 논리와 연결된다. 정당한 노동이나 소득분배 문제도 결코 이 논리에서 자유롭지 못하다. 이와 달리 리피에츠는 정당한 노동의 의미가 재전유되어야 노동자들을 노동의 인간화와 노동해방을 위한 투쟁으로 유인할 수 있고 이를 통해 노동계급의 자율성도 성장할 수 있다고 믿는다(같은 책, pp. 120~29).

또한 리피에츠에게 생태계는 사회관계를 매개로 해서 인간화·사회화된 공간이며 다른 공간처럼 갈등과 모순을 내포한다. 공간의 인간화·사회화는 필연적으로 인간의 자연지배를 동반하지만 이런 자연지배 자체가 생태계문제의 원인은 아니다. 환경과 개발이 항시 대립적인 관계를 보이는 것도 아니며 빈민에게 경제개발은 환경개선을 의미하기 때문이다(Lipietz, 1993, pp. 96~98). 따라서 불평등한 사회관계가 지배하는 경우에만 환경과 개발이 양립 불가능하다. 생태계문제가 사회관계를 매개로 해서 개발된 자연환경의 문제라면 대안은 인간과 인간의 관계에서 찾아야 한다. 그리하여 생태계문제는 자연환경의 문제가 아니라 인간사회의 윤리와 정치의 문제로 전환된다(Lipietz, 1992, pp. 49~52).

그리고 불평등한 사회관계를 자율적인 개인이나 집단들의 평등하고

민주적인 사회관계로 변화시키는 것을 '생태친화적 발전'(éco-développe-
ment)의 출발점으로 이해한다. 이것은 모든 경제성장에 대한 반대가 아
니라 지속 불가능한 성장, 즉 불평등관계에 기초한 성장에 대한 반대를
의미한다. 그러나 경제주의적 진보관——리피에츠의 표현에 따르면 생
산주의——이 지배하는 한 민주적 사회관계만으로 생태계문제를 피하기
는 어렵다. 그렇다면 민주주의를 생태계적 책임성과 결합시켜야 하는데,
이 과제는 곧 생태계적 책임성에 적합한 민주주의를 확보하는 것이며 국
가나 정부의 정책에 개인의 참여가 제한되는 형식적 의미가 아니다. 그
는 국가주도로 시행되는 조세나 보조금이 생태친화적인 경제에 기여할
수 있지만 국가와 개인 사이에 불평등이 존재하는 한 바람직한 정책효과
를 보기 힘들다고 믿는다. 그래서 민주적인 절차와 방식을 통해서 자율
적이고 평등한 개인, 국가, 공동체 사이에 참여민주주의 공간이 만들어질
때 생태계문제가 극복될 수 있다고 본다.

그렇다면 새로운 타협은 비생산주의적 가치체계, 경제주의적 진보관에
반대되는 가치체계를 전제한 것이다. 그는 이런 가치체계를 생태주의적
윤리라고 정의하며, 여기에는 연대, 자율성, 생태계적 책임성, 민주주의
가 포함된다고 주장한다. 연대가 경쟁이나 기회균등 논리를 넘어서 모든
사람에 대해 책임을 지는 것이라면 자율성은 개인이 불평등한 관계에 종
속되지 않고 자율적으로 행동하면서 자신의 행동에 대해 책임을 지는 것
이며, 생태계적 책임성이 지구상의 모든 생명체와 미래세대의 권리를 고
려해서 행동수단을 결정하는 것이라면 민주주의는 평등한 관계를 맺으
면서 평화로운 방식으로 의견을 조정하는 것이다(Lipietz, 1993, pp. 18~
19).

그리하여 생태친화적 발전을 다음과 같이 이해한다. 첫째, 그것은 소그
룹, 지역별로 규제되는 새로운 노동방식이다. 이는 기존의 중앙집권정책
이나 대기업의 전략과 달리 생산자들간의 자율적인 협상을 통해 생태적

책임성을 확보하면서 적절하게 생산물의 질, 생산조직의 안전성 및 효율성을 달성하는 길이다. 생산자들 스스로가 자신과 환경 그리고 고객을 위한 생산방식, 노동조직을 가장 잘 알 수 있기 때문이다.

둘째, 그것은 기존의 불평등관계를 거부하고 비물질적 성장을 추구하는 분배규범을 확립한 것이다. 여기서는 자유시간의 증대가 강조되는데, 자유시간의 증대는 노동자가 정상적인 임금을 받으면서 정규노동시간을 단축하는 것이라는 점에서 일자리 나누기이다. 또 이것은 기존 노동시간의 일정 부분을 실업자에게 분할한다는 의미에서 노동자들간의 유대관계를 확보해 주며, 개인들에게 자율적인 활동시간을 제공한다는 의미에서 자율성의 전제조건을 충족시킨다. 나아가 자유시간 증대나 노동시간 단축을 통해서 수익성도 증대된다. 대부분 마지막 근무시간의 생산성이 최악이므로 이 시간을 단축하고 새로운 노동력으로 충원할 경우 생산성 증대효과를 기대할 수 있으며, 노동시간 단축으로 실업자가 감소되면 실업의 사회적 비용도 줄어들기 때문이라는 것이다. 다만 자유시간 증대가 소비증대로 이어질 수 있으므로 전자를 자율성의 신장과 생태계에 대한 책임성으로 연결시킬 수 있는 생태계적 규제조항이 반드시 필요하다(같은 책, pp. 50~57).

리피에츠에게 일자리 나누기는 새로운 타협이다. 그것도 "고용주와 피고용인, …노동자들 내부, 즉 취업자와 실업자 사이의 이중적인 타협"이다(Lipietz, 1992, pp. 90~91). 하지만 일자리 나누기는 수입 나누기를 동반해야 하는데, 그렇지 않으면 지속적인 성장이 불가능해지고 연대와 평등원칙에도 위배될 수 있기 때문이다. 그렇다고 해서 모든 노동자들에게 임금삭감 없는 노동시간 단축을 보장하라는 것은 아니다. 다만 저임금과 중간수준의 임금을 유지하면서 노동시간을 단축해야 한다고 주장할 뿐이다.[10]

그러나 수입 나누기를 동반하는 일자리 나누기는 기업의 임금부담을 가중시킬 수도 있다. 그렇다면 이에 대한 기업의 동의를 확보하려면 수입 나누기에 필요한 자금을 조달할 수 있어야 하는데, 그는 이것이 충분히 가능하다고 본다. 생산적 기업의 사회보장비용과 세율을 인하함으로써 노동시간 단축에 필요한 자금을 기업에 전가하지 않고도 조달할 수 있다는 것이다. 이 경우 국가의 수입과 사회보장기금이 줄어들 수 있지만 이 문제도 비생산적 자본의 수입(지대, 이자, 배당금)과 고임금에 대한 세율인상으로 충분히 해결될 수 있다. 여기에 앞서 언급했던 생산성 증대효과와 실업의 사회적 비용 감소효과까지 감안한다면 수입 나누기를 동반하는 일자리 나누기가 충분히 가능하다.[11]

이와 같이 저임금과 중간수준의 임금 유지를 주장하면서 생산적 자본이나 기업에는 세율인하를, 비생산적 자본에는 세율인상을 제안하는 것은 복지를 위해서라도 경제성장이 반드시 필요하다고 생각하기 때문이다. 아울러 고임금에 대한 세율 인상은 저임금노동자와 중간수준의 임금노동자의 임금소득을 향상시키려는 목적만이 아니라 노-노갈등을 피하고 노동자집단 내부에 연대와 유대관계를 강화하기 위한 것이기도 하다. 물론 일자리 나누기만으로 생태친화적인 복지제도가 확보될 수 없다. 그리하여 리피에츠는 일자리 나누기와 병행해서 생태친화적 기술을 확보하고, 생태적·사회적 유용성을 지닌 제3섹터[12]를 활용할 것을 주장한다 (Lipietz, 1996b, pp. 227~37).

환경세(l'écotaxe)에 대해서도 이런 관점에서 접근하는데, 이것의 효과를 환경개선 효과와 분배효과로 구분한다. 그는 환경개선 효과에 대해, 환경파괴에 대한 가치평가와 환경세 사이의 필연적인 상관관계를 확보하기가 쉽지 않고 환경세로 환경파괴권이 부여됨으로써 상황이 악화될 수도 있기 때문에 그 효과가 별로 크지 않다고 본다. 그래서 환경세의 필요성을 인정하면서도 이것을 금지나 규제 정책과 병행하되 단기적으로 기술변화를 유도하면서 중장기적으로 환경이용방식을 변화시키려는 노력이 기울여져야 적절한 효과를 볼 수 있다는 것이다. 이와 달리 분배 효과에 대해서는 조금도 부인하지 않는다(Lipietz, 1998a). 그런데 환경세 는 간접세의 성격상 물가상승을 유발하거나 소득분배에 역행할 수 있으 며 기업의 과세부담을 가중시킬 수도 있다는 점에서, 기업이 분담했던 사회보장비용을 환경세로 대체해서 기업의 과세부담을 가중시키거나 물 가상승을 유발하지 않는 방안을 제시한다. 그리고 환경세로 대체된 기업 의 사회보장비용 부분을 비생산적 자본에 대한 과세로 충당할 것을 요구 한다. 이는 결국 환경세를 통해 분배효과까지 확보하려는 것이다. 또한 환경세가 노동집약적 산업에 유리하게 작동해서 고용촉진 효과를 불러 일으킬 것이므로 노동자에게도 결코 불리하지 않다는 것이다(Lipietz, 1996b, pp. 242~45).

5. 맺음말

현재 프랑스의 경제상황은 상당히 흥미롭다. 2000년 1월부터 '오브리 법'이 시행된 후 2월에만 실업률이 2% 감소하고 금년 말에 실업률이 한 자리 숫자로 떨어질 것으로 예상될 정도로 실업문제가 완화되고 있으며 (『한겨레신문』 2000. 5. 7), 경제도 회복조짐을 보이고 있다. 물론 이것이 '오 브리 법'의 효과인지에 대해서는 좀더 정밀한 분석이 필요하다. 그 효과 를 인정한다고 하더라도 이것을 곧바로 생태친화적인 복지와 연결시키 기는 힘들다. 실업이나 분배 문제의 해결이 때로는 생태계문제를 악화시 킬 수도 있기 때문이다. 또한 90년대 프랑스의 일자리 나누기 논쟁과정 에서 70년대부터 이를 주창했던 생태주의자들의 관점이 고용창출을 위 한 일자리 나누기로 축소되었다(Lipietz, 1996b, pp. 149~63)는 점을 감안한 다면, 이 법의 효과에 대해서는 좀더 신중한 판단이 요구된다. 이런 점에서 고르와 리피에츠의 새로운 복지관을 평가하는 것은 생태친화적 복지제도뿐 아니라 바람직한 일자리 나누기를 위해서도 반드시 필요하다.

고르와 리피에츠는 경제합리성 논리와 불평등한 사회관계의 상관성을 서로 다르게 이해하며 전자보다 후자가 좀더 구체적인 대안을 모색한다는 점을 제외한다면, 여러 측면에서 서로 비슷하다. 양자 모두 분배문제와 생태계문제를 불평등한 사회관계에서 비롯된 것으로 이해하며 생태계 위기가 경제위기를 초래할 수 있다고 본다. 이들은 생태친화적인 복지제도를 확보하려면 경제주의적 진보관에서 벗어나야 하며 민주적이고 평등한 관계를 확보해야 한다고 본다. 이런 점에서 양자의 복지관은 어느 정도 논리적 타당성을 갖는다. 그렇지만 복지영역의 이질성을 이해하는 데서 몇 가지 한계를 드러내는 것 같다.

이들은 현대 생태계 위기를 불평등한 사회관계나 위계적인 분업구조의 산물로 이해한다. 물론 현대사회에서 불평등관계가 생태계문제에 영향을 미쳤다는 점을 부인하기는 힘들다. 그렇다고 해도 이 문제가 모두 불평등관계나 위계적인 분업관계만으로 설명되는 것은 아니다. 어느 시대에나 불평등관계나 위계적인 분업관계는 존재했지만 오늘날과 같은 생태계 위기는 20세기가 유일하다. 또한 근대산업화는 경제주의적 진보관에 기대어 특정한 사회관계와 자연지배방식을 정당화하는 것이며 현대 생태계 위기가 이에 대한 반성을 요구한다면, 이 위기는 사회관계만이 아니라 인간과 자연의 관계, 가치관에 대한 반성까지 요구하는 것이다. 그런데 이들은 불평등한 사회관계와 경제주의적 진보관을 비판하면서도 인간과 자연의 관계를 사회관계의 산물로 이해할 수 있다고 믿는 것 같다. 허나 경제주의적 진보관의 핵심이 환원주의라면, 이 진보관을 비판하면서 인간과 자연의 관계를 사회관계의 산물로 보는 것은 자기모순이다. 사회를 이해하는 데 정치영역을 경제논리——이것이 아무리 중요하다고 해도——로 환원시킬 수 없듯이, 인간의 자연지배가 사회관계를 매개로 이루어진다고 해서 전자를 후자로 환원시켜서는 안 된다. 이는 모두 '생산주의'나 성장논리에 대한 불충분한 비판과 연결되어 있다고 보인다.

고르는 생태계가 경제체계와 달리 자기재생과 자기조직화 능력을 갖고 있다면서 양자의 이질성을 인정하기도 한다(Gorz & Bosquet, 1993, pp. 55~56). 그러나 좀더 자세히 보면 그가 진정으로 이 이질성을 이해하는지 의문이다. 즉 경제합리성과 '생태적 합리성'을 구분하는데, 여기서 전자가 가급적 많은 재화를 소비함으로써 효율성을 극대화시키는, 그래서 환경파괴 가능성이 높은 것이라면 후자는 자족성 규범에 따라 가급적 재화를 적게 소비하면서 높은 사용가치와 내구성을 지닌 재화를 생산하는 것이다(Gorz & Bosquet, 1994, pp. 29~34). 이렇게 재화나 자원을 얼마나 소비하느냐에 따라 합리성이 구분된다면 생태계 위기는 자원이나 재화의 파괴와 고갈이다. 그렇다면 생태계 위기는 경제위기의 원인이거나 이를 심화시키는 요인으로서만 의미를 지닐 뿐 독자적인 의미를 갖기 힘들다. 생태계가 인간에게 유용한 자원이나 재화로만 구성된 것이 아니라면 생태계 위기가 경제위기를 야기하거나 심화시킨다고 해서 전자를 후자에 대한 관계로만 이해해서는 안 된다.

고르가 경제위기와 생태계 위기의 악순환을 언급하는 데서도 비슷한 오류가 드러난다. 그가 보기에 경제합리성의 계량화 논리는 경제주의적 진보관을 전제한다는 점에서 개인과 사회의 자율성을 파괴한다. 그래서 생태친화적 복지제도의 출발점을 개인과 사회의 자율성 회복에서 찾는다. 이를 위해서는 경제주의적 진보관에서 벗어나 경제합리성 논리를 사회의 정치적·윤리적 목적에 종속시켜야 한다. 자족성 규범도 이런 상황에서나 가능하다. 그렇다고 경제합리성 논리를 완전히 부정하는 것은 아니다. 고르는 이 논리를 정치적·윤리적 목적에 종속시킬 수만 있다면 개인과 사회의 자율성을 지킬 수 있다고 믿는다. 아니 과학기술혁명이 필요노동을 최소화시킬 수 있는 기술적 가능성을 제공했다고 본다는 점에서, 경제합리성 논리나 타율적인 과학기술혁명을 자유시간 사회의 성립조건으로 취급하는지도 모른다. 이런 판단이 틀리지 않다면 그에게 생태친화적 복지제도는 이 혁명이 제공한 가능성을 현실화시킨 것에 불과하다. 이럴 경우 이 제도는 경제논리를 내포한 규범이며 그것도 경제위기나 과학기술의 위기가 발생하면 성립하기 힘든 규범이다.

문제는 여기서 그치지 않는다. 경제합리성 논리가 경제주의적 진보관을 내포한다는 점에서 사회 전체를 타율적인 체계로 전환시키고 아울러 과학기술혁명도 이 체계에서 자유롭지 못하다면, 이 혁명이 필요노동을 최소화시킬 수 있는 기술적 가능성을 제공한다고 해도 여기에 기대어 바람직한 복지제도를 마련할 수 있을까? 경제합리성 논리나 과학기술이 경제주의적 진보관에서 벗어난 후에도 이전과 같은 기술적 성과를 제공할 수 있을까? 어쩌면 그는 마르크스주의자들처럼 노동해방을 위해서라도 노동착취가 필요하다는 지극히 비현실적인 역설을 맹신하는 것은 아닐까?

리피에츠에게서도 이와 비슷한 오류를 쉽게 찾을 수 있다. 그에게 생태학은 경제논리의 확장이다. "경제학은 인간의 생산과 분배 행위에 대한 과학이다. …생태학은 과학으로서…이런 행위를 넘어 이것이 개입하는 환경을 고려하면서 환경과 행위 그리고 이 행위의 부산물인 환경변화 사이에 존재하는 상호작용을 탐구하는 것이다."(Lipietz, 1992, p. 48) 조절이론에서 생태주의로 전환하는 과정 역시 이와 비슷하다. 그에 따르면 포드주의는 노동과정, 축적체계, 조절양식의 총합으로 구성된 독특한 발전모델이다. 조절양식은 축적체계에서 파생되는 불안정성을 안정화시키는 요인으로 독특한 제도와 규범을 전제한다. 이것을 "축적체계 내에서 사회관계나 거기에 내포된 갈등이 행위자들과 양립하도록 보증해 주는 명시적·암묵적 규범들과 각종 제도형태나 네트워크의 총체"(Lipietz,

1988b, p. 24)로 정의한다. 또한 생산주의를 "인구의 현실적 욕구와 생산체계의 지속 가능성을 고려하지 않고, '생산을 위한 생산'만을 강요하는 사회-경제구조와 정신구조(mentalités)의 총체"(Lipietz, 1993, pp. 35~36)로 정의한다. 조절양식이 제도와 규범으로 구성되며 생산주의가 사회-경제구조와 정신구조의 총체이고 또 생산주의에 축적체계, 규범적인 세계관, 제도적 타협형태가 모두 포함된다면 생산주의는 곧 발전모델이다. 단지 전자는 지속 가능성이라는 새로운 기준을 추가로 담고 있다는 점에서 후자와 다를 뿐이다.[13]

이런 점에서 리피에츠가 생태계문제를 포드주의의 위기에 대한 또 다른 근본 원인이 아니라 이 위기를 좀더 심화시킨 추가조건으로, 즉 분배문제와 실업문제를 해결하기 위한 추가 고려사항으로 여기고 있다는 화이트사이드의 비판(Whiteside, 1996, pp. 50~55)은 어느 정도 타당하다. 리피에츠에게 생태계 위기는 경제위기를 일으키거나 이 위기를 심화시키는 요인이며 생태계 위기의 해결은 곧 경제위기의 해결이다. 그렇지만 아무리 환경파괴가 자원개발비용을 상승시켜 경제위기를 심화시키거나 그 원인을 제공한다고 해도, 그래서 경제위기를 해결하려면 반드시 환경파괴 문제를 해결해야 한다고 해도 성장을 위해 생태계문제를 해결해야 하는 것은 아니다. 근본적으로 두 문제는 이질적인 것이기 때문이다.

리피에츠는 생태주의 윤리를 칸트의 도덕률에서 추론한다. 그는 칸트의 '살인하지 마라'는 윤리원칙을 '타인이 당신에게 하지 말기를 원하는 것을 타인에게 행하지 마라'는 사회정의 원칙으로 연결시킨다. 그의 생태주의 윤리는 후자를 국제적 정의('타국을 오염시키지 마라')와 세대간 정의('너는 미래세대로부터 지구를 빌려쓰고 있을 뿐이다')로 확장시킨 것이다. 그렇다면 생태주의 윤리에서도 칸트의 도덕률은 여전히 유효하다. 아니 환경파괴는 어느 누구도 원하지 않는 것이라는 점에서, 생태주의 윤리와 칸트의 도덕률은 동일하다(Lipietz, 1996a, pp. 222~25). 이렇게 사회정의나 민주주의 원리에서 생태주의 윤리를 추론할 수 있다면 민주주의나 사회정의의 문제는 생태계문제와 이질적인 것이 아니다.

　리피에츠는 생태친화적인 기술을 강조하며 '생태적 회계'를 주창하면서 사회-생태계적으로 정당하지 못한 생산은 설령 경제적 이윤을 보장하더라도 중단되어야 한다고 주장하기도 한다(리피에츠, 1994, 137, 144~45쪽). 그렇다면 그가 경제와 생태계의 이질성을 보지 못했다고 비판하는 것은 지나친 것인지도 모른다. 그런데 이런 주장은 대부분 분배(또는 실업)문제와 연결된다. 예를 들어 그는 생태친화적 기술을 강조하면서 핵발전소가 동일한 전력규모를 생산하는 데 좀더 적은 노동을 요구하는, 그래서 실업을 유발하는 기술이라는 이유로 비판한다(Lipietz, 1996b, pp. 233~35). 어떤 기술이 실업이나 분배 문제에는 중립적이거나 좋지 않지만 쾌적한 삶을 위해 반드시 필요할 경우 그가 어떤 반응을 보일지 궁금하다. 환경세도 소득분배 관점에서 정당화하는 것을 보면 그에게 분배효과나 고용효과를 동반하지 않는 생태친화성은 바람직한 대안이 아닐지 모른다. 그러나 생태계문제가 분배(또는 실업)문제와 연결된다고 해도, 전자에 대한 해법이 모두 후자에 대한 해법은 아니라는 점에서 그의 주장은 너무도 일면적이며 단순하다.

　물론 이들이 이런 오류를 안고 있다고 해서 복지제도와 생태주의의 결합 가능성을 고민하게 만든 공로까지 부인할 수는 없다. 적어도 이들은 생태친화적인 복지제도를 위한 출발점을 제공했다는 점에서 인정받을 만하다. 어쩌면 이들의 오류는 이 제도를 확보하기가 그만큼 힘들다는 점을 반증해 주는 것일 수 있다. 그래서 우리에게 자신들의 고민에 기대어 좀더 바람직하면서도 현실적인 복지제도를 확보할 것을 요구하는지도 모른다. 이런 점에서 생태친화적인 복지제도의 필요성을 인정하며 이 제도를 통해 일자리 나누기와 생태주의를 결합해야 한다고 믿는 사람에게 이들의 견해는 소중한 자산이 될 수 있다. 그렇지만 이들의 오류를 반복해서는 안 된다.

그렇다면 우리는 경제주의적 진보관에 대한 좀더 철저한 반성에서 시작해야 할 것이다. 그래야만 경제논리와 복지제도의 이질성, 분배문제, 민주주의나 사회정의, 생태주의의 이질성도 수용할 수 있으며 이런 경우에만 민주주의나 사회정의 또는 평등분배를 생태친화적 경제보다 우위에 두는 오류를 피할 수 있기 때문이다. 어쩌면 이것이 바로 생태친화적 복지제도나 바람직한 일자리 나누기 방안과 관련해서 두 사람이 우리에게 던진 가장 큰 과제이자 교훈일 수 있다.

주

1) 정확히 말하자면 아일랜드, 스페인, 네덜란드, 영국, 프랑스, 벨기에, 독일이 여기에 해당한다.
2) 이것은 정규노동자의 표준노동시간을 단축함으로써 정규노동자의 일자리 수를 유지하거나 늘리는 것을 의미한다.
3) 오브리 법에 대해서는 김성희(1999, 84~104쪽) 참조. 벨기에의 5-3-3제, 독일의 폴크스바겐모델도 '일자리 나누기'에 속하는데, 이에 대해서는 같은 책(3장) 참조.
4) 이 주제와 관련해서 두 사람은 상징적인 인물이다. 고르는 70년대부터 일자리 나누기와 생태주의의 결합을 주창했으며, 리피에츠는 현재 프랑스 녹색당의 주요 경제이론가이기 때문이다. 한편 독일에서 녹색당이 출현한 이유도 이런 움직임과 무관하지 않다(Hülsberg, 1985).
5) 구자유주의가 시장의 비윤리성 때문에 복지국가에게 굴복했다면, 신자유주의는 시장에 윤리적 정당성까지 제공함으로써 복지제도가 필요 없는 시장, 그 자체로 윤리적인 시장을 강조하는 것처럼 보인다. 이런 점에서 신자유주의의 특징은 새로운 시장관에 있는 것인지도 모른다.
6) 먹이사슬을 고려할 때 생태계는 결코 인간의 경제활동영역으로 환원되지 않는다. 생태계는 인간에게 유용한 자원(또는 재화)만이 아니라 비자원(또는 비재화)도 포함하는데, 여기서는 인간에게 유용하지 않다고 해서 생태계 전체에 유용하지 않은 것은 아니다. 이런 점에서 자원파괴만이 아니라 비자원파괴도 생태계문제를 일으킬 수 있다.
7) 최근 노동운동진영에서도 생태친화적 정책이 친노동정책이라는 견해가 제시(Schlegel-

milch, 1996)될 정도로 새로운 변화가 나타나고 있다.

8) 고르에 따르면, 현대사회에서 비전문가집단의 신규고용은 주로 비생산적인 서비스부문에서 이루어진다(Gorz & Bosquet, 1994, pp. 44~52). 이에 대해 Giddens(1985)는 과학기술혁명과 실업률의 관계를 단순하게 이해하고 생산적 노동과 비생산적 노동의 이분법에 빠져 현대사회에서 서비스노동의 위치를 오해하고 있다고 비판하지만, 고르에게는 과학기술과 실업률의 관계나 생산적 노동과 비생산적 노동의 구분보다 자율성과 타율성의 구분이 좀더 중요하다는 점에서 이 비판은 지나치게 일면적이다.

9) Lipietz(1992, pp. vi~viii)가 조절이론에서 생태주의로 전환한 이유도 생산주의에 있다.

10) 프랑스에서 오브리 법안이 제정될 때까지 주요 쟁점은 임금보상 문제였다. 여기서 임금삭감 없는 35시간노동안(구좌파)과 저임금과 중간수준의 임금을 보장하는 35시간노동안(생태주의자)이 대립했다. Lipietz(1996b, pp. 169~200)는, 전자는 기업에 비용을 전가한다는 점에서 현실적인 타협 가능성도 적을 뿐더러 취업노동자들만이 혜택을 볼 수 있다는 점에서 일자리 나누기는커녕 노-노갈등을 부채질할 가능성이 높다면서 후자를 일자리 나누기와 수입 나누기를 동시에 확보하려는 것으로 평가한다.

11) 같은 책, pp. 155~59. 물론 리피에츠는 기업마다 상황이 다르므로 일자리 나누기를 거시경제 차원에서 접근해야 한다고 말한다. 예를 들어 이 정책이 특정 중소기업에서 임금비용을 상승시킬 경우 이 기업에 대해 보조금을 지급할 필요가 있다고 주장한다(같은 책, pp. 160~62).

12) 제3섹터는 계획(공공부문)과 시장(민간부문) 사이에 존재하는 중간영역으로, 사회와 생태계 차원에서는 유용하지만 시장논리에 따르면 존립하기 힘든 공공봉사활동을 의미한다. 따라서 이 부문에 대한 고용을 활용하면 연대를 보편적인 분배원리로까지 확장시키고 노동에 대한 사회관계도 변화시킬 수 있다고 본다(같은 책, pp. 265~79).

13) 이런 점에서 생산주의가 포드주의를 지배하는 세계관이나 규범이라는 필자의 정의와 리피에츠의 견해가 상충될 수도 있다. 그렇지만 필자는 세계관이나 규범이 구조나 체계에서 분리되어야만 범주상의 오류를 피할 수 있다고 믿는다.

유럽통화동맹과 유럽 사민주의의 딜레마

전 창 환[*]

1. 머리말

금융세계화를 핵심 축으로 한 신자유주의의 전세계적 확산은 90년대 미국경제의 장기적인 호순환과 유럽의 장기정체 그리고 일본·아시아의 금융위기, 외환·금융 위기라는 대조적인 성과를 통해 그 기세를 드높이고 있다. 이런 와중에 유럽에서는 EU 15개국 중 아일랜드와 스페인을 제외한 13개국에서 중도좌파정권이 출현하였으며, 예상외로 많은 회원국(12개국)이 유로화에의 가입조건을 충족시킴으로써 어느 정도 안정적인 기반 위에서 유로화를 출범시킬 수 있었다. 얼핏 보기에는 앵글로아메리카형 자본주의와 신자유주의에 저항할 수 있는 최소한의 교두보가 마련된 것 같았다. 예를 들어 이는 조스팽의 프랑스 중도좌파정권이 추진하고 있는 노동시간 단축을 통한 대량실업의 해소, 유럽중앙은행의 통화주의적 기조에 대한 견제, 신자유주의적 다자간투자협정에 대한 반대

---

* 한신대학교 국제경제학과 교수

투쟁[1]과 단기투기자본에 대한 규제를 위한 타깃존(target zone) 구상의 제기 등에서 단적으로 확인된다. 또 유로화 출범은 달러패권을 견제할 수 있는 21세기 국제금융질서의 형성에도 크게 기여할 것으로 보인다.

그러나 이와 동시에 80~90년대에 유럽의 사회민주주의 국가들은 통화주의적 교리에 더 집착하였으며 유럽통화통합의 정해진 일정을 차질 없이 준수한다는 미명하에 자본자유화를 더욱 가속화하는 등 신자유주의로 치닫는 경향을 강하게 드러내었다. 90년대 마스트리히트조약(1992년 조인, 1993년 11월 발효)과 암스테르담조약(1997년 6월 조인, 1999년 5월 발효)은 사민주의적 타협과 조합주의의 기반을 더욱 협소하게 하는 등 민주주의의 결여를 강화하고 있을 뿐 아니라 80~90년대 내내 디플레 기조와 고실업을 심화시켰다. 이외에도 20세기 말 마스트리히트조약 이후 유로통화주의를 대체하여 등장하고 있는 경쟁력 강화 이데올로기와 유럽 차원의 경쟁국가적 통합양식이 유럽 전체를 입지경쟁의 각축장으로 만들어 그 어느 때보다 사적 주체들의 위험부담(risk)을 높이고 있다. 정치·군사적 측면에서 유럽 중도좌파정권이 미국과 영국 주도로 이루어진 유고공습에 거의 대부분 가담했다는 사실은 이들 정권 및 유럽 사민주의의 이념과 정체에 커다란 오점으로 남게 되었다.[2]

혹자는 80년대 초 유럽통합을 주도한 미테랑과 콜, 들로르가 통합의 명분으로 내세운 유럽의 사회모델구상이 원래부터 허구였는지, 아니면 의도하지 않은 결과로서 앵글로아메리카형 신자유주의로 흡수·동화된 것인지의 문제를 제기한다(Crouch, 2000). 그러나 이런 문제제기보다는 위기에 처한 사민주의적 자본주의──케인스주의적 복지국가의 위기, 포드주의적 경영자자본주의의 위기──가 유럽 차원에서의 사회모델로 성장·전화될 수 있는지, 그렇지 않으면 민주주의의 공동화(空洞化)와 경쟁국가적 통합양식의 확산으로 전유럽이 입지경쟁의 장이 되어 유럽판 신자유주의로 나아갈 것인지 묻는 것이 훨씬 더 유의미할 것 같다. 왜냐하면 이에 대한 해명이 IMF위기를 계기로 어려움에 빠진 권위주의적이고 배제적인 발전국가모델을 혁신과 참여민주주의, 달러 헤게모니의 견제를 위한 아시아연대 등을 담보할 수 있는 새로운 모델로 전환할 필요가 있는 우리에게 커다란 교훈을 줄 것으로 생각되기 때문이다.

이 글에서는 먼저 유럽통화동맹의 추진과정과 그것이 유럽의 정치경제질서에 어떤 결과들을 가져왔는지를 분석할 것이다. 이를 통해 정치·경제적 측면에서 유럽 사민주의자들이 봉착한 여러 가지 딜레마가 밝혀질 것이다. 그런 다음, 스웨덴을 비롯한 북유럽국가들과 영국의 유럽통화동맹의 참여가 계속 논란의 대상으로 남아 있는 현시점에서 유럽통화동맹과 유럽 사민주의의 향후 방향을 간단하게 전망해 보고자 한다.

2. EMU 성립 배경과 과정

이미 언급한 바와 같이, 1998년 5월에 유로화에 참여할 수 있는 나라들이 잠정적으로 결정되었다. 영국·스웨덴·덴마크는 수렴조건을 충족시켰지만 국내의 반대로 1999년에는 참여하지 않았다.[3] 그리스가 2001년 1월 1일자로 유로화 가입조건을 충족시켜 유로화를 사용할 나라들이 12개국으로 늘어났다. 폴란드, 헝가리, 체코, 슬로베니아, 에스토니아, 키프로스 등 동유럽국가들도 EMU 가입을 위한 소정의 절차를 밟고 있어 이변이 없는 한 EMU의 규모는 더 확대될 것이다.

현재의 일정에 따르면, 1999년 1월부터 11개국에서 비현금분야에 한정하여 유통되기 시작한 유로화가 2002년부터 지폐와 경화를 포함한 현금유통으로까지 확대될 예정이다. 그리고 2002년 1월부터 6개월 동안 유로화는 각 국민국가의 화폐와 함께 유통되다가 7월부터는 각 국민국가의 화폐는 회수되고 유로화만 유통됨으로써 통화통합이 완성된다. EU 회원국이 추가적으로 유로화에의 참여자격을 부여받으려면 이때도 마스트리히트 수렴조건을 반드시 충족시켜야 한다.

마스트리히트조약[4]에 따른 EMU와 암스테르담조약[5]에 기초한 유럽의 새로운 정치경제체제의 실현배경을 둘러싸고 다양한 논의가 제기되고 있다. 급진 제도경제학 흐름 중에서 비교적 일찍부터 유럽통합을 지지해 온 흐름이 바로 조절이론이다. 조절이론가들은 우선 유럽통화동맹을 통해 유럽의 거시적 성장체제가 달러본위제에 의해 부과되는 비대칭적 국제수지조정과 환율조정 제약에서 탈피할 수 있을 것으로 보았다. 또한 유럽통화동맹을 계기로 국민국가 수준의 통치구조(governance)를 유럽 수준의 통치구조로 보완하여 유럽 사민주의를 쇄신할 수 있을 것으로 기대하였다(Mazier, 1995, pp. 357~64). 이들의 의도가 현실적으로 얼마나 관철되었는지를 엄밀하게 평가하기에는 시기상조이지만, 대체로 거시적 축적체제의 대외적 제약으로부터의 해방이라는 목표는 어느 정도 달성된 것으로 보인다. 그러나 이를 위해 치러야 했던 희생도 동시에 고려해야 할 것이다. 이런 측면은 유럽 수준에서 추진된 신자유주적 헤게모니 프로젝트와 관련해서 살펴보지 않으면 제대로 자리매김하기 어려운 점이 있다.

그람시의 헤게모니 블록 개념을 국제적 수준으로 확장시켜 초민족적 역사적 블록을 상정하는 네오그람시주의 전통의 조절이론가들이나 국제 정치경제학자들은 마스트리히트조약과 이에 기초한 EMU를 거시적 축적체제의 대외적 제약으로부터의 탈피라는 각도에서보다는 초민족적인 헤게모니 블록 내지 글로벌 신자유주의 블록의 헤게모니 프로젝트로 이해한다. 이 헤게모니 블록에서 중요한 세력이 바로 영국중심의 초자유주의(hyper-liberal) 세력과 대륙유럽의 보상적 자유주의(compensatory liberalism) 세력이다. 유럽통화동맹도 이들과 신중상주의 세력, 사민주의 세력 간의 투쟁과 타협의 결과이다(van Apeldoorn, 1998, pp. 26~31).

　우선, 유럽의 신자유주의 세력들은 포드주의의 위기를 초국적화(trans-nationalisation)로 돌파하고자 하였다. 유럽의 초국적 기업과 글로벌 금융자본이 주축이 된 유럽의 신자유주의 세력(유럽원탁회의 ERT)은 시장자유화와 규제완화에 주력하는 한편 경쟁정책 이외의 어떤 국가개입도 거부한다. 이 점에서 이들은 신자유주의적 규율의 초국적 제도화, 즉 착근된 신자유주의(embedded neoliberalism)의 출현을 지향하지만 이를 실현하는 것은 결코 용이하지 않다. 이들은 국민국가 틀 내에 갇혀 있기보다 세계적 수준에서 최적의 생산입지 선택을 추구하였으며, 이 과정에서 역내 비관세장벽을 철폐하는 데 주력하였고 또 모든 수단을 동원하여 국가가 봉쇄경제정책을 취하지 못하게 했다. 여기서는 특히 유럽의 초국적 기업을 중심으로 한 ERT가 큰 역할을 하였다.[6]

　둘째로, 유럽 차원의 신중상주의를 대변하는 산업자본세력이 있는데 이들은 유럽시장을 중심으로 시장통합과 금융통합을 추진(유럽화)함으로써 초자유주의 세력에 대항하고자 하였다. 세계화로 자신들의 시장점유율이 잠식될 것을 우려한 이들은 유럽문제(유럽의 정체)를 해결하는 동시에 유럽을 세계화의 위협으로부터 보호하기 위해서는 강력한 역내시장의 창설과 유럽시장의 보호가 필요하다고 보았다. 하지만 신중상주의 세력은 80년대 중반까지 신자유주의 세력과 대립하다가 그후 이들에게 흡수·동화되는 양상을 보인다.

　셋째로, 조직화된 노동세력을 대변하는 사민주의자들은 유럽통합을 통해 유럽 차원의 사회정책 및 초국가적 단체교섭, 유럽연방 등을 실현할 계기가 마련될 수 있을 것으로 기대하였다. 80년대 후반에는 신중상주의를 흡수·통합한 신자유주의 세력과 사민주의자들의 대립과 갈등이 전면에 부상하였지만, 이 과정에서 사민주의 세력이 쟁취한 것은 기대에 크게 못 미치는 수준이었다. 사민주의 세력은 유럽통합 추진과정의 매 단계마다 모호한 공약——예를 들어 단일시장, 사회헌장, 유럽 차원의 노사관계, 적극적인 거시경제정책의 결합 등 원칙 천명 수준——만 제시했을 뿐 구체적이고 가시적 성과를 거두지 못했다(Ryner, 1997, p. 25).

1989년에 채택된 사회헌장은 선언적이고 상징적 수준을 넘지 못해 사회통합은 화폐통합에 비해 극히 부진했다. 이것은 화폐정책이 유럽 수준에서 이루어지는 데 비해 사회정책은 보완성 원리(principle of subsidiarity)의 미명하에 각 국민국가 수준에 맡겨져 있는 데서 단적으로 드러난다(Streeck, 1999, p. 5). 이는 사회보장·형평·정의 등의 문제에서 국민국가 차원의 해결이 여전히 중요하고 유럽 차원의 연대의 제도적 기반이 매우 취약하다는 것을 보여준다. 마스트리히트 수렴조건은 유럽 차원의 사회정책을 강화하는 데 심각한 장애요소로 작용했던 것이다. 한편 유럽 사민주의자들이 유럽통화동맹에서 기대했던 초국가적 단체교섭도 크게 진전되지 못한 것으로 드러났다. 유럽연방제[7] 역시 유럽 내의 민족주의적 대중정서와 영국의 정부간주의(intergovernmentalism)의 장벽을 넘지 못해 무기한 연기되었다(Mazier, 1997, p. 153). 결국 이는 노동자계급 내의 내부분화, 유럽 수준의 초국적 노동조직의 상대적 약화, 유럽 노동운동의 분열 등으로 사민주의자들의 지지기반이 약해진 데 그 원인이 있다.

단일유럽의정서(Single European Act)가 채택된 이후 유럽단일통화의 추진과정에서 신자유주의적 경향을 유럽 전체로 확산시키는 데 가장 크게 기여한 것은 자본이동 자유화에 따른 금융통합이었다. 여기서는 독일과 함께 유럽통합을 주도한 프랑스 사회당정부의 신자유주의로의 정책선회가 결정적인 역할을 하였다. 사회주의적 신자유주의 혹은 사회주의적 통화주의라는 비극적 역설은 1983~84년으로 거슬러 올라간다.

70년대 말에 대부분의 선진국가들이 신보수주의 내지 신자유주의 정부로 대체되고 있었을 때, 유일하게 프랑스의 사회당정부만이 케인스주의-마르크스주의에 기초한 사회당-공산당의 공동강령을 내걸고서도 집권할 수 있었다. 사회당정부는 집권하자마자 소비지출과 재정지출 증대를 통한 성장과 고용 확대, 국유화를 통한 산업구조의 고도화 및 재구조화와 공공부문 고용의 확대 등 재분배적 케인스주의 정책을 강력하게 추진하였다. 그러나 80년대 초 전세계가 동시적으로 불황에 접어들고 프랑스 거시경제가 심각하게 악화되면서, 사회당정부는 집권 2년 만에 선거 당시의 공동강령을 폐기하고 정반대의 신자유주의적 게임규칙을 도입하기 시작하였다. 물론 사회당정부로서도 이런 급격한 정책선회가 고육지책이었다. 미테랑은 80년대 초 선진국 정상회담 등에서 신자유주의적 정책기조를 저지하기 위해 국제적 동의를 구하고자 하였지만 레이건과 대처 정부의 반대로 큰 호응을 얻지 못했다. 또 대내적으로도 신자유주의에 저항할 수 있는 완충적 제도형태와 타협구조가 극히 취약해(V. A. Schmidt, 1999, p. 187) 집권 초기의 이념과 강령을 끝까지 밀고 가지 못했다.

사회당정부가 케인스-마르크스주의적 공동강령 대신 새로운 경제정책모델로 제시한 것은 인플레 억제를 통한 경쟁력 강화(désinflation compétitive) 논리였다(Lordon, 1998, pp. 103~105). 즉 인플레를 억제하여 경쟁력(가격경쟁력)을 확보해야만 수출이 증가할 수 있고 또 수출증대를 통해 경제성장과 고용창출을 달성할 수 있다는 것이다. 이를 위해 프랑화의 평가절하를 배제하는 강프랑정책, 임금규율, 재정지출 축소, 생산성과 수익성 및 금융성과를 중시하는 기업경영방식의 채택(사실상의 국유화 포기) 등이 대안정책으로 채택되었다.

이렇듯 사회당정부가 집권 2년 만에 정반대의 정책으로 전환한 것도 역설적이지만, 더 중요한 것은 80년대 중반에 인플레가 진정되었음에도 불구하고 이런 신자유주의 정책이 조스팽정권이 등장하기 전까지 무려 15년 동안 관철될 수 있었던 이유를 이해하는 것이다(같은 글, p. 110). 여기에는 여러 가지 이유가 있겠지만, 사회당정부의 유럽(통화)통합추진 계획과 프랑스 금융자본의 금융자유화 요구[8]가 결정적인 역할을 한 것으로 보인다.

범유럽 사민주의자이자 프랑스사회당에서 유럽통합을 적극 주도했던
자크 들로르는 미테랑정부의 재무장관 시절 사회당-공산당의 공동강령
인 국가투자은행(national investment bank) 설립안을 폐기하였다. 이 안
에 따르면, 기존의 예금은행(deposit bank) 및 사업은행(business bank)
과는 별도로 국가투자은행을 설립하여 기업에 자금=리스크자본을 안정
적으로 제공함으로써 DQP생산기반이 취약한 주요 핵심 기업들의 산업
경쟁력을 높인다는 것이다. 다시 말해 기업에 대출을 제공함과 동시에
이 대출이자를 리스크자본으로 재투자하는 국가투자은행 설립을 위해
은행을 국유화한다는 것이다. 그러나 국가투자은행 설립안 대신 들로르
가 추진한 은행국유화에서 사회주의적 개혁의 내용을 발견하기란 극히
어렵다. 들로르가 은행 국유화를 통해 얻은 성과는 거대기업의 국유화였
다. 그리고 은행국유화정책의 실질적인 목적은 화폐통제를 촉진하고 산
업의 자원배분에서 국가권력을 강화하는 것임이 드러났다. 그 이후 은행
의 수익성 하락으로 은행국유화정책은 오래 유지되지 못했을 뿐 아니라
오히려 급속한 금융자유화에 빌미를 제공하게 되었다. 사회주의적 구상
과 프로젝트가 사회당정부하의 금융지도자이자 재무장관이었던 들로르
에 의해 철저하게 봉쇄되었다는 것은 아이러니가 아닐 수 없다(Lipietz,
1988a, pp. 401~402).

다른 한편 사회당정부는 70년대 중·후반에 독일의 슈미트와 프랑스
의 데스텡의 주도로 추진된 유럽통화제도(EMS)=사실상의 마르크화본
위제를 확대·강화하는 기조를 그대로 계승하였다. 이에 따라 1981~83
년에 세 차례에 걸쳐 평가절하가 단행된 이후 기존의 프랑화 평가절하와
인플레 성장정책[9]이 포기되고 대신 환율안정=사실상의 강프랑 기조를
통한 물가안정과 경쟁력 강화 등 사실상의 통화주의(사회주의적 통화주
의)가 채택되었다(Loriaux, 1997, pp. 136~49).

1984년 이후 급격한 정책전환을 계기로 프랑스의 금융관련 정부관료

와 은행가들의 영향력이 다시 강화되었으며, 이들의 주도 아래 재민영화가 단행되었다. 한편 80년대 중·후반에 EMS가 예상 밖으로 일정 정도 성공을 거두자, 사회당정부는 들로르를 중심으로 유럽통화통합에 더욱 박차를 가했다. 여기서 특히 중요한 것은 바로 상품·서비스의 무역자유화에 뒤이어 자본거래의 자유화 조치가 유럽통화통합의 명분 아래 더욱 강력히 추진되었다는 점이다. 실제로 유럽의 자본시장통합은 80년대 금융자유화 물결과 맞물려 급진전되었다. 독일과 프랑스가 자본시장통합 중심의 금융통합에 합의함에 따라 양국은 역설적이게도 새로운 앵글로 아메리카형 자본주의의 핵심 측면인 주주자본주의의 도래를 앞당기는 조치들을 주도적으로 시행한 셈이 되었다(Story, 2000, p. 102).

자본시장통합으로 유럽 사민주의자들은 자본이동이 매우 급속히 이루어지는 상황에서 일정한 변동폭을 갖는 고정환율제를 어떻게 유지할 것인가 하는 또 다른 난제에 대처해야 했다. 즉 고정환율제를 포기하고 변동환율제를 채택함으로써 국민적 경제정책의 자율성을 확보하든지(영국적 전통), 아니면 고정환율제를 더 진전시켜 불가역적인 고정환율제를 채택하고 국민적 경제정책의 자율성을 포기하든지(대륙적 전통) 양자택일의 상황에 놓이게 되었다. 유럽은 통합된 상품·서비스시장과 자본·금융시장의 효과를 극대화하기 위해서는 환리스크를 제거하는 것이 필요하다고 보고 환율 자체를 제거하는 방향으로 나아갔다. 이 과정에서 국민적 통화와 초국적 통화의 병존과 이를 통한 양화의 선택이라는 병행통화 구상과 통화간 경쟁의 파괴적 효과를 조기에 차단함으로써 단일통화의 효과를 극대화할 것을 제안하는 초국적통화론이 대립하였으나 후자의 승리로 끝났다(전창환, 1997a, 94~111쪽).

프랑스 사회당정부의 신자유주의로의 정책선회는 통화주의자, 분데스방크, 수출주도적 자본 등의 이해를 주로 대변하는 보상적 신자유주의의 이념 및 정책과 충돌할 부분이 거의 없었다. 통화주의자들의 확고한 신조인 물가안정은 거래비용 감축, 유럽 수준에서의 환리스크 축소에 긍정적으로 작용하기 때문에 수출지향적 기업과 투자재 생산자들은 물가안정에 대해 매우 호의적인 입장이었다. 독일의 분데스방크가 별 저항에 부딪히지 않고 물가안정과 마르크화 강세 기조를 유지할 수 있었던 것도 바로 이 세력의 지지 때문이다. 독일의 수출주도적 자본의 경우 수출경쟁력이 주로 고부가가치, 고품질 생산에 기초한 비가격경쟁력에 기반하고 있었기 때문에 강한 마르크화 정책을 거부할 이유가 없었다. 오히려 원·연료 수입의존도가 높은 독일에서 강한 마르크화 정책은 원료비용 삭감에 크게 기여했다.

프랑스 사회당정부와 독일의 콜 연정 나아가 분데스방크 간의 유일한 차이는 통합추진의 속도와 방법이었다. 80년대 중반까지만 하더라도 독일의 분데스방크와 기민당·사민당 세력은 화폐주권의 재교섭에 기초한 급격한 통화통합과 초국적인 통치구조의 확립보다는 경제의 펀드멘털의 수렴에 기초한 점진적 통합을 염두에 두었다(전창환, 2000a, 52~53쪽). 그러나 통일로 더 강화된 독일의 헤게모니를 어떻게든 견제해야 했던 프랑스는 독일을 유럽 차원의 통치구조에 지배되게 하는 초국적 형태의 통화통합(유럽통화와 유럽중앙은행)을 제기했다. 콜과 당시 외무장관 겐셔는 초기에는 프랑스의 이 제안을 거부했지만, 이후 마스트리히트 수렴조건을 삽입하는 조건으로 이를 정식으로 받아들였다.[10] 이로써 국민적 화폐주권의 이양과 탈국민화된 화폐인 유로의 창출이 가능해졌다.

마스트리히트 수렴조건의 내용을 둘러싸고 통화주의와 케인스주의가 대립하였으나 결국 통화주의가 승리함으로써 마스트리히트 수렴조건이 최종적으로 확정되었다. 통화주의자들은 정치적 합의에서 유래하는 단일통화의 원리보다는 물가안정과 재정규율 등 마스트리히트 수렴조건에 집착하였으며 노동시장의 유연화에 역점을 두었다. 이에 비해 케인스의 국제청산동맹 구상에 영향을 받은 케인스주의자들은 단일통화의 정치적 원리에 큰 의미를 부여하는 한편 마스트리히트 수렴조건에 대해서는 매우 비판적이었다(de Brunhoff, 1997, pp. 113~15). 케인스주의자들과 일부 사민주의자들은 수렴조건 중에서 특히 재정적자 감축조건에 강력히 반대하였으나 이를 배제시키는 데 실패하였다.

이상에서 우리가 확인할 수 있는 것은 마스트리히트조약과 이에 기초한 유럽질서가 유럽 신자유주의 세력의 일방적인 독주의 산물이라기보다 신자유주의와 사민주의의 타협의 산물이라는 사실이다. 따라서 마스트리히트체제의 성격을 논할 때 사민주의적 프로젝트의 측면들을 완전히 배제하기는 어렵다. 다만 신자유주의적 이데올로기가 여타 이데올로기와 헤게모니적으로 접합됨으로써 양자간의 대립이 상대적으로 첨예하게 드러나지 않고 중립화되어 나타났을 뿐이다.

독일 질서자유주의론의 화폐질서 관념을 계승한 유로통화주의는 그간 유럽을 지배했던 케인스주의자들을 정책담론의 주요 무대에서 몰아내는 데 결정적인 기여를 하였을 뿐 아니라 자유주의적 경제질서의 유럽토대를 구축하는 데도 일익을 담담하였다. 그러나 유로통화주의가 경쟁력 약화와 장기간의 구조적 실업 등 유럽의 고질적 문제를 동시에 해결하는 만능처방책일 수는 없었다. 오히려 마스트리히트 수렴조건을 수용하면서 완전고용과 성장중심 정책이 들어설 여지가 크게 좁아지고 실업과 재정적자의 악순환이 심화되어 갔다. 더욱이 연이어 등장한 안정협약과 안정성장협약으로 실업과 장기정체를 해소하기 위한 정책협조의 여지는 더 협소해졌다(Mazier, 1997, p. 153). 1997년 암스테르담 정상회담에서도 프랑스를 비롯한 일부 중도좌파정권이 마스트리히트조약의 재교섭을 시도했지만 대세를 뒤바꾸기에는 역부족이었다.

케인스주의자들과 사민주의자들이 마스트리히트 수렴조건을 마지못해 수용한 데는 세력관계상 어쩔 수 없는 요인도 있지만, 양자의 최소한의 합의점 역시 중요하게 작용한 것으로 보인다. 즉 단일통화 유로가 유럽

내 거래비용을 줄이고 국가간 환리스크를 제거하고 나아가 달러와 어깨를 나란히 할 수 있는 국제통화로 격상될 것이라는 공통의 기대가 있었다. 게다가 유럽통화동맹을 케인스주의의 쇄신을 위한 불가피한 우회라고 판단하고 어떻게든 유럽통화동맹을 실현시키고자 했다. 그러나 실제 마스트리히트 수렴조건은 분데스방크의 시장순응적(market-conforming) 엄격성을 EU 전체로 확산시키는 역할을 하였으며 사회적 지출 삭감에 대한 불만을 무마하는 속죄양의 역할을 충실히 하였다(Pugh & Jeffery, 1997, pp. 496~502).

3. 유럽통화주의와 유럽중앙은행

독일과 프랑스의 치열한 대립(Elgie & Thompson, 1998, p. 154)에서 독일의 통화주의적 담론이 승리하면서 물가 및 화폐가치의 안정을 배타적 목표로 하는 유럽중앙은행(ECB)이 탄생하였다.[11] 그 결과 통화정책에 대한 권한이 개별 중앙은행에서 ESCB(유럽중앙은행제도)와 ECB로 이양되었다. 그리고 중도좌파정권이 출범한 뒤 일시적으로 성장지향적 통화정책이 채택되기도 하였지만, 기본적으로 물가안정이 최우선 과제가 되면서 고용과 성장은 부차적인 것이 되었다.

유로화의 출범으로 환율 불안정성과 투기의 제거, 실업해소와 성장기반 강화, 거시경제적 조정의 신속성 등이 확보될 것으로 기대되었다. 하지만 역내 환율 불안정성의 제거와 투기억제 등에서는 일정한 성과를 거두긴 했지만 다른 영역에서는 아직 그 효과가 가시화되지 않고 있다. 유로화가 출범한 지 몇 년 되지 않아 전체적인 평가를 내리기는 시기상조이지만, 유로화 가치의 안정화[12] 등 EMU가 해결해야 할 과제는 산적해 있는 것으로 보인다.

EMU에서 핵심적 위치에 있는 유럽중앙은행제도의 기구(목적, 조직
등)는 마스트리히트조약 본문의 "유럽공동체를 설립하기 위해 유럽경제
공동체 설립조약을 수정하는 규정(조약)"에 그 주요 부문이 명기되어 있
다. 또한 부속의정서의 유럽중앙은행제도 및 유럽중앙은행의 정관에 관
한 의정서(이하 정관)에도 세부사항이 규정되어 있다(한국은행, 1999).

유럽중앙은행제도는 ECB와 각국 중앙은행(NCB)으로 구성되며, 각국
중앙은행은 유럽중앙은행의 지시와 지침에 기초하여 행동한다. ECB에
는 의사결정기관으로 정책위원회(governing council)와 집행이사회(execu-
tive board)가 있다. 정책위원회는 통화금융정책에 대한 가이드라인을 정
하고 기본적인 결정을 내리며 집행이사회는 그 결정에 따라 금융정책을
실시하고 각국 중앙은행에 필요한 지시를 내린다. 정책위원회의 구성원
은 집행이사회 멤버 6명(총재, 부총재, 이사)과 11개국의 중앙은행 총재
등 총 17명으로 구성된다. 그외 유럽이사회 의장과 유럽집행위원회 위원
1명이 정책위원회의 회의에 참가하지만, 의결권은 없다.

ECB의 독립성은 마스트리히트조약에 명시되어 있다. 즉 ECB와 각국
중앙은행 혹은 그 구성원들은 어떤 기관으로부터도 지시를 받아서는 안
되며 지시를 요구해서도 안 된다. 뿐만 아니라 ECB가 EU 차원의 최고행
정기구인 유럽집행위원회와 최고 입법·의결기구에 해당하는 EU이사회,
유럽의회 등에 대해 독립되어 있다는 것을 의미한다.

이와 함께 ECB의 설명책임은 미국처럼 의무화되어 있지도 않고 독일
처럼 설명책임이 전혀 없는 것도 아니다.[13] 다만 유럽의회의 요구가 있
을 경우 설명책임을 다해야 한다. 즉 ECB 총재 및 집행이사회의 다른
멤버들은 유럽의회의 요구에 따라 혹은 스스로 유럽의회의 소관위원회
에서 의견청취에 임하도록 되어 있다(조약 109b. 3).[14] 그리고 정관 15에
따르면 ECB는 활동보고서와 연결재무제표, 활동과 금융정책에 관한 연
차보고서를 EU이사회, 유럽집행위원회, 유럽이사회에 제출해야 한다.

유럽의회에서는 제출된 연차보고서를 가지고 일반토론을 할 수가 있다. 이 밖에 정책위원회의 의사록 공개에 대해서는 명시적 규정이 없지만 대체로 ECB 총재는 발언제약의 이유를 들어 이를 거부하고 있다.

이처럼 강한 독립성을 부여받고 있는 ECB는 물가안정이라는 최종목표를 달성하기 위해 영국, 스웨덴 등의 인플레목표관리정책도, 독일식의 통화목표관리정책도 아닌 물가안정성에 대한 양적 정의라는 절충적 화폐관리정책 방식을 채택한다.[15] ECB의 입장을 충실히 대변하는 이싱은 물가안정성에 대한 양적 정의(마스트리히트조약이 채택한 방식)에 기초한 화폐정책이야말로 ECB의 설명책임성을 담보할 수 있는 최선의 방법이라고 말한다(Issing, 1999a, pp. 513~14). 이 정의에 따르면, 유로지역에서 HICP(harmonized index of consumer prices, 이자비용이 포함되지 않은 유로권통합 소비자물가지수)의 증가율을 2% 내에 유지하고 이런 물가안정성을 중기간(mid-term) 유지한다는 것이다. 여기서 중기간이라고 한 것은 ECB가 HICP의 증가율이 단기적으로는 2% 범위를 벗어나는 것도 인정한다는 것을 의미한다. ECB는 물가안정에 대한 양적 정의가 인플레율의 범위(range)를 목표로 하는 것이 아님을 강조한다.[16]

다음으로 ECB는 물가안정성을 뒷받침할 수 있는 두 가지 축을 필요로 한다. 그 하나는, 화폐정책의 지침(guidepost)으로서 화폐집계치(M3)가 명목앵커(anchor)의 역할을 하는데 중요한 것은 ECB가 M3증가율의 양적 준거치(4.5%)를 설정한다는 것이다. 즉 M3는 중간목표가 아니라 하나의 준거지표인 셈이다. ECB는 M3증가율의 양적 지표로 단일 준거치를 채택하는 데 비해, 분데스방크는 그 범위를 채택한다. 이 부분에서 ECB의 화폐정책과 독일 분데스방크의 통화목표관리정책이 달라지는데, 다만 ECB는 양적 준거치를 도출하는 계산방식은 분데스방크의 방식을 따른다.[17] 이로써 독일을 제외한 여타 국가들이 채택해 오던 환율목표(exchange rate targeting)정책은 완전히 사라지면서 유럽 전체가 환율목표를 이용할 수 없게 되었다.

또 하나는, 광범위한 토대 위에서 물가변동과 물가안정 위험에 대한 전망을 평가하도록 하는 부분이다. 여기에는 광범위한 지표변수에 대한 분석과 물가변동 전망에 대한 다양한 예상치의 이용이 포함되기 때문에, 단일지표나 중간목표에 대한 의존은 있을 수 없다. 일부에서는 이를 인플레 예상으로 이해하여 이 인플레 예상치를 고시해야 한다고 주장한다. 그러나 ECB는 단일의 공식적 예측치가 정책위원회의 실제 의사결정과정을 반영하지 못해 대중을 오도할 수 있다는 이유를 내세워 인플레 예상 등 여러 예상치들을 고시하지 않는다. ECB가 인플레보고서를 제출하지 않는 것은 분데스방크의 화폐정책 관행의 영향을 강하게 받은 것이다.

ECB는 물가안정 이외에도 재정적자의 화폐화 금지, 역외국가와의 환율유지, 신용질서 유지 등에도 일정 정도 관여한다. 현재의 유로화 약세 같은 환율문제에 대해서는 재무장관이사회가 최종적인 책임과 권한을 가지고 있으며, ECB는 다만 환율조정을 위한 실질적인 외환정책을 수행한다. 즉 ECB는 EU 재무장관이사회가 마련한 환율정책의 일반지침에 의거하여 외환시장 개입 여부를 결정한다. 하지만 일부에서는 환율정책에 관한 최종 책임과 권한이 EU 재무장관이사회에 귀속되어 있기 때문에 ECB의 수단독립성이 저해될 수 있다는 점을 우려하고 있고 실제 EU 재무장관이사회와 ECB 간에 상당한 마찰과 이견이 있는 것으로 알려져 있다. 이 밖에 역외국가와의 환율협조, 예를 들어 환율안정과 투기적 자본이동을 규제하기 위해 타깃 존 방안을 추진하고자 할 경우에도 그 최종적인 결정권한이 EU 재무장관이사회에 있기 때문에 ECB만으로는 국제적 환율협조를 추진할 수 없게 되어 있다.

금융주도 자본주의=금융화된 축적체제의 최대 아킬레스건으로 알려져 있는 시스템 리스크나 유동성 위기에 대한 유동성 주입과 같은 신용질서 유지 문제와 관련해서는 ECB의 책임소재가 명확히 되어 있지 않다. 유럽 수준에서의 최종대부자에 대한 규정이 없을 뿐 아니라 은행의 건전성 감독에서 ECB의 개입도 제한적이다. 이 문제가 그대로 방치될 경우 EU가 유럽 차원의 시스템 리스크에 대단히 취약해질 수 있다.[18]

최종대부자로서 유동성 주입에 대한 판단은 각국 중앙은행의 소관으로 되어 있어, 각국 중앙은행과 ECB 간에 이견이 생길 경우 EU 전체의 금융시스템이 불안정해질 수 있다. 즉 화폐정책은 유럽중앙은행제도에 의해 이루어지지만 건전성정책은 보완성원리하에 각국의 감독당국이 수행한다(Padoa-Schioppa, 1999, p. 2). 게다가 유럽의 경우 감독정책이 통화당국의 권한에 통합되어 있는 나라와 별도의 감독당국의 권한에 속해 있는 나라가 혼재해 있지만, ECB는 법적으로 EMU 차원의 은행감독 네트워크가 될 수 없다. 정보교환을 규제하고 주기적 회합을 명시한 EU 회원국간의 양해각서에 따라 쌍무적 수준에서 서로 협조하기로 되어 있지만, 이 양해각서는 법적 구속력이 없다(Corsetti & Pesenti, 1999, p. 38). 감독자 네트워크를 별도로 조직해야 한다는 제안이 힘을 얻고 있는 것도 바로 이 때문이다.

요컨대 통화정책과 건전성정책이 분리되어 있는 마스트리히트조약의 틀에서 국민적 감독당국간의 긴밀한 네트워크의 부재는 심각한 문제라 하지 않을 수 없다. ECB가 유럽 수준의 최종대부자 역할을 못하는 상태에서는 전유럽이 시스템 리스크에 더욱 취약해질 수밖에 없다(Aglietta, 1999b, pp. 12~15). 또한 주식시장의 통합이 가속화되어 유럽시장에서 주가변동 리스크가 점차 커질 것으로 예상되는 현시점에서, 물가안정에 급급하여 금리인하에 매우 인색한 ECB의 정책기조는 매우 위험할 뿐 아니라 실물순환에도 치명적인 영향을 미칠 수 있다(Lordon, 1999, pp. 240~41).

ECB가 분데스방크의 법적 형태를 모방하여 설계된 것은 분명하다. 그러나 ECB와 분데스방크의 유사점과 차이점을 명확히 할 필요가 있다. 흔히 ECB가 분데스방크를 모방하여 설계되었기 때문에 분데스방크와 동일한 경제적 효과가 유럽에서도 발휘될 수 있다는 주장도 있지만, 사실 이는 엄밀한 검토를 요한다. 분데스방크의 경제적 효과는 독일의 연방제와 독일식 화폐질서, 이와 보완관계에 있는 각종 제도 등과 분리해서 사고할 수 없다. 그러나 마스트리히트조약은 유럽의 정치적 토대에 대한 합의(유럽연방)에까지 이르지 못했다. 사실 현재 유럽에서는 이런 정치적 토대에 대한 합의가 부재하고 나아가 유럽시민들은 화폐가치의 안정성이라는 규범을 공유하지 못하고 있기 때문에, 분데스방크가 독일 내에서 발휘했던 경제적 효과를 똑같이 마스트리히트체제하의 유럽에서 기대하기는 어렵다. 사회적 합의나 타협을 이끌어낼 수 있는 독일국가의 능력이 유럽 수준에서는 부재하며 독일에서 제도화된 통화주의를 정착시키는 데 큰 역할을 했던 연합적 자기통치구조(self governance)가 부재하다(Streeck & Yamamura, 1996, p. 14).

한마디로 유럽에서는 민주적 통제절차가 정의되지 않은 채 ECB의 정당성(ligitimacy)이 외부로부터 삽입된 것이다(Aglietta, 1995, pp. 446~48). 따라서 적절한 민주적 제도가 부재한데도 마스트리히트조약이 ECB에 독일식 정당성을 부여할 수 있으리라고 믿는 것은 아무런 근거가 없다. 오히려 유럽 차원의 민주적 제도와 절차가 부재할 경우, ECB의 독립성이 강화될수록 대의제 민주주의의 전망은 더 약화된다. ECB의 제도적 설계는 정치적 책임성이라는 규준으로부터 일탈한 것으로서 민주주의의 심각한 결여를 동반할 수밖에 없다(Elgie, 1998, pp. 66~67).

ECB중심의 유로체제는 21세기 초반 몇십 년의 유럽질서 근간을 제시한다는 점에서 독일모델과 스웨덴모델뿐 아니라 유럽 자본주의 전체의 성격을 규정한다(Albert, 1997, pp. 1~12). 다시 말해 유로체제는 국민국가 내에서 제도형태의 새로운 위계를 창출하며(Boyer, 1998c, p. 2) 국민국가와 유럽의 초국적 제도 간의 관계에도 커다란 변화를 가져온다. 그런데 문제는 마스트리히트조약과 현행 ECB가 향후 사민주의적 자본주의의 길에 유리하게 작용할 게 별로 없으며 오히려 유럽 사민주의의 쇄신과 확대·강화에 커다란 질곡으로 작용할 수 있다는 점이다.

예를 들어 고령화 추세가 가장 심하고 공적 연금체제가 지배적인 유럽에서 ECB의 통화주의와 마스트리히트조약의 재정규율은 21세기 초 유럽을 크게 압박할 것으로 보인다. 지난 50년간 노동자들과 사민주의자들의 투쟁의 성과라고 해도 과언이 아닌 연금제도 등 사회보장제도의 틀이 새로운 화폐주의 규율 아래서 집중적인 공격을 받고 있는 것이다. 만약 마스트리히트의 재정규율로 인해 재정적자에 큰 제약이 가해져 부과방식의 공적 연금제도가 약화되고 적립형의 사적 연금체제가 강화될 경우, 기존의 금융적 헌신(financial commitment)을 특징으로 하는 독일식 관계적 금융시스템은 결정적으로 약화되고(Davis, 1998, pp. 33~35) 그 결과 사민주의적 자본주의의 제도적 토대 또한 크게 동요할 것으로 보인다. 유럽통합을 주도한 들로르조차 ECB의 이념(화폐가치 안정과 중앙은행 독립)을 신자유주의적 교리로 보고 이에 대한 적절한 제어를 긴급하게 제안한 것도 바로 이 때문이다.[19]

유럽이 장기정체와 대량실업에 대처하고 ECB의 독립성에 따른 민주주의의 결여를 극복하려면 ECB중심의 유럽질서를 개혁하지 않으면 안 된다(Martin & Ross, 1999, p. 175). 우선 ECB가 물가안정뿐 아니라 고용에도 책임을 질 수 있도록 해야 한다. 그러나 ECB 내에 통화주의자들과 신자유주의자들이 대거 포진하고 있어 이를 기대하기가 쉽지 않아 보인다. ECB 이사회의 일원인 이싱이 최근에도 노동시장의 경직성과 생산물 시장에 대한 강한 규제를 폐지할 때만이 장기실업과 성장 문제를 해결할 수 있다고 주장하는 데서 고용이나 성장에 책임을 질 의사가 전혀 없음을 확인할 수 있다(Issing, 1999c, p. 4). 심지어 그는 사회정책이 강화되면 현재의 장기실업과 정체는 더 심해지고 유럽통화동맹의 존립 자체가 위협받을 것이라고 경고한다. 유럽에서는 시장경제가 확고하게 뿌리내리지 못했기 때문에 이를 위해 해야 할 일이 여전히 많고 따라서 '역사의 종언'이 타당하지 않다는 이싱의 상황인식(Issing, 1999b, p. 5)에서, 우리는 현재의 ECB가 보상적 자유주의의 가장 강력한 옹호자임을 다시 한 번 확인하게 된다. 둘째, ECB는 민주적으로 선출된 회원국 정부에 설명책임을 다하도록 해야 한다. 또한 유럽의회에 더 많은 발언권을 부여하여 유럽의회의 화폐에 대한 권한을 강화하고 ECB 집행이사회의 이사임명은 유럽의회의 검증을 거치도록 해야 한다.[20] 이외에도 ECB와 여론의 연계를 강화할 수 있게 정책위원회의 세부내용이 가능한 한 조기에 발표·공시되어야 할 것이다(Aglietta & de Boissieu, 1998, pp. 49~59).

4. 경쟁국가적 통합양식의 출현과 유럽 사민주의의 내적 모순

경쟁력강화정책과 공급 측면의 경제정책

마스트리히트조약의 체결로 유럽통화동맹의 출범이 확정되자, 회원국 정부와 유럽집행위원회는 유럽 차원의 화폐질서와 이에 기초한 거시경제의 안정 위에서 경쟁력을 강화하기 위한 구체적인 대안을 모색하기 시작했다. 90년대 초·중반 이들이 서둘러 경쟁력 강화를 위한 대안모색에 나서게 된 데는 두 가지 배경이 깔려 있었다. 첫째, 이들은 단일유럽시장과 유럽통화동맹만으로는 경쟁력 약화와 지속되는 구조적 실업 문제를 해결할 수 없다는 인식을 공유하게 되었다. 둘째, 현실적으로도 마스트리히트조약의 발효로 환율변경이나 금리조정을 통해 경기를 조정하고 나아가 수출경쟁력을 강화하는 것이 더 이상 가능하지 않게 되었다.

EU 회원국과 유럽집행위원회가 이 문제에 대한 해결책으로 제시한 것이 바로 적극적이고 동태적인 공급 측면의 경제정책이다(中村健吾, 2000, 11쪽). 90년대 중반 이후 정보통신기술과 생산성 면에서 미국과의 격차가 더욱 커지자, 지식기반경제의 강화와 혁신적 고도성장경제의 확립이 유럽 정책입안자들의 최고의제(agenda)가 되었다(Guellec, 2000, pp. 20~22). 이들이 내세우는 적극적인 공급 측면의 경제정책은 경쟁을 저해하는 요소들을 과감히 제거하는 경쟁정책, 산업경쟁력을 강화하기 위한 사회인 프라의 정비, EU 차원에서의 연구개발 지원 등의 산업정책, 노동력의 질과 숙련 향상, 취업기회의 확대 등을 지향하는 적극적인 노동시장정책 그리고 노동자의 공급능력 강화를 위한 공급중시 사회정책 등으로 구성되어 있다. EU의 여러 기관들과 회원국 정부는 기존의 총수요관리정책과 재분배정책에서 벗어나 시장의 혁신적 잠재력을 이끌어내고 생산성 증대 등 공급능력을 강화하는 데 총력을 기울인다. 최근에는 정보사회의 조기정착을 위해 e-Europe전략 등을 추진함으로써 지식기반경제로의 이행에 강력한 의지를 보이고 있다(한국은행, 2000, 25쪽). 이렇게 해서 국가가 경쟁력 강화를 위한 사회동원에서 핵심적 역할을 해야 한다는 국민적 경쟁국가에 대한 합의(consensus)가 유럽 전역으로 급속히 확산되고 있다(Hirsch & Esser, 2000, pp. 36~37). 바야흐로 유럽 차원의 경쟁국가적 통합양식이 80~90년대 초의 유럽통화주의를 대체하면서 전유럽의 통합양식으로 자리잡게 될 것으로 보인다(中村健吾, 2000, 11쪽).

　여기서 우리가 주목해야 할 것은 현재 제3의 길, 신중도를 표방하고 있는 블레어와 슈뢰더가 공동선언 형식으로 제기한 사민주의 쇄신의 길(규제완화를 통한 시장자유화, 유연화, 적극적인 공급정책)이 회원국 정부와 유럽집행위원회가 제시한 적극적인 공급 측면의 경제정책과 매우 유사하다는 점이다. 이 공동선언(Schröder & Blair, 1999, pp. 66~73)에 따르면, 기존의 사민주의는 사후적인 결과의 평등개념에 사로잡힌 나머지 개개인의 노력과 책임성, 창조성과 다양성을 말살시킨다는 것이다. 이들은 바로 이 때문에 구조적 경쟁력이 약화되고 장기정체와 구조적 실업이 야기되었다고 본다. 또한 구사민주의자들이 국가개입을 통해 시장의 폐해를 해결하기보다는 시장을 과도하게 억압함으로써 결과적으로 관료주의적 경직성만 심화되었다고 비판한다.

이들은 정보통신기술의 변화에 따른 경제구조의 급변에 능동적으로 대처할 수 있으려면 모든 개인에게 독자적인 능력을 발전시킬 수 있는 가능성을 제공하는 것이 절대적으로 중요하다는 인식을 공유한다. 이런 인식 아래 인적 자본 투자와 사회적 투자를 통해 개인의 자격과 능력을 향상시키는 공급 측면의 새로운 정책을 실행할 것을 역설한다.[21] 특히 적극적 노동시장정책을 중시하는 한편, 자조와 자기책임성, 취업의 의지를 꺾는 기존의 사회보장제도와 세제 개혁에도 역점을 둔다. 결국 이들의 사민주의 쇄신방법은 사전적 기회균등을 강화하여 사회적 정의를 실현하고, 좌파의 새로운 공급정책을 통해서 구조적 경쟁력을 높이며 장기실업을 해소하는 것이다.[22] 요컨대 유럽의 사회적 응집력과 합의를 경쟁에서의 전략적 우위와 동일시함으로써 사회정책과 인프라정비에 대한 일정한 개입을 용인하며, 나아가 전세계적인 입지경쟁을 위한 사회적 동원에 연대와 합의의 기초를 부여하고자 한다.

블레어와 슈뢰더의 제3의 길은 기본적으로 세계화라는 대세를 거부하지 않고 인정하는 데서 출발하여 입지조건 개선 정책과 좌파의 공급 측면의 정책을 추진함으로써 궁극적으로는 세계화에 효과적으로 대처하려는 시도인 것으로 보인다. 그러나 경쟁력 강화를 위한 공급 측면의 정책으로 과연 이들이 끝까지 놓치지 않으려는 사회적 연대가 제대로 확보될 수 있는가는 의문이다.[23] 사회적 투자 정책으로 임노동자의 시장적응력이 어느 정도는 개선될 수 있을지 모르지만 그것만으로 사회적 연대가 마련되지 않는다.[24] 그리고 사전적 기회균등(일할 기회의 균등)을 강조하며 각자에게 자신의 인적 자본의 기업가적 관리를 요구하지만, 경쟁이 치열해지면서 도덕적 해이 못지않게 도덕적 무시라는 심각한 문제가 발생한다(박영도, 1999, 204쪽). 게다가 좌파의 공급 측면의 경제정책과 사회복지제도의 현대화로 개인의 자조와 자기책임성이 함양된다고 하더라도 금융세계화와 지식기반사회에서 필연적으로 증대하는 불확실성과 리스크에 효과적으로 대처할 수 있을지는 극히 의문스럽다. 더욱이 미시적 단위에서의 구조개혁을 중심으로 한 좌파의 공급 측면의 정책이 세계시장 및 이와 통합된 국민시장의 파괴적 효과를 막아내기에는 역부족이다. 시장창조적 정책과 시장교정적 정책 간의 비대칭성이 존재하는 현재의 유럽 정치질서에서는 이 문제가 더욱 심각해진다. 한마디로 이들은 후자의 기반을 강화하는 제도개혁에 대해서는 대단히 소극적이다.

제3의 길의 최대 문제는 초국가적 공간에서 세계시장에 개입하는 전세계적 통치구조를 어떻게 확보할 것인가 하는 점을 심층적으로 고민하지 않고 있다는 것이다. 라퐁텐은 국제협력을 통해 국민국가적 사회체제간의 경쟁과 기업가적 경쟁을 분리하려는 목표를 설정하고 있지만(Lafontaine, 1999, pp. 2~3), 블레어와 슈뢰더의 제3의 길 내에는 이를 끝까지 밀고 나가지 못하게 하는 내적 모순이 존재한다. 왜냐하면 경쟁력 강화를 외치면서 어떻게 세계시장에 대한 초국가적 규제를 가할 수 있을 것이며, 설사 그렇게 할 수 있다고 하더라도 그것이 현재의 유럽 정치체제에서는 민주주의의 심각한 훼손을 수반할 가능성이 농후하기 때문이다.[25] 실제 블레어-슈뢰더의 공동선언에는 세계시장에 대한 초국가적 규제라는 문제의식이 매우 희박하다.

요컨대 블레어-슈뢰더의 노선은 영미식 신자유주의가 초래한 사회적 균열의 확대를 일정한 사회정책과 고용정책으로 완화하면서도 세계시장에서 국민국가의 경쟁력 강화를 지향한다는 점에서 신자유주의적 요소를 내포하고 있다(Hirsch & Esser, 2000, p. 37). 이들은 70년대 말 볼커, 레이건, 대처의 신자유주의적 반혁명의 유산을 전면적으로 부정하기보다는 현실적으로 이를 받아들여 그것에 일정한 수정을 가하려는 것이다.

유럽정치통합의 지연과 민주주의의 공동화

구조적 경쟁력이 정체되고 실업이 장기간 지속되고 있는 문제말고도 유럽 자본주의는 정치적으로 민주주의가 확대되기보다 자유민주주의의 공동화 내지 민주주의의 결여라는 정치적 딜레마에 봉착해 있다. 유럽에서는 국민국가의 차원을 넘어 이루어지는 정책결정이 점차 확대되고 있음에도 불구하고, 이에 대한 유럽 수준에서의 적절한 견제와 감시 체제는 극히 취약하다. 회원국 정부와 유럽집행위원회 위원들 간의 불투명하고 복잡한 의사수렴과정과 정책결정이 아무런 통제와 점검 없이 이루어지고 있으며, EU 차원의 기구 중에서 유일하게 각국 유권자의 직접투표에 의해 구성되고 있는 유럽의회조차도 입법제안권이 없고 자문 및 공동결정절차로 그 역할이 한정되어 있다. 결국 현재의 EMU하에서 시장은 유럽 차원에서 통합되어 단일화되었지만 복수의 국민국가가 존재함으로 해서 여전히 시장과 국가가 분리되어 있으며 경제통합에 상응하는 적합한 정치적 통제 내지 통치구조가 없는 실정이다(Jatenfuchs, 1997, pp. 11~14). 이렇게 되면 유럽 수준에서 개인의 사회적 권리와 정치적 권리가 보장되기 어려워질 뿐더러, 민주주의와 다원주의가 위협받게 된다.

EU의 복잡한 정치과정과 정치통합의 부재에 따른 민주주의의 결여를 이해하려면, 현재 EU 정치체제의 성격을 살펴볼 필요가 있다. 글머리에서 간단히 언급한 바와 같이 EU는 EC, 공동외교안보정책, 사법·내무 협력이라는 세 가지 축으로 구성되어 있다. 후자의 두 가지는 정부간 협력체로서 그 성격이 명확하지만 EC는 국가간 연합도, 연방국가도 아니며 그렇다고 국제조직도 아니어서 성격이 명확하지 않다.

EU의 정치적 구성체는 회원국 정부와 EU의 여러 기관, 유럽집행위원

회, EU이사회(각료이사회), 유럽이사회(EU정상회의), 유럽재판소, 유럽
의회 간의 관계를 기본으로 하면서 여기에 비정부단체(NGO)와 지방자
체단체가 참여하는 다차원적 시스템(multi-level system)[26]이다. 문제는
유럽의 이 다차원 시스템의 성격을 전통적인 국민국가 개념과 이에 기초
한 국제관계의 준거틀로는 포착하기 어렵다는 점이다.

　EU 수준에서 주요한 의사결정은 각료이사회와 유럽집행위원회에서
이루어진다. 각료이사회는 15개 회원국 대표인 15명의 각료로 구성되어
있고 입법권과 집행위원회의 제안에 대한 의결권을 가지고 있으며, 유럽
집행위원회는 EU의 최고 집행기구 내지 행정기구로서 각종 정책을 입안
하며 입법제안권을 가지고 있다. 또한 집행위원회는 결정된 정책을 회원
국가들이 제대로 실행하는지 감독하거나 직접 정책을 실행한다. 유럽집
행위원회의 위원은 총 20명으로 주요 5개국은 2명씩, 기타 10개국은 각
1명씩 위원을 추천하고 각료이사회가 최종적인 임명결정을 내린다. 그리
고 유럽사법재판소는 EU의 사법부에 해당하며, 유럽의회는 유일하게 직
접투표에 의해 구성된 기관임에도 불구하고 그 위상과 권한은 초라하기
짝이 없었다.[27]

　유럽의회는 50년대 유럽철강석탄공동체(ECSC)가 결성되었을 때 만들
어졌지만 당시 국가중심주의자(정부간주의자들)의 반대로 아무런 권한
을 부여받지 못했다. 그 결과 유럽의회는 한동안 입법제안권을 갖지 못
한 채 자문·감독기구에 머물러 있었다. 그 이후 유럽 사민주의자들이
중심이 되어 유럽의회의 권한 강화를 추진함으로써 그 위상과 권한이 이
전에 비해 상당히 제고될 수 있었다(Pollack, 2000, pp. 281~89). 1986년 단
일의정서가 채택되면서 각료이사회가 유럽의회의 의견을 일방적으로 묵
살할 수 없게 되었다. 암스테르담조약에서는 협력절차의 적용을 받던 정
책분야를 대폭 줄이는 대신 유럽의회의 공동결정 권한과 절차가 적용되
는 영역을 크게 확대함으로써 유럽의회의 권한과 위상이 상당히 높아졌

다. 이로써 각료이사회의 결정은 유럽의회와의 공동결정 절차에 의해 이
루어지게 되었다. 유럽의 이익단체들이 유럽의회를 대상으로 대거 로비
에 나서고 있는 것도 유럽의회의 위상이 크게 강화되고 있음을 보여주는
한 단면이라 하겠다(Kohler-Koch, 1997, pp. 7~9).

그럼에도 불구하고 유럽의회는 EU 예산의 수정권과 결산 승인권만 가
질 뿐 세입결정권은 부여받지 못하고 있다. 또한 유럽의회는 과반수 이
상 출석과 출석의원 2/3의 찬성으로 유럽집행위원회 전체에 대한 불신
임안을 낼 수 있지만, 유럽집행위원회 위원은 각국 정부의 추천으로 각
료이사회가 임명하고 있기 때문이 유럽집행위원회의 위원 지명에 대해
서는 아무런 역할을 하지 못한다. 유럽의회 선거에서 투표율이 저조하고
유럽시민들이 상대적으로 유럽의회에 무관심한 것도 유럽의회가 EU 차
원의 정부구성에 직접적인 영향력을 행사하지 못하기 때문이다. 앞으로
도 집행위원회의 실질적인 임명권을 가진 회원국 정부들이 이 권리를 선
뜻 포기하지 않을 것으로 보여, 유럽의회와 유럽정부 간에 상당한 마찰
이 예상된다.

이상과 같은 다차원 시스템에서 우선 주목해야 할 것은 회원국 정부의
권한과 위상 문제이다. 사실 각료이사회와 집행위원회에 의해 주로 이루
어지는 EU 차원의 주요 의사결정을 회원국 정부가 뒤엎기는 매우 어렵
게 되어 있다. 유럽집행위원회는 주요 의사결정을 산하 소관위원회의 전
문가와 기술관료들에게 위임하여, 이 전문가집단이 각국 정부와의 사전
교섭을 통해 최종적으로 결정을 내린다. 이 결정이 각료이사회에서 안으
로 제출되면 각료이사회가 이 안을 심의하는데 사실상 제한된 시간 내에
이 결정과 제안을 면밀하게 심의한다는 것은 불가능하다.

이렇게 내려진 유럽 차원의 결정을 무기로 해서 회원국 정부는 기존의
조합주의적 기반을 무시하고 다양한 구조조정, 사실상 신자유주의적 정
책을 관철시킨다. 최근 유럽에서는 비정부조직 내지 시민사회의 행위주

체들도 의사결정의 교섭과정에 참여하지만 유럽 수준, 회원국 정부 수준, 지방 수준 등의 중층적이고 복잡한 교섭과정에 효과적으로 개입하기에는 많은 제약이 따른다. 이런 제약하에서 유럽 차원의 주요 의사결정은 각료이사회와 유럽집행위원회 그리고 회원국 정부에 맡겨지게 된다.

결국 유럽의 회원국 정부와 유럽집행위원회는 부분적으로 시민사회까지 포함한 다차원 시스템을 통해 경쟁국가적 통합양식을 전유럽 차원에서 관철시켜 유럽 자본주의를 전세계적 경쟁조건에 맞게 재편하고자 하는 것이다(中村健吾, 2000, 20쪽). 능동적이고 적극적인 공급 측면의 경제정책도 이런 헤게모니 프로젝트의 산물이다. 요컨대 현재와 같은 유럽 특유의 정치체제는 회원국 정부 단독으로는 관철시킬 수 없는 사회적·제도적 재편을 국내의 다양한 저항을 물리치면서 관철시키는 데 매우 효과적이다. 블레어와 슈뢰더가 유럽연방제에 냉담한 반응을 보이고 있는데다(Schröder & Blair, 1999, p. 73) 동유럽국가들이 예정대로 EU에 가입할 경우, 유럽의 다차원 시스템은 일시적이고 과도적인 정치체제가 아니라 상당 기간 유지되면서 끊임없이 변화할 수밖에 없는 동태적 정치체제로 자리잡을 것으로 보인다(Jatenfuchs, 1997, pp. 2~10).

이런 상황에서 유럽의회가 더욱더 강화되어야 한다는 것은 분명한 요청이다. 그러나 현재의 유럽 정치체제에서 유럽의회가 발휘할 수 있는 역할에는 커다란 한계가 있다는 것도 동시에 인식해야 한다. 현상황에서는 전통적 자유민주주의의 도식, 3권분립과 입법·사법에 의한 행정부의 견제 및 감시라는 틀이 별 의미를 갖지 못한다. 왜냐하면 의회민주주의의 이념과 틀에 따라 유럽의회에 본격적인 입법권을 부여한다 하더라도 그것은 이 복잡다단한 시스템에 또 다른 새로운 차원을 부과하여 의사결정의 착종과 불투명성을 심화시킬 수도 있기 때문이다. 유럽의 민주주의 결여가 유럽의회의 강화만으로 쉽게 해결되기 어려운 딜레마도 바로 여기에 있다. 유럽 사민주의의 최대 결함 가운데 하나인 정치이론의 부재가 여기에서도 그대로 드러난다. 유럽 사민주의가 쇄신되기 위해서는 경제정책 차원의 대안도 중요하지만 그 못지않게 민주주의의 확장을 위한 정치이론 개발도 시급하다고 생각된다.

5. 맺음말

전세계가 신자유주의로 기울어지고 있는 21세기 초 유럽의 진보세력에게 던져진 과제는 특정 국가나 특정 세력이 홀로 감당하기에는 너무도 벅찬 것 같다. 지난 몇십 년 동안의 투쟁의 성과를 계승해 나감과 동시에 (금융)세계화, 유럽통합으로 새롭게 야기되고 있는 사회적 연대의 약화, 시장과 경쟁규율의 전면화, 민주주의의 공동화 등의 문제에 대해서도 맞서지 않으면 안 된다. 블레어와 슈뢰더의 제3의 길은 사민주의의 쇄신을 내세우면서도 실제로는 과거 사민주의의 성과를 무력화시키고 있을 뿐 아니라 21세기 새로운 과제에 대한 대안도 극히 파편적이다. 시장과 경쟁규율의 전면화와 민주주의의 공동화 문제에 대해서는 특히 그러하다. 적극적인 제3의 길은, 시장과 경쟁규율의 전면화와 관련해서는 블레어·슈뢰더보다 훨씬 분명한 문제의식을 가지고 있는 것으로 보인다. 그리고 회원국 내의 시민사회세력과 유럽 수준의 시민사회세력에 의한 견제와 감시를 중시한다는 점에서 민주주의의 공동화에 대한 경계도 놓치지 않고 있는 것도 분명하다. 그러나 이러한 문제의식들을 어떤 방식과 매개를 통해서 관철시킬 것인지가 불분명하다.

경제적으로는 자본축적의 금융화에 맞설 수 있는 계급연대의 공고화에 최대한의 노력을 기울여야 할 것이며, 특히 연금제도개혁에서 노동계의 포괄적 요구와 시민적 요구를 관철시켜야 한다. 정치적으로는 유럽 차원의 다차원 시스템에 대항할 수 있는 대안적 정치질서의 확립에 적극적인 노력을 기울여 미완의 유럽정치통합을 완수해야 할 것이다. 끝으로 유럽통화동맹의 경험을 최대한 살려 세계적 차원에서의 금융 불안정성과 금융투기를 완화 내지 제어할 수 있는 국제금융질서를 주도적으로 확립해 나가야 할 것이다. 이런 대항적 운동은 필연적으로 미국의 금융헤게모니와 마찰과 갈등을 일으키겠지만, 이제는 유럽통화동맹의 힘으로 미국의 금융헤게모니를 실질적으로 견제할 수 있어야 한다. 그렇지 않을 경우 지난한 협상과정을 통해 이룩한 유럽통화동맹의 탈근대적 프로젝트는 매우 제한적인 의미만 갖게 될 것이다.

주

1) Wade(1998); DeMartino(1999)가 이를 중시한다.
2) 이런 측면에서 유럽 사민주의 정권의 유고공습에 대해 사민주의의 배반, 유럽 사민주의의 종언 등의 비판이 가해지는 것은 전혀 이상한 것이 아니다(片桐薰, 1999, 48쪽).
3) 영국의 경우 불참의 가장 큰 요인은 일반대중들의 거부감이라는 정치적 요인과 영국과 대륙유럽의 경기순환의 비동시성에 있는 것으로 평가된다. 덴마크는 사회적 제도의 특수성과 확장된 복지국가를 유지하고자 하는 관성 때문에 참여에 소극적이었다. 그러나 덴마크도 유로화의 가입 여부를 묻는 국민투표를 원래 일정보다 앞당겨 2000년 9월 28일에 실시했으나 국민투표에서 가입이 부결되었다. 스웨덴의 사정은 이 책의 보론 참조.
4) 마스트리히트조약은 크게 세 가지 지주(three pillars)로 구성되어 있다. 제1지주는 EC조약으로 단일시장, 경제통화동맹, 공통정책, 지역격차 시정, 소비자보호 등 광범위한 통합 영역을 설정해 놓고 있다. 제2지주와 제3지주는 각각 CFSP(공동 외교·안보 정책), 사법·내무 협력으로 확정되어 있으며 이 두 가지는 EU 회원국들의 정부간 협력을 통해 추진하기로 하였다(田中素香, 1999, 27~28쪽; Europa, 1999).
5) 암스테르담조약은 1995년 독일 재무장관 바이겔(Weigel)이 제기한 안정협약이 96년 더블린 정상회담에서 회원국의 동의로 안정성장협약으로 새롭게 명명된 이후 암스테르담 정상회담에서 공식 채택되면서 성립되었다(Martin & Ross, 1999, p. 174). 현재 EU의 헌법에 상당하는 암스테르담조약은 참가국이 늘어나면서 EU의 확대를 상정하여 몇 가지 점에서 마스트리히트조약을 수정한 것이다. 첫째, 권리정지 조항에 의해 EU의 기본 원칙(자유민주주의, 인권과 기본권의 존중, 법의 지배)을 준수하지 않는 회원국의 권리를

정지할 수 있게 하였다. 둘째, 유연성의 원칙에 의해 과반수의 국가가 찬성하면 통합계획을 추진할 수 있고 여기에 따르지 않는 국가는 뒤에 통합계획에 참가하면 된다. 이 밖에 CFSP에 대해서는 건설적 기권을 도입함으로써 이 정책에 적극적으로 찬성하지 않는 나라는 건설적 기권을 발동하여 의무를 지지 않도록 하는 대신 정책추진에 반대하지 않도록 하였다. 사법·내무 협력에서는 세관협력과 노동력의 자유이동을 EC(제1의 지주)로 이전하고, 경찰·형사·사법 협력만 국가간 협력으로 추진하기로 하였다.

6) 유럽원탁회의에 대한 좀더 자세한 분석은 van Apeldoorn(1998, pp. 25~26) 참조.

7) 사민주의자들이 추구한 연방주의의 성과는 유럽 법질서에서 가장 잘 드러날 뿐, 여타 영역에서는 그 성과가 미미하다. 이는 기본적으로 초국적 수준에서의 정책개입이 별로 진전되지 못하고 있음을 보여준다. 연방 재정구조가 극히 취약하며 연방제로의 진전이 각국의 집요한 저항에 직면해 있다. 현재의 유럽 통치구조는 연방제라기보다 준연방제(quasi-federalism) 혹은 연합제(confederalism)에 더 가깝다. 유럽 전체는 아직 3권분립이 명확히 이루어져 있지 않다. 입법권의 경우 유럽의회보다는 각료이사회가 더 많은 권한을 가지고 있다. 이런 준연방제 형태는 EU를 구성하는 회원국의 제도적 구조와 정책입안과정에 큰 영향을 미치는바, 행정부 및 입법부의 권한이 약화되고 사법부와 하위단위의 권한이 강화되는 양상을 띤다. 정책입안과정에서도 정부의 자율성이 축소되고 실행에서의 유연성도 감소하고 있다. 특히 단일국가 형태를 취하고 있는 나라들은 민주적 정당성과 대표성에서 심각한 결함을 보인다(V. A. Schmidt, 1999, pp. 1~17).

8) Isenberg, 1998, pp. 148~52. 확실히 프랑스는 독일과 스웨덴에 비해 산업자본과 노동의 힘이 취약한 것으로 드러났다. 사회당정부 정책기조의 급반전도 이런 사회적 세력관계의 구도하에서 여전히 국가주의 전통(dirigisme)이 강하게 남아 있었기 때문에 가능하였다. Isenberg(1998, pp. 152~55)는 프랑스에서 새로운 진보의 전망은 노동세력이 기존의 정부-노동자-산업자본의 타협구조보다는 정부-금융자본의 타협에서 나름의 주체적 지위를 확보할 수 있는지 여부에 달려 있다고 본다.

9) 전후 프랑스는 인플레와 평가절하를 통한 성장전략을 추구했으며 일정한 성과를 거두었다. 그러나 브레턴우즈체제의 붕괴 이후 변동환율제로의 이행에 따른 환율 불안정성과 인플레의 심화로 거시경제가 급격히 악화됨으로써 소기의 정책목표를 달성하는 데 실패하였다. 세계시장에 매우 취약했던 프랑스는 세계화에 대한 방파제로 유럽화(Europeanization), 그중에서도 화폐통합을 선택하였다(V. A. Schmidt, 1999, pp. 173~90).

10) 80년대 후반 프랑스의 발라뒤르와 독일의 겐셔의 제안과 양자의 타협과정에 대해서는 Story(2000, pp. 102~108) 참조.

11) 참고로 미국 연방준비은행의 경우, 1913년 창설 당시 제정된 연준법에는 거시경제적 목표가 전혀 포함되어 있지 않았다. 당시 연준법에서 중요한 것은 금융공황(panic)과 은행 인출을 막는 것이었다. 그후 일련의 법개정(1946년 고용법, 1978년 완전고용과 균형성장법 등)을 통해 연준은 물가안정과 완전고용이라는 두 가지 입법화된 목표를 갖게 되었다. 그러나 최근 미국에서도 물가안정을 연준의 일차적이고 배타적인 목표로 삼는 물가안정법을 제출하려는 움직임이 일고 있다. 비록 1999년에 이 법안이 통과되지는 않았지만 이런 사고를 지지하는 세력이 점차 더 늘어나 법안이 다시 상정될 것으로 보인다(Thorbecke, 2000, pp. 6~22).

12) 유로화 약세에는 여러 가지 요인이 있지만 그중에서도 1999년에 EMU 외부에서의 자산 구입을 위해 신용이 대폭 확장된 점, 유로채권시장에서 회사채의 신규발행 물량이 크게 증가하고 유로표시 주식의 공급이 급증한 것 등이 주된 요인으로 지적된다(von Hagen, 2000, p. 37). 현재의 유로화 약세가 유럽의 경제회복에 부분적으로 기여하고 있지만 또

한 그것은 유로화의 지속 가능성에 대한 불신이 완전히 불식되지 않고 있음을 보여준다.

13) 미국의 경우, 중앙은행이 화폐정책의 목표뿐 아니라 목표에 도달하는 방법에 대해서도 책임을 진다. 1975년의 험프리-홉킨스법에 따라 중앙은행은 1년에 두 번 의회에 정책보고를 하도록 되어 있다.

14) 유럽중앙은행의 책임성의 경우, 정보공개에 의한 활동사항 및 재무상황의 투명성 확보와 연차보고서 제출, 유럽의회에서의 일반토론·의견청취를 통한 변명의 의무라는 형태로 형식적인 틀은 갖추어져 있다. 그러나 직접 선출된 유럽의회에는 실제 유럽중앙은행제도의 활동을 심의하고 그 책임을 명확히 할 권한이 없기 때문에, EU 각국의 선거인에 의한 유럽중앙은행제도의 민주적 통제는 제한적일 수밖에 없다. 보고의무도 사후적 정당화나 합리화를 표명하는 것으로 그칠 위험도 있다(三木谷良一 外, 1999, 294~95쪽).

15) 분데스방크는 독일의 정책경험에 의거하여 영국과 스웨덴 등이 채택했던 인플레목표관리정책보다 자신의 통화목표관리정책이 더 우월하다고 주장하면서 유럽중앙은행도 후자를 채택할 것을 제안했다. 이에 비해 Bernanke et al.(1999, pp. 1026~28)은 통화목표관리정책이 유럽통화동맹 초기에는 화폐유통속도의 불안정성 문제에 부딪힐 것을 우려하여 인플레목표관리정책을 권고해 왔다. 그리고 금융혁신 이후 통화량과 물가의 안정적인 상관관계가 성립하지 않기 때문에(굿하트법칙) 통화목표관리정책이 별 효과를 거두지 못할 뿐만 아니라 투명성과 책임성 면에서도 인플레목표관리정책에 비해 열등하다고 주장한다(같은 책, pp. 326~34).

16) ECB의 물가안정성 정의는 두 가지 점에서 통상적으로 이해되는 인플레목표관리정책과 구분된다. 첫째, 시간과 상황에 관계없이 불변적이라는 점과 둘째, 중기간이라는 그 기간이 명확히 수량화되어 있지 않은 점이다(Corsetti & Pesenti, 1999, pp. 7~8).

17) M3증가율＝예상 중기산출증가율-중기유통속도의 변화율에 대한 추세치+규범적 인플레율이다. 1999년에 M3증가율이 4.5%로 정해졌는데, 이는 2.25%의 실질 산출증가율-(-0.75%의 유통속도추세치)+1.5%의 규범적 인플레율에 입각한 것이다(von Hagen, 2000, p. 45).

18) 80년대 이후 전세계적으로 확산된 금융세계화는 앵글로아메리카형이든 라인형이든 금융시스템을 겸업은행시스템으로 몰고 가 복합금융집단(financial conglomerate)이 중심 역할을 하게 한다. 겸업화에 따라 시스템 리스크가 커지는 폐해를 해결하기 위해서는 건전성 감독 내지 규제가 필요하다. 그러나 건전성 감독과 규제는 겸업화를 사실상 용인하고 이로 인해 생길 수 있는 부작용을 최소화하려는 시도로서 신자유주의에 반대되는 경제정책과는 무관하다. 따라서 금융의 재규제가 건전성 감독에 한정되어서는 안 될 것이다.

19) 라퐁텐도 비슷한 취지에서 다음과 같이 말한다. "분데스방크가 유일한 성전이라고 믿지 않는다. 일국민주주의가 부여한 정통성을 배경으로 세계시장의 논리와 그것을 충실하게 따르는 중앙은행가집단에 대해 도전할 의지를 갖는다."(Lafontaine, 1999. 遠藤乾, 1999에서 재인용)

20) Chesnais(1998, pp. 1~3)도 비슷한 취지에서 마스트리히트 수렴조건과 암스테르담조약의 기준들은 유예되어야 하며 어떠한 정치사회적 틀에도 제약을 받지 않는 유럽중앙은행을 규율할 수 있도록 유럽제헌의회를 창설할 것을 제안한다. 한편 일부 생태주의자들은 화폐관리에서의 진정한 민주적 책임성을, 중앙은행에 생태적으로 지속 가능한 고용목표를 부여하는 것으로 규정하면서 이를 위해 유럽중앙은행의 권한축소(유럽의회의 강화)와 항상적인 사후통제를 요구한다(Cohn-Bendit & Lipietz, 1999). 예컨대 리피에츠는 이런 거시경제정책만으로는 실업을 줄이기 어려우므로 노동시간 단축, 제3섹터의 활용 등이 수반되어야 한나고 주장한다. 독일의 Huffschmid(1997, pp. 83~85) 역시 유럽의회의

취약성과 권한부재, 유럽에서 재정연방주의의 취약성, 유럽중앙은행의 물가안정에 대한 맹목적인 집착 등으로 인해 고용창출과 실업감축을 위한 가장 중요한 수단은 노동시간 단축밖에 없다고 본다.

21) Ladànyi and Szelényi(1997, pp. 1540~43)는 새로운 사민주의의 본질적인 특징은 수요관리와 인적 자본 투자와 인프라투자를 통한 고숙련노동 창출이라는 공급 측면의 경제정책 통합을 통해 국가의 복원을 꾀하는 투자국가에 있다고 본다. 비슷한 취지에서 Streeck (1999, pp. 6~12)은 유럽사회모델을 확립하기 위해서는 보호적·재분배적 차원의 연대보다는 경쟁적·생산적 연대로 나아가야 하며 또한 탈상품화가 아니라 상품화를 위한 동일기회를 창출하는 것이 필요하다고 본다. 즉 인적 자본을 확충하고 채용 가능성을 높임으로써 사전적 균등화와 시장참가자들의 부존재원의 균등화를 도모하는 동시에 결과의 평등보다는 기회균등을 통해 사회적 응집력을 높여야 한다는 것이다.

22) Schröder(1998, pp. 11~14)의 기본 정책은 "독일의 산업입지를 개선하여 독일을 매력적인 투자처로 한다"는 말에서 집약적으로 표현되고 있다.

23) 슈뢰더가 이끄는 독일의 중도좌파 연립정권과 조스팽의 사-공-녹 연합정권이 주도가 되어 세계화와 분데스방크-유럽중앙은행을 요새로 한 유럽판 신자유주의에 저항하고 있지만 사용자단체의 사회보장부담 감축 및 노동비용 삭감 요구와 노조의 노동시간 단축 요구 간의 팽팽한 줄다리기에서 전혀 주도권을 발휘하지 못하고 있다. 연금제도개혁에서 타협의 실마리를 찾으려고 하지만 아직 가시적인 성과를 거두지 못하는 실정이다.

24) Lafontaine(1999, p. 13)은 블레어·슈뢰더의 공동선언에 나타난 사회적 국가의 폐지 기도는 사회적 연대의 강화에 결정적으로 부정적인 영향을 미칠 것으로 우려한다.

25) 박영도(1999, 205~206쪽)는 제3의 길의 이런 모순은 궁극적으로는 규제 없는 세계시장, 시민사회로부터 자율화된 국가권력, 종족화된 민족주의의 3자동맹이라는 현재 세계화과정의 기본 구도를 적극적으로 깨려 하지 않고 오히려 이 3자동맹에 적응하려는 태도에서 비롯된다고 보고 기존의 제3의 길을 소극적 제3의 길이라고 부른다. 하버마스와 박영도 등이 제기하는 적극적·공세적 제3의 길은 소극적 제3의 길과는 반대로 자본주의적 조직원리를 민주주의적 조직원리로 제어한다는 전제에서 출발하여 민주주의 원리를 초국가적 정치공간 속으로 넓혀가려는 전략을 채택한다.

26) EC에 관한 최근 정치학 연구에서 현재 유럽의 정치체제를 지칭하는 다차원 시스템은 원래 독일의 정치학자 샤르프(F. Scharf) 등이 독일연방제를 분석하기 위해 고안한 것이지만 그후 EC에도 확대적용되고 있다. 유럽 다차원 시스템 속에서 EU의 여러 기관들과 회원국 정부의 역학관계 그리고 회원국 정부의 위상과 권한향방 등을 둘러싸고, 회원국 정부의 위상약화를 주장하는 피어슨(P. Pierson) 및 라이프리트(S. Leibfried)와 양자간의 상호 추동적 측면을 중시하는 야텐푹스 및 콜러-코흐의 입장이 대립되고 있다(中村健吾, 2000, 16~20쪽). 후자의 입장에 관해서는 Jatenfuchs(1997); Kolher-Koch(1997) 참조.

27) 유럽의회의 위상변화에 관해서는 최진우(1999) 참조.

스웨덴 사민주의, 금융위기 그리고 유럽통화동맹

전 창 환[*]

1. 스웨덴모델[1]의 기본 특징

넓게 볼 때 라인형 자본주의 모델로 볼 수 있는 스웨덴모델도 독일과 마찬가지로 탈구화된 포드주의의 일종이었다. 즉 스웨덴의 테일러-포드주의적 대량생산은 소수의 수출산업 및 기업의 해외수출(자동차, 기계, 반가공목재, 금속)에 의존하였으며 대량소비의 일부도 수입에 의존하였다. 고부가가치 상품의 수출로 획득하는 외화대금이 수입의 주된 재원이었다. 스웨덴 수출기업의 경우, 소유집중과 소수의 친족을 중심으로 한 상호교차 소유가 두드러졌으며, 또 소수의 은행과 연결되어 있었다. 그리하여 전반적으로 기업의 부채비율이 높은 편이었다.[2]

스웨덴 사민주의의 등장은 30년대 대공황으로까지 거슬러 올라간다. 우선 대공황 이후 노동자와 농민이 연합하여 집권하면서 복지국가를 추진하였다. 이 연합이 자본가와의 타협을 주도하였으며, 자본가들 역시 이

연합의 역할을 인정하였다. 강력한 노조와 스웨덴사민당은 노동운동을 통해 대중들의 계급의식을 고양시키고 이들을 정치세력화하는 데 큰 역할을 했다(Ryner, 1997, pp. 27~28).

전후(戰後)에 스웨덴모델을 가능하게 했던 제도들 중에서도 집권화된 단체교섭구조와 사민당정부에 의해 오랜 기간 유지되어 온 금융통제 시스템(스웨덴형 관리된 금융구조)이 결정적으로 중요하다(Ryner, 1999b; Duménil & Lévy, 1998b, pp. 122~25). 먼저, 집권화된 단체교섭구조는 기본적으로 강력한 노동운동과 노동조합에 힘입어 렌-마이드너모델로 불리는 연대임금정책을 추진할 수 있었다. 1951년부터 실행된 렌-마이드너모델은 개별기업의 성과와 무관하게 동일노동에 대해서는 동일임금을 관철하고자 하였다. 이와 같은 연대임금정책하에서는 생산성과 경영성과가 가장 높은 산업부문 및 기업이 수익성을 유지할 수 있도록 임금이 결정됨으로써, 선진 부문에는 임금자제를 보장하면서도 경영성과가 좋지 않은 기업이나 후진부문을 조기에 퇴출시킬 수 있는 기반이 형성되었다(같은 글, 127). 즉 연대임금정책의 기본 동기는 공정성 확보와 비효율적 기업의 퇴출을 통한 경쟁력의 유지·강화이다(Roemer, 1999). 그 결과 수익성 높은 부문에는 준경제적 지대가 보장됨으로써[3] 초과이윤이 확보될 수 있었다. 그리고 이 초과이윤이 투자증대로 이어지면서 비효율적 부문에서 배출된 노동력이 대거 흡수되었다.

연대임금정책과 함께 렌-마이드너모델의 또 하나의 축이 바로 적극적 노동시장정책이었다. 스웨덴은 노동시장에 대한 대규모 공적 투자를 포함한 적극적 노동시장정책[4]을 통해 노동자의 기능적 유연성을 높이고자 하였다. 이 적극적 노동시장정책은 완전고용과 평등을 동시에 달성하는 데 결정적으로 기여하였다. 이외에도 실업자들은 제도화된 복지국가에 의해 구제될 수 있었다.

스웨덴의 사민주의적 타협을 가능하게 하는 데 있어서 스웨덴형의 관리된 금융시스템을 빼놓을 수 없다. 스웨덴 금융시스템은 소수의 거대 상업은행이 우위에 있는 겸업은행 시스템이다. 거대 상업은행은 비금융 부문에 대출을 제공할 뿐 아니라, 기업들의 주식지분을 직접 소유하기도 한다. 예금취급기관으로는 상업은행 이외에, 저축은행, 협동은행이 있다. 예금유치에서는 상업은행과 저축은행의 비중(1980년 현재 전체 예금시장의 94%)이 압도적으로 높으며, 대출시장에서는 이 세 기관의 비중이 예금유치의 경우보다 매우 낮아 약 55%에 불과하며 그 대신 저당기관·신용기관·금융회사가 42%를 차지한다(Drees & Pazarbasioglû, 1998, pp. 4~5). 그럼에도 불구하고 전체적으로 볼 때, 스웨덴 금융시스템은 소수의 거대 상업은행이 지배하고 있다고 해도 과언이 아니다. 실제 은행서비스는 분화되어 상업은행은 주로 기업부문, 저축기관과 협동조합은행은 가계와 소기업을 대상으로 하고 있다(같은 글, p. 6). 그리고 또 다른 특징으로는 독일과 마찬가지로 자본시장의 발달이 매우 지체되어 있다는 점을 들 수 있다.

스웨덴의 금융시스템은 기본적으로 겸업은행체제여서 업무영역에 대한 규제는 상대적으로 약했지만 금리통제를 통한 저금리 유도, 신용할당을 통한 신용배분, 외환통제 등 정부의 강력한 통제 아래 있었다(Mjøset, 2000, p. 14). 이 역시 노동자-생산자본-국가의 연합에 의한 금융자본과 금리생활자에 대한 통제를 반영하는 것이었다.

2. 스웨덴의 제3의 길과 금융위기

50~60년대 스웨덴모델도 거대 상업은행과 연결된 수출대기업의 해외수출이 계속 확장되는 데 힘입어 크게 발전하였다. 그러나 70년대 스태그플레이션과 오일쇼크로 큰 타격을 받았다. 게다가 연대임금정책의 경직

화로 70년대 중반 이후 전반적으로 명목임금 상승 요구가 거세어지고 임금부상(wage drift) 현상이 심해지면서 인플레율이 급상승하였다. 또 테일러주의적 작업편성의 한계가 본격적으로 드러나면서 노동생산성과 실질임금 상승이 크게 둔화되어 70년대에 심각한 경제위기에 봉착하였다.

이러한 위기에 대한 대응을 둘러싸고, 한편으로 교섭에 기초한 참가라는 포스트포드주의적 실험(스웨덴의 칼마리즘)과 임노동자기금을 통한 소유개혁이라는 좌파적 전략과 다른 한편으로 복지지출의 삭감 및 사용자들의 중앙교섭 거부에 따른 단체교섭의 분권화, 수출주도 기업의 해외진출=해외 현지생산의 강화, 금융통제 완화, 독일식 화폐주의적 규범의 확산이라는 신자유주의적 전략이 대립하였다. 독일의 사민주의가 사민주의 위기에 대한 좌파적 대안을 봉쇄했던 데 비해, 스웨덴 사민주의는 70년대에 일련의 좌파적 대안을 모색할 수 있는 여지를 제공하였다. 이러한 차이는 위기에 대한 두 사민주의적 타협의 저항력의 차이에서 기인한 것이다(Ryner, 1999a, pp. 111~14). 즉 스웨덴의 사민주의적 타협은 위기와 위기에 대한 자본가의 공세에 취약했으나, 독일의 경우 위기에 대한 자본가 공세도 스웨덴만큼 강하지 않았기 때문에 사민주의적 타협이 상대적으로 스웨덴보다 오래 지속될 수 있었다. 스웨덴 사민주의는 70년대 초에 이미 자본가의 격렬한 저항에 직면한 바 있다. 스웨덴에서 자본가 연합이 기존의 사민주의적 타협체제에 격렬하게 저항하기 시작한 것은 70년대 중반 마이드너가 임노동자기금이라는 자본의 사회화 대안을 제시하면서부터였다.[5] 1976년 사민당이 집권에 실패한 것도 이와 무관하지 않다(Albo & Zuege, 1999).

이상과 같은 차이는 스웨덴과 독일 자본주의의 대내적인 제도형태의 차이뿐만 아니라 궁극적으로는 양 모델이 세계경제 혹은 좁게는 유럽에서의 지위의 차이를 반영했다. 첫째, 독일과 스웨덴은 동일하게 미국과 여타 대륙유럽 국가들의 수요확대에 의존하는 성장체제였음에도 불구하고 독일의 생산체제는 국제분업구조상의 지위에서 스웨덴보다 훨씬 더 경쟁력 있는 부문을 많이 확보하고 있었고 고품질 생산기반(DQP)도 스웨덴보다 강했다. 또 70년대 포드주의 위기에 따라 양국의 거대 수출기업들이 대거 해외진출을 시도하였지만 스웨덴기업의 해외진출이 독일보다 훨씬 많았다. 이에 따라 스웨덴의 사용자들이 단체교섭을 거부하는 사태가 독일보다 더 많았고 단체교섭에 임하는 태도도 훨씬 더 공세적이었다. 포드주의 위기에 대한 포스트포드주의적 대안이 왜 스웨덴에서는 단명으로 끝나고 독일에서 더 오래 시험될 수 있었는지에 대한 중요한 단서도 여기서 찾을 수 있을 것이다. 이런 측면에서 유럽에서 공세적 유연화의 본거지는 스웨덴이 아니라 독일이었다고 해도 과언이 아니다.

둘째, 국제통화체제 특히 유럽에서 독일 마르크화의 지위는 스웨덴의 크로나와 확연히 다르다는 점이다. 다시 말해 EMS의 성립 이후 마르크화는 유럽에서 실질적인 본위화폐 내지 명목앵커의 지위를 확보하고 있었으나, 스웨덴의 크로나는 전혀 그렇지 못했다. 독일의 분데스방크는 다른 유럽국가들보다 상대적으로 독립적인 화폐정책을 취할 수 있었지만 다른 국가들의 화폐정책은 이에 크게 제약되었다.[6] 즉 1979년 EMS가 성립된 이후 독일은 자신의 전략을 유럽 차원에서 추구할 수 있었을 뿐만 아니라 자신의 전략과 조화되는 환경을 조성할 수 있었다.

브레턴우즈체제의 붕괴 이후에 미국과 유럽국가들 사이에서는 일정 기간 동안 이전보다 넓은 변동폭의 고정환율제를 유지하려는 시도가 있었지만, 독일이 이 스미소니언체제에서 이탈함으로써 이 시도는 궁극적으로 실패하였다. 그후 영국과 미국은 자유변동환율제를 채택하는 방향으로 나아갔으며, 독일을 비롯한 유럽국가들은 달러본위제의 비대칭적 제약으로부터 벗어나는 동시에 환율안정을 추구하는 방향으로 나아갔다. 브레턴우즈체제 붕괴 이후부터 70년대 말까지 유지되었던 스네이크(Snake)제도가 바로 그것이다. 이때부터 유럽에서는 영국과 스웨덴을 제외한 대부분의 나라들이 스네이크제도보다 훨씬 더 엄격한 고정환율제를 추진하였고 EMS의 창설이라는 성과를 거두기도 하였다. 그러나 EMS는 원래의 의도와 달리, 사실상의 마르크본위제로서 분데스방크와 마르크화 신인도에 기초하여 환율안정을 달성하려는 메커니즘이다. 쉽게 말해 이 메커니즘은 독일화폐의 명성을 빌려 자국의 인플레체질과 취약한 금융질서를 개선하는 것이었다.

독일을 제외한 EMS 가맹국은 사실상 마르크본위제 아래에 있었다. 이들 국가는 ECU에 자국통화를 연계(peg)하기보다는 마르크화에 연계하였으며, 환율변동폭의 유지에서도 대(對)ECU 시세보다 대마르크화 시세가 더 중요한 기준이었다. 사실상의 마르크본위제 아래서 일정한 환율변동폭을 유지하려면 자국화폐를 강통화인 마르크화에 연계해야 하지만, 마르크화에 대한 고정시세를 유지하려면 어쩔 수 없이 평가절상과 고금리·긴축 압력을 받게 된다. 따라서 80년대에 EMS를 통해 환율안정과 인플레 억제라는 성과를 거두었다고 해도, 독일을 제외한 대부분의 국가들은 고금리 긴축-고실업이라는 커다란 희생을 치러야 했다.

그러나 스웨덴만은 이런 정책기조를 거부하여 EMS에 참여하지 않았다.[7] 스웨덴이 EMS에서 이탈한 것은 독자적 환율정책을 구사할 수 있는 여지를 확보하여 해외수출을 확대할 수 있게 크로나의 평가변경 가능성을 열어놓기 위해서였다. 이는 80년대 초반까지만 하더라도 스웨덴 사민주의가 독일식 통화주의 규범으로부터 상대적으로 자립적이었음을 의미한다. 1982년에 사민당이 다시 집권하면서 스웨덴모델의 위기에 대해 좌파적 대안보다는 좌파적 대안과 우파적 대안을 절충한 제3의 길을 추진하였는데, 당시에 추구했던 환율정책 및 환율제도의 선택도 마찬가지로 제3의 길의 성격을 강하게 띠고 있었다. 즉 스웨덴은 영국처럼 자유변동환율제를 채택하지 않았을 뿐만 아니라 EMS의 역내 고정환율제에도 참여하지 않았다. 그럼으로써 스웨덴은 1982~83년에 두 차례에 걸쳐 평가절하를 단행할 수 있었다. 실제로 평가절하를 계기로 수출주도적 경기회복정책이 주효하여 국제수지 적자와 재정적자가 호전되었다.

펠트가 주도한 제3의 길 전략에는 평가절하 이외에도 공급측 경제정책, 고용우선 등의 요소가 들어 있었으나 적어도 80년대 중반까지는 큰 문제가 발생하지 않았다. 기업들이 노조와 함께 노동과정의 혁신적 개혁을 추진하였으며 완전고용 공약도 나름대로 잘 준수되어 실업률 또한 상대적으로 낮게 유지될 수 있었다.

그러나 펠트 주도의 제3의 길에는 민간기업의 고이윤을 통한 투자증대, 금융자유화 등 신자유주의적 요소도 부분적으로 존재하였다. 이중에서도 특히 중요한 것이 바로 금융세계화에 편승하는 금융자유화정책이었다. 80년대 초 중반까지 대출규모와 대출이자율에 대한 상한규제가 철폐되었고 1986~89년에는 외환통제가 철폐되었다(Drees & Pazarbasioglû, 1998, p. 10). 80년대 초부터 이루어진 금융규제 완화 및 철폐(Englund, 1990, pp. 385~93)는 실질적으로 스웨덴 특유의 관리된 금융시스템의 급속한 해체를 의미하였다. 더구나 이는 스웨덴 사민주의 모델에 치명적인 영향을 끼쳤다. 금융자유화로 통화금융정책을 통한 총수요관리가 용이하지 않게 되었는가 하면, 생산에의 재투자자금 공급을 늘리는 데 중요한 수단이었던 신용 할당 및 통제가 제대로 이루어지지 못함으로써 황금기 스웨덴모델의 공급측 기반이 크게 약화되었다.[8]

거시경제적 성과가 상대적으로 호조를 보인 80년대 중반에 금융자유화가 집중적으로 이루어졌지만 신용팽창[9]이 높은 인플레율과 이자지급에 대한 세금공제조치 등과 연결되어 세후 실질이자율이 매우 낮아지거나 음의 수준을 유지하였다(Englund, 1998, p. 81). 그 결과 가계와 기업의 차입수요(특히 신용제약이 적어 가계의 차입의존도가 세계에서 가장 높아짐)가 급증하였으며, 상업은행 등 금융기관들은 이에 적극 부응하여 대출을 크게 늘렸다. 금융자유화로 GDP대비 은행대출이 80년대 후반부터 급상승하여 1986년까지 90% 내외이던 것이 1991~93년에는 140%대가 되었다. 또 이 대출금이 부동산에 집중투입되면서 신용붐으로 이어져 부동산을 중심으로 자산가격 상승과 인플레 압력이 고조되었다.[10]

80년대 말에 인플레 압력이 심해지자, 스웨덴정부는 이자에 대한 우대세제를 철폐하기 시작하였으며 1990년 2월에는 마지널 레이트(marginal rate, 일일물초단기금리)를 기습적으로 인상하였다. 그 결과 부동산 등의 자산가격이 폭락하고 은행의 부실채권이 속출하는 등 전형적인 자산디플레 현상이 나타났다. 또한 스웨덴정부는 인플레 억제를 위해 1991년 5월 17일 다시 크로나를 ECU에 연계하였다. 그러나 아이러니컬하게도 통일 후 재정적자가 증대한 독일이 단기금리를 인상함에 따라, 스웨덴도 이 고정환율을 유지하기 위해서는 금리를 인상할 수밖에 없었다. 스웨덴경제가 91, 92년 연속 마이너스 성장을 기록한 것도 바로 이 때문이었다. 이런 상황에서 크로나의 평가절하 압력이 더욱더 심해지면서 금리인상 압력도 강화되었다. 급기야 검은 수요일(Black Wednesday)이라고 불리는 92년 9월 16일 스웨덴 중앙은행은 크로나의 평가를 방어하기 위해 초단기금리를 무려 500%까지 인상하기에 이르렀다.

3. 유럽통합과 스웨덴모델

그후 초단기금리가 11.5% 수준으로 떨어지는 등 금융위기가 진정되는 양상을 보였지만, 재정적자의 보전이 순조롭게 이루어지지 않아 대규모 해외자금이 잇따라 유출되었다. 더 이상 금리인상으로 크로나 평가를 유지하기 어렵다고 판단한 스웨덴은 결국 1992년 12월 19일, 크로나의 평가유지 불가를 선언하면서 ECU에 대한 크로나의 고정환율제를 포기하고, 영국과 마찬가지로 변동환율제로 나아갔다.[11] 이와 동시에 스웨덴 중앙은행은 93년 1월부터 기존의 환율목표관리정책 대신 영국, 캐나다, 뉴질랜드 등에서 사용해 오던 인플레목표관리정책[12]을 채택하였다(Bernanke et al., 1999, pp. 172~202). 스웨덴이 인플레목표관리정책을 채택했다는 것은 환율목표관리정책에서와 달리 대내적 경제목표를 더 중시하는 방향으로 선회했다는 것을 의미한다. 또한 그것은 스웨덴의 고질적 문제 중 하나이던 재정적자의 화폐화를 더 이상 방치하지 않겠다는 선언으로 받아들일 수 있다. 실제로 그후 스웨덴정부는 마스트리히트 수렴조건의 충족을 위해 물가안정에 많은 노력을 기울였으며 증세와 복지지출의 대폭적인 삭감을 단행하였다.

스웨덴정부는 통화금융위기와 이로 인한 부실 금융기관의 속출 등에 매우 신속하게 대응하였다. 이 과정에서 유럽 중앙은행 중 독립성이 가장 낮았던 스웨덴의 중앙은행과 1993년 중도우파의 빌트정부가 독일식 중앙은행 독립성[13]을 강력하게 요구하게 되는데 이 역시 독일의 분데스방크와 유럽중앙은행의 통화주의가 스웨덴까지 확산되고 있음을 보여준다. 그러나 대체로 사민당은 중앙은행 독립성 요구에 미온적인데다 유럽의 화폐주의적 교리를 매우 경계하는 입장이었다. 97년에도 중앙은행 독립성을 위한 법안이 제출되었지만 사민당 등 의회는 이를 기각하였다. 당시까지만 하더라도 스웨덴 사민주의자들은 중앙은행의 독립성 강화를 민주주의에 대한 침해로 받아들이고 있었다(Vartiainen, 1998, p. 14).

스웨덴 내에서는 이 요구 이외에도 EU에 참여해야 한다는 논의가 무성하였다. 여기에서는 대내외적 정치·경제 정세가 중요하게 작용하였다. 우선 핀란드와 함께 스웨덴은 오래 전부터 북유럽에서 비동맹 완충지역으로 남아 있었지만, 베를린장벽 붕괴 이후 그 중요성이 크게 약화되었다. 그리고 복지국가에 대한 공세가 강해지면서, 스웨덴 단독으로 완전고용을 유지하기가 점점 더 어려워졌다. 이에 따라 스웨덴도 사민주의의 재편과 관련하여 유럽통합 문제에 관심을 갖지 않을 수 없었다.

마침내 1994년 11월 13일, 국민투표를 통해 근소한 차이로 EU참가를 공식적으로 결정하였다. 그러나 투표결과에서 알 수 있듯이, EU참가에 대한 반대여론도 만만치 않아 99년 1월부터 출범한 유로체제(EMU의 제3단계)의 참여는 유보하였다. 하지만 최근까지도 2002년 7월부터 본격화되는 유로체제의 참여 여부를 둘러싸고 치열한 논쟁과 의견대립에서 벗어나지 못하고 있다. 대체로 2002년 유로체제에 참여해야 한다는 견해가 더 큰 힘을 얻고 있지만 녹색당과 공산당 등 전통적인 좌파세력들이 강하게 반발하고 있어 최종결과를 예단하기 어려울 것 같다.

원래 스웨덴 사민당과 노동조합은 국민국가 내에서의 거시경제적 조절을 우선시하여 조정 가능한 고정환율제를 지지해 왔다. 그러나 사민당 지지자들 중에서도 평가변경을 통해 국가경쟁력을 유지하는 시대는 지나갔으며 오히려 단일통화에 참가하는 것이 국가신인도를 높이는 데 유리하다고 보는 세력이 점점 힘을 얻고 있다. 물론 이들 내에서도 단일통화 참가시기를 둘러싸고 이견이 있는데, 단일통화에 참가하게 되면 환율변경을 통한 성장과 고용확대가 불가능하기 때문에 노동시장 구조개혁이 선행된 후 참가해야 한다는 견해(캄포스 견해)와 당장 1999년부터 유로체제에 참가하고 실업과 고용 문제는 EU 차원에서 해결하자는 견해가 그것이다. 구체적으로 사민당의 최대 지지세력인 LO(스웨덴노동조합총동맹)의 의장이 캄포스 견해를 지지하면서 유로체제의 참여에 반대하고 있으며, 처음부터 유럽중앙은행과 완전한 형태의 유럽연방에 강한 거부감을 보여온 페르손(Persson)정부도 단일통화 참가에 대해서는 매우 조심스러운 태도를 보이고 있다.[14] 왜냐하면 노동시장 게임룰과 관련한 현재의 불확실성으로 인해 불가역적으로 단일통화와 낮은 인플레율을 고수하는 데는 커다란 위험이 따르기 때문이다(같은 글, p. 14). 사민당 내에서도 여성과 청년들은 EMU 참가에 강력하게 반대하고 있으며 그 결과 녹색당과 공산사회당으로 옮겨가는 현상이 나타나고 있다(Lawler, 1997, pp. 582~87). EMU 참가에 반대하는 사민당 내 전통주의자들은 금융규제 완화는 자본에 대한 민주적 통제를 포기하는 것으로 이해할 뿐만 아니라 EMU에 가입하면 고용증대를 위한 통화정책을 구사할 수 없게 되는 점을 우려한다(Aylott, 1999, pp. 174~76).

이에 비해 주로 정책입안자와 테크노크라트들은 조기에 유로체제에 가입할 것을 주장한다. 사민당정부 각료 가운데서는 농무부장관이 맨 처음으로 유로체제의 참가에 대해 공식적으로 찬성의사를 표명하였다. 이 외에도 중앙은행의 정책집행위원회는 1999년 유로화가 출범할 때부터 참가할 것을 강력하게 요구한 바 있다. 심지어 LO 내에서도 금속노조, 도매부문노조 등 하부노조들은 조기참가에 찬성하는 추세이다. 90년대 중·후반 들어서부터 조기참여의 목소리가 커지는 것은 규율적 신자유주의, 보상적 자유주의가 스웨덴 내의 강력한 저항에도 불구하고 점차 그 파급력을 넓혀가고 있음을 보여준다.

1) 스웨덴모델에 관한 좀더 자세한 내용은 이 책의 성낙선 글 참조.
2) 1980년 현재 영국과 미국의 부채/자기자본비율이 각각 0.2, 0.25인 데 비해 스웨덴은 5.5로 매우 높은 수준이다(Drees & Pazarbasioglu, 1998, p. 14).
3) 연대임금정책은 숙련노동과 비숙련노동의 격차를 줄이는 긍정적인 의미도 있지만, 역으로 숙련노동자의 임금을 낮추는 효과를 낳아 숙련노동자의 충원이 어려워지는 부정적인 요소도 안고 있다. 특히 서비스직종의 화이트칼라 노동자가 늘어나면서, 연대임금정책의 기반이 크게 약화되었다. 화이트칼라 노동자, 숙련노동자 그리고 숙련노동자를 필요로 하는 일부 자본가들의 반대로 연대임금정책은 커다란 도전에 직면하여 결국 폐기된다.
4) 스웨덴의 적극적 노동시장정책의 전개과정과 향후 전망에 관해서는 신정완(2000, 101~37쪽) 참조.
5) Vartiainen(1998, pp. 7~8)은 임노동자기금안이라는 극단적 프로젝트가 사용자연합의 강력한 저항을 불러일으키는 동시에 그후 중앙교섭을 와해시키는 결정적인 계기가 되었다고 본다.
6) 이는 독일과 여타 유럽국가들 간의 명목앵커의 차이로도 반영된다. 독일의 경우 명목앵

커가 통화집계치(M3)였으나, 여타 국가들은 1979년 EMS 성립 이후 마르크화에 대한 환율을 명목앵커로 설정하였다.

7) 1873년 이후 스웨덴은 지속적으로 환율을 명목앵커로 삼아왔다(환율목표관리정책 채택). 고정환율의 달러본위제의 붕괴 이후 스웨덴은 1973~77년에 한때 스네이크제에 참여하기도 하였다. 그러나 77년 8월 다시 스네이크제에서 이탈하여 무역규모에 가중치가 부여된 통화바스켓에 크로나를 연계하는 환율제도를 채택하였다.

8) Huber & Stephens(1998, pp. 378~84)은 이것을 스웨덴모델 위기의 대외적 요인 중에서 가장 핵심적인 요소로 이해한다.

9) 스웨덴의 관리된 금융시스템에서는 대출통제와 환통제와 함께 차입자에 대해 신용할당이 이루어졌지만, 이런 규제가 철폐되면서 차입자들의 채무부담이 크게 줄고 금리도 상대적으로 낮아 은행차입이 크게 늘어났다. 여기에 금융자유화로 새로운 자금조달 원천을 획득한 은행들이 이런 폭발적인 차입수요 증대에 부응하여 대출을 크게 확대했다.

10) Englund, 1998, pp. 84~86. 스웨덴의 경제학자 Englund는 금융규제 완화가 직접적으로 금융위기를 발생시켰다고 보지 않는다. 오히려 금융규제 완화가 투자와 소비지출보다 금융흐름에 더 큰 영향을 미침으로써 금융흐름을 왜곡시키게 된 점에 주목한다. 예컨대 금융규제 완화로 금융기관들간의 경쟁이 치열해지면서, 예금유치와 채권발행이 불가능한 금융회사는 직접적인 차입과 회사투자증서를 발행하여 자금을 조달하고 이를 상업은행이 보증하였다. 그리하여 상업은행은 심각한 신용위험에 노출되었고 스웨덴경제 전반에 걸쳐 위험이 고조되었다(같은 곳).

11) IMF는 스웨덴의 은행위기의 원인을 금융자유화, 이에 따른 건전성 규제의 미비, 은행자체의 리스크 관리기법의 미발달, 정부대응의 지체 등 스웨덴의 내부 금융시스템으로 돌리지만, 오히려 그보다는 금융세계화가 황금기 스웨덴 사민주의 모델의 수요·공급 측면에 가한 부정적 효과에서 찾아야 할 것으로 보인다. IMF는 은행위기에 대한 스웨덴 정부의 대처방법을 북유럽국가들 중에서 가장 성공적인 것으로 평가하지만, 이는 뒤집어 놓고 보면 스웨덴이 신자유주의적 제도개혁에 그만큼 더 다가가고 있음을 의미한다.

12) 일반적으로 인플레이션목표관리정책은 종래 중앙은행이 물가 등 최종목표와 안정적인 비례관계를 보이는 통화량 등을 중간목표로 설정하여 이를 조절하는 중간목표관리방식(intermediate targeting)과 달리, 정책당국이 최종목표인 물가안정에 대해 명시적인 목표를 설정하고 통화량은 물론 금리, 환율, 기대 인플레율, 자산가격, 상품가격 등 다양한 정보변수를 활용하여 장래의 인플레를 예측하고 중앙은행의 통화정책수단을 통해 목표 인플레와의 거리를 좁혀가는 정책이다.

13) 스웨덴에서는 의회가 중앙은행의 정책이사회를 장악하고 있고 통화정책도 의회에 의해 감시되고 있다. 총재를 포함한 이사회 4명은 집권당이 임명하고 나머지 3명은 야당이 임명한다. 총재는 이사회에서 선출되고 임기는 5년이다. 흔히 스웨덴 중앙은행은 유럽의 중앙은행들 중에서 독립성이 약한 것으로 알려져 있지만 실제로는 상당한 자율성을 행사하는 것으로 평가된다.

14) Aylott(1999, pp. 157~95)는 스웨덴사민당이 90년대 초 EU 참가를 결정할 때 보였던 전격적이고 신속한 태도와 달리 단일통화 유로참가에 대해서는 왜 그렇게 신중한지를 자세하게 분석하고 있다. 1995년 10월 페르손정부가 자문위원회를 구성했을 때, 이 자문위원회 위원장이었던 캄포스는 유로가 출범한 1차시기(1999)에는 참가하지 않는 것이 좋다고 제안했다. 노동시장 구조개혁이 이루어지지 않은 상태에서 단일통화에 참가하게 되면 환율조정 가능성이 배제되기 때문에 바람직하지 않다는 것이다. 97년 6월 3일 사민당정부는 당대회 권고안으로 동일한 내용의 권고안을 제출하였다.

참고문헌

강명세 편 (1999),『경제위기와 사회협약』, 세종연구소.

강신준 (2000),「포디즘 생산체계의 해체와 독일 협약체계의 변화」, 사회경제학회학술
발표회 발표논문.

고세훈 (1997),「서구 복지체계의 변화와 정당·노조관계」, 최장집 편,『유럽민주주의
와 노동정치』, 법문사.

_____ (1998),「복지국가 위기론과 유럽연합」, 고려대 정부학연구소 편,『행정과 정책』
제4권 제1호.

_____ (1999),「서유럽 사회민주주의의 대안과 선택」,『경제와사회』제42호, 여름호.

구갑우 (2000),「서구자유주의와 국가」, 국제정치경제연구회 편,『20세기로부터의 유
산』, 사회평론.

구춘권 (2000),「자본주의 황금시대와 포드주의」,『20세기로부터의 유산』.

국제정치경제연구회 편 (2000),『20세기로부터의 유산』, 사회평론.

김균·박순성 (1998),「김대중정부의 경제정책과 신자유주의」, 이병천·김균 편,『위기
그리고 대전환』, 당대.

김건식 (1997),「독일의 회사지배와 은행」,『법학』제38권 1호, 서울대 법학연구소.

김성구 (1995),「사회적 시장경제론 비판」,『이론』, 새길.

_____ (1999),『경제위기와 신자유주의』, 문화과학사.

김성희 (1999),『노동시간단축의 쟁점과 과제』, 한국노총중앙연구원.

김세원 편 (1999),『유로화의 출범과 한국경제』, 박영사.

김수진 (1992),「민주적 코포라티즘에 관한 비판적 고찰」,『사회비평』8.

김양우·김치호 (1998),「인플레이션목표관리제의 도입에 관한 연구」,『금융경제연구』
제98-3호, 한국은행조사부.

김영용 (1999),「독일의 사회생산시스템의 패러독스」,『사회경제평론』제12호.

김적교·김상호 (1999),『독일의 사회적 시장경제』, 한국경제연구원.

김진무 외 (1997),『각국의 공적 연금제도 비교연구(Ⅲ)』, 국민연금연구센터.

김태성·성경륭 (1993),『복지국가론』, 나남.

나병균 (1997),「1980년 이후 서유럽 복지국가들의 신보수주의와 사회보장제도의 개혁」,
『사회보장연구』, 한국사회보장학회.

노대명 (1999),「1990년대 유럽좌파정당과 실업문제」, 산사연 비판사회학대회 발표논문.

리피에츠 (1994), 「책임, 자율, 연대를 위한 경제」, 『녹색평론』 제15호.

문우식·윤덕룡·이영섭 (2000), 『아시아 위기 및 유로화 출범에 대비한 동아시아 통화금융협력』 경제분석 6-2, 한국은행.

박영도 (1999), 「세계화시대의 민주주의: 그 딜레마와 전망」, 『과거의 기억에서 미래의 진보로』, 한국산업사회학회 제2회 비판사회학대회.

박장현 (1999), 『독일의 노동조합』, 문원.

백영현·이병천 (1999), 「20세기 자본주의와 제3의 길의 전망」, 『문화과학』 18, 여름호.

_____ 편역 (1999), 『한국사회에 주는 충고』, 삼인.

서환주 (2000), 「미국경제의 최근 경제호황과 Digital Economy」, 『정보화저널』 7권 1호.

선우석호 (1999), 『M&A: 기업합병·매수와 구조재편』 제2판, 법문사.

송정환·김상로 (1996), 『기업지배구조와 은행의 역할』, 한국산업은행조사부.

송호근 (1997), 『시장과 사회복지』, 나남.

신정완 (1998), 「임노동자기금 논쟁을 통해 본 스웨덴 사회민주주의의 딜레마」, 서울대 경제학박사학위논문.

_____ (2000), 「적극적 노동시장정책의 변모과정을 통해 본 스웨덴모델의 부침」, 『사회경제평론』 제15호.

안재홍 (1994), 「스웨덴 초기노동운동에 대한 새로운 인식, 1886~1911」, 『한국정치학회보』.

알프레드 뮐러-아르막 (1996), 「사회적 시각에서 본 경제질서」(1947), 호르스트 프리드리히 뷘세 책임편집(1981), 한국경제정책연구회 옮김, 『사회적 시장경제의 이해』, 비봉.

에릭 홉스봄 외 (1999), 『제3의 길은 없다』, 노대명 옮김, 당대.

오정근 (1999), 「근원인플레이션율은 물가안정목표 대상지표로서 얼마나 유용한가?」, 『경제분석』 제5권 제2호, 한국은행금융경제연구소.

윤도현 (1993), 「복지국가 내의 계급관계」, 『경제와사회』 겨울호.

윤진호 (1995), 「미국의 노동자참가제도」, 조우현 엮음, 『세계의 노동자경영참가』, 창작과비평사.

윤진호·유철규 편 (2000), 『구조조정의 정치경제학과 21세기 한국경제』, 풀빛.

윤택 (1999), 「디지털경제의 실체와 논점」, 한국경제학회학술대회.

이병천 (1999a), 「글로벌 신자유주의의 형성과 구조」, 제19회 한국사회경제학회 학술대회 발표논문.

_____ (1999b), 「글로벌 신자유주의, 미국의 패권 그리고 아시아」, 대구라운드세계대

회 발표논문.

______ (1999c), 「위기와 대전환: 신자유주의 보수혁명과 한국민주주의의 전망」, 『당대비평』 여름호.

______ (1999d), 「한국의 경제위기와 IMF체제」, 『사회경제평론』 제13호.

______ (2000a), 「미국 신자유주의 경제의 역사와 현재」, 역사문화아카데미 학제비교문화역사학회 주최 학술대회.

______ (2000b) 「세계자본주의 패권모델로서의 미국경제」, 『사회경제평론』 제15호.

______ (2000c), 「한국경제정책 패러다임의 반성과 전환」, 『한국경제 반세기의 회고와 전망』, 서울사회경제연구소, 새날.

이병천·김균 편 (1998), 『위기 그리고 대전환』, 당대.

이병천·김주현 엮음 (1993), 『사회민주주의의 새로운 모색』, 백산서당.

이선우 (1997), 「미국의 사회복지: 1996년의 복지개혁에 대한 쟁점과 분석」, 『동향과전망』 봄호.

이성봉 (1998), 「독일 기업지배구조에서 은행의 역할과 한국경제 구조조정에 대한 시사점」, 미발표논문.

이찬근 (1998), 『IMF시대 투기자본과 미국의 패권』, 연구사.

임태형 (1998), 「회사지배와 은행: 독일의 경우를 중심으로」, 서울대 법학과석사논문.

전창환 (1997a), 「유럽통화동맹의 이론적 기초」, 『입법조사연구』 제243호, 2월호.

______ (1997b), 「유럽통화동맹의 전개과정과 전망」, 『입법조사연구』 제247호, 10월호.

______ (1998a), 「90년대 일본 경제시스템의 위기와 금융빅뱅」, 『동아시아 발전모델에 대한 재평가와 전망』, 한국사회과학연구소.

______ (1998b), 「금융세계화와 외환금융위기」, 이병천·김균 편, 『위기 그리고 대전환』, 당대.

______ (1999a), 「금융세계화와 세기말 자본주의」, 『사회경제평론』 제12호.

______ (1999b), 『현대자본주의의 미래와 조절이론』, 문원.

______ (2000a), 「금융세계화와 화폐주권의 동요」, 『경제와사회』 봄호.

______ (2000b), 「90년대 일본경제의 위기와 제도변화」, 『사회경제평론』 제14호.

______ (2000c), 「금융세계화와 세기말 미국자본주의의 구조변화」, 『미국자본주의 모델에 대한 비판적 평가』 아연연구시리즈 2000-02, 고려대 아세아문제연구소.

정건화 (1998), 「90년대 미국자본주의의 구조변화와 전망」, 『입법조사연구』 제254호.

______ (1999), 「1980년대 이후 미국노동시장 구조변화의 배경과 특징」, 『동향과전망』 가을호.

정규재·김성택 (1998),『이 사람들 정말 큰일내겠군』, 한국경제신문사.

정진영 (2000),「신자유주의의 확산과 국제경제질서의 미래」,『20세기로부터의 유산』.

조영철 (1996a),「규율실업과 노동통제」,『사회경제평론』제9호.

_____ (1996b),『재벌문제의 본질 및 재벌정책의 개선방향』, 국회입법조사분석실.

_____ (1997a),『스웨덴 복지국가모형의 위기와 변화』, 국회입법조사분석실.

_____ (1997b),「기업소유권과 노동자관리기업」,『경제학연구』제45집 3호, 한국경제학회.

_____ (1997c),「시장, 조직, 경제민주주의」,『사회경제평론』제10호.

_____ (1998a),「국가후퇴와 한국경제발전모델의 전환」, 이병천·김균 편,『위기 그리고 대전환』, 당대.

_____ (1998b),「신제도주의 경제학의 관점에서 본 한국경제성장모형」,『입법조사연구』제251호.

_____ (1999a),「앵글로아메리카모델과 라인모델의 기업지배구조」, 제45회 한국사회경제학회 연구발표회.

_____ (1999b),「차입의존경제와 재벌개혁」,『사회경제평론』제12호.

_____ (2000),「독일의 은행제도와 기업금융」, 미발표논문.

_____ (2001),「독일의 기업금융과 라인모델의 전망」, 미발표논문.

조영철·최영섭 (1998),『산업구조 변화와 인력수급 불균형』, 한국노동연구원.

조원희 (1999),「거래비용경제학의 방법론 및 기본개념에 대한 정치경제학적 비판」,『경제학의 역사와 사상』제2호.

최진우 (1999),「유럽의회의 발전과 유럽통합」,『국제정치논총』제39집 2호.

한국금융연구원 국제금융팀 (1997),『스웨덴의 금융위기와 정부의 지원정책』, 한국금융연구원.

한국은행 (1999),「유럽중앙은행제도 정관 및 회원국중앙은행법(I)」,『업무참고자료 1999-1』, 한국은행기획부.

_____ (2000),「EU의 신사회경제정책」,『주간해외경제』제2000-16호.

한상엽 (1999),『지구화시대의 정치경제』, 중명.

홍성우 (1995),「스웨덴의 노동자경영참가제도와 관행」, 조우현 엮음,『세계의 노동자경영참가』, 창작과비평사.

홍영기 (1995a),「靑木昌彦의 일본기업론에 대한 비판적 검토」, 한국경제학회 학술대회.

_____ (1995b),「일본적 생산방식의 성격과 국제적 비교」,『역사와사회』2권 14집, 국제문화학회.

______ (1996a),「일본기업집단의 소유지배구조와 기업간 관계」,『일본자본주의 분석』, 풀빛.

______ (1996b),「기업집단의 소유지배구조와 개편방안」,『이론』15호.

______ (1997),「우리나라 대기업집단의 소유지배구조 현황과 개혁방안」,『한국경제의 위기와 개혁과제』, 풀빛.

______ (1998),「IMF체제하 금융개혁과 은행-기업간 관계」,『입법조사연구』제251호.

______ (1999),「금융개혁과 은행의 소유지배구조」,『경제발전연구』5권 1호, 한국경제 발전학회.

홍훈 (1999),「한국자본주의의 실체」, 대한상공회의소 한국경제연구센터.

高橋俊夫・大西健夫 編 (1997),『ドイツの企業』, 早稻田大學出版部.

工藤章 (1999),『20世紀ドイツ資本主義: 國際定位と大企業體制』, 東京大學出版會.

廣渡淸吾 (1998),「競爭法の普遍化: 資本主義法の發展と20世紀システム」, 東京大學社會科學硏究所 編,『20世紀システム, 國家の多樣性と市場』, 東京大學出版會.

廣田眞一 (1997),「90年代のメインバンク關係」,『金融』12月号.

近藤健彦 (1999),『プラザ合意の研究』, 東洋經濟新報社.

磯谷玲 (2000),「アメリカ經濟と資金循環構造」, 關下念・板井昭夫 編,『アメリカ經濟の變貌』, 同文館.

吉田修 (1994),『ドイツ企業體制論』, 森山書店.

渡辺茂・山本功 (1992),「日本企業のコーポレートガバナンス」,『財界觀測』第57卷 9号.

東京大學社會科學硏究所 編 (1991),『現代日本社會2: 國際比較(1)』, 東京大學出版會.

藤原賢哉 (1996),「M&Aからみたメインバンクの機能について」,『經濟學論集』第62卷 3号

馬場宏二 (1997),『新資本主義論: 視覺轉換の經濟學』, 名古屋大學出版會.

______ 編 (1987),『シリズ世界經濟2: アメリカ』, 御茶の水書房.

美倉誠一郎 (1999),『經營革命の構造』, 巖波書店.

濱口桂一郎 (1999),「歐洲會社法案とヨーロッパのコーポレートガバナンス」,『世界の勞動』10月号.

山口博敎 (2000),「ドイツの證券市場」,『證券經濟研究』第27号, 9月号.

山田弘史・野田正穗 編 (1997),『現代日本の金融』, 新日本出版社.

三木谷良一 外 (1999),『中央銀行の獨立性』, 東洋經濟新報社.

三和裕美子 (1999),『機關投資家の發展とコ-ポレ-ト・ガバナンス』, 日本評論社.

相澤幸悅 (1993),『現代ドイツの金融システム』, 東洋經濟新報社.

相澤幸悅・平川本雄 編 (1996),『世界の貯蓄金融機關』, 日本評論社.

手塚眞 (1998),「ミュラ-アルマックの'社會的市場經濟'論」, 佳谷一彦 編,『歷史へ
　　　　の視線: 大塚史學とその時代』, 日本經濟評論社.

新美一正 (1998),『ビッグバンとわが國銀行業: 自由化とリレ-ションシップ・レ
　　　　ンディングの變質』, 日本總合研究所.

安保哲夫 (1985),「アメリカの企業年金と金融市場」, 東京大學社會科學研究所 編,
　　　　『福祉國家』3, 東京大出版會.

鈴木健 (1998),『メインバンクと企業集團』, ミネルヴァ書房.

遠藤乾 (1999),「中層化と政治空間」,『世界』2月号.

日高千景・橘川武郎 (1998),「戰後日本のメインバンク・システムとコ-ポレ-トガ
　　　　バナンス」,『社會科學研究』第49卷 6号, 東京大社會科學研究所.

田中素香 (1999),「ユ-ロの發足とEU統合の展望」,『世界經濟評論』11月号.

田中一弘 (1999),「銀行志向型企業統治: 日獨比較」,『組織科學』vol. 33, no. 1.

鳥畑與一 (1999),「國際金融システムとBIS規制」,『經濟』1月号.

佐藤佑一・永井靖敏 編 (1999),『アメリカ經濟の繁榮は續くか』, 東洋經濟新報社.

佳澤博紀 (1999),「シュレダ-ドイツ政權下の勞動政策」,『國際勞動運動』5月号.

中尾茂夫 (2000),「ニュ-エコノミ: 光と影」,『經濟研究』22-4, 3月号, 大阪市立大.

中村健吾 (2000),「グロ-バリゼ-ションにともなうEUと國民國家の變容」,『經濟
　　　　學雜誌』vol. 100, no. 4, March, 大阪市立大.

靑木昌彦 (1989),『日本企業の組織と情報』, 東洋經濟新報社.

靑木昌彦 & R. Dore (1995),『システムとしての日本企業』, NTT出版.

靑木昌彦 & H. Patrick (1996),『日本のメインバンク・システム』, 東洋經濟新報社.

靑木昌彦・奧野(藤原)正寬 (1996),『經濟システムの比較制度分析』, 東京大學出
　　　　版會. (기업구조연구회・서울사회경제연구소 옮김,『기업시스템의 비교경제
　　　　학』, 연암사, 1998.)

靑山和司 (1998),『アメリカの信託と商業銀行』, 日本經濟評論社.

村瀨哲司 (1999),「歐洲中央銀行の課題」,『國際金融』1021号.

土田道夫 (1999),「ドイツの勞使協議制の槪要」,『世界の勞動』9月号.

坂本恒夫・佐久間信夫 編 (1998),『企業集團支配とコ-ポレ-トガバナンス』, 文眞堂.

片桐薰 (1999),「社民政治の終焉」,『國際勞動運動』9月.

横田茂編 (1997),『アメリカ經濟を學ぶのために』, 世界思想社.

厚生年金基金連合會 編 (1997),『諸外國の企業年金制度』, 公務員年金管理公團.

Adnett, N. (1996), *European Labour Markets: Analysis and Policy*, London: Longman.

Agartz, V. (1953), "Expansive Lohnpolitik," *WWI-Mitteilungen* 12.

Aglietta, M. (1976), *Régulation et Cries du Capitalisme: L'Expérience des Etat-Unis*, Calmann-Lévy.

______ (1995), "Etat, Monnaie et Risque de Système en Europe," B. Théret éd., *Etat, La Finance, le Social*, Paris: Découverte.

______ (1998a), "Capitalism at the Turn of the Century: Regulation Theory and the Challenge of Social Change," *New Left Review* no. 232, Nov./Dec. (전창환 옮김,『현대자본주의의 미래와 조절이론』, 문원, 1999.)

______ (1998b), *Le Capitalisme de Demain*, Paris: Fondation Saint-Simon.

______ (1999a), "Des Mutation du Capitalisme: Une Société Salariale Schizophrène?," *Revue de CFDT*, Féb.

______ (1999b), "A Lender of Last Resort for Europe," Document de Travail no. 99, CEPII.

______ (2000), "Shareholder Value and Corporate Governance: A Comment and Some Tricky Questions," *Economy and Society* vol. 29, no. 1, Feb.

Aglietta, M. et A. Orléan (1982), *La Violence de la Monnaie*, PUF.

Aglietta, M. & C. de Boissieu (1998), "La Responsabilité de la Future Banque Centrale Européenne," *Coordination Européenne des Politiques Economiques*, La Documentation Française.

Aglietta, M & J. Cartelier (1998), "Ordre Monétaire des Economies de Marché," Aglietta & Orléan éds., *Monnaie Souveraineté*, Editions Odile Jacob.

Akhigbe, A and J. Madura (1996), "Impact of Anti-takeover Amendments on Corporate Performance," *Applied Financial Economics* vol. 6, no. 6, Dec.

Albert, M. (1991), *Capitalism contre Capitalism*, Paris: Seuil. (김이랑 옮김,『자본주의 대 자본주의』, 소학사, 1993.)

______ (1997), "The Future of Continental Socio-economic Models," MPIfG Working Paper, June.

Albert, M. & R. Gonenç (1996), "The Future of Rhenish Capitalism," *Political Quarterly* vol. 67, no. 3.

Albo, G. & A. Zuege (1999), "European Capitalism Today: Between the Euro and the Third Way," *Monthly Review* July/Aug.

Alesina, A. and L. H. Summers (1993), "Central Bank Independence and Macroeconomic Performance: Some Comparative Evidence," *Journal of Money, Credit, and Banking* vol. 25, no. 2, May.

Altvater, E. (1992), Der Preis des Wohlstands, Münster: Westfälisches Dampfboot.

______ (1993), "Die ökologie der neuen Welt(un)ordnung," *Nord-Süd Actuell* vol. 7, no. 1.

Altvater, E. und B. Mahnkopf (1996), *Grenzen der Globalisierung: Ökonomie, Ökologie und Politik in der Weltgesellschaft.* Münster: Westphälische Dampfboot.

Amstrong, P., A. Glyn, and J. Harrison (1991), *Capitalism since 1945*, Basil Blackwell. (김수행 옮김, 『1945년 이후의 자본주의』, 동아출판사, 1993.)

Anderson, P. (1999), "Histoire et Leçons du Neo-Libéralisme," *La Pensée* no. 320, Oct./Nov./Déc.

Aoki, M. (1997), "Unintended Fit: Organizational Evolution and Government Design of Institutions in Japan," Aoki et al. eds., *The Role of Government in East Asian Economic Development*, Oxford Univ. Press.

______ (1998), "An Information Theoretic Approach to Comparative Corporate Governance," mimeo.

Aoki M. & S. Dinc (1997), "Relational Financing as an Institution and its Viability under Competition," Working Paper, Standford Univ.

Arestis, P., K. McCauley & M. Sawyer (2000), "An Alternative Stability Pact for European Union," Working Paper no. 296, JLEI.

Arrighi, G. (1994), *The Long Twentieth Century: Money, Power, and the Origines of the Our Times*, London: Verso.

______ (1999), "The Global Market," *Journal of World-Systems Research* vol. 5, no. 2, Spring.

Aylott, N. (1999), *Swedish Social Democracy and European Integration*, Ashgate.

Baltensperger, E. (1999), "Monetary Policy under Conditions of Increasing Integration (1979~96)," Deutsche Bundesbank ed., *Fifty Years of the Deutsche Mark: Central Bank and the Currency in Germany since 1948*, Oxford Univ. Press.

Barro, R. & Xabier Sala-i-Martin (1995), *Economic Growth*, McGraw-Hill.

Beck, U. (1986), *Risikogesellschaft*, Frankfurt am M.

______ (1997), *Was ist Globalisierung?*, Frankfurt am M.

______ (1999), *Schone neue Arbeitswelt*, Suhrkamp Verlag. (홍윤기 옮김, 『아름답고 새로운 노동세계』, 생각의나무, 1999.)

Beinert, D. (1997), *Corporate Acquisitions and Mergers in Germany* 2nd edit., London: Kluwer Law International.

Bello, W. (1994), *Dark Victory*, Institute for Food and Development Policy. (이윤경 옮김, 『어두운 승리』, 삼인, 1998.)

Berger, S. and R. Dore eds. (1996), *National Diversity and Global Capitalism*, Ithaca: Cornell Univ. Press.

Berglöf, E. (1997a) "Corporate Governance, Financial System, and the Transition to Capitalism," Roemer ed., *Property Relations, Incentives and Welfare*, Macmillan Press.

______ (1997b), "A Note on the Typology of Financial Systems," in Hopt and Wymeersch eds.

Bergmann, J., O. Jakobi, und W. Müller-Jentsch (1975), *Gewerkschaften in der Bundesrepublik-Gewerkschaftlche Lohnpolitik zwischen Mitgliederinteressen und Systemzwängen*, Köln/Frankfurt am M.: Europäische Verlag-Anstalt.

Berle, A. and G. Means (1932), *The Modern Corporation and Private Property*, NY: Macmillan.

Berlin, M. (1998), "That Thing Venture Capitalist Do," *Business Review*, Federal Reserve Bank of Philadelphia, January.

Bernanke, B. & I. Mihov (1998), "What Does the Bundesbank Target?," *European Economic Review* vol. 41, no. 6.

Bernanke, B. S., T. Laubach, F. S. Mishkin & F. S. Posen (1999), *Inflation Targeting*, Princeton Univ. Press.

Bernholz, P. (1989), "Ordo-liberals and the Control of the Money Supply," A. Peacock & H. Willgerodt eds., *German Neo-liberals and the Social Market Economy*, McMillan.

Bevacqua, R. (1998), "Whither the Japanese Model: The Asian Economic Crisis and the Continuation of Cold War Politics in the Pacific Rim," *Review of International Political Economy* vol. 5, no. 3, Autumn.

Bhide, A. (1997), "Reversing Corporate Diversification," in Chew ed.

Bidet, J. (1999), *Théorie Générale*, PUF.

Binswanger, M. (1999), *Stock Markets, Speculative Bubbles and Economic Growth: New Dimensions in the Co-evolution of Real and Financial Markets*, Cheltenham: Edward Elgar.

Bischoff, J. (1998), "Sozialstaat in der Krise," *Sozialismus* Nr. 211, 4. 25, Jg. Heft.

Bischoff, J. und S. Herkommer (1990), "Von der Klassentheorie zur Ungleichheitsfor-schung?," *IMSF, Gewerkschaften, Klassentheorie und Subjektfrage*, Frankfurt am M.: IMSF.

Bispinck, R. (1995), "Tarifpolitik in der ersten Hälfte der 90er Jahre," R. Bispinck Hg., *Tatrifpolitik der Zukunft*, Hamburg: VSA Verlag.

Bispinck, R. und T. Schulten (1998), "Globalisierung und das deutsche Kollektivvertrags-system," *WSI-Mitteilungen* 4.

Bispinck, R. und WSI-Tarifarchiv (1998), "Von niedrigen nohnabschlüssen zum 'Ende der Bescheidenheit'?: Eine tarifpolitische Bilanz des Jahres 1997," *WSI-Mitteilungen* 2.

Black, B. (1997), "Institutional Investors and Corporate Governance: The Case for Institutional Voice," in Chew ed.

Black, B. S. (1998), "Shareholder Activism and Corporate Governance in the United States," P. Newman ed., *The New Palgrave Dictionary of Economics and Law*.

Black, S. W. and M. Moersch eds. (1998), *Competition and Convergence in Financial Markets: The German and Anglo-American Models*, Amsterdam: Elsevier Science Publishers.

Blackburn, R. (1999), "The New Collectivism: Pension Reform, Grey Capitalism, and Complex Socialism," *New Left Review* no. 233, Jan./Feb.

Blair, M. and M. Roe eds. (1999), *Employees and Corporate Governance*, Washington, DC: Brookings Institute Press.

Blecker, R. A. (1998), "International Capital Mobility, Macroeconomic Imbalances, and the Risk of Global Contraction," CEPA Working Paper no. 5, http://www.newschool.edu/cepa.

Block, F. (1980), "Trilateralism and Inter-Capitalist Conflict," in Sklar ed.

Block, T. H. (1998), "Financial Market and the Changing Character of Corporate Gov-ernance," Working Paper no. 3, Center for Economic Policy Analysis, New School for Social Research.

Bluestone, B. and I. Bluestone (1992), *Negotiating the Future: A Labor Perspective on American Business*, NY: Basic Books.

Bonoli, G. & B. Palier (1999), "From Work to Citizenship? Current Transformations in French Welfare State," J. Bussemaker ed., *Citizenship and Welfare State Reform in Europe*, London: Routledge.

Boot, A. and A. Thakor (2000), "Can Relationship Banking Survive Competition?," *Journal of Finance* vol. 55, no. 2, April.

Bosch, G. (1998), "Das Ende von Arbeitszeitverkürzungen? Zusammenhang von Arbeitszeit, Einkommen und Bescgäftigung," *WSI-Mitteilungen* 6.

Bowles, S. (1985), "The Production Process in a Competitive Economy: Walrasian, Neo-Hobbesian, and Marxian Models," *American Economic Review* vol. 75, no. 1.

Bowles, S. and H. Gintis (1982), "The Crisis of Liberal Democratic Capitalism: The Case of the United States," *Politics and Society* vol. 11, no. 1.

_______ (1987), *Democracy and Capitalism: Property, Community and the Contradictions of Modern Social Thought*, London: Routledge & Kegan Paul. (차성수·권기돈 옮김, 『민주주의와 자본주의』, 백산서당, 1994.)

_______ (1993), "Post-Walasian Political Economy," Bowles et al. eds., *Markets and Democracy: Participation, Accountability and Efficiency*, Cambridge Univ. Press.

Bowles, S., D. M. Gordon, and T. E. Weisskopf (1984), *Beyond the Waste Land: A Democratic Alternative to Economic Decline*, Anchor Press.

Boyer, R. (1992), "D'une Série de National Labour Standard à un European Monetary Standard," Working Paper no. 9212, CEPREMAP, Mai.

_______ (1998a), "Les Conditions de Viabilité d'un Régime de Croissance," *Financiarisé ou Patrimonial* Oct. 31.

_______ (1998b), 『世界恐慌』, 藤原書店.

_______ (1998c), "An Essay on the Political and Institutional Deficits of the Euro," Working Paper, CEPREMAP, August.

_______ (2000a), "Is a Finance-led Growth Regime a Viable Alternative to Fordism? A Preliminary Analysis," *Economy and Society* vol. 29, no. 1, Feb.

_______ (2000b), "The Political in the Era of Globalization and Finance: Focus on Some Regulation School Research," *International Journal of Urban ND Regional Research* vol. 24, no. 2, June.

_______ (2000c), "The Unanticipated Fallout of European Monetary Union: The Political and Institutional Deficits of the Euro," Crouch ed., *After the Euro*, Oxford Univ. Press.

Boyer, R. and M. Juillard (1995), "Les Etats-Unis: Adieu au Fordisme," in Boyer and Saillard éds.

______ (1998), "The Contemporary Japanese Crisis and the Transformations of the Wage Labor Nexus," Working Paper no. 9822, CEPREMAP.

Boyer, R. and Y. Saillard éds. (1994), *Théorie de la Régulation: L'Etat des Savoirs*, Paris: Découverte.

Braudel, F (1979), *Civilisation Matérielle, Economie et Capitalisme, Les Temps du Monde* Tome 3. (주경철 옮김, 『물질문명과 자본주의: 세계의 시간』, 까치, 1997.)

Brenner, O. (1954), "Begründung des Aktionsprogramms," *Protokoll des DGB-Kongresses von 1954*.

Brenner, R. (1998a), "The Economics of Global Turbulence," *New Left Review* no. 229, May/June.

______ (1998b), "Uneven Development and the Long Downturn," *NLR* no. 229.

Bundesbank (1997), "Shares as Financing and Investment Instruments," *Monthly Report*, Deutsche Bundesbank, Jan.

______ (1999), "Corporate Finance in Germany and France: A Comparative Analysis," *Monthly Report*, Deutsche Bundesbank, Oct.

Cable, J. (1985), "Capital Market Information and Industrial Performance: The Role of West German Banks," *Economic Journal* vol. 95.

Cahuc, P. et P. Granier (1997), "Présentation Générale," Cahuc et Granier et al., *A Réduction du Temps de Travail*, Paris: Economica.

Caplen, B. (1999), "The State Still Rules the Market," *Euromoney* June.

Castoriadis, C. (1991), "Reflections on 'Rationality' and 'Development'" Curtis ed., *Philosophy, Politics, Autonomy*, Oxford Univ.

Cerny, P. (1997), "International Finance and the Erosion of Capitalist Diversity," in Crouch & Streeck eds.

Champlin, D. P. and J. T. Knoedler (1999), "Restructuring by Design: Government's Complicity in Corporate Restructuring," *Journal of Economic Issues* vol. 33, no. 1, March.

Chandler, Jr., A. D. (1990), *Scale and Scope: The Dynamics of Industrial Capitalism*, Cambridge: Harvard Univ. Press.

Chandler, Jr., A. D., F. Amatori, and T. Hikino eds. (1997), *Big Business and the Wealth of Nations*, Cambridge: Cambridge Univ. Press.

Chesnais, F. (1996a), "Contribution au Débat sur le Cours du Capitalisme a la Fin du

20 Siècle," Actuel Marx Confrontation, *Actualiser l'Economie de Marx*, PUF.

______ (1996b), "La Mondialisation Financière: Genèse," Coût et Enjeux, Paris: Syros.

______ (1997a), *La Mondialisation du Capital* nouvelle édit., Paris: Syros.

______ (1997b), "L'Emergence d'un Régime d'Accumulation Mondial à Dominante Financière," *La Pensée* no. 309. (이병천·백영현 편역, 『한국사회에 주는 충고』, 삼인, 1998.)

______ (1998), "La Conséil de Chesnais à la Gauche: Révision le Traite de Maastricht," http://atlas.attac.org.

______ (1999a), "A Propos des Retraites et des Pensions," *La Pensée* no. 319.

______ (1999b), "Etats Rentiers Dominants et Contration Tendancielle," *Le Triangle Inférnal*, PUF.

______ (2000), "Mondialisation: Le Capital Rentier aux Commandes," *Les Temps Modernes* no. 607, Jan./Fév.

Chew, D. H. ed. (1997), *Studies in International Corporate Finance and Governance System: A Comparison of the U. S., Japan, & Europe*, NY: Oxford Univ. Press.

Chomsky, N. & R. W. McChesney (1998), *Profit over People: Neoliberalism and Global Order*, Seven Stories Press. (강주헌 옮김, 『그들에게 국민은 없다』, 모색, 1999.)

Clarke, S. (1988), "Overaccumulation, Class Struggle and the Regulation Approach," *Capital and Class* vol. 36, Winter. (김호기 외 편역, 『포스트포드주의와 신보수주의의 미래』, 한울, 1995.)

Clarke, T. and R. Bostock (1997), "Governance in Germany: The Foundation of Corporate Structure?," in Keasey, Thompson, and Wright eds.

Coase, R. H. (1937), "The Nature of the Firm," *Economica* vol. 4, no. 4.

Coates, K. (1998), "Unemployed Europe and the Struggle for Alternatives," *NLR* no. 227.

Cohn-Bendit, D. & A. Lipietz (1999), "Pour l'Europe Politique et Sociale," *Libération* no. Unique, Mai.

Corbett, J. & T. Jenkins (1996), "The Financing of Industry 1970~1989: An International Comparison," *Journal of the Japanese and International Economics* vol. 10, no. 1.

______ (1998), "German Investment Financing: An International Comparison," in Black and Moersch eds.

Coriat, B. (1997), "Globalization, Variety and Mass Production," J. R. Hollingsworth &

R. Boyer eds., *Contemporary Capitalism*, Cambridge Univ. Press.

Corsetti, G & P. Pesenti (1999), "Stability, Asymmetry, and Discontinuity: The Outset of European Union," Brookings Papers on Economic Activity, Dec.

Cox, R. H. (1998), "The Consequences of Welfare Reform: How Conceptions of Social Rights Are Changing," *Journal of Social Policy* vol. 1, no. 27.

Cox, R. W. (1987), *Production, Power, and World Order: Social Forces in the Making of History*, Columbia Univ. Press.

______ (1992), "Toward a Post-hegemonic Conceptualization of World Order: Reflections on the Relevancy of Ibn Khaldun," Rosenau & Czempiel eds., *Governance without Government*, Cambridge Univ. Press.

______ (1996), *Approaches to World Order*, Cambridge Univ. Press.

Creutz, H. (1998), "Warum stößt der Sozialstaat an seine Grenzen?: Versuch einer Analyse," *Sozialismus* Nr. 212, 5. 25, Jg. Heft.

Crouch, C. (2000), "Introduction: the Political and Institutional Deficits of European Monetary Union," Crouch ed., *After the Euro*, Oxford Univ. Press.

Crouch, C. and W. Streeck, eds. (1997), *Political Economy of Modern Capitalism: Mapping Convergence and Diversity*, London: Sage.

Cukierman, A. (1992), "Central Bank Independence," *The Palgrave Dictionary of Money and Finance*.

Currie, D. (1999), "The Economics and Politics of European Monetary Union: Labour and the Euro," S. Daniel et al. eds., *Money and Macroeconomic Policy*, Edward Elgar.

Dahrendorf, R. (1989), "Tertium Non Datur: A Comment on the Andrew Shonfield Lectures," *Government & Opposition* 2.

Das Bundesministerium für Arbeit und Sozialordnung (1996), *Statistischen Taschenbuch*, Bonn.

Davis, E. P. (1998), "Pension Fund Reform and European Financial Markets: A Reappraisal of Potential Effects in the Wake of EMU," Special Paper No. 107, Financial Market Group, London School of Economics.

de Brunhoff, S. (1979), *Les Rapports d'argent*, Maspero.

______ (1995), "Régulation et Monnaie," *Actuel Marx* no. 17.

______ (1997), "L'Euro, un Compromis pour une Europe des Marchés," *La Monnaie Unique en Débat*, Paris: Syros.

_______ (1999), "Which Europe Do We Need Now? Which Can We Get?," R. Bellofiore ed., *Global Money, Capital Restructuring and the Changing Patterns of Labour*, Edward Elgar.

Deakin, S. and A. Hughes eds. (1997), *Enterprise and Community: New Directions in Corporate Governance*, Oxford: Blackwell,

Deakin, S. and G. Slinger (1997), "Hostile Takeover, Corporate Law and the Theory of the Firm," in Deakin and Hughes eds.

DeAngelo, H. and H. Rice (1983), "Antitakeover Charter Amendments and Stockholder Wealth," *Journal of Financial Economics* vol. 11.

Deeg, R. (1999), *Finance Capitalism Unveiled: Banks and the German Political Economy*, Ann Arbor: Univ. of Michigan Press.

Deeg, R. & R. Lütz (1998/2000), "Internationalization and Financial Federalism: The United States and Germany at the Crossroad?," Discussion Paper, Max-Planck-Institute für Gesellschaftsforschung, Sept. (*Comparative Political Studies* vol. 33, no. 3.)

Dehay, E. (1995a), "La Conception Allemande de l'Indépendance de la Banque Centrale," Aglietta & Orléan éds., *Souveraineté, Légitimité de la Monnaie*, Association d'Econonmie Financière.

_______ (1995b), "La Justification Ordo-libérale de l'Indépendance des Banques Centrales," *Revue Française d'Economie* I.

Deléage, J.-P. (1991), *Histoire de l'Ecologie*, Paris: Découverte.

DeMartino, G. (1999), "Global Neoliberalism, Policy Autonomy, and International Competitive Dynamics," *Journal of Economic Issues* no. 2, June.

Demirovic, A. (1997), "Tendenzen im Fluss: Globalisierung und die Krise des fordistischen Modells Deutschlands," *Wissenschaft Macht Politik. Interventionen in acktuelle Gesellschaftliche Diskurse*, Festschrift zum 60. Geburstag von Siegfried Jäger. (「川の流の諸潮流: グロ-バリゼ-ションとフォデズム型模範國家ドイツの危機」, 『情況』 1998年 11月号.)

Deppe, F. (1992), "Politische Gestaltung in Zeiten globaler Konkurrenz," H. Schmitthenner Hg., *Zwischen Krise und Solidarität*, Hamburg: VSA Verlag.

Destler, I. M. and C. R. Henning (1989), *Dollar Politics: Exchange Rate Policymaking in the United States*, Washington DC: Institute for International Economics.

Deutsche Bundesbank (2000), *Monthly Report*.

Deutsche Sozialpolitik im Aufbruch. Bericht des Arbeitgeberausschusses Nordrhein-Westfalen über die Jahre 1945~1948, Düsseldof.

Dore, R., W. Lazonick & M. O'Sullivan (1999), "Varieties of Capitalism in the Twenties Century," *Oxford Review of Economic Policy* vol. 15, no. 4.

Dosi, G., D. J. Teece, and J. Chytry eds. (1998), *Technology, Organization, and Competitiveness: Perspectives on Industrial and Corporate Change*, Oxford: Oxford Univ. Press.

Drees, B. & C. Pazarbasioglû (1998), "The Nordic Banking Crises: Pitfalls in Financial Liberalization?," IMF Occasional Paper no. 161, April.

Dubofsky, M. (1994), *The State and Labor in Modern America*, The Univ. of North Carolina Press.

Duckenfield, M. (1999), "Bundesbank-Government Relations in Germany in the 1990's: From GEMU to EMU," *West European Politics* vol. 22, no. 3.

Duménil, G. & D. Lévy (1996), *La Dynamique du Capital: Un Siècle d'Economie Américaine*, PUF.

_______ (1998a), *Au-delà du Capitalisme?*, PUF.

_______ (1998b), "Keynésianisme Américain et Social-Démocratie Suédoise. Quels Compromis?," *Actuel Marx* no. 23.

_______ (1999a), "Costs and Benefits of Neoliberalism," www.cepremap.cnrs.fr/~lévy/.

_______ (1999b), "Periodizing Capitalism: Technology, Institution, and Relations of Production," www.cepremap.cnrs.fr/~lévy/.

Dupuy, J.-P. (1987), "Totalisation and Misrecognition," P. Dumouchel ed., *Violence and Truth*, London: The Athlone.

Dörre, K., R. Elk-Anders, und F. Speidel (1997), "Globalisierung als Option. Internationalisierungspfade von Unternehmen, Standortpolitik ind industrielle Beziehungen," *SOFI-Mitteilungen* Nr. 25.

Eatwell, J. & L. Taylor (1998), *International Capital Markets and the Future of Economic Policy*, CEPA, New School Univ.

Ebbinghaus, B. (1999), "Does a European Social Model Exist and Can It Survive?," G. Huemer et al., *The Role of Employer Associations and Labor Unions in the EMU*, Brookfield: Ashgate.

Edward, J. & K. Fischer (1994), *Banks, Finance and Investment in Germany*, Cambridge Univ.

Press.

Eglau, H. (1989), *Wie Gott in Frankfurt: Die Deutsche Bank und die deutsche Industrie*, ECON-Velag. (신춘호 옮김, 『독일 산업계의 지배자, 도이치방크』, 한국경제신문사.)

Eichengreen, B. (1999), "European Monetary Union, the Dollar and the International Monetary System," *Currency Crisis, Monetary Union and the Conduct of Monetary Policy.*

Elgie, R. (1998), "Democratic Accountability and Central Bank Independence: Historical and Contemporary, National and European Perspectives," *West European Politics* vol. 21, no. 3, July.

Elgie, R. & H. Tompson (1998), *The Politics of Central Banks*, London: Routledge.

Emmons, W. R. & F. A. Schmid (1998), "Universal Banking, Control Rights, and Corporate Finance in Germany," *Review*, Federal Reserve Bank of Saint Louis, July/Aug.

Englund, P. (1990), "Financial Deregulation in Sweden," *European Economic Review* no. 34.

______ (1998), "The Swedish Banking Crisis: Roots and Consequences," *Oxford Review of Economic Policy* vol. 15, no. 3.

Epstein, G. A. (1992), "Political Economy and Comparative Central Banking," *Review of Radical Political Economics* vol. 24, no. 2, Spring.

Epstein, G. A. and H. Gintis (1995), "Macroeconomic Policies for Sustainable Growth," *Macroeconomic Policy after the Conservative Era*, Cambridge Univ. Press.

Esping-Andersen, G. (1985a), *Politics against Markets*, Princeton Univ. Press.

______ (1985b), "Power and Distributional Regimes," *Politics and Society* vol. 14, no. 2.

______ (1990), *Three Worlds of Welfare Capitalism*, London.

______ (1996a), "After the Golden Age? Welfare State Dilemmas in a Global Economy," in Esping-Andersen ed.

______ (1996b), "Positive-Sum Solutions in a World of Trade-offs?," in Esping-Andersen ed.

______ ed. (1996), *Welfare States in Transition: National Adaptations in Global Economies*, London: UNRISD.

Eucken, W. (1952), *Grundsätze der Wirtschaftspolitik.* (안병직·황신준 옮김, 『경제정책의 원리』, 민음사, 1996.)

Europa (1999), "The Amsterdam Treaty: A Comprehensive Guide," http://europa.eu.int.

Facts about Germany (1996), Frankfurt am M.: Societäts-Verlag.

Fama, E. F. (1985), "What's Different about Banks?," *Journal of Monetary Economics* vol. 15, no. 1.

Farnetti, R. (1998), "Les Investisseurs Institutionels Anglo-Américains, Moteurs du Nouveau Régime d'Accumulation Financiarisé Mondial," A. Vinokur éd., *Décisions Economiques*, Economica.

Farnetti, R. and I. Warde (1997), "Le Modèle Anglo-saxon en Question," *Economica*.

Fichter, M. (1982), *Besatzungsmacht und Gewerkschaften. Zur Entwicklung und Anwendung der US-Gewerkschaftspolitik in Deutschland 1944~1948*, Opladen.

Flassbeck, H. (1997), "Und die Spielregeln für die Lohnpoltik in einer Währungsunion?," *Frankfurter Rundschau* vom 31, 1997/10.

Flecker, J. & T. Schulten (1999), "The End of Institutional Stability: What Future for the German Model," *Economic and Industrial Democracy* vol. 20.

Flecker, J. und T. Schulten (1997), *Am Ende der Gewißheiten. Zum Umbruch des 'deutschen Modells' sozio-ökonomischer Instutionen*, Wien: FORBRA-Schriftenreihe.

Franzese, R. & P. Hall (2000), "Institutional Dimensions of Coordinating Wage Bargaining and Monetary Policy," T. Iversen & J. Pontusson eds., *Unions, Employers, and Central Banks*, Cambridge Univ. Press.

Freeman, R. B. and J. L. Medoff (1984), *What Do Unions Do?*. (박영기 옮김, 『노동조합의 참모습』, 비봉, 1992.)

Friedman, M. (1968), "The Role of Monetary Policy," *The American Economic Review* vol. LVIII.

Furstenberg, G. M. & M. K. Ulan (1998), "Schlesinger's Steady Honing of Germany's Anti-Inflation Resolve," *Learning from the World's Best Central Bankers*.

Gamble, A. and G. Kelly (1996), "The New Politics of Ownership," *New Left Review* no. 220, Nov./Dec.

Gauron, P. A. (2000), "Fonds de Pension et Régulation Concurrentielle," *Fonds de Pension et 'Nouveau Capitalisme'*, Paris: Découverte.

George, V. (1998), "Political Ideology, Globalisation, and Welfare Futures in Europe," *Journal of Social Policy* 27, Jan.

Georgescu-Roegen, N. (1976), *Energy and Economic Myths*, NY: Pergamon press.

Gerschenkron, A. (1962), *Economic Backwardness in Historical Perspective*, Cambridge: Harvard Univ. Press.

Ghilarducci, T. (1992), *Labor's Capital: The Economics and Politics of Private Pensions*, Cambridge: MIT Press.

Ghilarducci, T., J. Hawley & A. Williams (1997), "Labour's Paradoxical Interests and the Evolution of Corporate Governance," *Journal of Law and Society* vol. 24, no. 1, March.

Giddens, A. (1985), *Social Theory and Modern Sociology*, Cambridge: Polity Press.

Gill, S. (1990), *American Hegemony and the Trilateral Commission*, Cambridge Univ. Press.

______ (1992), "The Emerging World Order and European Change: The Political Economy of European Union," R. Miliband and L. Panitch eds., *Socialist Register 1992*, The Merlin Press.

______ (1995), "Neo-liberalism and the Shift towards a US-centred Transnational Hegemony," H. Overbeek ed., *Restructuring Hegemony in the Global Political Economy: The Rise of Transnational Neo-liberalism in the 1980*, London: Routledge.

______ (1998), "European Governance and New Constitutionalism: Economic and Monetary Union and Alternatives to Disciplinary Neoliberalism in Europe," *New Political Economy* vol. 3, no. 1.

Gill, S. and D. Law (1988), *Global Political Economy: Perspectives, Problems and Policies*, Johns Hopkins Univ. Press.

______ (1993), "Global Hegemony and Structural Power of Capital," in Gill ed.

Gill, S. ed. (1993), *Gramsci, Historical Materialism, and International Relations*, Cambridge Univ. Press.

Gilpin, R. (1987), *The Political Economy of International Relation*, Princeton Univ. Press. (강문구 옮김, 『국제관계의 정치경제학』, 인간사랑, 1990.)

Ginger, A. F. and D. Christiano (1987), *The Cold War against Labor* vol. 1, Meiklejohn Civil Liberties Institute.

Glasman M. (1996), *Unnecessary Suffering: Managing Market Utopia*, London: Verso.

Goergen, M. (1998), *Corporate Governance and Financial Performance: A Study of German and UK Initial Public Offerings*, Cheltenham: Edward Elgar.

Gollbach, J. und T. Schulten (1999), "Grenzüberschreitende Tarifpartnerschaften in Europa," *WSI-Mitteilungen* 1999/7.

Goodhart, C. (1988), *The Evolution of Central Banks*. (김홍범 옮김, 『중앙은행의 진화』, 비봉, 1997.)

Gordon, D. M. (1996), *Fat and Mean*, NY: Martin Kessler Books.

Gordon, J. N. (1999), "Pathways to Corporate Convergence? Two Steps on the Road to Shareholder Capitalism in Germany: Deutsche Telecom and Daimler-Chrysler," *Columbia Journal of European Law* vol. 5, no. 219, Spring.

Gorz, A. & M. Bosquet (1978), *Écologie et Politique*, Paris: Seuil.

_____ (1989), *Critique of Economic Reason*, London: Verso.

_____ (1993), "Political Ecology: Expertocracy versus Self-Limitation," *NLR* no. 202.

_____ (1994), *Capitalism, Socialism, Ecology*, London: Verso.

Grahl, J. and P. Teague (2000), "The Regulation School, the Employment Relation and Financialization," *Economy and Society* vol. 29, no. 1, Feb.

Gray, J. (1998), *False Dawn*, London: Granta Books. (김영진 옮김, 『전지구적 자본주의의 환상』, 창, 1999.)

Grover, C. and J. Stewart (1999), "Social Security, Social Regulation, and Competitiveness in the 1990s," *Journal of Social Policy* vol. 28, no. 1.

Guellec, D. (2000), "Economic Growth in Europe: Entering a New Era," Document de Travail no. 2000-05, CEPII.

Guttmann, R. (1994), *How Credit-Money Shapes the Economy*, Sharpe.

_____ (1995), "Monnaie et Crédit dans la Théorie de la Régulation," *Théorie de la Régulation*.

Görres-Gesellschaft (1962), *Staatslexikon: Recht, Wirtschaft, Gesellschaft*, Freiburg.

Hacketal, A. & M. Tyrell (1998), "Complementarity and Financial Systems: A Theoretical Approach," Working Papers, Univ. of Frankfurt.

Hagen, J. (1999), "A New Approach to Monetary Policy(1971~78)," Deutsche Bundesbank ed., *Fifty Years of the Deutsche Mark*, Oxford Univ. Press.

Harding, R. (1999), "Standort Deutchland in the Globalising Economy: An End of the Economic Miracle?," *German Politics* vol. 8, no. 1, April.

Harmes, A. (1998), "Institutional Investors and the Reproduction of Neoliberalism," *Review of International Political Economy* vol. 5, no. 1, Spring.

Harris, M. and A. Raviv (1991), "The Theory of Capital Structure," *Journal of Finance* vol. 46, no. 1, March.

Harrison, B. and B. Bluestone (1990), *The Great U-Turn: Corporate Restructuring and the Polarizing of America*, New York: Basic Books.

Harvey, D. (1989), *The Condition of Postmodernity*, Basil Blackwell. (구동회·박영민 옮김, 『포스트모더니티의 조건』, 한울, 1994.)

Hassel, A. and T. Schulten (1998), "Globalization and the Future of Central Collective Bargaining," *Economy and Society* vol. 27, no. 4, Nov.

Heine, H. & R. Mautz (1990), "How Industrial Workers See the Environmental Problem Results of Empirical Study," *IJPE*, Spring.

Helleiner, E. (1994), *States and the Remergence of Global Finance*, Cornell Univ. Press.

Hellmann, T., K. Murdock, and J. Stiglitz (1997), "Financial Restraint: Toward a New Paradigm," Aoki et al. eds., *The Role of Government in East Asian Economic Development*, Oxford Univ. Press.

Henley, A. and E. Tsakalotos (1993), *Corporatism and Economic Performance: A Comparative Analysis of Market Economics*, Edward Elgar.

Henning, C. R. (1994), *Currencies and Politics in the United States, Germany, and Japan*, Washington, DC: Institute for International Economics.

Higgott, R. (1999), "The Asian Economic Crisis: A Study in the Politics of Resentment," *New Political Economy* vol. 3, no. 3, Nov.

Hilpert, H. et al. (1997), *A Comparative Analysis of Japanese and German Economic Success*, Berlin: Springer-Verlag.

Himmelstrand, U. (1991), "Sweden: Paradise in Trouble," *Democratic Socialism: Mass Left in Advanced Industry Society*. (박호성 편역, 『사회민주주의와 민주사회주의』, 청람문화사, 1991.)

Hirsch, J. (1990a), *Kapitalismus ohne Alternative?*, VSA Verlag. (정명기 옮김, 『대안 없는 자본주의』, 한울, 1996).

______ (1990b), "Regulation and Historical-materialistic Social Theory," *Economie et Sociétés*, Série Théorie de la Régulation, no. 5, Dec.

______ (1995), *Der National Wettbewerbsstaat*, Berlin.

______ (1998), *Vom Sicherheitsstaat zum nationalern Wettbewerbsstaat*, Berlin.

Hirsch, J. & J. Esser (2000), 「ヨ-ロッパは持續可能なネオリベラリズムへの途上にあるのか?」, 『經濟學雜誌』 vol. 100, no. 4, 大阪市立大, March.

Hirsch, J. und R. Roth (1986), *Das neue Gesicht des Kapitalismus: Vom Fordismus zum Post-Fordismus*. Hamburg.

Hirsch, J., J. Esser und C. Gorg Hgs. (1994), *Politik, Institutionen und Staat: Zur Kritik der*

Regulationstheorie, VSA-Verlag.

Hirst, P. (1999), "Has Globalization Killed Social Democracy," A. Gamble & T. Wright eds., *The New Social Democracy*, Blackwell.

Hirst, P. and G. Thompson (2000), "Globalization in One Country? The Peculiarities of the British," *Economy and Society* vol. 29, no. 3, August.

Hirst, P. und T. Grahame (1996), *Globalisation in Question: The International Economy and the Possibilities of Governance*, Cambridge: Polity Press.

Holle, A. (1998), *Corporate Governance by Banks in Transition Economies*, Wiesbaden: Deutscher Univ. Verlag.

Hollingsworth, J. R. (1997), "Continuities and Changes in Social Systems of Production: The Cases of Japan, Germany, and the United States," Hollingsworth & Boyer eds., *Contemporary Capitalism: The Embeddedness of Institutions*, Cambridge Univ. Press.

Holman, O. (1993), "Internationalisation and Democratization," in Gill ed.

Holtfrerich, C. (1999), "Monetary Policy under Fixed Exchange Rates(1948~70)," Deutsche Bundesbank ed., *Fifty Years of the Deutsche Mark*, Oxford Univ. Press.

Hopt, K. (1997), "The German Two-Tier Board(Aufsichtsrat): A German View on Corporate Governance," in Hopt and Wymeersch eds.

Hopt, K. and E. Wymeersch, eds. (1997), *Comparative Corporate Governance: Essays and Materials*, Berlin/NY: Walter de Gruyter.

Huber, E. and H. Stephens (1998), "Internationalization and the Social Democratic Model-Crisis and Future Prospects," *Comparative Political Studies* vol. 31, no. 3, June.

Huffschmid, J. (1997), "Economic Policy for Full Employment: Proposal for Germany," *Economic and Industrial Democracy* vol. 18.

Hülsberg, W. (1985), "The Greens at the Crossroads," *NLR* no. 152.

IG Metall Vorstand (1968), *Protokoll des ordentlichen Gewerkschaftstages der IG Metall in München*, Frankfurt am M.

______ (1998), *Daten Fatkten Informationen 1998*, Frankfurt am M.

Isenberg, D. (1998), "The Political Economy of Monetary Policy: The Effects of Globalization and Financial Integration on the EU," P. Arestis and M. Swayer eds., *The Political Economy of Central Banking*, Edward Elgar.

Issing, O. (1997), "Monetary Targeting in Germany: The Stability of Monetary Policy and of the Monetary System," *Journal of Monetary Economics* no. 39.

______ (1999a), "The Euro-system: Transparent and Accountable," *Journal of Common Market Studies* vol. 3, no. 3, Sept.

______ (1999b), "The ECB's Monetary Policy in the Context of Globalization," http://www.ecb.int.

______ (1999c), "Europe: Common Money-Political Union?," http://www.ecb.int.

Jackson, G. (1997), "Corporate Governance in Germany and Japan: Development within National and International Contexts," MPfFG Project.

Jarrell, G. and A. Poulsen (1987), "Shark Repellents and Stock Prices: The Effect of Anti-takeover Amendments Since 1980," *Journal of Financial Economics* vol. 19.

Jatenfuchs, M. (1997), "Democracy and Governance in the European Union," http://eiop.or.at/eiop/text/1997-002.htm.

Jensen, M. (1986), "Agency Costs of Free Cash Flow, Corporate Finance, and Takeovers," *American Economic Review* vol. 76, no. 2.

______ (1987), "The Takeover Controversy: Analysis and Evidence," J. Coffe et al., *Takeovers and Contests for Corporate Control*, Oxford University Press. (J. Stern and D. H. Chew eds., *The Revolution in Corporate Finance*, Oxford: Blackwell, 1998.)

______ (1993), "The Modern Industrial Revolution, Exit, and the Failure of Internal Control System," *Journal of Finance* vol. 48. (in Chew ed.)

Jessop, B. (1990a), "Political Economy or Radical Autonomy?: Regulation, Societalization and Autopoesis," *State Theory*, The Pennsylvania State Univ. Press.

______ (1990b), "Regulation Theories in Retrospect and Prospect," *Economy and Society* vol. 19, no. 2. (「조절이론의 회고와 전망」, 『사회경제평론』 제3호)

______ (1992), "Regulation und Politik: Integrale Okonomie und Integraler Staat," A. Demirovic et al. Hgs., *Akkumulation und Staat*. Münster: Westfalisches Dampfboot.

Johnson, C. (1982), *MITI and the Japanese Miracle: The Growth of Industrial Policy, 1925～1975*, Standford Univ. Press.

______ (1998), "Economic Crisis in East Asia: The Clash of Capitalisms," *Cambridge Journal of Economics* vol. 22, Dec.

______ (2000), *Blowback: The Costs and Consequences of American Empire*, Metropolitan Books.

Johnson, P. A. (1998), *The Government of Money: Monetarism in Germany and United States*, Cornell Univ. Press.

Jürgens, U., K. Naumann, and J. Rupp (2000), "Shareholder Value in an Adverse Environment: The German Case," *Economy and Society* vol. 29, no. 1, Feb.

Kang, J. K. & R. M. Stulz (1997), "Is Bank-Centered Corporate Governance Worth It? A Cross-Sectional Analysis of the Performance of Japanese Firms during the Asset Price Deflation," NBER Working Paper No. 6238.

Keasey, K., S. Thompson, and M. Wright eds. (1997), *Corporate Governance: Economic and Financial Issues*, Oxford: Oxford Univ. Press.

Kelly, G., D. Kelly, and A. Gamble eds. (1997), *Stakeholder Capitalism*, Houndmills: Macmillan.

Kim, Haknoh (1999), "Constructing European Collective Bargaining," *Economic and Industrial Democracy* vol. 20.

Kirshner, J. (1999), "Keynes, Capital Mobility and the Crisis of Embedded Liberalism," *Review of International Political Economy*, Autumn.

Kitschelt, H. et al. eds. (1999), *Continuity and Change in Contemporary Capitalism*, Cambridge Univ. Press.

Kohler-Koch, B. (1997), "Organized Interest in the EC and the European Parliament."

Korpi, W. (1983), *The Democratic Class Struggle*, Routledge & Kegan Paul.

Koslowski, P. (1997), "Introduction: Restructuring the Welfare State," in Koslowski and Follesdal eds.

______ (1998), "The Social Market Economy and the Varieties of Capitalism," Koslowski ed., *The Social Market Economy*, Springer.

Koslowski, P. and A. Follesdal eds. (1997), *Restructuring the Welfare State: Theory and Reform of Social Policy*, Berlin/NY.

Kotz, D. M. (1994), "The Regulation Theory and the Social Structure of Accumulation Approach," Kotz et al. eds., *Social Structure of Accumulation: The Political Economy of Growth and Crisis*, Cambridge Univ. Press.

Lacher, H. (1999), "Embedded Liberalism, Disembedded Market: Reconceptualising the Pax Americana," *New Political Economy* vol. 4, no. 3.

Ladànyi, B. and I. Szelényi (1997), "The New Social Democrats?," *Social Research* vol. 64, no. 4, Winter.

Lafontaine, O. (1999), "Introduction: Globalization and International Cooperation: Social Democratic Policy in the Age of Globalization," D. Dettke ed., *The Challenge of*

Globalization for Germany's Social Democracy, Berghahn Books.

Landesmann, M. and F. Vartiainen (1992), "Social Corporatism and Long-term Economic Performance," J. Pekkarinen et al. eds., *Social Corporatism: A Superior Economic System?*, Oxford: Clarendon Press.

Lane, C. (1998), "European Companies between Globalization and Localization: A Comparison of Internationalization Strategies of British and German MNCs," *Economy and Society* vol. 27, no. 4, Nov.

Lang, K., H. Meine, und K. Ohl Hgs. (1990), *Arbeit-Entgelt-Leistung*, Köln: Bund Verlag,

Lannoo, K. (1999), "A European Perspective on Corporate Governance," *Journal of Common Market Studies* vol. 37, no. 2, June.

Lapavitsas, C. (1997), "Transition and Crisis in the Japanese Financial System: An Analytical Overview," *Capital & Class* no. 62.

Lawler, P. (1997), "Scandinavian Exceptionalism and EU," *Journal of Common Market Studies* vol. 35, no. 4, Dec.

Lazonick, W. (1991), *Business Organization and the Myth of the Market Economy*, Cambridge: Cambridge Univ. Press.

______ (1998a), "The Japanese Financial Crisis, Corporate Governance, and Sustainable Prosperity," Working Paper no. 227, JLEI.

______ (1998b), "Organizational Learning and International Competition," in Michie and Smith eds.

Lazonick, W. and M. O'Sullivan (1997), *Investment in Innovation: Corporate Governance and Employment: Is Prosperity Sustainable in the United States?* Public Policy Brief no. 37, JLEI.

______ (2000), "Maximizing Shareholder Value: A New Ideology for Corporate Governance," *Economy and Society* vol. 29, no. 1, Feb.

Lindbeck, A. (1997), *The Swedish Experiment*, SNS Förlag.

Lindbeck, A., et al. (1994), *Turning Sweden around*, The MIT Press.

Lindberg, L., J. Campbell, and J. Hollingsworth (1991), "Economic Governance and the Analysis of Structural Change in the American Economy," Campbell et al. eds., *Governance of the American Economy*, Cambridge: Cambridge Univ. Press.

Linn, S. and McConell (1983), "An Empirical Investigation of the Impact of Anti-takeover Amendments on Common Stock Prices," *Journal of Financial Economics* vol. 11.

Lipietz, A. (1986a), "Behind the Crisis: the Exhaustion of a Regime of Accumulation," *Review of Political Economics* vol. 18, no. 1/2.

______ (1986b), "La Double Crise 1967~1985," mimeo. (Boyer・山田鋭夫 共編, 『危機: 資本主義』, 藤原書店, 1993.)

______ (1988a), "The Limit of Bank Nationalisation in France," L. Harris et al. eds., *New Perspectives on the Financial System*, Croom Helm.

______ (1988b), "Accumulation, Crisis, and Ways out," *IJPE*, Summer.

______ (1992), *Toward a New Economic Order*, M. Slater trans., Cambridge: Polity Press.

______ (1993), *Vert Espérance*, Paris: Découverte.

______ (1996a), "Public Voices: Geography, Ecology, Democracy," *Antipode* vol. 28, no. 3.

______ (1996b), *La Société en Sablier*, Paris: Découverte.

______ (1998a), "Économie Politique des Écotaxes," *Conseil d'Analyse Économique* no. 8.

______ (1998b), "The Post-Fordist World: Labour Relations, International Hierarchy, and Global Ecology," *Review of International Political Economy* vol. 4, no. 1, Spring.

______ (1999), "L'Europe Rose et Vert." (「薔薇と緑の歐洲が目指すべき道」, 『世界』 2月号.)

Lojikine, J. (1992), *La Révolution Informationnelle*, PUF.

Lordon, F. (1998), "The Logic and Limits of Désinflation Competitive," *Oxford Review of Economic Policy* vol. 14, no. 1, Spring.

______ (1999), "Le Nouvel Agenda de la Politique Economique en Régime d'Accumulation Financiarisé," Duménil & Lévy éds., *Le Triangle Infernal: Crise, Mondialisation, Financiarisation*, Actuel Marx Confrontation, PUF.

Loriaux, M. (1997), "Socialist Monetarism and Financial Liberalization in France," M. W. Cumings ed., *Capital Ungoverned*, Cornell Univ. Press.

Lutz, B. (1989), *Der kurzer Traum immerwährender Prosperität*, Frankfurt am M./NY: Campus Verlag.

Lütz, S. (2000), "From Managed to Market Capitalism: German Finance in Transition," MPIfG Discussion Paper, May.

MacEwan, A. (1999), *Neo-liberalism or Democracy? Economic Strategy, Markets and Alternatives for the 21st Century*, London/NY: Zed Books.

Mahnkopf, B. (1999), "Between the Devil and the Deep Blue Sea: The German Model

444

under the Pressure of Globalization," Panitch and Leys eds., *Global Capitalism versus Democracy-Socialist Resister*, NY: Monthly Review.

______ Hg. (1998), *Der Gewendete Kapitalismus, Münster: Westfälisches Dampfboot.* (정명기 편저, 『위기와 조절』, 창작과비평사, 1992.)

Mahon, R. (2000), "Swedish Social Democracy: Death of a Model?," *Studies in Political Economy* no. 63.

Maier, C. (1977), "The Politics of Productivity: Foundations of American Economic Policy after World War II," *International Organization* no. 31.

Marchlewitz, G. (1997), "Globalisierung, Sozialkonkurrenz und die Notwendigkeit internationaler Zusammenarbeit," *WSI-Mitteilungen* 11.

Marglin, S. A. and J. B. Schor (1991), *The Golden Age of Capitalism: Reinterpreting the Postwar Experience*, Clarendon Press.

Marklund, S. (1988), "Welfare State Policies in the Tripolar Class Model of Scandinavia," *Politics and Society* vol. 16, no. 4.

Marmefelt, T. (1998), "Schumpeterian Banker-entrepreneur Interaction and the Spontaneous Evolution of Bank-industry Networks," K. Nielsen and B. Johnson eds., *Institutions and Economic Change: New Perspectives on Markets, Firms and Technology*, Cheltenham: Edward Elgar.

Marsh, D. (1992), *The Bundesbank: The Bank That Rules Europe.* (신상갑 옮김, 『독일연방은행: 유럽을 지배하는 은행』, 한국경제신문사, 1993.)

Martin, A. (1997), "What Does Globalisation Have to Do with the Erosion of Welfare States? Sorting out the Issues," Arbeitspapier Nr. 1, Bremen: Zentrum für Sozialpolitik. Univ.

Martin, A. & G. Ross (1999), "Europe's Monetary Union: Creating Democratic Deficit?," *Current History*, April.

Martin, H. P. und H. Schumann (1996), *Die Globalisierungsfalle*, Reinbek bei Hamburg. (강수돌 옮김, 『세계화의 덫』, 영림카디널, 1997.)

Marx-Engels-Werke vol. 26, no. 1.

Mayer, H. und H. Janßen, Hgs. (1984), *Perspektiven der Arbeitszeitverkürzung: Wissenschaftler und Gewerkschafter zur 35-Stunden-Woche, Beiträge zur wissenschaftlichen Arbeitstagung der IG Metall vom 24 bis 26. 8. 1983*, Köln: Bund Verlag.

Mazier, J. (1995), "L'Intégration Européenne," in Boyer & Saillard eds.

______ (1997), "Les Risques d'Enlisement par la Monnaie Unique: Quelques Pistes pour l'Eviter," *La Monnaie Unique en Débat*, Paris: Syros.

______ (1999), *Les Grandes Economies Européennes*, Paris: Découverte.

McNamara, K. R. (1999), "Consensus and Constraint: Ideas and Capital Mobility in European Monetary Integration," *Journal of Common Market Studies* vol. 37, no. 3, Sept.

Meidner, R. (1992), "The Rise and Fall of the Swedish Model," *Studies in Political Economy* no. 39.

______ (1993), "Why Did the Swedish Model Fail?," R. Miliband and L. Panich eds., *Socialist Register 1993*, The Merlin Press.

Merkel, W. (1993), *Ende der Sozialdemokratie? Machtressourcen und Regierungspolitik im Westeuropäischen Vergleich*, Frankfurt am M./NY: Campus Verlag.

Michie, J. and J. G. Smith eds. (1998), *Globalization, Growth, and Governance: Creating an Innovative Economy*, Oxford: Oxford Univ. Press.

Miller, H. (1997), "Is American Corporate Governance Fatally Flawed," in Chew ed.

Mjøset, L. (1995), "Pays Scandinaves: Des Régulations Originales en Crise," in Boyer & Saillard éds.

______ (1987), "Nordic Economic Policies in the 1970s and the 1980s," *International Organization* vol. 41, no. 3.

______ (2000), "Nordic Economies," ARENA Working Paper, WP00/4.

Montagne, S. (2000a), "Les Fonds de Pension dans l'Economie Américaine," *La Lettre de la Régulation*, Sept.

______ (2000b), "Retraite Complémentaire et Marchés Financiers aux Etats-Unis," *Fonds de Pension et Nouveau Capitalisme*.

Moscovici, S. (1982), *Versuch über die menschlische Geschichte der Natur*, Frankfurt am M.: Suhrkamp.

Nautz, J. (1985), *Die Durchsetzung der Tarifautonomie in Westdeutschland: Das Tarifgesetz Vom 9. April 1949*, Frankfurt am M./Bern/NY: Lang Verlag.

______ (1999), "Die Entstehung des Tarifvertragsgesetzes," *WSI-Mitteilungen* 7.

Neely, C. J. (1999), "An Introduction to Capital Controls," *Review*, Federal Reserve Bank of St. Louis, Nov/Dec.

Neumann, M. (1999), "Monetary Stability: Threat and Proven Response," Deutsche Bundesbank ed., *Fifty Years of the Deutsche Mark*, Oxford Univ. Press.

Nooteboom, B. (1999), "Voice- and Exit-Based Forms of Corporate Control: Anglo-American, European, and Japanese," *Journal of Economic Issues* vol. 33, no. 4, Dec.

Notermans, T. (1993), "The Abdication of National Policy Autonomy: Why the Macroeconomic Policy Regime Has Become so Unfavorable to Labor," *Politics and Society* no. 21.

O'Sullivan, M. (1997), "Governance by Exit: An Analysis of the Market for Corporate Control," in Keasey et al. eds..

_______ (1998a), "Corporate Governance in Germany: Productive and Financial Challenges," Public Policy Brief no. 49A(Highlights), JLEI.

_______ (1998b), "The Political Economy of Corporate Governance in Germany," Working Paper no. 226, JLEI, Feb.

_______ (1998c), "Sustainable Prosperity, Corporate Governance, and Innovation in Europe," in Michie and Smith eds.

_______ (2000), "Le Socialisme des Fonds de Pension, ou 'plus ça Change…': Financement des Retraites et Corporate Governance aux Etats-Unis," *Fonds de Pension et 'Nouveau Capitalisme', L'Anée de la Régulation* vol. 4, Paris: Découverte.

OECD (1995), *OECD Economic Surveys: Germany*.

_______ (1999), *OECD Economic Outlook*.

Offermann, V. (1999), "Die 'Neue Mitte' und der Wohlfahrtsstaat," *Sozialer Fortschritt* 11. 48 Jg.

Orléan, A. (1999), *Le Pouvoir de la Finance*, Editions Odile Jacobs.

Owen, J. D. (1989), *Reduced Working Hours*, Baltimore: Johns Hopkins Univ.

Ozawa, T. (1999), "The Rise and Fall of Bank-Loan Capitalism: Institutionally Driven Growth and Crisis in Japan," *Journal of Economic Issues* vol. 33, no. 2, June.

Padgett, S. & W. Paterson (1994), "Germany: Stagnation of Left," P. Anderson & P. Camiller eds., *Mapping the West European Left*, London: Verso.

Padoa-Schioppa, T. (1999), "EMU and Banking Supervision," http://www.ecb.int.

Paraïso, J. I. (2000), "Le 'Nouveau Centre': Modernisation de la Gauche ou Reniément des Valeurs Fondamentales de la Social-Démocratie Allemande?," *La Pensée* no. 321, Janv./Mars.

Pistor, K. (1999), "Codetermination: A Sciopolitical Model with Governance Externalities," in Blair and Roe eds.

Polanyi, K. (1957), *The Great Transformation*, Boston: Beacon Press.

_____ (1977), *The Livelihood of Man*, New York: Academic Press.

Pollack, M. A. (2000), "A Blairite Treaty: Neo-Liberalism and Regulated Capitalism in the Treaty of Amsterdam," K. Neunreither & A. Wiener eds., *European Integration after Amsterdam*, Oxford Univ. Press.

Pollin, R. (1995/1998), "Financial Structure and Egalitarian Economic Policy," *New Left Review* no. 214, Nov./Dec. P. (Arestis and M. Sawyer eds., *The Political Economy of Economic Policies*, Houndmills: Macmillan.)

_____ (2000), "Anatomy of Clintonomics," *New Left Review*, May/June.

Pontusson, J. (1992), *The Limits of Social Democracy*, Cornell Univ. Press.

_____ (1993), "The Comparative Politics of Labor-Initiated Reforms: Swedish Cases of Success and Failure," *Comparative Political Studies* vol. 25, no. 4, Jan.

_____ (1997), "Between Neo-Liberalism and The German Model: Swedish Capitalism in Transition," in Crouch & Streeck eds.

Porter, M. (1992), "Capital Choices: Changing the Way America Invests in Industry," A research report presented the Council on Competitiveness, Washington DC. (in Chew ed.)

Potthoff, R. E. (1946), *Protokoll der Gewerkschaftskonferenz* Vom 21. bis 23. Aug., o.O., o.J.

Prabalad, C. K. (1997), "Corporate Governance or Corporate Value Added?: Rethinking the Primacy of Shareholder Value," in Chew ed.

Prowse, S. (1994), "Corporate Governance in an International Perspective: A Survey of Corporate Control Mechanisms among Large Firms in the United States, United Kingdom, Japan, and Germany," Bank for International Settlements Economic Paper no. 41, Basle.

_____ (1997), "Corporate Financing and Governancing: An International Perspective."

Przeworski, A. (1985), *Capitalism and Social Democracy*, Cambridge Univ. Press. (최형익 옮김, 『자본주의와 사회민주주의』, 백산서당, 1995.)

Pugh, G & C. Jeffery (1997), "Reaping the Consequences of the Bundesbank's Whirlwind in Germany," *New Political Economy* vol. 2, no. 3, Nov.

Reich, M. (1993), "Radical Economics in Historical Perspective," *Review of Radical Political Economics* vol. 25, no. 3.

Richter, R. (1999), "German Monetary Policy as Reflected in the Academic Debate," Deutsche Bundesbank ed., *Fifty Years of the Deutsche Mark*, Oxford Univ. Press.

Ritsert, J. (1988), *Der Kampf um das Surplusprodukt*. Frankfurt am M.: Campus Verlag.

Roe, M. J. (1994), *Strong Managers, Weak Owners: The Political Roots of American Corporate Finance*, Princeton: Princeton Univ. Press.

______ (1997), "Path Dependence, Political Options and Governance Systems," in Hopt and Wymeersch eds.

______ (1998/1999), "German Codetermination and German Securities Markets," http// www.law.columbia.edu/lawec. (in Blair and Roe eds.)

______ (2000), "Political Preconditions to Separating Ownership from Corporate Control."

Roemer, J. E. (1999), "Egalitarian Strategies," *Dissent*, June.

Romano, R. (1999), "Corporate Law and Corporate Governance," G. R. Carroll and D. J. Teece eds., *Firms, Markets and Hierarchies: The Transaction Cost Economics Perspective*, NY: Oxford Univ. Press.

Rosanvallon, P. (1979), *Le Libéralisme Economique*, Paris: Seuil.

Ross, J. (1992), "Confronting the New Europe," *New Left Review* no. 191.

Ruggie, J. G. (1982), "International Regimes, Transactions and Change: Embedded Liberalism in the Postwar Economic Order," *International Organization* vol. 36, no. 2, Spring.

Rupert, M. (1995), *Producing Hegemony: The Politics of Mass Production and American Global Power*, Cambridge Univ. Press.

Ryner, M. (1997), "Nordic Welfare Capitalism in the Emerging Global Political Economy," S. Gill ed., *Globalization, Democratization and Multilateralism*, NY: Macmillan.

______ (1999a), "Maastricht Convergence in the Social and Christian Democratic Heartland," *International Journal of Political Economy* vol. 28, no. 2, Spring.

______ (1999b), "Neoliberal Globalization and the Swedish Crisis," *Economic and Industrial Democracy* vol. 20, no. 1.

Sakamoto, Y. (1994), *Global Transformation: Challenges to the State System*, The United Nations Univ.

Sally, R. (1996), "Ordoliberalism and the Social Market: Classical Political Economy from Germany," *New Political Economy* vol. 1, no. 2.

Sandkühler, H. J. Hg. (1990), *Europäische Enzyklopädie zu Philosophie und Wissenschaften* Bd. 4, Hamburg.

Scharf, F. (1987), *Sozialdemokratische Krisenpolitik in Westeuropa*, Frankfurt am M.

Schauer, H. (1998), "Gewerkschaften und Shareholder-Kapitalismus," M. Buckmiller und J. Perels, *Opposition als Tirebkraft der Demokratie: Bilanz und Perspektiven der zweiten Republik. Jürgen Seifert zum 70. Geburtstag*, Hannover: Offizin Verlag.

_______ (1999), "Tarifpolitik und Sozialreform," *WSI-Mitteilungen* 7/1999; "Schreiben Lohbeck, Maiweg und Wegmann an Scheuble vom 10. November 1945," *Hauptstaatsarchiv Düsseldorf*, NW 62, Nr. 12.

Schlegelmilch, K. (1996), "Umweltstandort Deutschland," *Gewerkschaftliche Monatshefte* Nr. 3.

Schmidt, H. et al. (1997), *Corporate Governance in Germany*, Baden-Baden: Nomos Verlagsgesellschaft.

Schmidt, I. (1999), "Vom keynesianischen Wohlfahrtsstaat zur neokeynesianischen Stabilisierung des Kapitalismus," *Sozialismus* Nr. 227, 10. 26 Jg. Heft.

Schmidt, R. H. (1999), "Differences between Financial Systems in European Countries: Consequences for EMU," paper prepared for the conference on the Monetary Transmission Process, Deutsche Bundesbank.

Schmidt, V. A. (1999), "Convergent Pressures, Divergent Responses: France, Great Britain, and Germany between Globalization and Europeanization," D. A. Smith et al. eds., *States and Sovereignty in the Global Economy*, Routledge.

Schmitthenner, H. Hg. (1992), *Zwischen Krise und Solidaritat*, Hamburg: Vsa-Vrlag.

Schreiben, L. (1945), *Maiweg und Wegmann an Scheuble* Vom 10, Nov.

Schroeder, W. und J. Esser (1999), "Modell Deutschland: Von der Konzertierten Aktion zum Bündnis für Arbeit," *Aus Politik und Zeitgeschichte* B37/99, Sept. 10.

Schröder, G. (1998) "German Economic Policy from a European and Global Perspective," D. Dettke ed., *The Challenge of Globalization for Germany's Social Democracy*, Berghahn Books.

Schröder, G. & T. Blair (1999), "Der Weg nach vorne für Europas Sozialdemokraten." (「歐洲の社會民主主義者の進路」,『賃金と社會保障』no. 1258, 9月 下旬号.)

Schröder, U. and A. Schrader (1998), "The Changing Role of Banks and Corporate Governance in Germany: Evolution towards the Market?," in Black and Moersch eds.

Schulten, T. (1999), "Lohnzurückhaltung: Grundlage für eine solidarische Lohn- und

Beschäftigungspolitik in Europa?," *Sozialismus* Nr. 227, 10. 26 Jg. Heft.

Shand, A. H. (1990), *Free Market Morality*, London: Routledge.

Sheard, P. (1997), 『メインバンク資本主義の危機』, 東洋經濟新報社.

Shleifer, A. & R. W. Vishny (1997), "A Survey of Corporate Governance," *The Journal of Finance* vol. 22, no. 2, June.

Shleifer, A. and L. Summers (1990), "The Noise Trader Approach to Finance," *Journal of Economic Perspectives* vol. 4, no. 2.

Shonfield, A. (1965), *Modern Capitalism: The Changing Balance of Public and Private Power*, NY/London: Oxford Univ. Press.

Sinn, H. (1999), *The German State Banks: Global Players in the International Financial Markets*, Cheltenham: Edward Elgar.

Sklar, H. ed. (1980), *Trilateralism: The Trilateral Commission and Elite Planning for World Management*, South End Press.

Smith, E. O. (1994), *The German Economy*, London/NY: Routledge.

Smithin, J. (1996), *Macroeconomic Policy and the Future of Capitalism: The Revenge of the Rentier and the Threat to Prosperity*, Edward Elgar

Smolny, W. (1998), "Innovation, Prices and Employment: A Theoretical Model and Empirical Application for West German Manufacturing Firms," *Journal of Industrial Economics* vol. 46, no. 3, Sept.

Soskice, D. (1999), "Divergent Production Regimes: Coordinated and Uncoordinated Market Economies in the 1980s and 1990s," in Kitschelt et al. eds.

Southeast Economy, Federal Reserve Bank of Dallas, Sep/Oct.

Stephens, J. (1996), "The Scandinavian Welfare States: Achievement, Crisis, and Prospects," in Esping-Andersen ed.

Stiglitz, J. E. (1994), *Whither Socialism?*, Cambridge: MIT Press.

Story, J. (2000), "The Political Economy of European Union Financial Integration: The Battle of the Systems," Crouch ed., *After the Euro*, Oxford Univ. Press.

Story, J. and I. Walter (1997), *Political Economy of Financial Integration in Europe: The Battle of the Systems*, Manchester: Manchester Univ. Press.

Strange, S. (1997), "The Future of Capitalism; Or, Will Divergence Persist Forever?," in Crouch & Streeck eds.

Strauss-Fehlberg, G. (1978), *Die Forderung nach Humanisierung der Arbeitswelt: Eine Analyse aus der Sicht der Tarifvertragsparteien*, Köln: Bund Verlag.

Streeck, W. (1994), "Pay Restraint without Incomes Policy: Institutionalized Monetarism and Industrial Unionism in Germany," Dore & Boyer eds., *The Return to Incomes Policy*.

______ (1995/1997), "German Capitalism: Does It Exist? Can It Survive?," MPIFG Discussion Paper, Köln: Max-Planck-Institut für Gesellschaftsforschung. (*New Political Economy* vol. 2, no. 2; in Crouch & Streek eds.)

______ (1998a), "The German Model of Co-determination and Cooperative Corporate Governance," Report of the Commission on Co-determination, MPlfG.

______ (1998b), "The Internationalization of Industrial Relations in Europe: Prospects and Problems," *Neue Quelle: Politics and Society* vol. 26, no. 4.

______ (1999), "Competitive Solidarity: Rethinking the 'European Social Model'," MPlfG Working Paper, Sept.

Streeck, W. & K. Yamamura (1996), "Germany and Japan: The Future of Nationally Embedded Capitalism in a Global Economy," MPfFG Project.

Streeck, W. & P. Schmitter (1991), "From National Corporatism to Transnational Pluralism: Organized Interests in the Single European Market," *Politics and Society* vol. 19, no. 2.

Swenson, P. and J. Pontusson (2000), "The Swedish Employer Offensive against Centralized Bargaining," T. Iverson et al. eds., *Unions, Employers, and Central Banks*, Cambridge Univ. Press.

Sylvers, M. (1999), "Entre la Domination et le Déclin: Les Etats-Unis et la Globalisation Capitaliste," *Le Triangle Infernal*, PUF.

Tarantelli, E. (1983), "Labour Market Policy in Europe," H. G. Braun ed., *The European Economy in the 1980s*, Gower: Aldershot.

Taylor-Gooby, P. (1999), "Policy Change at a Time of Retrenchment: Recent Pension Reform in France, Germany, Italy and the UK," *Social Policy & Administration* vol. 33, no. 1.

Teague, P. (1997), "Lean Production and the German Model," *German Politics* vol. 6, no. 2, Aug.

Teece, D. J. (1998), *Economic Performance and the Theory of the Firm*, Cheltenham: Edward Elgar.

The Economist (1999), "A Survey: The World Economy," Sep, 25th~Oct, 1st.

Thelen, K. (1993), "West European Labor in Transition: Sweden and Germany Compared," *World Politics* vol. 46, no. 1, Oct.

______ (2000), "Why German Employers Can not Bring Themselves to Dismantle the German Model," T. Iversen & J. Pontusson eds., *Unions, Employers, and Central Banks*, Cambridge Univ. Press.

Thelen, K. & I. Kume (1999), "The Effect of Globalization on Labour Revisited: Lessons from Germany and Japan," *Politics and Society* vol. 27, no. 4, Dec.

Thorbecke, W. (2000), "A Dual Mandate for the Federal Reserve," Public Policy Brief no. 60, JLEI.

Tietmeyer, H. (1999), "The Social Market Economy and Monetary Stability," *Economica*.

Traxler, F. (1997), "Der Flächetarifvertrag in der OECD: Entwicklung, Bestandsbedingungen und Effekte," *Industrielle Beziehungen* Jg. 4, Hefte 2.

______ (1998), "Nationale Tarifsysteme und wirtschaftliche Internationalisierung," *WSI-Mitteilungen* 4.

Tüselmann, H. & A. Heise (2000), "The German Model of Industrial Relations at the Crossroads: Past, Present and Future," *Industrial Relation Journal* vol. 31, no. 3, Sept.

Upchurch, M. (1999), "The Rise and Fall of Model Deutschland?," Upchurch ed., *The State and Globalization: Comparative Studies of Labour and Capital in National Economies*, London/New York: Mansell.

Useem, M. (1996), *Investor Capitalism*, Basic Books.

Useem, M. & D. Hess (1999), "Governance and Investments of Public Pensions," Pension Research Council Working Paper 99-11, Wharton School of the Univ. of Pennsylvania.

Vakaloulis, M. (1995), "Accumulation Flexible et Régulation du Capitalisme," *Actuel Marx* no. 17.

van Apeldoorn, B. (1998), "Transnationalization and the Restructuring of Europe's Socioeconomic Neoliberalism," *International Journal of Political Economy* vol. 28, no. 1, Spring, ME Sharpe.

van der Pijl, K. (1984), *The Making of an Atlantic Ruling Class*, London: Verso.

______ (1995), "The Second Glorious Revolution: Globalizing Elites and Historical Change," R. Cox et al. eds., *International Political Economy: Understanding Global*

Disorder, Frenwood.

_____ (1998), *Transnational Classes and International Relations*, London: Routledge.

Vartiainen, J. (1998), "Understanding Swedish Social Democracy: Victims of Success?," *Oxford Review of Economic Policy* vol. 14, no. 1.

Villeval, M-C. (1995), "Une Théorie Economique des Institutions?," in Boyer and Sailard éds.

von Hagen, J. (2000), "The First Year of EMU," Document de Travail no. 2000-05, CEPII.

Wade, R. (1998), "The Coming Fight over Capital Flows," *Foreign Policy*, Winter.

Wartin, C. (1998), "The Social Market Economy: The Main Ideas and Their Influence in Economic Policy," P. Koslowski ed., *The Social Market Economy*, Springer.

Watson, M. and C. Hay (1998), "In the Dedicated Pursuit of Dedicated Capital: Restoring an Indigenous Investment Ethic to British Capitalism," *New Political Economy* vol. 3, no. 3.

Weinstein, E. D., and Y. Yafeh (1998), "On the Cost of a Bank Centered Financial System: Evidence from the Changing Main Bank Relations in Japan," *Journal of Finance* vol. 53, no. 2.

Wenger, E. and C. Kaserer (1998), "The German System of Corporate Governance: A Model Which Should Not Be Imitated," in Black and Moersch eds.

White, G. (1998), "Building a Democratic Developmental State: Social Democracy in the Developing World," *Democratization* vol. 5, no. 3, Autumn.

Whiteside, K. (1996), "Regulation, Ecology, Ethics," *CNS* vol. 7, no. 3.

Williams, K. (2000), "From Shareholder Value to Present-day Capitalism," *Economy and Society* vol. 29, no. 1, Feb.

Williamson, O. (1985), *Economic Institution of Capitalism: Firms, Markets, and Relational Contracting*, The Free Press.

Wolf, J. B. (1999), *The Effects of Agency Problems on the Financial Behavior, Performance, and Efficiency of German Industrial Stock Corporations*, Frankfurt: Peter Lang.

Woods, A. (1997), "A Socialist Alternative to the European Union," http://easyweb, easynet,co,uk/~socappeal/socialisteurope,html

World Bank (1994), *Averting the Old Age Crisis*, Oxford Univ. Press.

Wright, M. and K. Robbie eds. (1999), *Management Buy-outs and Venture Capital: Into the*

Next Millennium, Cheltenham: Edward Elgar.

Wright, M., S. Thompson and K. Robbie (1997), "Venture Capitalists, Buy-outs and Corporate Governance," in Keasey et al. eds.

Zachert, U. (1997), "Modernisierung oder Liquidation der Tarifautonomie?," *Kritische Justiz* Vom. 30, Nr. 4.

Zarnowitz, V. (2000) "The Old and New in U. S. Economic Expansion of the 1990's," NBER Working Paper no. 7721.

Ziegler, J. N. (2000), "Corporate Governance and the Politics of Property Rights in Germany," *Politics & Society* vol. 28, no. 2, June.

Zohlnhöfer, R. (1999), "Institutions the CDU and Policy Change: Explaining German Economic Policy in the 1980s," *German Politics* vol. 18, no. 3, Dec.

Zysman, J. (1983), *Governments, Markets, and Growth: Financial Systems and the Politics of Industrial Change*, Ithaca/London: Cornell Univ. Press.